2025
간호직 보건진료직

김태윤
지역사회간호의
단기 맥Book

김태윤 편저

마체베트

머리말 PREFACE

"차원이 다른 노하우를 전수한다"

김태윤 지역사회간호

〈2025 김태윤 지역사회간호의 맥BOOK〉은 간호직 공무원 시험을 준비하는 수험생분들을 위해 만들어졌습니다.
이 책의 출간 목적은 공무원 시험과목인 지역사회간호 시험을 좀 더 효과적으로 대비할 수 있도록 돕는 것입니다. 따라서 본 교재는 시험에 출제된 내용이 무엇이고, 또 앞으로 출제가능성이 높은 영역은 어떤 것인지를 선명하게 보여줄 수 있어야 할 것입니다.

이러한 관점에서 이번 지역사회간호의 맥BOOK은 다음과 같은 방향으로 구성되었습니다.

01 지역사회간호학의 논리적 흐름을 "개론 – 미시이론 – 거시이론 – 실제(분야)"의 형태로 구성하여, 제1장 지역사회간호개론(개론), 제2장 지역사회간호 이론과 제3장 건강증진과 보건교육(여기까지 미시이론), 제4장 지역사회간호 보건행정, 제5장 지역사회 간호과정, 제6장 역학과 질병관리(여기까지 거시이론), 제7장 가족간호부터 학교보건, 직업건강간호, 제10장 환경과 건강, 재난관리, 모자보건, 노인보건까지(실제 또는 분야)로 편성하였습니다. 이러한 체계적 접근을 통해 복잡하고 광범위한 지역사회간호학의 이론을 쉽게 정리할 수 있을 것으로 기대합니다.

02 교재의 흐름만이 아니라 각 주제의 제시 또한 간결하고 압축적으로 구성하였습니다. 기본서는 가능한 많은 내용을 담아야 한다는 고정관념을 깨고, 군더더기 없이 꼭 필요한 내용만을 담아 책의 분량을 줄이면서도 강의교재로서 활용하는 데 부족함이 없도록 하였습니다. 다만, 법령의 개정이나 관련 이론들이 업데이트 된다면 그 부분은 강의를 통해 최대한 보충 및 수정할 수 있도록 약속드립니다.

03 각 단원마다 주요 내용을 PRETEST OX문제로 엄선하여 담았습니다. 각 단원의 시작에서 워밍업을 통해 학습방향을 확인하는 데 도움이 될 것입니다.

수험의 과정에서 때론 지치고 힘들어 넘어질지라도 우리 모두 함께 갈 수 있고, 함께 공부할 수 있기에 합격의 꿈을 꾸며 달려갈 수 있으리라 확신합니다.
여러분의 합격을 기원합니다.

2024년 9월 12일

저자 김태윤

출제경향 GUIDE

1. 최근 출제경향

24년 지방직 시험의 경우 예년에 비해 지역사회간호 각론 영역 중 가족간호/학교·산업보건/환경과 건강 등에서 출제비중이 높아진 것이 특징입니다. 물론 지역사회간호 총론 영역(55%)의 출제가 절반이상을 차지하는 것은 비슷하나 영역별로 치우치지 않아야 고득점할 수 있는 출제경향이라고 분석할 수 있습니다.

2. 영역별 출제비중(2024 지방직 기출)

출제영역		출제 내용	문항수	비율
지역사회 간호 총론	지역사회간호개론 지역사회간호이론	로이(Roy) 적응이론	1	5%
	건강증진/ 보건교육	범이론 모형의 변화단계, 제5차 국민건강증진종합계획(HP 2030) 상 비감염성질환 예방관리	2	10%
	지역사회간호과정	SWOT 분석, 지역사회간호사업 목표 기술시 기준, 자료분석 단계, 오마하 체계, 지역사회간호수행 활동(조정)	5	25%
	지역사회간호 보건행정	Fry 보건의료체계 분류, 브라이언트(Bryant) 우선순위 결정방법	2	10%
	역학과 질병관리	질병의 자연사 이차예방 활동, 특이도/민감도	2	10%
지역사회 간호 각론	가족간호 학교보건 /산업보건 환경과 건강 재난관리	사회지지도, 의료기관 가정간호, 학교보건법상 보건교사의 직무, 가족관련이론(구조기능이론), 세균성 식중독 독소형, 학교내 감염병 발생시 대응단계, 근로자 건강진단 업무수행적합여부 평가결과(나)	7	35%
	노인보건 /모자보건 /인구보건	인구구조 유형(항아리형)	1	5%
총계			20	100%

3. 영역별 학습방법

지역사회간호학은 크게 총론과 각론(또는 분야별)으로 구분됩니다. 최근 출제경향을 보더라도 지역사회간호의 경우 특정 영역에 대한 학습에만 집중하는 것이 아니라 전 영역을 고르게 학습하는 전략이 필요하겠습니다. 그러기 위해서는 우선 지역사회간호의 맥락, 즉 전체적 틀과 프레임을 깔끔하게 익히고 해당 영역을 업그레이드하는 방식으로 학습하는 것이 가장 효율적입니다. 또한 역학 및 직업건강간호 영역에서는 계산문제가 출제될 수 있으므로 개념 숙지와 더불어 계산식 숙지에도 유의해야 합니다.

차례 CONTENTS

CHAPTER 01 지역사회간호 개론

01 지역사회간호의 이해 … 13
02 지역사회간호의 개념틀(Framework) … 15
03 지역사회간호의 주요 논점 … 16

CHAPTER 02 지역사회간호 이론

01 체계이론 … 29
02 교환이론 … 30
03 뉴만(B. Neuman)의 (건강관리)체계이론 … 31
04 오렘(D.E. Orem)의 자가간호이론 … 33
05 로이(C. Roy)의 적응이론 … 34
06 기획이론 … 36
07 생태학적 모델(Ecological Model) … 37

CHAPTER 03 건강증진과 보건교육

01 건강증진의 개요 … 43
02 국민건강증진종합계획 … 47
03 건강증진 관련 이론 … 49
04 건강증진사업의 실제 … 60
05 보건교육의 이해 … 62
06 보건교육 프로그램 개발 … 66
07 보건교육의 수행 … 69
08 보건교육 평가 … 80

CHAPTER 04 지역사회간호 보건행정

01 국가보건의료체계 … 89
02 보건의료자원 … 97
03 보건의료조직 … 99
04 보건의료재정 … 103
05 일차보건의료 … 105
06 보건사업기획 … 106

CHAPTER 05 지역사회 간호과정

- 01 지역사회 간호사정 — 117
- 02 지역사회 간호진단 — 121
- 03 지역사회 간호계획 — 123
- 04 지역사회 간호수행 — 126
- 05 지역사회 간호평가 — 127
- 06 지역사회 간호활동 및 수단 — 128
- 07 사례관리와 방문간호 — 128
- 08 중재수레바퀴 모델 — 132

CHAPTER 06 역학과 질병관리

- 01 역학개론 — 143
- 02 역학모형 — 146
- 03 질병의 역학관리 및 지표 — 148
- 04 역학적 사상 측정지표 — 151
- 05 건강검진의 진단검사 — 157
- 06 역학적 연구 — 160
- 07 감염병 관리, 만성병 관리 — 164

CHAPTER 07 가족간호

- 01 가족간호의 개요 — 179
- 02 가족간호 이론 — 183
- 03 가족간호과정 — 187
- 04 취약가족 — 192
- 05 가족폭력의 유형 — 195
- 06 지역사회간호와 문화적 다양성 — 199

CHAPTER 08 학교보건

- 01 학교보건 개요 — 207
- 02 학교간호과정 — 208
- 03 학교보건서비스와 학교보건교육 및 건강증진 — 210
- 04 2022년 개정 보건교육과정 — 211
- 05 학생건강평가 — 221
- 06 학생건강문제 관리 — 223
- 07 학교보건(관련)법 — 225
- 08 학생건강관리, 감염병관리 — 255
- 09 학교환경관리 — 263

차례 CONTENTS

CHAPTER 09 직업건강간호

- 01 직업건강간호의 이해   277
- 02 산업안전보건관리   277
- 03 산업재해의 예방   280
- 04 작업환경관리   286
- 05 사업장·근로자 건강관리   291

CHAPTER 10 환경과 건강

- 01 환경보건의 이해   299
- 02 환경요인과 건강   300

CHAPTER 11 재난관리

- 01 재난의 이해   319
- 02 재난간호   320

CHAPTER 12 인구와 모자보건

- 01 인구보건의 개요   329
- 02 인구통계   330
- 03 인구구조-지표, 유형   332
- 04 모자보건의 개요   333
- 05 영유아관리   334

CHAPTER 13 노인보건

- 01 노인보건의 이해
    - 노인인구의 현황과 특성   343
- 02 노인보건복지 정책 및 제도   344

CHAPTER 14 부록 - 기출문제

- 01 2023년도 지방직 기출문제   352
- 02 2024년도 지방직 기출문제   362

2025 김태윤 지역사회간호 단기 맥Book

마인드 맵

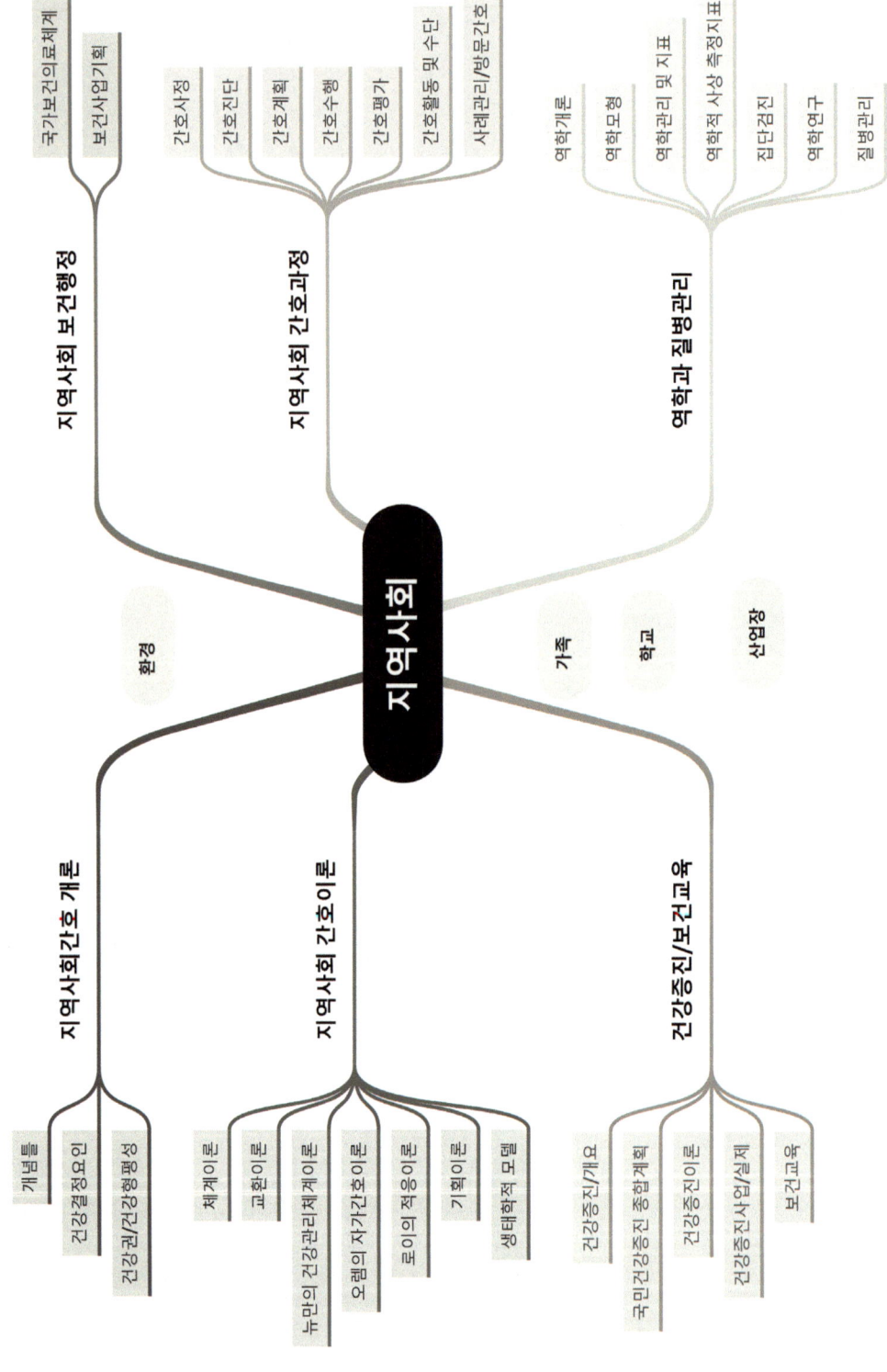

CHAPTER 01
지역사회간호 개론

01 **지역사회간호의 이해**
02 **지역사회간호의 개념틀(Framework)**
03 **지역사회간호의 주요 논점**

PRETEST OX퀴즈

1. 지역사회 기능에는 사회화의 기능과 경제적 기능만 있다고 볼 수 있다. ○ ×
2. 프레쉬만(Freshman)의 기능연속지표에서 가장 건강한 상태는 자아실현의 상태이다. ○ ×
3. 지역사회를 대상으로 적정기능수준 향상을 목표로 하는 과학적 실천을 지역사회간호로 정의한다. ○ ×
4. 지역사회간호사가 간호대상자의 욕구를 충족, 비용 효과적 자원 활용을 유도하는 것은 사례관리자의 역할이라고 볼 수 있다. ○ ×
5. 헌법에서는 건강권을 보장하고 있다. ○ ×
6. 지역사회의 유형은 구조적 지역사회, 기능적 지역사회의 두 가지로 나눠지는 것이 일반적이다. ○ ×
7. 지역사회간호사의 역할 중 인구집단 중심의 역할에는 조정자, 협력자의 역할이 있다. ○ ×

해설

1. × 지역사회 기능에는 사회화의 기능과 경제적 기능 외에도 생산·분배·소비의 기능, 사회통제의 기능, 상부상조의 기능 등도 포함될 수 있다.
2. × 프레쉬만(Freshman)의 기능연속지표에서 가장 건강한 상태는 적정기능수준의 상태라고 할 수 있다.
3. ○
4. ○
5. ○ 헌법 제36조 제3항은 모든 국민은 보건에 관하여 국가의 보호를 받는다고 규정하고 있다.
6. × 구조적·기능적·감정적 지역사회로 구분하는 것이 일반적이다.
7. × 조정자, 협력자는 서비스 전달 중심의 역할이다.

CHAPTER 01 지역사회간호 개론

SECTION 01 지역사회간호의 이해

1 지역사회의 이해

구분	내용
WHO의 정의 (1974)	지역사회는 지리적 경계, 공통의 가치와 관심에 의해 분류되는 사회집단으로, 구성원들끼리 서로 알며 상호작용하고, 특별한 사회구조 내에서 기능하며, 규범, 가치, 사회제도를 창출하는 집단
스탠호프와 랭카스터 (Stanhope & Lancaster)의 조작적 정의(2008)	사람, 장소, 기능이라는 측면을 포함하여 정의 ① 사람은 지역사회의 구성원 또는 거주자 ② 장소는 지리학적 측면이나 시간적 개념을 의미 ③ 기능은 지역사회의 활동이나 목표
지역사회의 기능	① 생산·분배·소비 기능 ② 사회화 기능 ③ 사회통제 기능 ④ 상부상조 기능 ⑤ 경제적 기능
지역사회의 특성	① 지리적 영역 공유 ② 사회적 상호작용 ③ 공동 유대감
지역사회의 유형·분류	① 구조적 지역사회: 집합체, 대면공동체, 생태학적 문제 공동체, 지정학적 공동체, 조직, 문제해결 공동체 ② 기능적 지역사회❶: 동일한 요구를 지닌 공동체, 자원공동체 ③ 감정적 지역사회: 소속공동체, 특수 흥미 공동체

기출의 재발견

❖
행정구역은 다르지만 자연환경이 같아서 동일한 생태학적 문제를 가지고 있는 지역사회는 다음 중 무엇인가?
① 대면 공동체
② 소속공동체
③ 생태학적 공동체
④ 특수흥미 공동체

해설 지정학적 경계를 넘어 동일한 생태학적 문제를 가진 지역사회를 말한다.

정답 ③

❶
단순한 지리적 경계로 나누는 것이 아니라 공동의 문제해결과 목표성취라는 과업의 결과로 구성되는 공동체

2 건강한 지역사회

(1) 건강한 지역사회의 개요

구분	내용
정의	현대사회에서 나타나는 다양한 건강욕구를 효율적으로 충족시키는 사회
WHO(1986)	건강증진은 모든 사람들이 건강잠재력을 최대한 발휘하도록 지지적인 환경의 창출과 지역사회의 활동 강화, 건강을 위한 공공정책 수립 등의 모든 활동을 포함하는 개념 ❶

❶ 다수의 지역사회간호학 이론서에서 '건강한 지역사회'는 지역주민의 건강증진에 필요한 다양한 건강욕구를 충족시킬 수 있는 역량을 갖춘 지역사회를 의미하는 것으로 설명하고 있다.

(2) 건강도시

구분	내용
건강도시	① 건강도시의 정의: 지역사회의 물리적·사회적·환경적 여건을 지속적으로 개선해 나가면서 개인의 잠재능력을 최대한 발휘하고, 시민들이 상호 협력하여 최상의 삶을 누리는 도시 ② WHO(1995) 건강도시: 알마아타선언(1978)에서 시작, '모든 인류에게 건강(Health for All)'을 달성하기 위한 공중보건운동, 즉 도시를 대상으로 한 건강증진운동
건강도시의 조건 (WHO, 2004)	① 깨끗하고 안전한 도시 ② 안정되고 장기적으로 지속 가능한 생태계를 유지하는 도시 ③ 상호 협조하고 통합적인 지역사회 ④ 건강과 복지정책에 대한 시민 참여 ⑤ 모든 시민의 기본요구(음식, 주거, 안전 등) 충족 ⑥ 광범위하고 다양한 만남, 폭넓은 경험의 기회 제공 ⑦ 다양하고 활기찬 혁신적인 경제 ⑧ 역사적·문화적·생물학적 유산과 개인의 연계 ⑨ 이상의 특성들을 증진시키는 도시 행태 ⑩ 모든 시민 접근 가능한 적절한 보건사업 및 최적의 치료서비스를 갖춘 도시 ⑪ 주민의 건강수준이 높은 도시
WHO가 제시한 건강도시 프로파일 (City Health Profile, 1998)	① 인구: 총 인구수와 인구구조 ② 건강수준: 생정통계, 이환 정도의 측정 ③ 생활양식(Lifestyle): 흡연, 음주, 운동, 식이 등 ④ 주거환경 ⑤ 사회경제적 여건: 교육, 취업, 수입, 범죄, 문화행사의 참여 정도 ⑥ 물리적 환경: 대기, 수질, 소음, 식품의 질 관리 ⑦ 불평등: 건강결정요인의 불평등 ⑧ 물리적·사회적 하부구조 ⑨ 공중보건 정책 및 서비스

기출의 재발견

❖ 세계보건기구가 제시하는 건강도시의 특징으로 옳은 것만을 모두 고른 것은? [16. 지방직]

ㄱ. 깨끗하고 안전한 물리적 환경
ㄴ. 모든 시민의 기본 욕구 충족 노력
ㄷ. 건강과 복지에 대한 시민 참여
ㄹ. 모든 시민에 대한 적절한 공중보건 및 치료서비스의 보장

① ㄱ, ㄴ
② ㄷ, ㄹ
③ ㄱ, ㄴ, ㄷ
④ ㄱ, ㄴ, ㄷ, ㄹ

정답 ④

SECTION 02 지역사회간호의 개념틀(Framework)

구분	내용
건강(WHO)	'단순히 질병이나 허약함이 없는 상태가 아니라, 신체적·정신적·사회적으로 완전한 안녕상태'로 규정하였음
테리스(Terris)의 건강연속선 (1975)	① 건강상태 또는 상병상태는 어떤 절대적인 것이 아니며 연속된 상태임. 즉, 건강의 정의에서 질병이라는 용어 대신 상병이 타당하다고 주장 ② 건강과 상병은 배타적, 건강과 상병을 정도의 차이로 연속성을 가지고 표현 가능함
프레쉬만 (Freshman)의 기능연속지표 (1979)	① 긍정적 영향, 부정적 영향을 주는 기능으로 분류 ② 두 개의 대비되는 기능의 중심을 중앙에 두고, 건강수준은 기능의 연속선상의 적정기능수준과 부정적 기능인 기능장애 사이에 위치 | 기능장애 | 장애 | 외상 | 초기 경고 | 긴장 유발 요소 | 중간 지점 | 자기 인식 | 대처 | 성장 | 자아 실현 | 적정 기능 수준 | 1. 기능장애: 전적인 불능 또는 죽음 2. 장애(불구): 능력이 없어지는 상태 3. 외상(증상): 병에 걸려 증상이 나타난 상태 4. 초기 경고 신호: 정상적 범위에서 벗어나 있는 상태 5. 긴장유발요소: 일상에서 늘 부담을 가지고 있는 상태 6. 자기인식: 자신에게 일어나는 일들을 이해할 수 있는 것 7. 대처: 현재 발생한 문제를 처리할 수 있는 능력 8. 성장: 상황에 적합한 태도의 변화 9. 자아실현: 지역사회에서 지지되는 적절한 성취를 이루고 이를 유지하는 것 10. 적정기능수준: 모든 요인에 대해 최대한 도달할 수 있는 기능수준
스미스(Smith)의 건강모형	행복, 적응, 역할수행, 임상적 모형으로 건강이해 | 모형 | 건강의 의미 | 질병의 의미 | |---|---|---| | 행복론 | 자아실현을 시킬 수 있는 능력 유무 | 무기력 | | 적응론 | 환경과 상호작용이 가능한 적응적 행위 | 환경으로부터 체계의 소외 | | 역할수행론 | 사회적 역할의 수행 유무 | 역할수행의 실패 | | 임상적 모형 | 질병이 없음 | 질병의 증상, 증후가 있을 때 |
지역사회간호 목표	학자들의 관점에서 구체화 검토 ① 프레쉬만(Freshman)의 기능연속선(또는 기능연속지표): 적정기능수준 ② 테리스(Terris)의 건강연속선: 적정건강

SECTION 03 지역사회간호의 주요 논점

1 적정기능수준 향상과 영향요인

구분		내용
개요		① 고려될 수 있는 모든 요인으로 최대한 도달할 수 있는 기능 ② 정치적인 영향, 개인적 행동습관과 대처방식, 유전적인 영향, 보건의료전달체계, 물리적 환경과 사회경제적 환경, 교육, 성별 및 유전 등이 지역사회 적정기능수준에 영향을 미칠 수 있음
영향 요인	정치적	정치적 영향력은 부여된 권한과 권력으로 지역사회를 안정되게 유지하기도 하고 압력을 행사하기도 함
	유전적	특정 종족이 거주하는 곳에서 특정 질환의 유병률이 높은 경우가 있음
	환경적	건강에 영향을 미치는 주된 요인으로 환경을 고려함
	습관적	개인적 행동습관과 대처방식은 직접적으로 건강에 영향을 미침
	사회경제적	지역사회의 특성 및 경제적 수준 등이 건강수준에 영향을 줌
	보건의료 전달체계	보건의료전달체계의 양상에 따라, 즉 보건의료전달체계가 질병 중심의 체계인지, 질병예방과 건강증진을 위한 체계인지에 따라 영향이 다름

2 지역사회간호 정의

(1) 김화중의 정의(1984)

구분	내용
정의	지역사회를 대상으로 지역사회의 적정기능수준 향상을 목표로 직간호의 제공, 보건교육 및 관리 등의 행위를 통해 기여하는 과학적 실천
구성요소	대상 ↔ 목표 ↘ ↙ 행위

	대상	개인, 집단, 지역사회 예 가족, 학교, 산업장 등
	목표	적정기능수준 향상 ⇨ 고려될 수 있는 모든 요인으로 최대한 도달할 수 있는 기능
	행위	직접간호, 간접간호활동 ⇨ 조정, 감시, 감독의 간호중재로 설명될 수 있음

(2) 지역사회간호사의 역할

구분	명칭	내용
대상자 중심 역할	직접간호제공자	지역사회 간호대상인 개인, 가족, 지역사회를 대상으로 간호과정을 적용하는 역할
	교육자	교육요구를 사정하고 자가간호를 위한 교육을 제공
	상담자	대상자의 행동변화를 유도할 수 있는 새로운 인식 가능하게 함
	의뢰자	지역사회 자원을 적절히 활용할 수 있게 하는 역할
	역할모델	바람직한 역할모델로 기능함
	사례관리자	간호대상자의 욕구를 충족, 비용 효과적 자원 활용을 유도하는 역할
서비스 전달 중심 역할	조정자	기존의 서비스를 조정, 통합하는 과정에서 역할
	협력자	다른 업무팀들과 협력적으로 일할 수 있도록 돕는 역할
인구집단 중심 역할	사례발굴자	대상자 발굴이라고도 함. 지역사회에 거주하는 특정 건강요구를 가진 대상자를 발견해내는 것
	지도자	다양한 대상자, 건강전문가들과 함께 일하며 조직원의 요구를 파악, 바람직한 해결방안을 모색, 조직의 목표 달성을 위한 영향력 발휘
	변화촉진자	변화에 대한 필요성을 인식하고 다른 사람에게 변화의 필요성을 인식시켜 그들이 변화하도록 동기화하여 개인, 가족, 지역사회 수준의 건강문제에 대처하는 능력을 증진시키는 역할
	옹호자	대변자로서의 역할, 대상자의 유익을 위해 행동하거나 그들의 입장에서 의견을 제시하며, 대상자들이 스스로 정보를 얻고 자원을 파악할 능력이 생길 때까지 안내하고 도와주는 역할을 수행하는 것
	사회적 마케터	마케팅은 상품 또는 서비스를 소비자에게 원활하게 유통시키기 위하여 수행되는 활동을 말함

기출의 재발견

❖
<보기>에 나타난 지역사회간호사의 역할로 가장 옳은 것은?

"코로나19(COVID-19) 사태에서 사회적 약자들이 방치되는 것을 방지하기 위해 지역사회의 차상위계층, 기초생활수급자, 독거노인, 신체장애인에 전화를 걸어 호흡기 등의 건강상태와 정신건강상태를 확인하였다"

① 상담자
② 사례관리자
③ 교육자
④ 변화촉진자

정답 ②

(3) 지역사회간호사의 실무

명칭	근거 법률	실무 내용
보건진료소장	농어촌 등 보건의료를 위한 특별조치법	보건의료 취약지역 주민들에게 일차보건의료 서비스를 효율적으로 제공하기 위해 도서벽지 지역에 설치된 보건진료소의 일정한 범위 내에서 일차의료행위를 하고, 지역사회를 대상으로 한 보건사업을 실시함
보건간호사	지역보건법	보건소를 중심으로 지역사회 주민의 건강증진 및 질병예방을 위한 사업을 수행함
보건교사	학교보건법	초·중등학교와 특수학교 등에서 학생과 교직원의 보건과 보건교육을 담당함
보건교육사	국민건강증진법	개인 또는 집단이 건강한 행동을 자발적으로 할 수 있도록 교육하고 환경을 조성하도록 돕는 역할을 담당함. 향후 보건교육을 필요로 하는 병원 및 지역사회 현장에서 활동할 것으로 예상함
보건관리자	산업안전보건법	사업장의 근로자 건강관리 및 건강증진, 작업 및 작업환경 관리업무를 수행함
정신보건간호사	정신보건법	① 사례관리를 중심으로 만성정신질환자 관리 및 사회복귀를 위한 재활프로그램을 운영함 ② 일반인에 대한 정신건강증진 서비스를 제공함

3 지역사회간호 목표 - 건강

건강의 주요 결정요소

구분	내용
달그렌과 화이트헤드 (Dahlgren & Whitehead)	① 건강의 주요 결정요소를 4개의 층으로 제시함 ② 성, 연령, 유전적 요인이 중심에 위치 ③ 첫째 층: 개인의 생활습관 　둘째 층: 사회 및 지역사회 네트워크 　셋째 층: 생활 및 근로조건 　넷째 층: 사회경제적·문화적·환경적 조건
에반스와 스토다트 (Evans & Stoddart)	① 개인의 건강은 개인적 건강행태와 외부 환경의 영향을 받는 것으로 설명 ② 사회적·물리적·유전적 환경 ⇨ 건강과 기능, 질병·사고수준, 건강과 보건의료 ⇨ 개인의 생활습관·행태 ⇨ 건강수준 결정(웰빙, 번영)
사회생태학적 모형	개인, 가족 및 동료, 조직, 지역사회와 국가의 환경 등이 개인의 건강에 영향을 미치는 것으로 설명 ① 개인적 수준: 개인 수준의 지식, 태도, 믿음, 기질 ② 개인 간 수준: 가족, 직장동료, 친구 등 공식적·비공식적 사회관계망 지지체계 ③ 조직수준: 규칙, 규제, 시책 및 비공식적 구조 ④ 지역사회 수준: 네트워크, 규범 또는 기준과 지역사회 환경 등 ⑤ 정책수준: 정부의 정책, 법률 및 조례

4 건강권

(1) 건강권의 개념과 분류

구분	내용
개념	① 건강권은 기본권으로서 포괄적인 대인 건강서비스 ② 세계보건기구의 '2000년까지는 만인에게 건강을(Health for All by the Year 2000)' ⇨ 적절한 수준의 보건의료: 모든 시민의 기본권이라는 건강권의 기본개념
분류	① 건강권은 건강할 권리(right to health) ② 보건의료에 대한 권리(right to health care) ③ 보건의료체계 내에서의 권리(right in health care)의 범주로 분류됨❶

(2) 법에서의 건강권

구분	내용
헌법 제36조 제3항	모든 국민은 보건에 관하여 국가의 보호를 받는다.
보건의료기본법 제10조	제1항 모든 국민은 이 법 또는 다른 법률이 정하는 바에 따라 자신과 가족의 건강에 관하여 국가의 보호를 받을 권리를 가진다. 제2항 모든 국민은 성별·연령·종교·사회적 신분 또는 경제적 사정 등을 이유로 자신과 가족의 건강에 관한 권리를 침해받지 아니한다.
장애인 건강권 및 의료접근성 보장에 관한 법률 제3조	보건교육, 장애로 인한 후유장애와 질병예방 및 치료, 영양개선 및 건강생활의 실천 등에 관한 제반 여건의 조성을 통하여 건강한 생활을 할 권리를 말하며, 의료받을 권리를 포함한다.

5 건강불평등과 건강형평성

(1) 건강불평등의 발생기전❷

구분	내용
발생기전	다양한 기전이 제시되는데, 선택설, 물질적·구조적 요인설, 문화적·행태적 요인설, 사회심리적 요인설로 정리됨
알마아타선언 (WHO, 1978)	① "사람들이 건강상태에 대해 존재하는 불평등은 정치적으로, 사회적으로, 경제적으로 용납될 수 없다" ② 국민건강과 건강불평등의 원인이 되는 사회경제적 요인에 대한 직접적인 개입의 필요성이 인식됨
화이트헤드와 달그렌 (Whitehead & Dahlgren, 2006)	건강 불형평에 대해 이와 같은 상태는 불필요하고, 회피 가능하며 공정하지 않은 건강상의 차이라고 규정하고, 통합적 건강결정요인 전략, 질병별 전략, 생활터 기반 전략, 집단별 전략을 제안하였음

---

❶ 문창진, 보건의료사회학, 신광출판사, 1997. 74-277

기출의 재발견

다음에서 보장되는 권리는 무엇인가?

"대한민국 헌법 제36조 3항과 보건의료기본법 제10조의 제1항"

① 자유권
② 건강권
③ 행복추구권
④ 평등권

정답 ②

❷ 발생기전들 중 선택설의 경우 사회계층이 건강수준을 결정하는 것이 아니라 건강수준이 좋고 나쁨에 따라 사회계층이 결정된다고 설명한다. 한편, 물질적·구조적 차이가 건강불평등을 가져올 수 있다고 보는 견해, 문화적·행태적 요인에 근거한다는 견해, 그리고 이러한 물질적 또는 건강행태적 요인으로 완전히 설명되지 않기 때문에 사회심리적 요인이 다른 설명변수로 고려되고 있다.

(2) 건강형평성 접근

구분	내용
건강형평성 개념	교육수준, 직업계층, 소득수준, 재산 등과 같은 사회경제적 지위로 인해 발생하는 건강불평등을 줄이려는 노력
중요성	① 화이트헤드와 달그렌(2006)은 건강비형평성을 불필요하며 회피 가능하고 공정하지 않은 건강상의 차이라고 규정하고 통합적 건강결정요인 전략, 질병별 전략, 생활터 기반 전략, 집단별 전략을 제안하였음 ② 국민건강과 건강불평등의 원인이 되는 사회경제적 요인에 대한 직접적인 개입의 필요성이 인식됨
보건장 이론 (The health field concept)	건강결정요인이란 생물학적 요인, 환경적 요인, 생활양식 요인, 보건의료체계와 제도적인 요인들을 총칭
건강결정요인 - [라론드(Lalonde) 보고서, 1974, 1981]	건강에 영향을 미치는 요인들로서 생물학적 요인, 생활양식 요인, 환경요인, 보건의료체계와 제도요인 등을 고려할 수 있음 ① 인체생물학적 요인: 개체 내에서 일어나는 육체적·정신적 건강에 관련되는 요인 ② 환경요인: 인체 외부에 있으면서 건강에 영향을 미치는 요인이나 개인이 제어할 수 없는 것 ③ 생활양식요인: 개인의 자유의지에 따라 통제가 가능한 생활습관과 결정사항 ④ 보건의료체계와 제도요인: 보건의료서비스 제공에 있어서 보건의료자원의 양과 질, 배치 및 상호관계 등으로 구성된 것으로 보건의료조직 요인은 협의의 보건의료서비스로 정의
오타와헌장 (WHO, 1986)	정치적·경제적·사회적·문화적·환경적·행동적·과학적 및 생물학적 제요인 등
건강결정요인 일반적 설명	① 일반 배경요인: 문화, 자원, 체계, 정책, 부, 사회적 융화, 매체 등 ② 환경요인: 조경, 기후, 화학적 환경, 인공적 환경 등 ③ 안전요인: 지식, 태도, 심리적 효과 등 ④ 사회경제적 요인: 교통, 고용, 소득, 가족, 이웃, 서비스 접근도 등 ⑤ 건강행태요인: 식습관, 신체활동, 흡연, 음주, 불법약물남용, 예방접종, 성생활 등 ⑥ 생의학적 요인: 체중, 혈압, 혈중 콜레스테롤, 혈당, 면역 등

(3) 건강결정요인과 건강평가지표(예시)

구분	내용
건강결정요인	건강에 영향을 미치는 요인. 교통, 음식과 농업, 주거, 쓰레기 및 폐기물 처리, 에너지, 산업, 도시화, 수질, 영양 및 식생활
건강평가지표	자동차, 자전거, 보행자 사고(특히, 어린이와 청소년), 화석연료 오염(미세먼지와 오존 등), 교통 소음, 사회심리적 영향(어린이 활동 제한, 큰 길로 인한 지역사회 단절 등), 이산화탄소 배출로 인한 기후변화, 토지 유실, 신체활동 증가, 서비스 접근성, 해충 매개성 질환 등

기출의 재발견

❖
인구집단의 건강을 결정하는 요인 중 사회적 결정요인에 해당하지 않는 것은? [22. 지방직]
① 노동과 고용조건
② 불건강한 생활습관
③ 소득불평등
④ 성과 인종차별

정답 ②

❖
캐나다의 보건부 장관이었던 Lalonde의 보고서(1974)에서는 건강에 영향을 미치는 주요 요인을 제시하였다. 이와 관련된 건강결정요인으로 가장 옳지 않은 것은? [15. 서울]
① 생물학적 요인
② 생활습관
③ 교육정도
④ 보건의료조직

정답 ③

❶
자료원: http://www.who.int/hia/evidence/doh/en/index2.html 2016.10.24. retrieved; 김춘미 등(2017). 지역사회보건간호학. 재인용. 수문사

6 지역사회간호의 역사

(1) 외국의 지역사회간호의 역사

구분	내용

방문간호시대
(1900년 이전)
	① 초대 기독교시대의 간호
	② 중세시대의 간호
	③ 유럽의 문예부흥시대 및 종교개혁기(1500~1850년대)의 간호
	④ 나이팅게일과 근대간호
	    ㉠ 영국 방문간호사업의 발전에 영향
	    ㉡ 미국 방문간호사업의 발전

보건간호시대 (1901~1960년)	① 1904년 영국 학교간호사회 조직 ② 1907년 영국 교육법에 의거 공립초등학교에 간호사 배치 ③ 1910년 지방행정부서 간호사
지역사회간호시대 (1960~현재)	① 일차보건의료와 간호 ② 건강증진과 간호

(2) 우리나라 지역사회간호의 역사

구분	내용
방문간호시대 (1945년 이전)	① 대한제국 시대의 간호 ② 일제강점기의 간호
보건간호시대 (1945~1980년)	① 정부 주도의 보건사업과 보건간호 ② 지역사회보건사업과 지역사회간호

지역사회간호시대
(1980년~현재)
	① 보건의료환경의 변화와 지역사회간호
	② 보건의료제도의 변화와 지역사회간호
	    ㉠ 일차보건의료와 지역사회간호(지역사회보건간호)
	    ㉡ 건강보험제도의 변화
	    ㉢ 지역사회간호 관련 법과 제도의 변화
	    ㉣ 지역사회간호의 학문적 변천
	    ㉤ 국민건강증진정책의 변화

(3) 우리나라 보건·간호사업의 주요 변화

구분	연도	주요 보건·간호사업
1960년대	1956	보건소법 제정
	1961	국가결핵관리사업 시작
	1962	가족계획사업 추진, 보건소법 개정 및 보건소 사업 확장
	1967	학교보건법 제정 ⇨ 양호교사 직무 구체화

기출의 재발견

❖ 우리나라 지역사회 간호의 발달사에 대한 설명으로 가장 옳은 것은? [23. 서울]

① 1956년 보건소법이 제정되면서 읍-면 단위의 무의촌에 보건진료소가 설치되었다
② 1981년 산업안전보건법이 제정되면서 산업장 간호사가 보건관리자가 되었다.
③ 1995년 국민건강증진법이 제정되고 보건소법이 지역보건법으로 개정되었다.
④ 노인장기요양보험법이 2008년 제정되었다.

정답 ③

기출의 재발견

❖
〈보기〉에 제시된 우리나라 지역사회간호 관련 역사를 시간순으로 바르게 나열한 것은?

[20. 서울]

(가) 「산업안전보건법」의 제정으로 보건담당자인 간호사가 상시근로자 300명 이상인 사업장에 배치되었다.
(나) 「노인장기요양보험법」의 제정으로 노인장기요양사업이 활성화되었다.
(다) 「국민건강증진법」이 제정되어 지역사회 간호사의 역할이 더욱 확대되는 계기가 되었다.
(라) 「의료법」의 개정으로 전문간호사 영역이 신설되어 가정, 보건, 노인, 산업 등의 지역사회실무가 강화되었고, 이후 13개 분야로 확대되었다.

① 가 - 나 - 다 - 라
② 가 - 다 - 라 - 나
③ 나 - 다 - 라 - 가
④ 다 - 가 - 라 - 나

정답 ②

	연도	내용
1970년대	1970	가족계획연구원 설립
	1973	모자보건법 제정, 의료법 시행규칙에 따라 보건간호 분야의 간호원으로 자격 인정받음
	1976	한국보건개발연구원 설립
	1977	최초로 의료보험 시행
1980년대	1980	농어촌 등 보건의료를 위한 특별조치법 제정
	1981	인구증가억제대책 발표, 산업안전보건법 제정
	1987	후천성면역결핍증예방법 제정
	1989	전국민 의료보험 실시
1990년대	1990	산업안전보건법 제정, 산업장의 간호사 보건관리자로 인정
	1991	보건소 만성질환자 방문간호사업, 의료법 개정 ⇨ 가정간호사제도 합법화
	1995	국민건강증진법, 정신보건법 제정, 지역보건법(보건소법의 명칭 변경) 개정 및 시행
	1997	국민건강증진기금 조성, 15개 보건소 건강증진사업 실시
	1998	식품의약품안전청 승격
2000년대	2000	의약분업, 공공보건의료에 관한 법률 제정
	2002	국민건강증진종합계획 수립, 양호교사를 보건교사로 개칭
	2003	질병관리본부 출범, 의료법 시행규칙 개정 10개 분야 전문간호사 영역 신설(가정, 보건, 노인, 산업 등의 지역사회 실무 강화), 한국간호평가원 창립, 국민건강증진법에 보건교육사 제도 신설
	2005	저출산고령사회기본법 제정
	2006	제1차 저출산고령사회기본계획 수립, 전문간호사자격에 종양, 임상, 아동 분야가 추가 - 13개 전문간호사 분야로 확대
	2007	노인장기요양보험법 제정(2008년 시행), 방문건강관리사업 실시
	2008	다문화가족지원법 제정
2010년대	2010	제2차 저출산고령사회기본계획 수립, 건강박람회 개최
	2011	보건소 건강생활실천통합서비스 실시, 3차 국민건강증진종합계획 수립, 국민건강증진재단 출범
	2013	지역사회 통합건강증진사업
	2015	지역보건법 전부 개정
	2017	치매국가책임제(치매안심센터의 설립)
2020년대	2020	질병관리본부를 질병관리청으로 승격

기출의 재발견

01
다음에서 건강형평성 수준을 판단하기 위해 활용할 수 있는 지표만을 모두 고르면? [2021]

ㄱ. 지역별 암 발생률
ㄴ. 소득수준별 건강수명
ㄷ. 직업유형별 심뇌혈관 유병률
ㄹ. 교육수준별 유산소운동 실천율

① ㄱ, ㄷ
② ㄱ, ㄴ, ㄹ
③ ㄴ, ㄷ, ㄹ
④ ㄱ, ㄴ, ㄷ, ㄹ

| 정답 | ④

02
(가), (나)에 해당하는 지역사회간호사의 역할은? [2017]

(가) 간호직 공무원 A씨는 지체장애인 B씨의 대사증후군 관리 방안을 수립하기 위해 영양사, 운동치료사와 팀회의를 실시하였다. 회의 결과, B씨는 복부비만, 고혈압, 당뇨가 심각한 수준이지만 장애로 인해 보건소 방문이 어려우므로 가정방문을 실시하기로 하였다.
(나) 가정방문을 실시한 A씨는 B씨에게 식이조절을 포함한 대사증후군 관리 방법을 설명하였다.

	(가)	(나)
①	협력자	교육자
②	협력자	의뢰자
③	연구자	의뢰자
④	연구자	교육자

| 정답 | ①

03

향우회와 같은 집단은 어떤 지역사회 유형에 해당되는가? [2016]

① 기능적 지역사회
② 경제적 지역사회
③ 구조적 지역사회
④ 감정적 지역사회

| 정답 | ④

04

지역사회에서 활동하고 있는 인력과 법적근거를 바르게 연결한 것은?

① 보건진료 전담공무원 - 지역보건법
② 보건관리자 - 의료급여법
③ 보건교육사 - 국민건강증진법
④ 가정전문간호사 - 노인복지법

| 정답 | ③

05

〈보기〉에서 설명하는 지역사회 기능으로 가장 옳은 것은?

〈보기〉
- 사회를 구성하는 조직원 간에 관련된 기능으로, 지역사회가 유지되기 위하여 사회의 구성원 사이에 서로가 믿음과 신뢰를 바탕으로 상호존중한다.
- 구성원 상호간 결속력과 사명감이 필요하며 주민 공동의 문제해결을 위하여 공동으로 노력하는 활동이 포함된다.

① 경제적 기능
② 사회화 기능
③ 사회통제기능
④ 사회통합기능

| 정답 | ④

마인드 맵

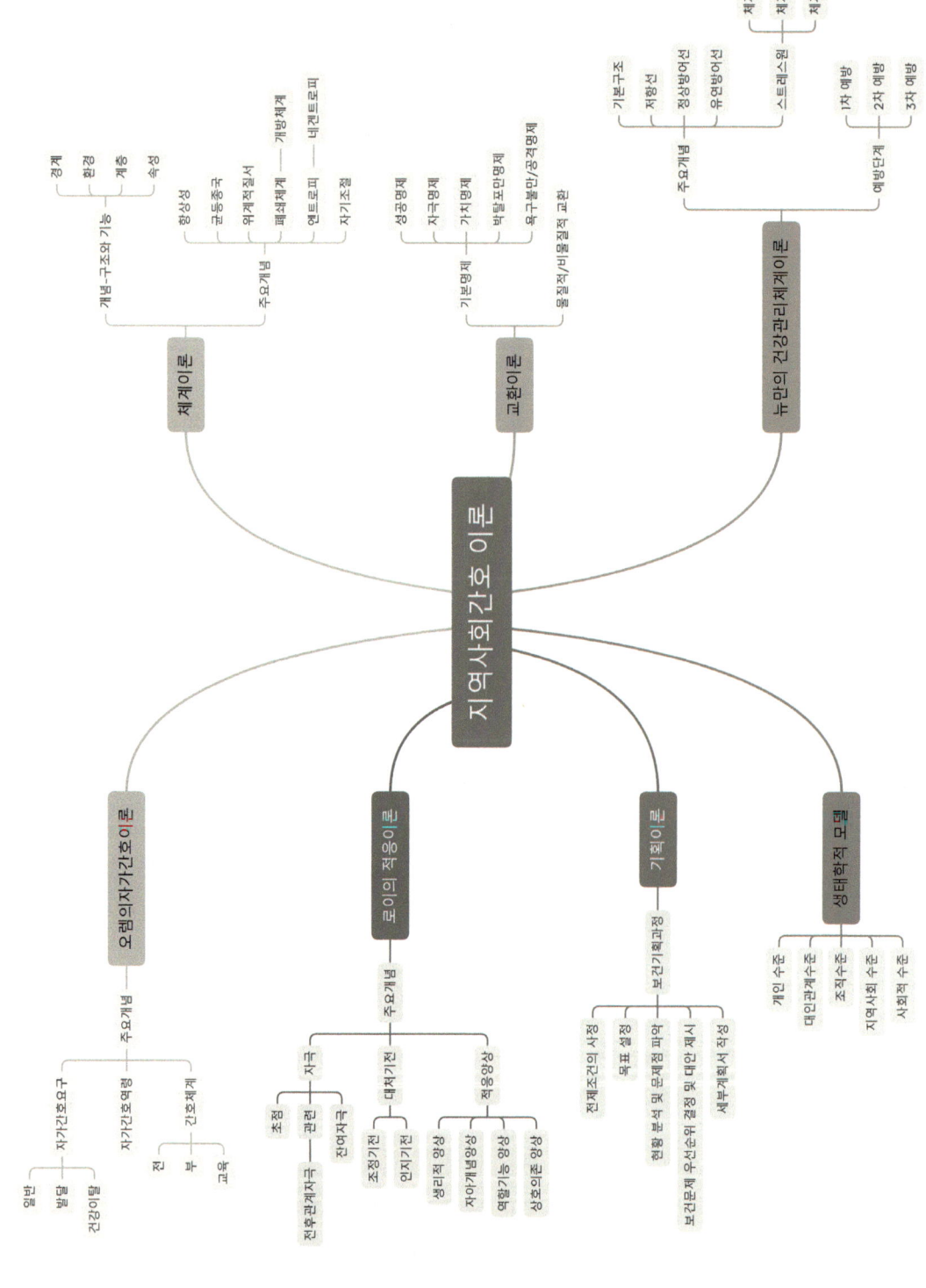

CHAPTER 02
지역사회간호 이론

01 **체계이론**
02 **교환이론**
03 **뉴만(B. Neuman)의 (건강관리)체계이론**
04 **오렘(D.E. Orem)의 자가간호이론**
05 **로이(C. Roy)의 적응이론**
06 **기획이론**
07 **생태학적 모델(Ecological Model)**

PRETEST OX퀴즈

1 지역사회보건의료체계가 있으면 건강문제에 유연하게 대처할 수 있다. ○ ×

2 당뇨로 진단받은 대상자가 혈당관리를 잘 하지 못하고 있는 경우 오렘(Orem)의 이론에 따를 때 일반적 자가간호요구가 있다고 볼 수 있다. ○ ×

3 신체의 면역체계는 뉴만(Neuman)의 건강관리체계이론에 따를 때 저항선으로 이해할 수 있다. ○ ×

4 노인 대상자가 일반적 자가간호요구를 충족할 수 있으나 질병과 관련된 문제에 대해 도움이 필요한 상태라면 부분적 보상체계가 필요하다고 볼 수 있다. ○ ×

5 로이(Roy)의 적응이론에서 초점자극은 관련된 다른 모든 자극을 말한다. ○ ×

6 특정 행동이 이익으로 보상되면 그런 행동이 되풀이될 가능성이 높다는 것은 박탈포만명제에 대한 설명이다. ○ ×

7 로이(Roy)의 적응이론에서 측정되기 어려운 신념, 태도, 성격 등은 관련자극이다. ○ ×

해설

1 ○ 이런 관점에서 보건의료체계를 뉴만(Neuman)의 건강관리체계이론의 유연방어선으로 이해할 수 있다.
2 × 질병상태, 진단, 치료와 관련된 비정상적인 상태로 건강이탈 자가간호요구라고 이해할 수 있다.
3 ○ 면역체계가 깨지면 질병이 발생하여 구조가 손상된다고 이해할 수 있다.
4 ○ 일반적 자가간호요구를 충족하지만 건강이탈 자가간호요구의 충족에 도움이 필요하면 부분적 보상체계가 필요하다.
5 × 초점자극은 직접적 사건이나 상황이고, 관련된 다른 모든 자극은 관련자극이다.
6 × 교환이론에서 성공명제의 내용이다.
7 × 관련자극이 아니라 잔여자극이다.

CHAPTER 02 지역사회간호 이론

SECTION 01 체계이론

(1) 체계❶의 구조

구분	내용
경계	체계를 환경으로부터 구분하는 것, 투과성에 따라 체계가 얼마나 개방적인지 결정
환경	경계 외부의 세계로서, 속성의 변화가 이루어지는 요소
계층	체계의 배열은 계층적 위계질서가 있으며, 하위체계의 계속적인 활동으로 체계가 유지
속성	체계의 부분이나 요소의 특성을 의미(투입, 변환, 산출, 회환)

❶ 사물 사이에 환경과 상호작용하고 있는 요소들의 집합체로 정의됨. 상호 의존하면서 상호작용을 통해 기능하는 구성물들의 집합체

(2) 주요 개념

구분	내용
물질과 에너지	물질은 질량과 물리적 공간에 존재하며 에너지란 활동할 수 있는 능력을 의미
항상성	유기체가 안정상태로 유지하려고 행동하는 조절(regulation)의 총체(회환의 개념은 항상성의 한 예로 설명됨)
균등종국	체계의 시작상태와는 상관없이 끝에 도달하게 되는 것이 개방체계의 또 하나의 특성. 체계는 목표 지향적이며, 시작점과 과정이 다를지라도 목표에 도달하게 됨
위계적 질서	모든 체계에는 질서와 양상이 있음. 기능과 구조적인 위계질서와 과정적인 질서로 모든 체계가 복잡한 계열·과정을 통해 상호 연결되며, 모든 체계의 부분이나 구성요소 간에 순차적이고 논리적인 관계가 있음을 의미함
폐쇄체계·개방체계	폐쇄체계에서는 환경과 물질이나 에너지의 상호교환은 없고, 개방체계에서는 환경과 물질이나 에너지의 상호교환이 이루어짐
엔트로피·네겐트로피	① 엔트로피(Entropy)는 일로 전환될 수 없는 체계 내에 남아 있는 에너지 양으로 폐쇄체계에서 최대한 증가하여 평형상태를 이룸. 이는 무질서의 에너지, 무질서를 증가시키는 에너지, 이용될 수 없는 에너지로 나타남 ② 네겐트로피(Negentropy)는 체계에 의해 활용되는 에너지로서 활동할 수 있는 에너지의 양
자기조절	개방체계의 한 특성은 자기조절능력이며, 체계 내 질서, 예측력, 환경조절 등이 체계의 자기조절에 중요한 영향을 미침

❶ 자료원: 최연희 외(2016). 최신 지역사회간호학. 수문사 활용하여 재구성함

(3) 체계이론의 지역사회에의 적용❶

구성요소	지역사회에의 적용
구성물	지역사회 주민
자원	지역사회 내 건강과 관련된 인적·물적·사회환경적 자원
상호작용	지역사회 주민과 자원(인적·물적·사회환경적 자원 등)과의 상호작용
목표	적정기능수준의 향상, 건강의 유지·증진, 삶의 질 향상
경계	지역사회의 경계(예 도시의 행정구역)

SECTION 02 교환이론

(1) 교환이론의 개요

구분	내용
기본가정	인간은 합리적인 동물이며, 최대의 이익을 추구하려는 경향이 있다는 심리적인 요인에 가정을 둠
호만스(Homans)의 교환이론	개인 간의 관계에 중점(미시적 분석), 인간의 사회관계를 주고받는(give & take) 관계로 봄
블라우(Blau)의 교환이론	사회적 구조에 중점을 두는 거시적 분석으로 교환을 설명
지역사회간호에서 교환이론	대인관계에서 물질적 자원과 비물질적 자원이 교환되어 이루어지는 것에 초점

(2) 주요 개념

기본명제	내용
성공명제	특정 행동이 이익으로 보상되면 그런 행동은 되풀이될 가능성이 높음
자극명제	일련의 특정 자극을 포함한 과거의 행동이 보상을 받으면 이전과 동일하거나 유사한 활동을 많이 하게 됨
가치명제	특정 행동의 결과가 가치가 있을수록 그런 행동가능성은 높아짐
박탈포만명제	특정의 보상을 많이 받을수록 그 이상의 보상은 점차 가치가 없는 것으로 되어감

욕구불만·공격명제	기대한 만큼의 보상을 못 받았을 때 혹은 생각지도 않은 벌을 받았을 때 인간은 분노하게 되고, 그 분노의 공격적 행동의 결과는 결국 보수를 받게 될 것임
물질적 교환	물건 값을 주고 물건을 사는 행위와 같은 것
비물질적 교환	물건이 아닌 감정, 고마움, 미소 등이 전달되는 것
교환	경제적 측면의 교환뿐 아니라 사회적인 관계에서도 이해득실 따짐
적용	① 간호과정의 수행단계에서 교환이 가장 잘 이루어짐 ② 지역사회간호 서비스의 제공시 물질적·비물질적 교환의 두 측면이 모두 중요함 예 간호사가 보건소에 방문한 대상자에게 독감예방접종을 시행하고 비용을 받는 경우(물질적 교환), 대상자들에게 단체로 실시한 보건교육에 대한 대상자의 감사의 마음(비물질적 교환)

SECTION 03 뉴만(B. Neuman)의 (건강관리)체계이론

(1) 뉴만이론의 이해

구분	내용
개요	간호의 대상인 인간을 총체적 인간으로 접근, 생리적·심리적·사회문화적 발달, 영적 변수로 구성된 하나의 체계로서 생존의 필수요소로 구성된 기본구조와 이를 둘러싼 3가지 보호막, 즉 저항선, 정상방어선, 유연방어선으로 구성됨.
건강 개념	체계 속 기본구조와 방어선이 스트레스(원)를 막아내어 안정상태를 이루는 것으로 설명함

(2) 주요 개념

구분	내용
기본구조	① 기본구조와 이를 둘러싼 3가지 방어선으로 형성된 체계 ② 인간은 환경과 상호작용하는 개방체계 ③ 대상자의 생존요인, 유전적 특징, 강점 및 약점이 모두 포함된 생존에 필요한 에너지 자원
저항선	핵심원에 가장 가까이 핵심 부위로부터 거리와 크기가 다양한 융통성을 가지는 저항선이 있음. 이는 스트레스 요인에 대해 저항하여 유기체를 돕는 어떤 내적 요인을 나타냄 예 백혈구의 이동, 면역생성반응 등

정상방어선	인간이 안정상태를 유지하기 위해 필수적인 것 예 개인의 대처기전, 생활양식, 발달상태 등	
유연방어선	역동적이며 단시간 내에 신속하게 변화 가능함. 이는 스트레스 요인이 정상방어선을 파괴하는 것을 예방하기 위한 완충지대라고 할 수 있음 예 영양불량, 불면, 많은 스트레스 등이 완충체계의 효과를 감소시킬 수 있음	
스트레스원	개인의 생활 속에서 평형을 깨뜨리거나 상황이나 성장에서의 위기 등 긴장을 유발하는 자극으로 정의됨	
	인간 내 요인	① 체계 내 요인 = 내적 스트레스원 ② 개체 내에서 일어날 수 있는 요소로서 다시 대상체계에 영향을 줄 수 있는 자극을 의미 예 조건반사, 통증, 불안, 상실
	대인관계 요인	① 체계 간 요인 = 대인적 스트레스원 ② 개체 간에 일어나는 자극요인 예 역할기대
	인간 외 요인	① 체계 외 요인 = 외적 스트레스원 ② 개체 외부에서 발생하는 요인 예 경제적 상황, 관습의 변화, 실적 등
예방단계	일차예방	대상체계에서 어떤 증상, 즉 반응이 생기지 않은 상태에서 수행되는 간호중재
	이차예방	스트레스원이 정상방어선을 침입하여 저항선에 도달함으로써 증상이 나타나기 시작했을 때 시행하는 중재
	삼차예방	스트레스에 의해 기본구조가 파괴되었을 때 다시 체계의 균형상태를 재구성함으로써 바람직한 안녕상태로 되돌리기 위한 중재
재구성 (Reconstitution, 회복, 복구)	① 스트레스원에 대한 반응을 처리한 이후 이루어지는 것 ② 체계가 안정된 상태로 되돌아가는 것을 의미. 이때의 안정성은 스트레스원이 침범하기 이전보다 더 나은 건강상태일 수도 있고, 더 낮은 건강상태일 수도 있음 ⇨ 대상체계의 안정성을 회복·유지하는 데 초점을 맞춤	
적용	① 대상자에게 접근 시 하나의 체계로 접근, 간호의 목표는 대상체계가 균형있는 안정상태를 유지하도록 하는 것임을 제시 ② 간호활동은 기본구조를 중심으로 구성되어 있는 3가지 방어선에 대한 사정·확인과 스트레스원에 대해 초점을 맞추며, 스트레스원이 어느 정도 방어선을 침범했느냐에 따라 1·2·3차 예방활동으로 나누어 중재하는 것으로 제시	

SECTION 04 오렘(D.E. Orem)의 자가간호이론

(1) 오렘 이론의 이해

구분	내용
인간	생물학적·사회적·상징적으로 기능하는 하나의 통합된 개체로서 자가간호라는 행동 형태를 통하여 계속적인 자기유지와 자기조절을 수행하는 자가간호요구를 가진 자가간호행위자로 봄
자가간호	① "개인이나 지역사회가 자신의 삶, 건강, 안녕을 유지·증진하기 위해 시도되고 수행하는 행위"라고 정의 ② 인간의 구조적 통합과 기능의 활성화, 인간발달과 관련된 지속적이며, 체계적인 행위로 설명함

(2) 주요 개념

구분		내용
자가간호요구	일반적(보편적) 자가간호요구	인간의 기본적인 욕구를 충족시키는 행동으로 공기, 물, 음식 섭취, 배설, 활동과 휴식, 고립과 사회적 상호작용, 생명에 대한 위험으로부터의 예방, 정상적인 삶 등의 자가간호요구
	발달적 자가간호요구	인간의 발달과정과 생의 주기의 다양한 단계 동안 발생하는 임신, 미숙아 출생, 가족 사망 등과 같이 성장·발달과 관련된 상황에서 필요로 하는 자가간호요구
	건강이탈 자가간호요구	질병이나 상해 시에 요구되는 것으로 자아상의 정립, 일상생활 과정의 변화, 건강이탈로 인한 진단이나 치료에 대처하거나 새로운 생활에의 적응과 관련되어 나타나는 자가간호요구
자가간호역량		자가간호를 수행하는 개인의 능력
자가간호결핍		자가간호역량이 자가간호요구를 충족시킬 수 없을 때 발생하는 자가간호역량 부족양상
간호역량		자가간호 결핍이 있는 대상자에게 자가간호요구를 충족시키기 위한 치료적 간호체계를 계획, 제공, 조절하는 간호능력
간호체계		치료적인 자가간호요구를 충족시키기 위해 필요한 간호행위
	전체적 보상체계	① 개인이 자가간호활동을 거의 수행하지 못하는 상황으로 간호사가 전적으로 환자를 위하여 모든 것을 해주거나 활동을 도와주는 경우 ② 완전 무기력 상태
	부분적 보상체계	개인 자신이 일반적 자가간호요구는 충족시킬 수 있으나 건강이탈요구를 충족시키기 위해서는 도움이 필요한 경우

	교육지지적 체계	환자가 자가간호요구를 충족시키는 자원은 가지고 있으나 의사결정, 행위조절, 지식이나 기술을 획득하는 데 간호사의 도움❶이 필요한 경우
	적용	① 1단계 사정: 자가간호요구의 3영역을 사정 ② 2단계 사정: 자가간호역량을 사정, 간호진단은 자가간호결핍을 중심으로 기술, 간호계획은 적절한 간호체계를 결정하고 중재방법을 모색

❶ 지지, 지도, 발전적 환경 제공, 교육 등의 도움

SECTION 05 로이(C. Roy)의 적응이론

(1) 로이 이론의 이해

구분	내용
인간	하나의 체계로서 주위 환경으로부터 계속적으로 투입되는 자극을 받고 있으며, 이러한 자극에 대하여 내부의 과정인 대처기전을 활용하여 적응양상을 나타내고, 그 결과로 반응을 나타내는 것으로 봄
간호목표	인간이 통합된 총체적 상태인 적응의 상태를 유지하는 것, 즉 간호활동은 자극 자체를 감소시키거나 내적 과정인 적응양상에 영향을 주어 인간이 적응반응을 나타낼 수 있도록 돕는 것

(2) 주요 개념

구분		내용
자극	초점자극	인간이 행동유발에 가장 큰 영향을 미치고 있는 직접적 사건이나 상황
	관련자극 (전후관계자극)	① 초점자극에 의해 유발되는 행동과 관련된 다른 모든 자극, 환경으로부터 투입되며 내적 상태에 현존하는 자극 ② 사람에게 영향을 미치는 내·외부로부터의 환경적 요소 의미
	잔여자극	인간행동에 간접적으로 영향을 줄 수 있는 요인으로 현 상태와 관련되어 있지만 대부분 측정되기 어려운 신념, 태도, 성격 등 파악하기 어려운 개인의 특성, 통제하거나 사정하기 어려움

대처기전	조정기전 (regulation)	자극이 투입될 때 중추신경계를 중심으로 하는 것으로 화학적, 내분비계 반응 등을 통해 자율적으로 반응하는 하부체계 대처기전 ⇨ 생리적 적응양상과 연관
	인지기전 (cognator)	자극이 투입될 때 네 개의 인지적·정서적 채널 포함하는 주요 대처과정, 즉 정보처리, 학습, 판단, 정서 등의 복잡한 과정을 통해 반응하는 하부체계 대처기전
적응양상	생리적 양상	환경자극에 대해 인간이 신체적으로 반응하는 방법, 신체의 기본 욕구에 대해 반응하는 방법

	자아개념 양상	① 정신적 통합성을 유지하기 위해 일어나는 적응양상
		② 자아개념은 신념과 느낌의 복합체로서 신체적 자아와 개인적 자아로 구분할 수 있음
		   ㉠ 신체적 자아: 신체적으로 자신을 지각하고 형성하는 능력 또는 자신의 신체에 대한 주관적인 생각으로, 감각과 신체상이 포함됨
		   ㉡ 개인적 자아: 자신의 성격, 기대, 가치에 대한 평가로서 도덕-윤리적 자아, 자아 일관성, 자아이상·기대가 포함됨.

	역할기능 양상	① 부여된 사회적 지위에 따른 의무의 수행 ② 역할전이, 역할실패, 역할갈등
	상호의존 양상	① 의미 있는 타인이나 지지체계와의 관계, 사랑, 존경, 가치를 주고받는 것과 관련 있음 ② 분리, 고독감
반응	효율적 적응반응	초점자극이 개인의 적응수준 범위 안에 주어질 때
	비효율적 반응	적응수준을 벗어나는 자극인 경우 ⇨ 개인의 통합성과 일반적 목표달성을 방해한다고 봄
적용		① 2단계의 사정으로 구성: 1단계 사정에서 4가지 적응 양상에 대한 대상자의 반응을 사정하고, 2단계 사정에서는 대상자에게 영향을 미치는 자극을 규명함 ② 간호진단은 비효율적인 반응과 자극의 관련성을 초점으로 기술하며, 간호계획은 적응반응을 변화시킬 수 있도록 적응양상과 자극에 대한 중재방법을 모색함

SECTION 06 기획이론

(1) 기획이론의 개요

구분	내용
정의	기획이란 현재와 미래에 사용 가능한 자원을 효율적이며 적절하게 사용하여 목표를 달성하기 위한 체계적 방법
특성	조직적·계획적·동태적인 과정, 전략적 의사결정 과정

(2) 주요 개념(특성, 필요성)

구분	내용
특성	① 연속적 과정이므로 일반적 추세나 여건을 항상 재검토해야 함 ② 과학적·체계적·논리적·합리적인 방법으로 특수한 절차나 기술을 이용하여 사전에 면밀하게 조정된 과정 ⇨ 미래사건에 영향 받아 계획활동 변경
필요성	① 각종 요구와 희소자원의 배분 ② 이해대립의 조정과 결정 ③ 변화하고 발전하는 지식과 기술개발에 따른 적용 ④ 합리적 결정수단 제공
귤릭(Gulick)의 관리과정 (POSDCoRB)	① 기획(Planning)　② 조직(Organizing) ③ 인사(Staffing)　④ 감독(Directing) ⑤ 조정(Coordination)　⑥ 보고(Reporting) ⑦ 예산(Budgeting) 단계
테일러(Taylor)의 보건기획과정	① 전제조건의 사정 ② 목표 설정 ③ 현황분석 및 문제점 파악 ④ 보건문제 우선순위 결정 및 대안 제시 ⑤ 세부계획서 작성
기획의 순환	① 전제조건의 사정 ② 보건현황 분석 ③ 우선순위 결정과 각종 사업방법의 연구 ④ 계획의 작성 ⑤ 사업수행 ⑥ 평가 및 재계획

SECTION 07 생태학적 모델(Ecological Model)

(1) 생태학적 모델 이해

구분	내용
개요	① 1979년 브론펜브레너(U. Bronfenbrenner)의 인간발달생태학으로 개념화 ② 인간(유기체)과 환경의 상호작용 ⇨ 적응
건강행위 영향요인	개인의 건강행위 영향요인으로 개인요인, 대인관계 요인, 조직 요인, 지역사회 요인, 사회적(공공정책 등) 요인 등 5가지 수준으로 구분

(2) 주요 개념

구분	내용
개인 수준	① 개인의 건강수준 및 건강행위를 설명하는 가장 기본적인 단위 ② 개인의 인구사회학적 특성, 건강 관련 특성, 배경지식, 태도, 신념 등 다양한 심리학적 모델들에 나타난 개인 수준의 개념들이 포함됨
대인관계 수준	① 가족, 직장동료, 친구관계를 포함하고, 공식적·비공식적 사회적 관계 및 사회적 지지체계가 미치는 영향 ② 사회적 관계는 정서적 지지, 정보, 사회적 접촉과 사회적 역할에 대한 접근, 사회적 책임을 다하는 데 필요한 도움 등과 같은 사회적 자원❶ 제공
조직 수준	① 개인이 속한 조직의 구조, 운영방식, 문화 등이 건강에 영향을 미침 ② 조직의 경영방식, 의사결정 권한, 의사소통 체계 등도 조직에서 개인의 건강에 영향을 미치는 요인임
지역사회 수준	지역사회 주변의 물리적 시설 및 환경, 교통수단, 이웃과의 관계 등 개인의 활동 등
사회적 수준	지역과 국가의 법률, 정책 등의 거시적인 범위에서의 요인들

❶ 사회적 자원은 사회적 지지라고도 명명함. 이는 생활 스트레스의 중요한 완충제이며 건강 유지를 위한 주요 구성요소

(3) 적용 예❷

수준	내용
개인 수준	체험활동을 통한 흡연예방 프로그램, 흡연예방 공모전 참여(만화, SNS 등)
대인관계 수준	부모님과의 의사소통, 교사가 교육자료를 배포, 학급에 게시
조직 수준	흡연예방 선서식에서 금연결의문 낭독 또는 금연홍보물 관람
지역사회 수준	흡연예방 캠페인으로 지역주민 대상 흡연예방 및 금연 홍보활동
사회적 수준	흡연율을 낮추기 위한 담배값 인상, 흡연지역 제한, 금연교육 확대 등

❷ 최연희, 하영선, 박민아(2012). 생태학적 모델을 적용한 학교 기반 흡연예방 프로그램의 효과. 한국지역사회간호학회지, 23(3), 327-337.에서 재구성

기출의 재발견

01
뉴만(Neuman)의 건강관리체계 이론에 대한 설명으로 옳은 것은?

① 저항선은 스트레스원이 정상방어선을 침범하지 못하도록 완충역할을 한다.
② 기본구조는 생존하기 위한 필수적인 구조로 이를 보호하는 3가지 방어선으로 둘러싸여 있다.
③ 유연방어선을 강화하는 것은 2차예방에 해당된다.
④ 정상방어선은 기본구조의 가장 가까이에서 스트레스원에 대한 내적저항력을 가진다.

| 정답 | ②

02
다음의 간호행위에 적용된 이론은?

> "결장암 수술 후 colostomy를 한 환자에게 가정방문을 통하여 colostomy 부위의 피부간호와 가스형성 감소를 위한 식이교육을 실시하였다."

① 오렘(Orem)의 자가간호결핍이론을 적용한 부분적 보상체계수행
② 뉴만(Neuman)의 건강관리체계이론을 적용한 유연방어선 강화
③ 로이(Roy)의 적응이론을 적용한 역할기능의 적응
④ 펜더(Pender)의 건강증진모형을 적용한 건강증진행위 수행

| 정답 | ①

03
로이(Roy)는 적응이론에서 환경에 대처하기 위한 개인의 능력에 영향을 주는 자극을 3가지로 분류했다. 다음 중 A씨의 상황에서 잔여자극(residual stimuli)에 해당하는 것은?

① A씨는 당뇨병을 진단받았다.
② A씨는 당뇨식이의 유익성에 대한 신념이 부족하다.
③ A씨는 혈당 측정에 대한 근심으로 불면증을 호소한다.
④ A씨는 장기간의 투병으로 재정적 어려움이 크다고 호소한다.

| 정답 | ②

04

체계이론을 지역사회간호에 적용하려고 한다. 목표, 경계, 인구, 자원, 상호작용, 환경으로 나눈다고 할 때 의사, 간호사 등의 보건의료인력은 어디에 해당하는가?

① 인구
② 경계
③ 자원
④ 목표

| 정답 | ③

05

고혈압 진단을 받은 남성이 고혈압약 복용과 관리를 잘하여 혈압 120/80mmHg를 유지하고 있다고 한다. 이 남성은 뉴만의 건강관리체계이론의 어느 방어선을 잘 유지하고 있다고 볼 수 있는가?

① 기본구조
② 저항선
③ 정상방어선
④ 유연방어선

해설

이미 고혈압 진단을 받았고, 중재가 이루어지고 있다, 즉 이차예방적 접근이라고 이해할 때 저항선이라고 볼 수 있다.

| 정답 | ②

마인드 맵

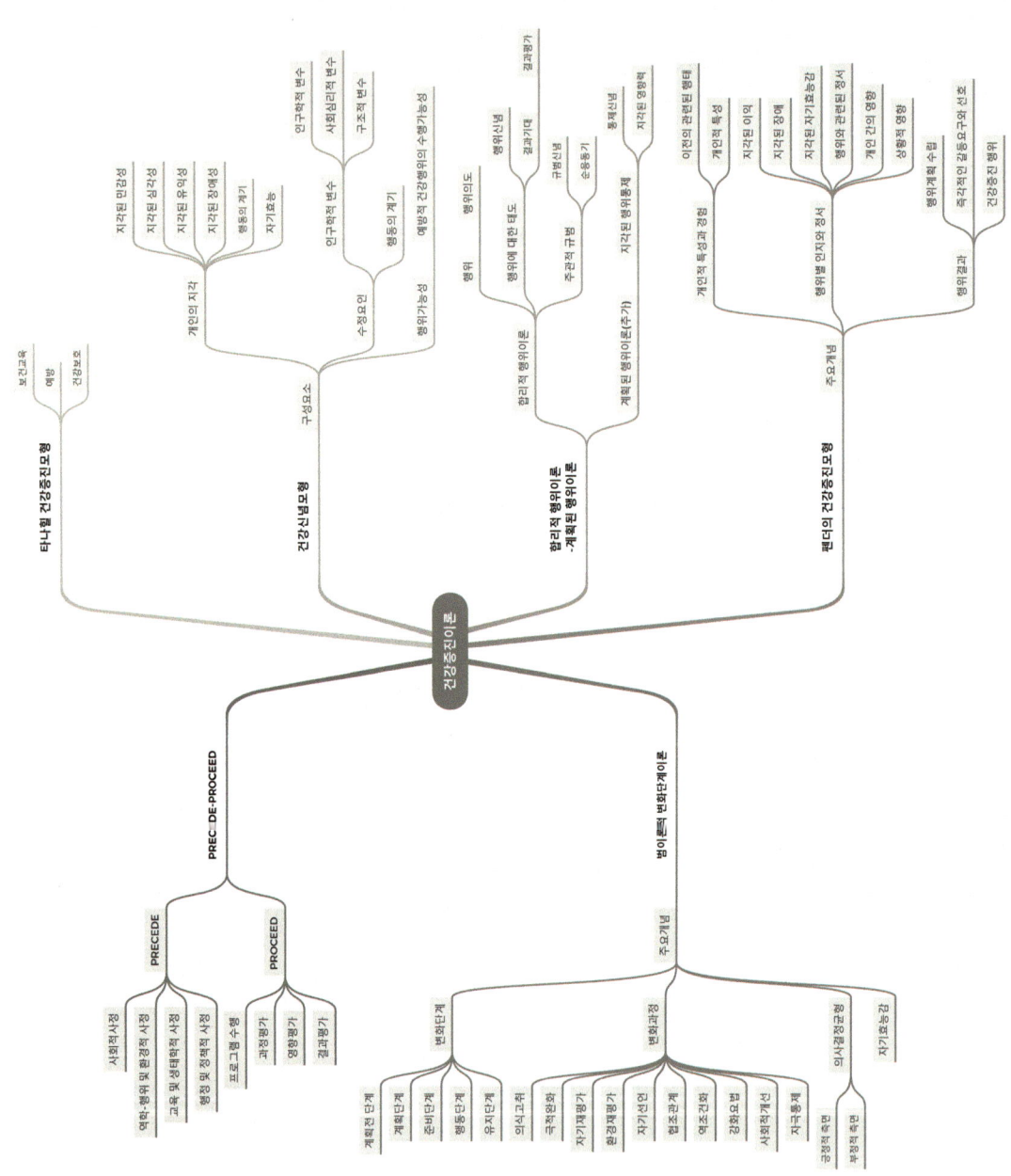

CHAPTER 03
건강증진과 보건교육

01 건강증진의 개요
02 국민건강증진종합계획
03 건강증진 관련 이론
04 건강증진사업의 실제
05 보건교육의 이해
06 보건교육 프로그램 개발
07 보건교육의 수행
08 보건교육 평가

PRETEST OX퀴즈

1. 그린과 크루터(Green & Kreuter)는 건강에 도움이 되는 행동과 생활환경을 만들기 위한 교육적 및 환경적 지지의 결합을 건강증진이라고 설명하고 있다. ○ ×

2. 알마아타 회의에서 건강증진의 3대 원칙을 제시하였다. ○ ×

3. 국민건강증진종합계획 HP 2030에서는 국가와 지역사회의 모든 정책 수립에 건강을 우선적으로 반영할 것을 원칙으로 한다. ○ ×

4. 건강신념모형은 민감성과 심각성만을 건강행위의 요인으로 이해한다. ○ ×

5. 6개월 이내에 행동을 취할 의도를 가지고 있다면 준비단계이다. ○ ×

6. 우리나라의 경우에 성인인구의 흡연율이 줄어드는 반면, 여성과 청소년의 흡연은 점차 증가되고 흡연 시작 연령은 낮아지고 있다. ○ ×

7. 국민건강증진법에서는 국민의 영양상태를 조사하여 국민의 영양개선방안을 강구하고 영양에 관한 지도를 실시할 것을 명시하고 있다. ○ ×

해설

1. ○
2. × 오타와 헌장(Ottawa Charter)에서 건강증진의 3대 원칙과 5대 활동요소를 발표하였다.
3. ○ 기본원칙에서 제시된다. 뿐만 아니라 보편적인 건강수준의 향상과 건강형평성 제고 추진, 모든 생애과정과 생활터에 적용, 건강친화적인 환경 구축, 누구나 참여하여 만들고 누릴 수 있도록 하며, 관련된 모든 부문이 연계하고 협력할 것을 원칙으로 한다.
4. × 건강신념모형은 지각된 민감성, 심각성, 유익성, 장애성, 그리고 자기효능감 및 행동의 계기까지 고려하는 이론이다.
5. × 문제의 경우는 계획단계로 봐야 한다. 준비단계는 1개월 이내의 변화할 가능성 있는 경우이다.
6. ○
7. ○ 국민건강증진법 제15조【영양개선】① 국가 및 지방자치단체는 국민의 영양상태를 조사하여 국민의 영양개선방안을 강구하고 영양에 관한 지도를 실시하여야 한다.
　② 국가 및 지방자치단체는 국민의 영양개선을 위하여 다음 각호의 사업을 행한다.
　　1. 영양교육사업
　　2. 영양개선에 관한 조사·연구사업
　　3. 기타 영양개선에 관하여 보건복지부령이 정하는 사업

CHAPTER 03 건강증진과 보건교육

SECTION 01 건강증진의 개요

1 건강증진

(1) 건강증진의 개념

구분	내용
정의	① 단순히 질병의 치료나 예방에 그치는 것이 아니라, 건강행위의 실천을 통하여 개인의 건강잠재력이 충분히 발휘될 수 있도록 개발하는 것 ② 건강평가를 통하여 건강위험요인을 조기에 발견·관리함으로써 건강을 유지·향상하기 위한 보건교육적·예방의학적·사회제도적·환경보호적 수단을 강구하는 것으로 정의할 수 있음
미국 공중보건국 'Healthy People' (1979)	건강증진이란 사람들로 하여금 복지상태를 유지 또는 강화할 수 있는 생활양식을 발전시키도록 돕는 지역사회 및 개인의 대책을 개발하는 것

(2) 건강증진에 관한 주요 견해

구분	특징
그린과 크루터 (Green & Kreuter)	건강에 도움이 되는 행동과 생활환경을 만들기 위한 교육적·환경적 지지의 결합
오도넬 (O'Donnell)	① 건강증진이란 사람들의 건강이 최적의 상태로 향하도록 그들의 생활양식이 변화하는 것을 돕는 과학이자 예술 ② 최적의 건강은 신체적·정신적·사회적·영적·지적 균형을 이룬 상태임
리벨과 클락 (Leavell & Clark)	① 예방을 1차, 2차, 3차 예방으로 구분하고, 질병의 형태에 따라 적절한 예방 수준이 다르게 사용됨 ② 질병을 예방하고 대상자들의 건강상태를 향상시키는 데 활용됨. 즉, 건강증진은 1차 예방의 일부이며, 건강증진의 목적은 최적의 건강을 조장하고 질병에 대한 인간의 저항력을 증가시키는 것임
루트만(Rootman)	① 역량강화, ② 참여, ③ 협력, ④ 다양한 전략 이용

(3) 건강증진의 목표

구분	내용
개인, 지역사회적	개인, 지역사회 자기건강관리능력 향상 ⇨ 건강향상, 의료비용 절감, 건강수명 연장 ⇨ 건강장수와 삶의 질 향상
사회경제적	비용·효과적, 지속 가능한 방법으로 자기건강관리능력을 향상 ⇨ 건강수명 연장, 국가의 사회경제적 부담 경감

(4) 역사적 배경

구분	내용
라론드 보고서 (Lalonde Report, 1974)	캐나다 정부, 건강증진에 관한 '캐나다 보건에 관한 새로운 조망': 기본 질병예방에서 건강증진으로 초점을 맞추고 숙주와 병원체, 환경으로 구분되는 기존 병인론에서 다수 요인에 기초한 병인론(생활양식을 포함)으로 재구축하는 것, 새로운 건강증진운동의 확산
알마아타 회의 (1978)	'2000년까지 세계 모든 인류가 건강을' 목표, 일차보건의료의 중요성 제안
오타와 헌장 (Ottawa Charter, 1986)	건강증진이란 사람들로 하여금 자신의 건강에 대한 통제를 강화하게 하며 자신의 건강을 개선하도록 하는 과정

건강증진의 3대 원칙(전략)	5대 활동요소(실천전략)
① 옹호 ② 역량강화 ③ 연합	① 건강한 공공정책의 수립 ② 지지적 환경의 조성 ③ 지역사회활동의 강화 ④ 개인의 기술개발 ⑤ 보건의료서비스 방향의 재설정

건강증진 3대 원칙		
	옹호	건강에 대한 대중의 관심을 불러일으키고, 보건의료의 수요를 충족시킬 수 있는 건강한 보건정책을 수립해야 한다는 강력한 촉구가 필요함
	역량강화	자신과 가족의 건강을 유지할 수 있게 하는 것을 그들의 권리로 인정하고, 스스로 건강관리에 적극 참여하며 자신들의 행동에 책임을 느끼게 해야 함
	연합	모든 사람들이 건강을 위한 발전을 계속하도록 건강에 영향을 미치는 모든 관련 분야 전문가들의 연합이 필요함

건강증진 5대 활동요소	① 건강한 공공정책의 수립: 건강증진정책은 다양한 부분에서 상호보완적으로 접근하여야 함 ② 지지적 환경의 조성: 자연적·인공적 환경보호나 자연자원의 보존은 건강증진전략에서 기본이 되어야 할 활동

기출의 재발견

❖ 오타와 헌장에서 제시한 건강증진의 활동영역 중 개인의 기술개발(developing personal skills)의 예로 적절한 것은?
[22. 지방직]

① 다중이용시설을 금연구역으로 지정하고 지도 단속하였다.
② 금연의지가 있는 사람들을 모아 동아리를 만들어 지지하였다.
③ 청소년을 대상으로 흡연권유를 거절하는 방법을 교육하였다.
④ 청소년에 대한 담배판매금지법을 만들어 시행하였다.

정답 ③

③ 지역사회활동 강화: 건강증진사업의 목표를 달성하기 위해서는 우선순위와 활동범위를 결정하고, 전략적 계획과 실천방법을 모색하고 구체적이고 효과적인 지역사회활동을 수행
④ 개인의 기술개발: 건강증진활동을 통해 개인은 건강과 환경에 대한 통제능력을 향상시키고, 건강에 유익한 선택을 할 수 있는 능력을 갖게 됨
⑤ 보건의료서비스의 방향 재설정: 보건의료부문의 역할은 치료와 임상서비스에 대한 책임을 뛰어넘어 건강증진 방향으로 전환되어야 함. 건강증진의 책임은 개인, 지역사회, 보건전문인, 보건의료기관, 정부 등 공동의 몫이므로 건강 추구에 함께 기여하는 보건의료체계를 만들어가야 함

2 건강증진 국제회의와 주요 전략

구분	주요 논의 내용
제1차 (캐나다 오타와, 1986)	① 건전한 정책수립에 기여할 수 있어야 함 ② 정책수립과 실천을 가능하게 하는 사회환경의 조성이 필요 ③ 지역사회 조직활동 요구, 개인 및 가족과 사회의 건강을 계속 향상시킬 수 있는 방법과 기술에 대한 교육 및 보건의료제도의 새로운 방향을 정립하기 위한 새로운 보건운동의 필요성을 강조함
제2차 (호주 아들레이드, 1988)	① 건강한 공공정책 수립에 대해 논의 ② 모든 공공정책은 보건의료서비스에 대한 주민의 접근성을 높여 건강을 위협하는 사회적·경제적 불평등을 해소시켜 나가야 한다고 주장
제3차 (스웨덴 선즈볼, 1991)	① 지원환경의 구축에 대해 집중적으로 논의 세계적으로 무력충돌, 인구급증, 불량식품, 자기건강 돌보기 수단 결여, 자연파괴 등 건강에 위협적인 환경요소가 만연하고 있는 상태 ② 지속 가능한 개발과 주민이 참여하는 지역사회 실천의 중요성 강조
제4차 (인도네시아 자카르타, 1997)	① 건강증진은 가치 있는 투자라는 전제 ② 21세기 건강증진을 위한 우선순위로 건강에 대한 사회적 책임 강화, 지역사회의 능력증대 및 개인역량의 강화, 연대를 통한 파트너십 강화, 보건부문 투자 확대, 건강증진을 위한 인프라 구축 등 5대 주제 제시
제5차 (멕시코시티, 2000)	건강과 삶의 질을 향상시키기 위해 건강증진 정책 개발과 확산
제6차 (태국 방콕, 2005)	건강의 결정인자를 규명하고 대처하기 위한 지속적인 정책 및 활동에 대한 투자, 건강을 보장하기 위한 법규의 제정, 동반자 관계 및 연맹 형성을 활동전략으로 제시

제7차 (케냐 나이로비, 2009)	건강증진 및 개발: '수행역량 격차 해소' 주제 ① 지역사회 권한 부여 ② 건강정보를 획득하고, 이해하고 활용할 수 있는 능력 향상 ③ 보건의료시스템 강화 ④ 파트너십과 각 부서 간의 활동 ⑤ 건강증진을 위한 역량 강화
제8차 (핀란드 헬싱키, 2013)	① 국가 수준에서 건강을 위한 다부문적 활동과 모든 정책에서의 건강 접근방법의 시행을 강조 ② 건강체계의 지속가능성, 건강의 사회적 결정요소들에 관한 권고사항의 실시, 비감염성 질병들의 예방과 관리, UN 새천년개발목표(MDGs: the Millennium Development Goals)에 대한 검토
제9차 (중국 상하이, 2016)	① "모두의 건강과 건강을 위한 모든 것"을 모토로 건강도시 2016년 상하이 선언문을 채택 ② 지속 가능한 발전의 본질이 되는 것은 '건강'과 '웰빙'임을 인식, 지속 가능 발전을 위한 모든 활동을 통해 건강증진 달성을 검토

❶ 자료원: 배상수(2012). 건강증진 이론과 접근방법. 계축문화사. p.91. 재구성

3. 건강증진활동의 예❶

구분	내용
건강한 공공정책의 수립	① 금연 작업장 정책 ② 안전벨트 착용 의무화 ③ 위험한 운동이나 자전거 탈 때 안전모 착용을 의무화하는 법 ④ 산업안전 및 보건법 ⑤ 학교 및 직장에서의 집단따돌림 방지 정책
지지적 환경조성	① 자전거 도로 확대 ② 안전한 식수 공급 ③ 저지방, 저염분 식이 공급 ④ 흡연을 거부하는 사회적 분위기
지역사회활동 강화	① 유방암 환자 지지그룹 ② 환자권리 옹호 및 소비자단체 ③ 술 없는 이벤트를 위한 청년단체
개인의 기술개발	① 학교에서의 성교육 ② 안전운전교육 ③ 당뇨관리교육 ④ 스트레스 관리 프로그램
보건의료서비스의 방향 재설정	① 흡연과 신체활동 부족의 위험에 대한 의사 방문지시 상담 ② 유방암 검진 프로그램 ③ 개원의의 지역사회 교육 참여 ④ 건강정보 제공(소책자, 정보지 등)

SECTION 02 국민건강증진종합계획

1 국민건강증진법

구분	내용
제정 배경	국민의 생활수준 향상에 따라 급성전염병의 발생은 줄어들고 있으나 식생활변화·운동부족·흡연·음주 등으로 인하여 만성퇴행성질환이 증가하고 있어 보건정책의 방향을 종래의 치료중심의 소극적 방법에서 보건교육·영양개선·건강생활실천 등 사전예방적 사업으로 전환하여 국민건강증진을 도모하려는 것임 ① 절주를 유도하기 위하여 주류의 판매용 용기에 과다한 음주는 건강에 해롭다는 내용이 표시된 경고 문구를 표기하도록 함 ② 금연을 유도하기 위하여 담배자동판매기는 대통령령으로 정하는 일정 장소에만 설치할 수 있도록 제한하고, 19세 미만의 자에 대하여는 담배를 판매할 수 없도록 하며, 공중이 이용하는 시설의 소유자 등은 해당 시설을 금연구역과 흡연구역으로 구분하여 지정하도록 함 ③ 건강한 생활을 위하여 지역사회 주민·단체 및 공공기관이 참여하는 건강생활실천협의회를 구성하여 건강생활실천운동을 전개하도록 함 ④ 시장·군수·구청장은 지역주민의 건강증진을 위하여 보건소장으로 하여금 보건교육·영양관리·건강검진 등 건강증진사업을 수행할 수 있도록 함 ⑤ 건강증진사업의 추진에 필요한 재원을 확보하기 위하여 담배사업자의 공익사업 출연금 및 의료보험 보험자의 부담금으로 조성되는 국민건강증진기금을 설치하도록 함
국민건강증진을 위한 보건교육의 실시 등 (제12조)	① 국가 및 지방자치단체는 모든 국민이 올바른 보건의료의 이용과 건강한 생활습관을 실천할 수 있도록 그 대상이 되는 개인 또는 집단의 특성·건강상태·건강의식 수준 등에 따라 적절한 보건교육을 실시한다. ② 국가 또는 지방자치단체는 국민건강증진사업 관련 법인 또는 단체 등이 보건교육을 실시할 경우 이에 필요한 지원을 할 수 있다. ③ 보건복지부장관, 시·도지사 및 시장·군수·구청장은 제2항의 규정에 의하여 보건교육을 실시하는 국민건강증진사업 관련 법인 또는 단체 등에 대하여 보건교육의 계획 및 그 결과에 관한 자료를 요청할 수 있다.
건강증진접근의 예시(흡연)	① 실제 국민건강증진법의 제정 및 개정의 대부분의 이유와 근거는 흡연과의 깊은 상관관계를 가짐 ② 최초의 제정이유뿐만 아니라 이후 개정의 이유에서 흡연금지, 간접흡연의 문제, 전자담배의 문제 등에 대해 법령을 제정·개정하여 일종의 건강보호의 관점에서 논의를 전개하고 있음을 이해해야 함

기출의 재발견

제5차 국민건강증진종합계획(Health Plan 2030)에서 '건강생활실천' 분과의 중점과제가 아닌 것은? [23. 지방직]

① 비만
② 영양
③ 절주
④ 구강건강

정답 ①

2 국민건강증진종합계획 HP 2030

구분	HP 2030 내용
기본원칙 (HP 2030)	① 국가와 지역사회의 모든 정책 수립에 건강을 우선적으로 반영 ② 보편적인 건강수준의 향상과 건강형평성 제고를 함께 추진 ③ 모든 생애과정과 생활터에 적용 ④ 건강친화적인 환경 구축 ⑤ 누구나 참여하여 함께 만들고 누릴 수 있도록 함 ⑥ 관련된 모든 부문이 연계하고 협력함
중점과제	건강생활실천 — 금연, 절주, 영양, 신체활동, 구강건강
	정신건강관리 — 자살예방, 치매, 중독, 지역사회 정신건강
	비감염성 질환 예방관리 — 암, 심뇌혈관질환(고혈압, 당뇨), 비만
	감염 및 기후변화성 질환 예방관리 — ① 감염병 예방 및 관리(결핵, 에이즈, 의료 관련 감염, 손씻기 등 포함) ② 감염병위기대비 대응(검역 감시, 예방접종 포함) ③ 기후변화성 질환(미세먼지, 폭염, 한파 등)
	인구집단별 건강관리 — 영유아, 청소년(학생), 여성(모성, 다문화 포함), 노인, 장애인, 근로자, 군인
	건강친화적 환경구축 — 건강친화적 법제도 개선, 건강정보 이해력 제고, 혁신적 정보기술의 재원 마련 및 운영, 지역사회 지원(인력시설) 확충 및 거버넌스 구축

2 제5차 HP 2030의 중점과제별 대표지표

영역분과	중점과제	대표지표
건강생활실천	금연	성인남성 현재흡연율, 성인여성 현재흡연율
	절주	성인남성 고위험음주율, 성인여성 고위험음주율
	신체활동	성인남성 유산소 신체활동실천율, 성인여성 유산소 신체활동 실천율
	영양	식품 안정성 확보 가구분율
	구강건강	영구치(12세) 우식 경험률
정신건강관리	자살예방	자살사망률, 남성 자살사망률, 여성 자살사망률
	치매	치매안심센터의 치매환자 등록·관리율
	중독	알코올 사용장애 정신건강서비스 이용률
	지역사회정신건강	정신건강서비스 이용률
비감염성 질환 예방관리	암	성인남성 암발생률, 성인여성 암발생률

	심뇌혈관질환	성인남성 고혈압 유병률, 성인여성 고혈압 유병률, 성인남성 당뇨병 유병률, 성인여성 당뇨병 유병률, 급성 심근경색증 환자의 발병후 3시간 미만 응급실 도착비율
	비만	성인남성 비만유병률, 성인여성 비만유병률
	손상	손상사망률
감염 및 기후변화성 질환 예방관리	감염병 예방 및 관리	신고 결핵 신환자율
	감염병 위기 대비·대응	MMR 완전접종률
	기후변화성 질환	기후보건영향평가 평가체계 구축 및 운영
인구집단별 건강관리	영유아	영아사망률(출생아 1천명당)
	아동·청소년	고등학교 남학생 현재흡연율, 고등학교 여학생 현재흡연율
	여성	모성사망비(출생아 10만명당)
	노인	노인남성의 주관적 건강인지율, 노인여성의 주관적 건강인지율
	장애인	성인 장애인 건강검진 수검률
	근로자	연간 평균 노동시간
	군인	군 장병 흡연율
건강친화적 환경구축	건강정보 이해력 제고	성인남성 적절한 건강정보이해능력 수준, 성인여성 적절한 건강정보이해능력 수준

SECTION 03 건강증진 관련 이론

1 타나힐(Tannahill)의 건강증진모형

(1) 개요

구분	내용
개요	타나힐의 건강증진모형은 보건의료사업가들이 널리 사용하는 모형
적용 분야	건강증진은 보건교육, 질병예방, 건강보호의 3가지 분야로 구성됨. 이들 분야들을 독립적 부분과 중복되는 부분으로 구분하여 7가지 영역으로 제시

(2) 주요 개념

구분	내용
보건교육	① 적극적으로 건강을 향상시키고 불건강을 예방하기 위한 일련의 의사소통활동 ② 목적: 대상자의 지식, 태도, 행동에 영향을 주고, 건강한 환경을 조성함으로써 자기건강관리능력을 개발하는 것임
질병예방	의학적 개입을 통해 질병과 불건강을 감소시키는 것을 의미. 흔히 3단계로 분류(1, 2, 3차 예방)
건강보호	법률적·재정적·사회적 방법을 통해 건강에 유익한 환경을 제공함으로써 인구집단을 보호하는 것. 이를 위해 HACCP❶ 제도와 같은 식품안전정책, 자동차 안전벨트 착용의 의무화, 공공장소에서의 금연 등의 활동이 있음
예시	① 예방서비스: 예방접종, 자궁검진, 고혈압 발견, 금연을 위한 니코틴껌 사용, 감시체계 구축 ② 예방적인 보건교육: 금연상담과 정보 제공 ③ 예방적인 건강보호: 수돗물 불소 첨가 ④ 예방적인 건강보호를 위한 보건교육: 안전벨트 의무사용 입법을 위한 로비활동 ⑤ 긍정적인 보건교육: 청소년 대상의 생활기술 습득활동 ⑥ 긍정적인 건강보호: 작업장 금연정책 ⑦ 긍정적인 건강보호에 목적을 둔 보건교육: 담배광고 금지를 위한 로비활동

❶ HACCP는 위해분석과 중요관제점(HACCP: Hazard Analysis and Critical Control Points) 또는 단순히 해썹(HACCP)은 생산-제조-유통의 전과정에서 식품의 위생에 해로운 영향을 미칠 수 있는 위해요소를 분석하고, 이러한 위해요소를 제거하거나 안전성을 확보할 수 있는 단계에 중요관리점을 설정하여 과학적이고 체계적으로 식품의 안전을 관리하는 제도

2 건강신념모형

(1) 개요

구분	내용
개요	건강신념모형은 질병에 대한 지각된 취약성과 지각된 심각성, 그리고 건강행위에 대한 지각된 이점과 지각된 장애와 같은 네 가지 신념을 기본으로 함
특징	① 질병을 조기에 발견하거나 예방하기 위한 공중보건사업에 사람들이 참여하지 않는 이유를 파악할 목적으로 개발됨 ② 베커(Becker, 1975)는 개인의 건강 관련 행위를 이해하기 위해 사회심리적 접근이 필요하다고 봄 ③ 챔피온과 스키너(Champion & Skinner)는 건강신념모형에 자기효능감 개념 추가함

기출의 재발견

❖ 다음과 가장 관련이 깊은 건강신념모형의 구성요소는?

"어떤 지역에서 의료기관과의 접근성이 낮은 주민들을 위해 찾아가는 검진서비스를 마련하였다."

① 지각된 유익성
② 지각된 민감성
③ 지각된 심각성
④ 지각된 장애성

정답 ④

(2) 주요 개념

구분	내용
지각된 민감성	① 어떤 건강상태가 될 것이라는 가능성에 대한 생각 ② 자신이 어떤 질병에 걸릴 위험이 있다고 지각하거나, 질병에 이미 걸린 경우 의료적 진단을 수용하거나 재발할 위험에 대해 생각하는 등 일반적으로 질병에 민감하다(sensitive)고 믿는 것
지각된 심각성	① 질병에 걸렸을 경우나 치료를 하지 않았을 경우 어느 정도 심각하게 될 것인지에 대한 지각(perception) ② 이미 질병에 걸린 경우 이를 치료하지 않고 방치하였을 때 죽음·장애·고통을 느끼거나 사회적으로 직업상실, 가족생활과 사회관계에 문제가 생기는 등 심각한 상황이 발생할 정도를 말함 ③ 지각된 민감성과 심각성을 합하여 지각된 위협감❶이라 함
지각된 유익성	① 특정 행위를 하게 될 경우 얻을 수 있는 혜택과 유익에 대한 인지정도 ② 건강행위가 실현 가능하고 효과적이라고 느낄 때 행동하게 된다는 것임
지각된 장애성	① 특정 건강행위에 대한 부정적 지각으로서 어떤 행위를 하려고 할 때 그 건강행위에 잠재되어 있는 부정적인 측면 ② 어떤 행위를 하게 될 때 들어가는 비용이나 위험성, 부작용, 고통, 불편함, 시간소비, 습관변화 등이 건강행위를 방해하게 된다는 것
행동의 계기	① 행동을 일으키는 것, 특정 행위를 만드는 데 필요한 자극 ② '증상'(symptom)과 같은 내적인 것도 있고, 대중매체, 대인관계, 의료정보와 같은 외적인 사항일 수도 있음 ③ 행동의 계기가 되는 이른바 중재효과는 사람들의 인지된 개인의 특정 질병에 대한 감수성, 질병의 심각성에 대한 인지 정도 등에 따라 달라짐
기타 변인	다양한 인구학적·사회심리학적·구조적 변인(수)❷들이 개인의 지각에 영향을 줄 수도 있고, 건강 관련 행동에 간접적으로 영향을 줄 수도 있음. 특히 사회인구학적 요인이나 교육적 성취들은 민감성, 심각성, 유익성, 장애성의 지각에 영향을 주어 행동에 간접적인 작용을 하게 됨
자기효능	① 반두라(A. Bandura): 주어진 행위가 어떤 성과를 이끌어낼 것이라는 개인의 기대로 정의 ② 로젠스톡과 베커(Rosenstock & Becker, 1988): 건강신념모형에 민감성, 심각성, 유익성, 장애성의 초기개념과 독립적인 구성요소로서 자기효능을 추가함

기출의 재발견

비만아동에게 건강신념모델을 이용하여 보건교육을 하려고 한다. 다음에 해당하는 건강신념모형의 구성요소는? [17. 서울]

"비만아동에게 비만으로 생길 수 있는 질환을 알려주고, 그 질환에 걸렸을 경우 학교생활에 미치는 영향과 가족의 걱정에 대해 설명한다"

① 지각된 민감성
② 상황 영향
③ 인간 상호의존성 영향
④ 지각된 심각성

정답 ④

❶
민감성과 심각성의 조합은 지각된 위협감(threat)으로 나타남. 한편, 민감성과 심각성의 적절한 조화가 행동할 수 있는 에너지를 만들고, 유익성의 지각이 행동을 하게 만드는 것으로 볼 수 있음

❷
인구학적 변수(연령·성별·인종 등), 사회심리적 변수(성격, 사회적 지위, 동료의 압력 등), 구조적 변수(질병지식·선행경험)

3 합리적(계획된) 행위이론

(1) 개요

구분	내용
개념	① 합리적 행위이론은 가치기대이론(value expectancy theory)에 근거 ② 인간이 어떤 특정 행동을 선택할 때 행동의 결과로 야기될 수 있는 것들 중 좋은 것은 최대로 하고, 나쁜 것은 최소로 하려고 하기 때문에 기대되는 행동을 선택한다는 것 ③ 계획된 행위이론은 합리적 행위이론이 확대된 이론으로, 행위에 대한 태도, 주관적 규범에 행위수행과 관련된 지각된 행위통제(perceived behavioral control) 개념을 추가
계획된 행위이론	① 아젠(Ajzen, 1986) 합리적 행위이론을 보완 ⇨ 행위통제(behavioral control) 요소 포함 개발 ② 행위의도의 결정요인: 행위에 대한 태도, 주관적 규범, 지각된 행위통제

(2) 주요 개념

구분		내용
의도		개인의 지식, 기술, 능력 등 내적 요인과 시간, 기회, 타인과의 협조 등과 같은 외적 요인이 있음
행위에 대한 태도		행위수행에 대한 개인의 긍정적 또는 부정적 평가 정도
태도	행위신념	어떤 행위가 특정한 결과를 이끌어 내리라는 기대 혹은 대가에 대한 신념
	(결과)평가	행동의 결과에 대한 평가
주관적 규범		제시된 행위를 선택하도록 만드는 사회적 기대감을 개인이 지각하는 정도
규범	규범신념	주위의 의미 있는 사람들이 행위실천에 대해 지지할지 반대할지에 대한 믿음
	순응동기	준거인(예를 들어 의사)의 생각에 따르려는 정도
지각된 행위통제		특정 행위를 수행하는 데 있어서 어려움이나 용이함을 지각하는 정도
행위통제	통제신념	행위수행에 필요 자원, 기회 및 장애물 존재유무 등에 관한 행위통제에 대한 신념
	지각된 영향력	행동의 촉진요인 또는 장애요인이 행동을 얼마나 쉽게 또는 어렵게 만드는 힘(또는 영향력)을 가지고 있는가에 대한 인식
측정		① 의도 ② 태도(행위신념, 결과평가) ③ 주관적 규범(규범신념, 순응동기) ④ 지각된 행위통제(통제신념, 지각된 영향력)

기출의 재발견

※ <보기>에서 설명하는 계획된 행위이론의 구성개념으로 가장 옳은 것은? [21. 서울시]

"최근 당뇨 진단을 받은 환자에게 의사가 당뇨식이를 반드시 실천할 것을 권유하였고, 환자는 의사의 권고를 수용하고 따르려 한다."

① 태도
② 행위신념
③ 주관적 규범
④ 지각된 행위통제

정답 ③

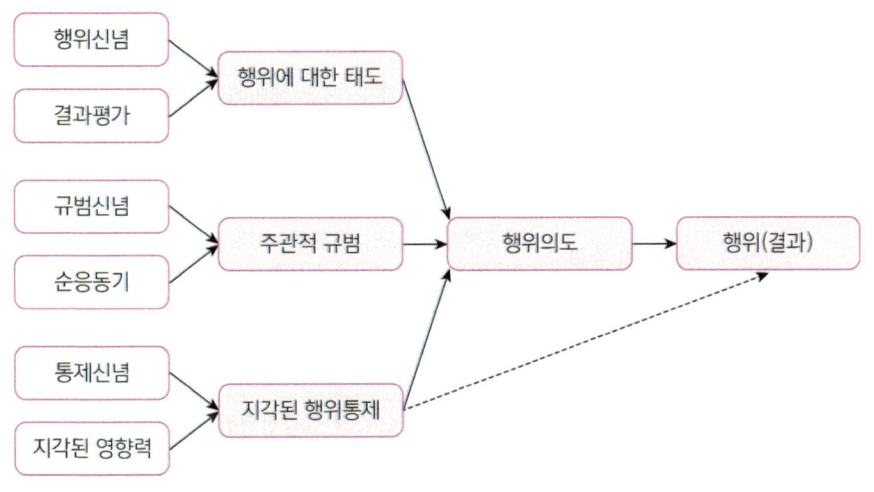

4 펜더(Pender)의 건강증진모형

(1) 개요

구분	내용
개념	건강증진생활양식모형 ⇨ 개정된 건강증진생활양식모형: 이전의 모형도에 비해 이전의 관련 행위, 행동계획 수립, 즉각적 갈등요구와 선호의 세 개의 변수가 새롭게 추가됨. 각 특성과 관련된 변수들의 관계가 다소 변경됨
특징	가장 큰 특징은 건강증진행위의 수행에 인지·정서요인이 미치는 영향이 크다는 것을 강조하고 있다는 것. 특히 이러한 인지요인은 고정된 것이 아니라 변화 가능하므로 이를 변화시켜 건강증진행위를 촉진할 수 있음을 보여줌

(2) 주요 개념

구분		내용
개인적 특성과 경험	이전의 관련 행태(행동)	① 과거에 행했던 행위는 앞으로의 행위를 선택하는 데 중요한 예측인자 ② 건강증진행위에 참여할 가능성에 대해 직접, 간접적으로 영향, 사회인지이론 측면에서 이전의 관련 행위는 자기효능감, 유익성, 장애성, 행동 관련 감정의 지각을 통해 건강증진행위에 간접적으로 영향
	개인적 특성	생물학적 요인, 심리요인적, 사회문화적 요인으로 구성
행위와 관련된 정서	행위와 관련된 지각된 이익	특정 행위에 대해 개인이 기대하는 이익이나 긍정적인 결과
	행위에 대한 지각된 장애	행동을 할 때 부정적 측면을 지각하는 것
	행위에 대한 지각된 자기효능감	수행을 확실하게 성취할 수 있는 개인의 능력에 대한 판단

	행위와 관련된 정서	행위에 대한 주관적 느낌
	개인 간의 영향	다른 사람의 태도·신념·행위에 영향을 받는 것을 의미
	상황적 영향	상황에 대한 개인적 지각과 인지 ⇨ 행위를 촉진시키거나 방해
행위결과	행위계획 수립	활동계획에 몰입 행위를 수행 또는 강화하기 위해 명확한 전략을 확인하는 것 등
	즉각적 갈등요구와 선호	계획된 건강증진행위를 하는 데 방해되는 다른 행위
	건강증진행위	모형의 최종목적. 건강증진행위를 통해 건강상태 도달

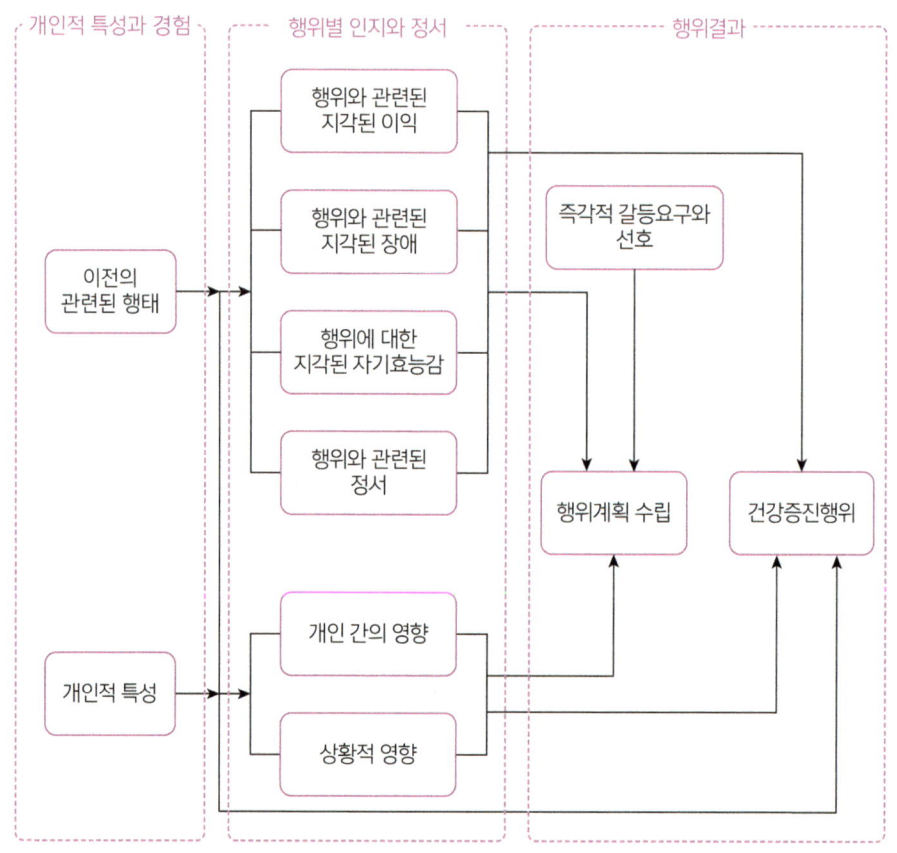

| 펜더(Pender)의 건강증진모형 |

5 범이론적 변화단계이론

(1) 개요

구분	내용
개념	행위변화단계와 행위변화과정을 핵심으로 개인·집단이 문제행위를 어떻게 수정하고, 긍정적 행위를 선택하는가의 행위변화를 설명하는 이론
변화단계	계획이전단계, 계획단계, 준비단계, 행동단계, 유지단계, 종료단계에 이르기까지 단계를 변화단계라고 할 수 있으며, 행동변화의 전후 변화를 살펴볼 수 있음

(2) 주요 구성개념

① 변화단계

단계	정의	잠재적 변화를 위한 전략
계획전 단계 (무관심)	6개월 이내 행동을 취할 의도가 없음	변화의 필요성에 대한 인식 높이기: 위해와 편익에 대한 개별적인 정보 제공
계획단계 (관심)	6개월 이내 행동을 취할 의도를 가짐	동기부여하기: 특별한 계획을 세울 것을 격려하기
준비단계	1개월 이내 행동을 취할 의도(몇몇 행동은 실천에 옮겼음)	구체적인 행동계획을 개발하고 수행하는 것을 돕기: 단계적인 목표 설정 돕기
행동단계 (실행)	6개월 미만 동안 행동의 변화가 있음	피드백, 문제해결책, 사회적 지지, 재강화 제공하기
유지단계	6개월 이상 동안 행동을 변화시켰음	대처 돕기, 추후관리 제공, 대안 찾기, 적용 가능한 재발에 대한 대처

② 변화과정❶

구분		내용
정의		변화의 한 단계에서 다음 단계로 이동하기 위해 수행하는 활동들로, 그 다음 단계로 나가는 데 필요한 중재 프로그램을 안내하는 지침
변화과정 종류	의식고취 (형성)	개인이 가지고 있는 특정 건강행위 문제뿐 아니라 그 결과나 해결방법에 대한 인식수준을 높이고자 취하는 방법
	극적완화	적절한 행동을 하게 되면 개인이 느끼는 정서적 경험이 고양되면서 문제행동의 영향 정도가 감소되는 변화과정
	자기 재평가	특정한 행동을 할 때와 하지 않을 때의 자아상에 대한 지적이고 정의적인 평가

❶ 변화과정과 변화단계를 체계적인 관계에 있다고 보는 견해가 있음. 즉, 초기 변화단계의 경우 단계를 진전시키기 위하여 인지적, 정서적, 평가적 과정을 적용하게 되나 후기 단계에서는 역조건화, 우연성 관리, 자극 조절 그리고 변화 종료를 위한 지원 등을 더 적용하게 된다는 것임. 예컨대 인식전 단계에서 인식단계로 갈 때 의식 고취나 극적 안도와 같은 변화과정을 활용하고, 자극조절이나 역조건화의 경우 행동단계에서 적절한 전략이 됨.

	환경 재평가	개인의 행동습관의 유무가 자신의 사회적 환경에 어떻게 영향을 미치는지를 인지적·정서적으로 평가하는 것
	자기선언 (해방)	변화할 수 있다는 신념하에 행동할 수 있는 책임과 참여를 포함하는 자신의 결의를 대외적으로 알리는 것
	협조관계	건강한 행동변화를 위하여 다른 사람들로부터 지지받을 뿐 아니라 돌보아지고 신뢰감과 수용감을 느낄 수 있는 도움을 받는 방법
	역조건화	문제행동을 대체시킬 건강행위학습에 필요한 활동
	강화요법	기대되는 특정 방향으로 행동을 하게 만드는 즉각적 보상물을 제공해 주는 것
	자극통제	건강하지 않은 습관의 원인요소를 제거하고 건강한 행동 대안을 촉발시키도록 돕는 방안
	사회적 개선	상대적으로 취약하거나 억압받는 사람을 대상으로 사회적 기회나 대안을 확대시켜 주는 것
경험적 묶음		의식형성, 극적안도, 환경재평가, 사회적 평가, 자기재평가
행동적 과정		자극통제, 협조관계, 역조건화, 강화관리, 자기해방

③ 의사결정균형(Decisional balance)

구분	내용
개념	개인이 어떤 행동을 변화시킬 때 자신에게 생기는 긍정적인 측면(Pros)과 부정적인 측면(Cons)을 비교하고 평가하는 것
Pros	행동변화의 긍정적인 측면에 대한 인식수준 또는 행동변화에 대한 촉진제를 의미
Cons	행동변화의 부정적인 측면에 대한 인식수준 또는 변화에 대한 장애요인 의미
행위변화	의사결정균형은 개인이 Pros와 Cons에 부여하는 상대적인 중요성의 정도에 따라 결정됨 ⇨ 행위변화

④ 자기효능감

구분	내용
개념	ⓐ 어떤 결과를 달성하는 데 필요한 행위를 성공적으로 수행할 수 있다는 개인의 능력에 대한 신념 ⓑ 즉, 자기효능감은 행위를 지속해야 하는 상황에서 개인이 긍정적인 행위에 참여할 수 있고 또는 문제행위에서 탈피하고자 하는 것에 대한 개인의 신념 정도를 말함

6 PRECEDE - PROCEED 모형

(1) 개요

구분	내용
개념	사회적 요인부터 역학적 요인 및 그 행위가 행해질 수밖에 없는 직·간접적 요인들을 분석한 후 그를 바탕으로 포괄적인 사업을 계획하도록 모형이 개발되었음.
모형의 영역	본 모형은 크게 두 영역으로 구성됨 ⇨ PRECEDE + PROCEED

(2) 모형의 단계

단계	내용
사회적 사정	① 대상 인구집단의 삶의 질에 영향을 미치는 사회적 문제를 사정함 ② 사회적 문제는 객관적, 주관적으로 사정. 객관적 사정은 범죄율, 고용률, 실업률, 인구밀도, 결근율, 특정 질병의 사망률 등이 포함되며, 주관적 사정은 대상 인구집단의 적응과 삶의 만족도 등이 포함되며 그들의 삶의 질을 방해하는 주요 장애물이 무엇인지 확인함
역학, 행위 및 환경적 사정	① 1단계에서 발견된 사회적 문제에 영향을 미치는 구체적인 건강문제 또는 건강목표를 규명하고 그 건강문제들에 대하여 우선순위를 정하여 제한된 자원을 사용할 가치가 가장 큰 문제를 규명하는 단계 ② 질병의 유병률, 사망률, 장애율, 평균수명, 건강수명 등과 같은 역학적 자료는 대상 인구집단 건강문제의 분포와 크기를 나타냄으로써 건강문제의 상대적 중요성을 제시함 ③ 행위 및 환경적 사정: 확인된 건강문제와 관련되는 것으로 보이는 건강 관련 행위와 환경요인을 규명 　㉠ 행위사정: 건강문제 관련요인의 분류 ⇨ 행위의 분류 ⇨ 행위의 등급화 ⇨ 행위변화가능성에 따른 등급화 ⇨ 표적행위 선택 　㉡ 환경사정: 변화 가능한 환경요인의 규명 ⇨ 중요도에 따른 환경요인들 분류 ⇨ 변화 가능한 환경요인들 분류 ⇨ 표적 환경요인 결정
교육 및 생태학적 사정	보건교육의 내용설정을 위한 단계로서 3단계에서 규명된 건강행위를 유발시키고 건강행위결정에 영향을 주는 성향요인, 강화요인, 촉진요인을 사정함

교육 및 생태학적 사정	성향요인	행위에 영향을 주는 내재된 요인, 개인이 가지고 있는 건강에 대한 지식, 태도, 신념, 가치관, 자기효능 등을 확인하는 것
	강화요인	보상, 칭찬, 처벌 등과 같이 동기를 부여하는 요인, 사회적·신체적 유익성과 대리 보상, 사회적 지지, 친구의 영향, 충고와 보건의료제공자에 의한 긍정적·부정적 반응을 포함함

	촉진요인	행위가 실제로 나타날 수 있도록 하는 행위 이전의 요인으로, 개인이나 조직으로 하여금 행동할 수 있도록 하는 요인임. 보건의료 및 지역사회자원의 이용가능성, 접근성, 시간적 여유, 개인의 기술, 개인 및 지역사회의 자원이 포함됨
행정 및 정책적 사정		① 보건교육 프로그램을 실행하는 데 관련된 행정 또는 정책적 문제를 사정하여 프로그램 개발에 반영함 ② 건강증진 프로그램의 성공적인 수행을 용이하게 하거나 방해할 수 있는 행정적·정책적·조직적 요인을 확인·수정하기 위해 필요함
실행		프로그램의 수행. 이전 단계들을 통해 수립한 계획 수행. 계획, 예산, 조직과 정책을 지지하고 인력조정과 감독 포함
평가	과정평가	수행이 정책, 이론적 근거, 프로토콜에 따라 잘 이루어졌는지 평가
	영향평가	대상행위와 성향요인, 촉진요인, 강화요인, 그리고 행위에 영향을 미치는 환경요인이 목표행동에 미치는 즉각적인 효과에 대해 평가함
	결과평가	진단의 초기단계에서 사정된 건강상태와 삶의 질 변화 평가

7 사회인지이론(SCT: social cognitive theory)

(1) 개요

구분	내용
개념	① 반두라(Bandura, 1977)에 의해 제시 ② 인지과정이 행동에 영향을 미치는 것 강조, 즉 인간의 행위, 인지를 포함한 개인적 요소(인간), 환경적 영향, 이 세 가지가 서로 역동적으로 상호작용하며, 이 상호작용에 의해 개인의 행위가 결정된다고 봄
구성요소	상호결정론, 환경과 상황, 행위능력, 기대, 유인, 자기조절과 수행, 관찰학습, 강화, 자기효능 등을 제시

(2) 주요 개념

구분	내용		
상호결정론	인간, 인간의 행위, 행위가 수행되는 환경 간의 지속적인 상호작용에 따라 행위가 결정되는 것을 상호결정론이라고 함		
자기효능❶	하나의 주어진 행동을 성공적으로 수행할 수 있다는 신념		
	강화요소	내용	
	수행경험	성공적 수행 경험 ⇨ 자기효능감 증가	
	대리경험	타인의 목표행동 수행 관찰	
	언어적 설득	격려의 말, 비판의 말에 영향	
	생리적 상태	생리적 상태 자체, 그에 대한 인식	
환경과 상황	① 환경은 개인의 행위에 영향을 미칠 수 있는 모든 요소로서 물리적이며 외적인 것들 ② 상황은 개인이 지각한 환경을 의미, 즉 실제 상황은 개인의 사고와 행위를 지도하고 제한함		
행위능력	어떤 행위를 수행하려면 그 행위가 어떤 것인가 하는 지식을 알고 어떻게 수행할 것인가 하는 기술을 알아야 한다는 것		
결과에 대한 기대	행동의 결과가 발생할 확률과 가치에 대한 믿음		
유인 또는 인센티브 동기화	행동을 변화시키기 위한 보상이나 처벌의 사용		
자기조절 또는 자기규제	자기 자신에 대한 모니터링, 목적 설정, 피드백, 자기에 대한 보상, 자기 지도, 그리고 사회적 지지의 획득 등을 통해 자기를 통제함		
강화	직접강화(도구적 조건화), 대리강화(관찰학습), 자기강화(자기조절)의 3가지 강화를 의미함		
	직접강화	모델의 행동을 성공적으로 재생, 직접적 강화를 받음	
	대리강화	간접강화, 즉 타인의 경험을 관찰한 후 강화를 받음	
	자기강화	스스로 자신에게 강화를 주거나 자신만의 어떤 강화요인을 통제하는 경우	
관찰학습	대중매체나 주변인물을 통한 새로운 행동의 학습		
	주의집중	모델의 특성, 관찰자의 선택적 주의집중	
	파지과정	인지적 저장상태	
	재생과정	파지된 기억을 실제 행동으로 재연	
	동기화과정	행동에 대한 강화	

❶ 반두라는 행위변화를 위해서는 자아와 자기효능이 중요한 요소라고 함.

SECTION 04 건강증진사업의 실제

1 건강증진프로그램 개발

구분		내용
개요		건강행위 및 건강행위에 영향을 주는 요인을 근거로 건강위험요인 사정이 이루어짐
분야별 통계자료	보건통계	국민보건의료실태조사, 국민건강영양조사, 국민구강실태조사, 영양사망률조사, 영아모성사망조사, 흡연실태조사, 법정감염병 발생현황, 지역사회건강조사
	복지통계	청소년 건강행태 온라인 조사, 국민기초생활보장급여 지급 현황, 전국 결혼 및 출산 동향조사, 아동청소년종합실태조사, 노인실태조사, 장애인실태조사, 보육실태조사
	e-나라 지표	총량지표(총인구, 인구성장률, 남녀별 연령별 인구구조), 경제(실업률, 가구인터넷 보급률), 사회(국제결혼현황, 합계출산율, 만성질환현황 등), 문화(공공도서관 현황)

2 지역사회 파트너십과 역량강화

구분		내용
개념		건강과 건강결정요인에 영향을 주는 요인의 개선, 통제 능력 향상을 위해 관련 부문들과 연계, 협력적 관계 ⇨ 지역사회 파트너십 구축 필요
파트너십 매핑 (Mapping)		① 목적 달성을 위해 중요한 파트너를 파악, 파트너 기관의 역할과 책임을 확인 ② 파트너십 관계 시각적 제시 용이, 각각 관계를 신속하게 파악할 수 있음
파트너십 유형	교류	상호이익을 위한 정보를 교환하는 것. 서로 간에 신뢰가 있어야 함
	협조	공동의 목적을 위해 서로 정보 교환, 대안활동 교환
	협력	정보, 대안활동의 교환뿐만 아니라 자원까지 공유하는 것, 상당한 의지와 시간이 필요
	협동	공동의 목적과 상호 이익을 위해 파트너의 역량을 강화하는 것
파트너십 매핑 방법		① 파트너 기관 목록을 작성 ② 파트너 기관 간 관계를 시각적으로 표시 ③ 파트너 기관의 역할과 책임을 정의함
역량 강화	개인	개인의 건강 향상, 통제할 수 있는 능력❶ 배양
	지역사회	지역사회 전체 건강수준 향상, 건강과 건강결정요인에 대한 통제력 갖춤

❶ 건강문제 해결 위한 기술, 자기효능감과 같은 심리적 능력, 비판적인 성찰 능력, 공동체 의식 등

3 지역사회 역량강화

구분		내용
필요성		① 건강증진사업의 효과와 효율성 증진의 목적 ② 지역사회 파트너십의 강화, 지역사회 자원의 활성화, 지역사회 정책과 환경 변화 ⇨ 지역사회 건강수준의 향상과 건강결정요인 변화
지역사회 역량		① 지역사회의 건강과 관련된 문제를 효과적으로 해결할 수 있는 능력 ② 지역사회 건강수준 향상을 위한 자원 조직 및 동원 능력
구성 요소	지식, 기술, 자원	① 전략적 기획, 대인간 의사소통, 집단 의사결정에 관한 기술 등 필요 ② 지역사회 정보기반의 확대 필요: 자산목록 작성, 자산지도 그리기 등 기법
	사회적 관계	지역사회 의식, 사회적 신뢰, 긍정적인 집단 간 관계 등
	지역사회의 구조 (의사소통과 집단행동)	① 지역사회 역량(개발)과 관련된 유형적 자산 ② 네트워크의 활성화 정도 ③ 지역사회 기획과 활동을 촉진하고 실행하기 위한 기전 ④ 사회적 활동과 문제해결을 위한 지역사회 내의 공간
	리더십의 질과 개발	① 지역사회에 대한 이해, 의사소통 능력, 분석 및 판단, 지도, 비전, 신뢰구축, 동반자 관계 형성 등 ② 새로운 리더의 양성 시스템
	시민참여	① 참여의 범위, 깊이, 강도 ② 지역사회의 권력구조와 권력의 배분과 관련성
	가치체계	지역사회 비전, 규범, 가치 또는 지역사회의 공통된 목표: 형평, 민주적 참여, 협동, 포용과 사회적 책임, 자원봉사와 이타주의 등
	학습문화	① 비판적으로 사고, 근본적인 대안 고려, 다른 사람의 행동으로부터 배우는 지역사회의 능력 ② 지속적 학습, 시민교육, 학습문화, 비판적 성찰, 지역사회에 관한 토론 등

SECTION 05 보건교육의 이해

1 보건교육

구분	내용
정의	① 건강 또는 보건과 교육의 합성어. 개인이나 집단의 건강과 관련된 행동의 변화가 나타나도록 계획적인 학습경험을 제공하는 과정 ② 보건교육에서 행동의 변화란 외형적인 행동뿐 아니라 지식이나 태도, 가치관의 변화를 포함함 ③ 보건교육은 개인, 집단, 지역사회를 대상으로 건강을 항상 유지하는 데 유익한 지식, 태도, 행동 등을 바람직한 방향으로 변화시키고자 하는 것으로, 그들 스스로 자기건강관리를 수행하도록 촉진하도록 고안된 학습경험
목표	보건교육의 목표는 대상자들이 최적의 건강을 유지·증진시킬 수 있는 자기건강관리능력을 함양하여 그들 삶의 질을 향상시키는 것
WHO의 목표 (1974)	① 지역사회 구성원의 건강은 지역사회 발전에 중요한 자산으로 인식 ② 개인이나 집단이 자기의 건강을 스스로 관리할 능력을 갖도록 하는 것 ③ 지역사회가 자신들의 건강문제를 인식하고 스스로 행동하여 해결함으로써 지역사회의 건강을 자율적으로 유지·증진시키도록 하는 힘을 갖게 하는 것
필요성	① 개인, 집단, 지역사회마다 서로 다른 보건의료요구를 가지고 있으므로 보건교육을 통해 자신의 건강관리능력이 필요 ② 자유-기업형 보건의료체계에서의 보건의료는 개인의 책임이며, 치료중심의 서비스를 받게 되며, 지역·계층 간 서비스 수준이 차이가 있으므로 보건교육을 통해 자신이 이용하는 서비스 수준을 판단할 수 있는 능력을 키워야 함 ③ 산업사회의 특성으로 보건의료가 전문화되어 소비자들이 보건의료에 대한 요구에 대하여 대처 능력 부족 ④ 질병양상의 변화와 의학기술의 한계에 따른 보건교육의 상대적 가치를 들 수 있음. 만성질환은 건강행위의 변화로 예방이 가능하며, 발병 후 오랫동안 관리가 필요하므로 이에 대한 체계적인 교육을 통해 자기돌봄능력을 기를 필요가 있음 ⑤ 의료비 상승으로 인한 조기퇴원으로 가정에서 환자와 가족이 건강관리를 생활화하고 질병이 발생하기 전에 예방해야 할 필요성을 알고 있다는 것 ⑥ 건강에 대한 인식변화로서 건강은 기본권이며, 보건교육을 통해 건강관리를 생활화하고 질병이 발생하기 전에 예방해야 할 필요성을 알고 있다는 것 ⑦ 소비자들의 건강문제 및 해결에 대한 알 권리와 관심의 증가, 이는 보건교육을 통하여 건강관련 결정에 참여하고자 하는 욕구를 충족시키기 위함❶

❶ 우리나라 보건요구도 조사에서 보면 보건에 대한 정보부족으로 발생한 보건문제가 약 40%를 나타내어 보건교육의 필요성을 인식할 수 있음

2 보건교육의 내용 및 범위

구분	내용	
학습자의 보건교육 요구 확인	① 대상자의 학습요구: 바람직한 수행수준과 실제 수행수준의 차이 ② 대상자의 준비정도: PEEK	
	신체적 준비정도 (Physical readiness)	신체적 기능 정도, 과업의 복잡한 정도, 환경의 영향, 건강상태 등 사정
	정서적 준비정도 (Emotional readiness)	불안수준, 지지체계, 동기화 정도, 위험행위, 마음상태, 발달단계 사정
	경험적 준비정도 (Experimental readiness)	학습자의 바람 정도, 과거 대처기전, 문화적 배경, 통제위, 지향점 등 파악
	지식적 준비정도 (Knowledge readiness)	현재 지식 정도, 인지적 능력, 학습장애, 대상자에 적합한 학습유형 사정
국민건강증진법 제12조 (보건교육의 실시 등)	① 국가 및 지방자치단체는 모든 국민이 올바른 보건의료의 이용과 건강한 생활습관을 실천할 수 있도록 그 대상이 되는 개인 또는 집단의 특성·건강상태·건강의식 수준 등에 따라 적절한 보건교육을 실시한다. ② 국가 또는 지방자치단체는 국민건강증진사업 관련 법인 또는 단체 등이 보건교육을 실시할 경우 이에 필요한 지원을 할 수 있다. ③ 보건복지부장관, 시·도지사 및 시장·군수·구청장은 제2항의 규정에 의하여 보건교육을 실시하는 국민건강증진사업 관련 법인 또는 단체 등에 대하여 보건교육의 계획 및 그 결과에 관한 자료를 요청할 수 있다. ④ ①의 규정에 의한 보건교육의 내용은 대통령령으로 정한다.	
국민건강증진법 시행령 제17조 (보건교육의 내용)	법 제12조에 따른 보건교육에는 다음의 사항이 포함되어야 한다. ① 금연·절주 등 건강생활의 실천에 관한 사항 ② 만성퇴행성질환 등 질병의 예방에 관한 사항 ③ 영양 및 식생활에 관한 사항 ④ 구강건강에 관한 사항 ⑤ 공중위생에 관한 사항 ⑥ 건강증진을 위한 체육활동에 관한 사항 ⑦ 그 밖에 건강증진사업에 관한 사항	

국민건강증진법 시행규칙 제8조
(보건교육의 평가방법 및 내용)
	① 보건복지부장관이 법 제13조의 규정에 의하여 국민의 보건교육의 성과에 관한 평가를 할 때에는 세부계획 및 그 추진실적에 기초하여 평가하여야 한다.
	② 보건복지부장관은 필요하다고 인정하는 경우에는 제1항의 규정에 의한 평가 외에 다음의 사항을 조사하여 평가할 수 있다.
	  ㉠ 건강에 관한 지식·태도 및 실천
	  ㉡ 주민의 질병·부상 유무 등 건강상태
	③ 영 제17조 제7호에서 "기타 건강증진사업에 관한 사항"이라 함은 산업안전보건법에 의한 산업보건에 관한 사항 기타 국민의 건강을 증진시키는 사업에 관한 사항을 말한다.	

3 학습이론

(1) 행동주의

구분		내용
개념		인간의 학습현상을 행동과 그 행동의 발생 원인이 되는 외부환경에 초점을 맞추는 이론
유형	파블로프(Pavlov)의 고전적 조건화	종소리(조건자극), 종소리를 듣고 침을 흘리는 것(조건반응) = 학습에 적용, 고전적 조건화, 즉 학습은 학습자가 자극과 반응을 연결함으로써 발생한다는 것
	스키너(Skinner)의 조작적 조건형성	① 고전적 조건화 이론 ⇨ 조작적 조건화 이론 제시: 어떤 행동은 그 행동이 일어난 이후 제공되는 강화물의 유무에 따라 증가 또는 감소한다고 설명 ② 즉, 고전적 조건화와 달리 복잡한 후천적 행동이 특정의 자극과 강화에 의해 조건화됨을 설명
학습원리	즉각적 피드백과 강화	학습을 가능하게 하는 주요 요인은 특정 행동 이후 다음에 그 행동이 다시 나타나는, 즉 강화되게 하는 현상. 즉, 정적 강화와 부적 강화로 구별
보건교육에의 적용		① 행동목표 제시 ② 외재적 동기의 강화 ③ 수업의 계열 ④ 연습의 기회와 피드백의 제공 ⑤ 변별적 자극의 제공 ⑥ 준거지향평가

(2) 인지주의

구분		내용
개념		학습의 내적인 역동을 중요하게 생각
유형	형태주의 심리학	전체적인 형태를 강조, 행동은 지각적 과정과 인지적 조직의 발생에서 기초하는 것임. 학습은 사물과 그 배경에 의해 전체적인 인식의 장을 조직하는 것임
	정보처리이론	① 인간의 인지를 정보처리과정으로 보고, 컴퓨터와 비유하여 객관적으로 접근하려 함 ② 감각등록기 ⇨ 단기기억 ⇨ 장기기억
학습원리	유의미화	학습자는 기억하고자 하는 정보가 구체적이고 친근한 의미를 가질수록 더 잘 기억
	순서적 위치	기억해야 할 항목이 놓인 위치와 기억의 관계
	연습	연습을 많이 할수록 더 잘 기억

	정보의 조직	정보분할 같은 기술에 의해 정보를 단위로 묶으면 더 많은 정보를 기억
	전이와 간섭	이전의 학습이 새로운 학습에 영향, 이전의 학습이 새로운 학습을 방해
	유의미학습과 메타인지	① 유의미학습: 정보를 장기기억 속에 저장하기 위해 유의미학습이 중요 ② 메타인지: 정보를 부호화하고 장기기억에 저장하며 필요할 때 회상하기 위한 체계적인 과정
보건 교육에의 적용	① 사고과정과 탐구기능 교육 강조 ② 정보처리전략 사용 ③ 내적 학습동기 강조 ④ 수업평가	

(3) 인본주의

구분		내용
개념		인간은 스스로 성장할 수 있는 무한한 잠재능력을 가지고 있다는 관점
유형	매슬로우(Maslow)의 동기이론	① 욕구 5단계: 생리적 욕구, 안전욕구, 소속감과 애정 욕구, 존중욕구, 자아실현 욕구 ② 욕구위계의 최상위인 자아실현을 추구하는 것이 학습의 목표라고 봄. 개인의 직접 경험적 지식과 간접 관찰적 지식을 바탕으로 이루어질 수 있다고 봄
	로저스(Rogers)의 유의미 학습이론	① 인간의 내재적 역량을 중심으로 대상자들을 긍정적으로 존중하고 그들의 내적 세계를 감정이입적으로 이해할 때 변화의 과정이 시작된다는 내담자 중심 학습의 개념 ② 학습자가 자기 주도적이고 자기 의도적인 학습을 하는 자유가 보장된 학습임
학습원리		① 개인의 개성과 존엄성, 자아실현을 돕는 것을 목적으로 인간의 속성, 잠재능력, 감정 등을 강조함 ② 학습자가 교육과정의 중심이 되고, 교육자는 촉진적 역할을 하면서, 학습은 발견을 통해 이루어진다는 점에 초점을 맞춤

SECTION 06 보건교육 프로그램 개발

1 보건교육과정 개발

구분	특징
교육과정 개발 관련 요소	교육과정 개발과정에는 학습자, 교과전문가에 의한 요구 분석, 교육목표 설정, 교과목의 내용선정과 구성, 교수·활동계획, 평가계획, 교재, 시간계획 등이 포함되어야 한다. 교육과정 개발에는 목표, 배경철학, 학습자, 내용, 활동, 자료, 조직, 시간계획, 다른 프로그램과의 관련, 교사, 평가 지원여건의 요소를 포함
타일러(Tyler)의 교육과정 개발절차 (1949)	① 교육목표 설정 및 진술: 학교는 어떠한 교육목표를 달성하기 위하여 노력해야 하는가? ② 교육내용(학습경험)의 선정: 이러한 교육목표를 달성하기 위해서 어떤 교육내용(학습경험)이 제공될 수 있는가? ③ 교육내용(학습경험)의 조직: 이러한 교육내용(학습경험)은 어떻게 효과적으로 적용될 수 있는가? ④ 평가: 설정된 교육목표가 달성되었는지 여부를 어떻게 결정될 수 있는가?

2 보건교육 프로그램 계획

구분	내용
보건교육프로그램 계획의 핵심요소	목적진술, 목표, 방법 및 활동, 자원과 장애요소, 평가계획, 수행계획(6가지)
보건교육 프로그램 개발과정	① 1단계: 과제를 수행하기 위한 기획집단 구성 ② 2단계: 지역사회 분석결과를 토대로 목적 설정 ③ 3단계: 구체적인 프로그램의 목표 수립 ④ 4단계: 자원과 장애요소 파악 ⑤ 5단계: 프로그램 목적을 달성하기 위하여 이용되는 방법과 활동 선정 ⑥ 6단계: 수행계획 수립 ⑦ 7단계: 평가계획 수립
브래드쇼 (Bradshaw)의 요구사정(1972)	① 규범적 요구(normative needs): 보건의료전문가의 전문적인 판단에 의해 규정되는 요구로, 표준이나 준거에 의해 설명되고 제시되며, 교육대상자의 주관적 느낌이나 생각과는 차이 발생 ② 내면적 요구(perceived needs, felt needs): 학습자의 개인적인 생각이나 느낌에 의하여 인식되는 요구에 따라 규정 ③ 외향적 요구(expressed needs): 다른 사람들은 어떠한 방법으로 그 문제를 해결하는가 등과 같이 학습자가 언행으로 표현하는 요구로, 내면적 요구가 행위로 전환된 것 ④ 상대적 요구(comparative needs): 다른 집단과 달리 특정 집단만이 가지는 고유한 문제로 각기 다른 집단의 특성에서 비롯되는 요구

보건교육 목표설정 및 진술	학습목표는 일반적 목표와 구체적 목표로 나누어 기술	
	일반적 목표	"심장질환의 위험요인을 알고 건강행위를 함으로써 심장질환을 예방한다."
	구체적 목표	① "향후 2년간 지역사회의 건강생활양식 실천율 중 흡연율을 58%에서 50%로 낮춘다." ② "향후 2년간 건강생활양식 실천율 중 운동 실천율이 17%에서 35%로 증가한다."
학습목표 진술 시 고려해야 할 사항	① 교육자의 학습목표로 진술하지 않으며, 학습자의 행동변화를 학습목표로 설정 ② 학습의 과정을 목표로 서술하지 않고, 학습결과로 변하게 될 행동을 목표로 진술 ③ 하나의 목표 속에 두 가지 학습결과를 포함시키지 않음 ④ 세부 학습목표를 지나치게 세분화하지 않음. 통상 1시간 교육에 1~3가지의 학습목표가 적당. 학습이 이루어져야 할 환경을 고려해야 함	
목표의 구성요소	분명한 의사소통을 하기 위해 목표는 변화내용·행위·조건·기준의 네 부분으로 구성되어야 함. 예를 들면, '대상자는 5가지 기초식품군(내용)의 1일 섭취량(기준)을 도움 없이(조건) 계량할 수 있다(행동)'	
블룸(Bloom)의 학습목표 구분 (1956)	인지적 영역	① 지식·암기: 정보를 회상해 내거나 기억하는 것 ② 이해: 가장 낮은 수준의 이해로, 학습자는 무엇이 의사소통되고 있는가를 알며, 의사소통되고 있는 물질이나 아이디어를 다른 것과 관련시키지 않고 사용할 수 있음 ③ 적용: 구체적이고 특수한 상황에 일반적인 아이디어나 규칙·이론·기술적인 원리 혹은 일반화된 방법의 추상성을 사용 ④ 분석: 표현된 아이디어의 위계화 관계가 분명해지도록 의사소통 부분으로 나누는 것을 의미, 이는 의사소통을 분명히, 조직적으로 그리고 효과적으로 하기 위함 ⑤ 합성: 부분이나 요소를 합하여 그전에는 분명하게 보이지 않던 양상이나 구조로 구성하는 것 ⑥ 평가: 주어진 목표에 대하여 자료나 방법의 가치에 관해 판단하는 것으로, 자료와 방법이 범주를 충족시키는 정도에 관해 질적·양적으로 판단
	정의적 영역	① 감수: 학습자는 단순히 어떤 것에 의식적이거나 선호하는 자극에 주의를 기울임 ② 반응: 학습자는 반응을 보임 ③ 가치화: 학습자가 자의적으로 헌신·몰입하며 가치를 갖고 있음을 타인이 확인할 수 있음 ④ 조직화: 복합적인 가치를 적절히 분류하고 순서를 매겨 체계화하며, 이들 가치들의 관계가 조화로우며 내적으로 일관성 있음 ⑤ 성격화: 일반화된 태세로 일관성 있고, 효과적으로 행동

	심리 운동 영역	① 지각: 감각기관을 통해 대상, 질 혹은 관계를 알게 되는 과정 ② 태세: 특정한 종류의 활동이나 경험을 위한 준비 ③ 지시에 따른 반응: 교육자의 안내 하에 학습자가 외형적인 행위를 하는 것으로, 활동에 앞서 반응할 준비성과 적절한 반응을 선택 ④ 기계화: 학습된 반응이 습관화되어 학습자는 행동수행에 자신감이 있으며, 상황에 따라 습관적으로 행동 ⑤ 복합 외적 반응: 복합적이라고 여겨지는 운동활동의 수행을 뜻하며, 고도의 기술이 습득되고 최소한의 시간과 에너지로 활동을 수행 ⑥ 적응: 신체적 반응이 새로운 문제 상황에 대처하기 위해 운동활동을 변경하는 것 ⑦ 창조: 심리운동영역에서 발달한 이해·능력·기술로 새로운 운동활동이나 자료를 다루는 방법 창안
보건교육 진행과정 계획	도입	도입단계는 보건교육에 대한 흥미를 유발하고, 동기를 부여하며, 교육에 대한 개괄을 알려주어 대상자를 준비시킴
	전개	① 보건교육계획안에 따라 본격적으로 학습활동을 함 ② 효과적인 학습을 위해 다양한 교수·학습매체를 활용하는 것이 좋고, 학습내용이 체계적 조직화에서 고려한 바와 같이 쉬운 것에서 어려운 것으로, 간단한 것에서 복잡한 것으로 진행하는 것이 좋음
	정리	전개단계에서의 교육내용을 종합하고 정리하며 결론을 맺음

3 보건교육내용의 선정과 조직

구분	내용
학습내용의 선정	① 학습내용은 학습목표를 달성하기 위한 것으로, 학습목표와 관련된 내용이어야 함 ② 학습내용은 대상자의 건강 향상에 꼭 필요하고 중요한 내용이어야 하며, 다양한 상황에 전이되고 활용될 수 있어야 함 ③ 학습내용은 너무 광범위하거나 피상적이어서도 안 되고, 일부 제한된 내용만을 깊게 다루어서도 안 된다. 내용의 범위와 깊이의 균형이 적절해야 함 ④ 선정된 학습내용은 누구나 알고 있는 진부한 것을 되풀이하는 내용이 아닌 새롭고 참신한 내용임. 관련되는 많은 참고문헌을 고찰하여 가장 최신의 이론·지식·기술을 학습내용으로 선정해야 함. 이를 위해서 끊임없이 앞서가는 지식을 비판적으로 받아들이고 사용할 수 있는 능력이 필요 ⑤ 학습내용은 대상자의 자기 건강관리를 위해 현재와 미래에 기여하는 내용이어야 하며, 대상자가 살고 있는 가정과 지역사회의 여건에서 요구되고 허용되는 내용이어야 함

구분	
학습내용의 조직	① 학습내용이 선정되었더라도 아이디어들이나 혹은 아이디어들에 대한 내용의 표집이 아직 가르칠 수 있는 내용으로 나타나지는 않음. 따라서 내용들을 체계적으로 조직할 필요 있음 ② 학습내용 조직의 일반적 원리는 이미 알고 있는 것에서 모르는 것으로, 직접적인 것에서 거리가 먼 것으로, 구체적인 것에서 추상적인 것으로, 쉬운 것에서 어려운 것으로 이행되도록 체계적으로 배열할 필요 있음 ③ 이렇게 함으로써 앞 단계에서 분리되어 보이던 각각의 아이디어를 하나의 묶음으로 결합하고 계열로 조직화하며, 이러한 계열은 학습을 용이하게 함

SECTION 07 보건교육의 수행

1 보건교육계획서

구분	내용
구성내용	보건교육의 주제, 교육대상, 교육일시와 장소, 교육시간, 학습목표, 교육내용, 교수·학습활동 및 방법, 교육매체, 평가계획이 포함되어야 함
유의사항	① 보건교육을 실시할 사람이 직접 작성해야 함 ② 학습자의 수준에 맞추어 이해하기 쉽게 전달할 수 있도록 구성해야 함 ③ 체계적이고 객관적이며 보편적인 타당성을 내포한 논리적 내용으로 구성해야 함

2 보건교육방법[1]

교육방법은 크게 개별교육과 집단교육으로 구분

(1) 개별교육

구분		내용
면접		두 사람 사이에서 목표를 가지고 언어를 도구로 하여 기술적으로 진행되는 전문직업적 대면관계, 즉 상호이해에 도달하려는 목표를 가진 두 사람 사이의 의사소통
	장점	① 시간과 장소의 제약 없음 ② 피면접자에게 심리적 부담감이나 준비물을 요구하지 않음
	단점	많은 인원과 시간이 소요

[1] 이영란 외(2017) 보건교육학 제3판, 254-291.

❶
개별상담시 유의사항
1. 신뢰관계 형성
2. 대상자에 대한 긍정적인 태도 가짐
3. 현재의 문제에만 초점을 맞춤
4. 부드럽고 조용한 상담 분위기 조성
5. 대상자의 말이나 대답을 강요하지 않아야 함
6. 대상자에게 지시나 명령, 훈계나 설득, 충고나 권고를 피하기
7. 대상자의 비밀 엄수

		대화를 통하여 상담 대상자의 내면의 문제를 고찰하고 원인을 이해하여 피상담자가 스스로 자신의 문제에 개입하여 의사결정과 행동을 할 수 있도록 이끄는 방법
상담❶	장점	① 개별적으로 진행되어 교육효과 높음 ② 교육자와 대상자 간에 상호작용 많음 ③ 대상자의 내밀한 건강문제 해결에 도움 ④ 협소한 공간에서 이루어져 집단교육에 비해 별도의 행정적인 노력이 필요 없음
	단점	① 개인을 대상으로 이루어지므로 시간, 인력, 비용 등에 있어 비경제적 ② 상담자의 역량과 준비에 따라 효과가 달라짐 ③ 다른 사람과의 공감이나 비교 등을 통해 학습할 수 있는 기회가 적음

💬 상담단계
1. 제1단계: 대상자가 자신의 문제를 확인하도록 돕는다. 교육자는 자신이 먼저 대상자의 문제를 이해하고, 대상자가 자신의 문제를 이해하도록 도움
2. 제2단계: 대상자가 자신의 문제가 왜 문제인가를 깨닫도록 도움
3. 제3단계: 대상자가 가능한 한 많은 해결책을 찾도록 도움
4. 제4단계: 대상자가 가장 적절한 해결책을 선택하도록 도움

프로그램 학습과 컴퓨터 보조학습		① 프로그램 학습: 스키너(Skinner)의 강화이론과 학습내용 조직의 원리에 기초를 둔 개별지도방법임. 학습자가 스스로 학습할 수 있도록 구성. 이 방법은 ㉠ 학습자 검증, ㉡ 개인 페이스, ㉢ 적극적 반응, ㉣ 즉시 확인, ㉤ 스몰 스텝(small step)의 5가지 원리에 바탕을 둠 ② 컴퓨터 보조학습: 컴퓨터를 직접 수업의 매체로 활용하여 지식, 태도, 기술에 관한 내용을 학습자에게 가르치는 방법임. 컴퓨터 보조수업이라고 하며 CBI(Computer based instruction)와 동의어로 사용됨
	장점	① 학습자가 자신의 능력에 따라 학습할 수 있음 ② 반복학습이 가능 ③ 학습자의 수준과 속도에 따라 학습자료의 양을 조절할 수 있음
	단점	교육자의 세심한 배려와 컴퓨터에 대한 이해 없이는 비인간적·비교육적

(2) 집단교육

2명 이상의 대상자에게 이루어지는 교육을 말하며, 인지적 영역, 정의적 영역, 심리운동영역에 따라 다양한 방법을 적용

구분			특징
강의		장점	① 짧은 시간에 많은 양의 지식이나 정보를 많은 사람에게 전달 가능 ② 학습내용을 학습자 수준에 적절하게 조절하여 전달 ③ 대상자의 적극적인 참여 없이도 이루어지며, 긴장감이 비교적 적음 ④ 대상자가 많아 다른 방법을 적용하기 어려울 때 활용
		단점	① 많은 양의 지식이나 정보가 전달되므로 학습자가 모두 기억하기 어렵고 쉽게 잊어버림 ② 교육자가 일방적으로 전달하므로 학습자가 수동적으로 되며 문제해결 능력을 가질 수 없음 ③ 학습자 간의 개인차를 고려하기 어려움
			강의는 교육효과 측면에서 낮은 위치에 있으며, 강의를 경시하는 경향이 있으나 시청각자료의 적절한 활용, 교육방법의 보완과 다른 교육방법의 활용 등 개선을 통해 강의의 장점을 살릴 수 있음. 따라서 교육자가 강의를 효과적으로 하기 위해서는 준비와 조직 및 전달을 잘 해야 함
토의	배심토의		배심토의는 어떤 주제에 상반되는 견해를 가진 전문가 4~7명이 사회자의 안내에 따라 토의를 진행하는 방법. 전문가들이 정해진 시간 동안 발표한 후 청중과의 질의응답을 통해 전체토의 진행
		장점	① 전문가와 청중이 함께 토의함으로써 문제해결 방안을 제시 ② 청중이 어떤 주제에 대해 비교적 높은 수준의 토론을 경험하고, 타인의 의견을 듣고 비판하는 능력 배양
		단점	① 전문가의 위촉에 따르는 부담이 있음 ② 청중이 기존 지식이 없을 때는 토론내용을 이해하기 힘듦
	심포지엄		동일한 주제에 대해 전문적인 지식을 가진 연사 2~5명을 초청하여 각자 10~15분씩 의견을 발표하도록 한 후, 발표내용을 중심으로 사회자가 청중을 공개토론 형식으로 참여시키는 교육방법. 이때 사회자는 연사의 발표내용을 짧게 요약해서 질문, 답변, 토론이 적절하게 진행되도록 유도
		장점	① 특별한 주제에 대한 밀도 있는 접근이 가능 ② 의사전달의 능력 여하에 따라 강의가 다채롭고 창조적이고 변화 있게 진행됨 ③ 청중이 알고자 하는 문제의 전체적인 파악은 물론 부분적인 이해가 가능

	단점	① 연사의 발표내용에 중복이 있을 수 있음 ② 청중이 주제에 대한 정확한 윤곽이 형성되지 못했을 때는 비효과적
	\multicolumn{2}{l}{심포지엄은 발표자(연사)나 사회자, 청중 모두 주제에 대한 전문지식이나 직업이 있는 전문가들이라는 점이 배심토의와 다름}
분단토의	\multicolumn{2}{l}{'와글와글 학습법'이라고도 하며, 대상자 전체의 의견을 반영하거나 분위기가 침체되었을 때 실시하는 방법. 전체를 몇 개의 분단으로 나누어 토의시키고, 다시 전체 회의에서 종합. 각 분단은 6~8명이 적당하다. 각 분단에 의장과 서기를 두고 회의를 진행시키는 것이 효과적}
	장점	① 참석 인원이 많아도 진행이 가능 ② 전체가 의견을 제시할 수 있음
	단점	참가자들의 준비가 없을 때는 토론의 성과를 거둘 수 없음
집단토론	\multicolumn{2}{l}{참가자들이 특정 주제에 대하여 자유롭게 상호 의견을 교환하고 결론을 내리는 방법. 효과적인 토론을 위해서는 참가자 모두 토론의 목적을 이해하고 참여하여야 하므로 참가자 수가 많을수록 토론의 참여 기회가 적어지므로 참가자는 10명 내외가 적당함}
	장점	① 대상자들이 능동적인 참여를 통해 상호 협동적·민주적 회의능력을 기를 수 있음 ② 각자의 의견을 표현하므로 자신의 의사를 정확하게 전달하는 능력이 배양
	단점	① 많은 대상자가 참여하기 어려움 ② 교육자의 토론 유도 기술이 부족하면 집단토론의 장점을 살릴 수 없음
브레인 스토밍	\multicolumn{2}{l}{브레인스토밍은 묘안착상법 혹은 팝콘회의라고 하며, 번개처럼 떠오르는 기발한 생각을 잘 포착해낸다는 뜻을 내포하고 있음. 특정 문제를 해결하기 위해 여러 구성원이 토론 없이 가능한 많은 아이디어를 종이에 기록하여 목록화하고, 그들 중 가장 최상의 아이디어를 선택하는 방법. 12~15명이 한 그룹이 되어 10~15분의 단기토의를 진행. 모든 구성원이 자유로운 분위기에서 우수하고 다양한 의견이 나올 수 있도록 유도할 수 있는 사회자와 서기를 정하는 것이 중요}
	장점	① 어떤 문제든지 토론의 주제로 삼을 수 있음 ② 별도의 장비 준비 필요없음 ③ 기대하지 않았던 의미있는 결과 도출 ④ 협력적인 분위기를 조성하는 데 유용
	단점	① 토론이 제대로 유도되지 않으면 시간 낭비 ② 대상자들이 즉흥적이고 계속적으로 아이디어를 제시해야 하는 부담감

포럼	① 포럼은 1~3인 정도의 전문가가 간략한 발표를 한 후 발표내용을 중심으로 청중과 질의응답을 통해 토론을 진행, 즉 청중이 직접 토의에 참가하여 공식적으로 연설자에게 질의를 하거나 받을 수 있다는 점이 특징 ② 포럼은 토론자의 의견 발표 후 질문이 이뤄진다는 점에서 심포지엄과 비슷하다고 할 수 있으나, 토론자 간 혹은 청중과 토론자 간 활발하게 참여하여 토론이 이루어져 합의가 형성된다는 점에서 다소 차이가 있음	
세미나	① 세미나는 구성원이 해당 주제에 관한 전문가나 연구자로 이루어졌을 때 주제발표자가 먼저 발표를 하고, 토론참가자들이 이에 대한 토론을 하는 방법 ② 세미나는 사전에 철저한 연구와 토론 준비를 전제로 하여 토론자들이 해당 주제에 대한 지식이나 정보를 체계적이고 깊이있는 토론이 가능	
시범❶	① 시범은 실제 적용해 보거나 나타내 보이는 활동으로, 심리운동영역인 기술교육에 적합한 방법 ② 교육자가 전 과정을 천천히 실시해 보임으로써 대상자들이 기술을 습득할 수 있도록 함 ③ 시범장면을 비디오로 먼저 보여주고, 교육자가 시범을 보이면 더 쉽게 학습목표에 도달할 수 있음 ④ 시범을 보인 후 학습자가 실습할 수 있는 기회를 주고 교육자는 실습장면을 관찰하면서 즉시 피드백을 주어 잘못된 점을 시정하도록 도움	
	장점	① 직접 상황을 관찰하고 해볼 수 있으므로 학습자의 흥미와 동기유발이 용이 ② 배운 내용을 실제에서 쉽게 적용할 수 있음 ③ 학습자의 수준에 따라 다양하게 적용할 수 있음
	단점	① 소수에게만 적용 ② 교육자가 숙달되기 위해 많은 준비시간이 필요 ③ 특정 장비가 준비되어야 함 ④ 교육자의 준비 정도에 따라 학습자의 기술습득 정도가 달라짐
역할극	① 역할극은 대상자들이 실제 상황 중의 한 인물로 등장하여 연극을 하면서 건강문제나 어떤 상황을 분석하고 해결방안을 모색하며, 이를 통해 교육목표에 흥미 있게 도달하는 교육방법 ② 역할극에 참여하는 출연자는 대본에 따라 행동과 대화를 하며, 경우에 따라서는 교육자가 전체 상황만 제시하고 출연하는 대상자에게 대본 없이 자연스럽게 대화나 행동을 표현 ③ 역할극이 끝나면 교육자는 설정된 상황에서 바람직한 결과를 가져오기 위하여 어떻게 하는 것이 좋은가를 질문하고 출연자와 관중이 함께 참여하는 전체토의를 진행하면서 이를 통해 결론 도출	

❶
시범교육 시 유의사항
1. 시범 실시 전에 전체 절차를 숙지
2. 시범 실시 전에 물품 준비하고 기구가 잘 작동하는지 시험
3. 모든 대상자가 잘 볼 수 있도록 장소를 준비
4. 시범 보이는 동작과 절차는 정확하고 가장 진보적인 방법 선택
5. 대상자가 오류를 범하기 쉬운 어려운 동작이나 기술을 반복해서 보여줌
6. 모든 대상자가 실습할 수 있는 시간을 갖도록 해주고 미숙한 부분을 교정

		④ 역할극은 직접 참여하는 사람이나 객관적으로 보는 사람 모두에게 학습기회가 되며, 가치나 태도의 이해를 증진시키는 데 효과적
	장점	① 흥미와 동기유발이 용이 ② 대상자 수가 많아도 적용 가능 ③ 대상자들의 태도와 가치관을 재고할 기회를 제공 ④ 의사소통 및 의사결정에 대한 경험을 제공
	단점	① 준비하는 데 시간이 많이 소요 ② 대상자들이 역할 맡는 것을 위협적으로 생각할 수 있음
프로젝트 방법		① 프로젝트란 실제 상황 속에서 목적을 달성하기 위하여 전심을 다하여 수행하는 활동을 말하며, 프로젝트 방법은 대상자에게 학습 목표를 제시하고 목표를 달성하기 위해 대상자 스스로 계획하고 자료를 수집하고 수행하게 함으로써 지식·태도·기술을 포괄적으로 습득하게 하는 것 ② 대상자 중심의 자발적·능동적인 학습활동을 강화하고, 대상자 자신이 계획하고 실제 상황에 학습함으로써 교육 후 즉시 활용할 수 있는 능력을 향상시킴, 현장실습으로 학습목적을 달성할 수 있거나 심층적인 연구가 필요한 과제에 적용하면 효과적
	장점	① 대상자 자신이 계획하고 실시하므로 학습에 대한 동기유발이 용이하고, 자주성과 책임감 향상 ② 의사결정 능력과 문제해결 방안을 모색하는 능력, 인내심, 창의력, 탐구능력이 개발되고, 협동정신과 지도력, 희생정신 길러짐 ③ 문제해결 과정에 영향을 주는 여러 변수에 대한 이해 증진
	단점	의존적이고 수동적인 학습에 익숙해진 학습자나 의욕이 부족한 대상자인 경우에는 시간과 노력만 낭비하고, 목표를 제대로 달성하기 곤란
문제해결법		① 학습자들에게 해결할 문제를 제시하고 스스로 해결해 나가도록 하면서 학습이 이루어지는 방법 ② 문제해결법은 문제의 인식, 문제와 관련된 자료수집, 해결방안 계획, 실행, 평가의 과정을 거침 ③ 문제해결법은 개인을 대상으로 수행하기도 하지만 대개의 경우 소집단 구성원들이 협력하여 수행함으로써 상호 간의 각각의 관점을 이해하여 반성적 사고를 하는 데 도움
	장점	① 자율성과 적극성을 배양 ② 협동학습을 통해 민주적인 생활태도를 기를 수 있음 ③ 실제적인 문제해결의 기회를 제공
	단점	① 노력에 비해 능률이 낮음 ② 체계적인 기초학력을 기르기 어려움 ③ 시간이 많이 소요 ④ 수업과정이 산만하여 일관성 있는 수업진행 곤란

사례연구		① 사례연구는 특정 학습주제를 가르치기 위해 기존의 여러 사례들을 이용하는 방법 ② 학습자는 사례들을 수집, 비교, 분석하여 해결방안을 모색하거나 일반적인 원리를 파악하는 과정에서 새로운 지식을 습득
	장점	① 대상자 중심의 활동이 매우 많음 ② 문제해결에 필요한 분석적 사고력이 향상 ③ 특정 문제에 대해 다양한 해결책이 있음을 알게 됨
	단점	교수의 지도경험이 부족한 경우 예기치 않은 결과를 야기
견학		① 견학은 현장을 직접 방문하여 관찰을 통해 대상자의 학습을 유도하는 방법 ② 견학장소에 대한 사전답사와 방문일정을 사전에 조율 ③ 견학에 앞서 견학의 목적을 전달하고, 견학 후에는 학습자들의 느낌을 토의하고 각각 관찰내용에 관한 보고서를 제출
	장점	① 실물이나 실제 상황을 직접 관찰 가능 ② 관찰한 내용을 실제 상황에 적용할 수 있는 능력을 기름
	단점	① 시간과 경비가 많이 듦 ② 견학장소 선택의 어려움이 있음 ③ 사전계획이 미비하면 들인 비용만큼의 효과를 얻기 힘듦 ④ 예측이 어려운 사고 가능성 있음
모의실험		① 모의실험은 학습자에게 실제와 유사한 상황이나 중요한 요소만을 선별 제공하여 활동을 재현함으로써 쉽게 기억하게 하며, 실제 상황에서 적용할 수 있는 능력을 길러주는 방법 ② 모의실험 후 경험에 대하여 학습자와 함께 분석하고 토론하는 것이 필요
	장점	① 실제와 유사한 조건 하에서 연습할 수 있음 ② 학습자는 위험한 활동을 안전하게 수행할 수 있음 ③ 학습자의 의사결정 기술을 개발하는 데 도움 ④ 학습자의 행동이나 결정에 대한 즉각적인 피드백이 가능
	단점	① 시행착오를 경험하는 학습자의 경우 문제점을 해결하기 위해 많은 시간 필요 ② 현실을 단순하게 묘사한 시뮬레이션일 경우 실제 상황을 제대로 이해하지 못할 우려
캠페인		① 캠페인은 건강관리에 필요한 지식과 기술을 향상시키기 위해 매우 집중적이고 반복적인 과정을 통해 사람들이 올바른 교육내용을 습득하도록 널리 알리는 교육방법 ② 수행하는 기간: 수일에서 1개월까지 다양, 교육매체로는 팸플릿, 포스터, TV, 라디오, 인쇄물 배포 등이 활용
	장점	① 지역사회 어디서나 활용 가능 ② 비교적 단기간 동안 건강지식과 기술을 증진시킬 수 있음
	단점	종료 후 관심이 감소하여 지속적인 관리가 필요

3 교육매체

(1) 개요

구분	내용
개념	교수활동을 효과적으로 하기 위하여 교육자와 학습자 간에 사용되는 모든 교육자료 의미
목적	대상자들의 감각적 경험을 확대하고, 흥미와 동기를 유발하며, 추상적인 내용에 구체적인 의미를 더해주고, 복잡하고 어려운 내용을 이해하기 쉽게 전달하기 위함
매체 선택시 고려사항	학습목적과 내용, 학습자 특성, 학습환경, 매체의 특성과 이용가능성 등을 고려

(2) 교육매체의 종류

구분		특징
실물이나 실제상황		보건교육 시 가능하다면 실물이나 실제상황을 사용하는 것이 가장 효과적 예 자가 주사방법을 교육 시 실제 주사기 사용, 피임방법 교육 시 실제 피임기구 가지고 설명
	장점	① 대상자가 모든 감각기관을 동원하여 입체적인 학습을 할 수 있기 때문에 흥미를 갖고 학습목표에 도달 용이 ② 교육자와 대상자 간에 의사소통 잘 됨 ③ 교육 후 실생활에 즉시 활용
	단점	① 구입이나 활용이 용이하지 않은 경우가 많음 ② 대상자 수가 많을 때는 활용 어려움 ③ 시간·계절·비용 등의 제한 ④ 실물은 쉽게 손상될 수 있고 보관 어려움
모형이나 유사물		① 실물과 닮은 것을 모형이라고 하고, 실물처럼 움직이거나 기능할 수 있는 모형이 유사물 ② 간호학 실습실의 인형들, 인공순환기, 투석기기들이 유사물
	장점	① 실물이나 실제상황을 활용할 때 비슷한 효과 ② 여러 번 반복해서 시행해 볼 수 있음 ③ 확대 또는 축소하거나 단면화시킴으로써 세부적인 부분까지 볼 수 있음 ④ 눈으로 보고 귀로 들으며 손으로 만져봄으로써 개념 습득이 용이 ⑤ 기술을 배울 수 있는 방법으로 이용
	단점	① 값이 비싸고 파손되기 쉬움 ② 대상자가 많으면 효과가 적음 ③ 보관과 운반이 불편

융판		융을 고정할 도구, 그림과 사포만 있으면 어디서나 활용할 수 있는 매체
	장점	① 융판은 복잡한 이야기나 내용을 간단히 묘사할 수 있음 ② 자료를 붙였다 뗐다 함으로써 흥미와 동기유발이 용이 ③ 매우 경제적이며 학습의 반복이 가능하고, 휴대하기 편리 ④ 다양한 색과 모양의 그림을 단계적으로 제시할 수 있어 주의집중이 잘 되고, 흥미 있게 목표에 도달할 수 있음
	단점	① 대상자가 다수일 때 적용하기 곤란 ② 교육목적에 맞게 그림이나 글씨를 미리 제작해야 하므로 기술과 시간이 필요 ③ 섬세한 설명은 불가능
그림과 사진		① 그림이나 사진은 개인이나 소집단에 유용하게 사용할 수 있음 ② 신문이나 책에서 자료를 쉽게 구할 수 있고, 염가로 제작이 가능하므로 다양한 형태로 학습에 활용할 수 있음
	장점	① 어떤 상황이나 모양을 압축하여 간결하게 표현할 수 있음 ② 구하기 쉽고 비용이 적게 들며, 필요할 때 복사하여 학습자에게 배부할 수 있음 ③ 휴대가 간편하여 기계적 장치가 필요 없으므로 어떤 장소에서나 활용할 수 있음
	단점	① 평면적이며 움직임을 묘사하기 어려움 ② 큰 집단에는 사용하는 데 제한

4 보건교육수행의 단계

- **도입단계** — 학습자 동기를 유발하기 위해 교육의 목표를 제시하거나 주제의 중요성 강조
- **전개단계** — 학습의 중심적 단계, 전체 학습의 대부분을 차지함.
- **정리단계** — 교육내용 중 중요한 것을 재강조 및 요약·정리

(1) 교육활동의 단계

구분	내용
도입단계	학습동기를 고취하여 학습에 참여토록 하는 단계 ① 학습자들을 존중하는 마음이 전달되도록 호의와 관심 보임 ② 교육자에 대한 신뢰감을 갖게 함 ③ 학습내용과 관련되는 대상자의 과거 경험을 상기시키는 질문을 하거나 설명을 하고, 학습목표를 확인 ④ 학습목표를 제시하며 그 중요성을 설명한 후 학습내용의 개요를 설명 ⑤ 학습내용과 관련된 사전지식의 습득 정도를 질문하고, 그에 따라 문제 이해의 방향을 정함 ⑥ 연속적인 교육 - 교육의 주제의 연관성을 언급 - 학습동기를 유발하고 유지하기 위해 학습환경의 동기적 측면을 설계하는 문제해결 접근법으로 잘 알려진 켈러(Keller)의 ARCS 모델 ❶을 적극 활용
전개단계	도입단계에서 구상한 학습내용의 지식·기술·기능·태도 등 학습을 위해 개별 교육활동 진행
요약 및 정리단계 = 종결활동	① 전개단계에서 수행된 활동을 종합, 설정된 목표를 달성하는 단계 ② 그동안 학습한 내용을 정리하거나 중요한 부분을 학습자에게 질문 또는 토의함으로써 결론 내림

❶ **ARCS**
Attention(주의집중), Relevance(관련성), Confidence(자신감), Satisfaction(만족감)

(2) 대상자별 보건교육

구분	내용
교수·학습 지도안	단원의 개관 ⇨ 단원의 목표 ⇨ 대상자의 실태 ⇨ 단원의 지도계획 ⇨ 지도상의 유의점 ⇨ 차시별 학습의 실제 ⇨ 평가계획
보건교육 계획서	① 보건교육의 주제　② 교육대상 ③ 교육일시와 장소　④ 교육시간 ⑤ 학습목표　⑥ 교육내용 ⑦ 교육진행단계　⑧ 교육방법 ⑨ 교육매체　⑩ 평가계획
보건교육 방법의 적용	① 고려사항: 교육대상자의 수, 학습목적의 난이도, 참여 대상자들의 교육 정도, 대상자들의 선호와 기대, 교육장소 및 시설 ② 리이(Reay, 1994) 교육방법 선택 기준: 교육내용, 학습자, 교육자원, 조직의 기대 제시
보건교육 매체 선정	교육매체의 활용: 하이니히(Heinich, 1993)가 고안한 ASSURE 모형 - 교육매체와 자료를 효과적이고 체계적으로 활용하기 위한 지침
	A: 학습자분석 (Analyze learners)	학습자의 일반적 특성, 학습자의 출발점 능력, 학습자의 학습유형(양식)을 고려
	S: 목표진술 (State Objectives)	① 학습목표로서 학습 후 획득할 지식과 학습경험 진술 ② ABCD 진술기법: 학습대상자(Audience), 목표행동(Behavior), 학습조건(Condition), 성취판단기준(Degree)
	S: 방법, 매체 및 자료의 선택 (Select methods, media and materials)	적절한 교육방법과 교육매체 선택, 선정된 교육매체에 알맞은 자료를 선택, 수정, 제작
	U: 매체와 자료의 활용 (Utilize media and materials)	효과적 교육매체 활용 ⇨ 사전 자료 점검, 검토 준비, 환경 점검, 학습을 위한 사전준비(학습자)
	R: 학습 참여의 요구 (Require learner participation)	학습자의 반응에 대한 즉각적 피드백 통해서 학습자의 능동적 수업 참여의 기회를 높임
	E: 평가와 수정 (Evaluate and revise materials)	학습자의 성취와 수업방법, 교육매체와 방법에 대한 평가, 평가 결과가 만족스럽지 않은 부분에 대한 수정

SECTION 08 보건교육 평가

1 평가의 목적과 과정

구분	내용
개요	① 교육평가는 학습목표가 무엇인지에 따라 다르게 이루어짐. 즉, 평가의 기준으로 설정하는 것에 따라 상이할 수 있음 ② 평가계획은 목표달성 정도 및 각종 척도에 따라 측정된 정도로 평가가 진행될 수 있음 ③ 건강에 대한 의식, 관심, 흥미변화, 건강에 대한 태도 변화, 건강태도 변화, 건강행동 변화, 사회적 변화
평가목적	① 학습자의 학습수행 정도 확인 ② 학습에 대한 동기 부여, 격려 ③ 교육과정의 강점과 약점의 파악 및 개선 ④ 학습자 이해 ⑤ 피드백을 통해 학습을 촉진할 수 있으며, 교육방법이나 매체 개선
평가과정	**평가대상과 기준 설정**: 무엇을 평가할 것인지 평가대상을 결정하고, 보건교육의 목표 달성 여부를 어떤 기준으로 평가할 것이지 결정하는 단계 예 학습자, 교육담당자, 교육과정, 학습환경 등 **관련자료 수집**: 평가대상과 관련된 다양한 자료를 수집하는 과정으로 가장 적절한 자료수집방법을 결정하여 자료 수집 **결과 해석**: 수집된 자료를 분석한 결과를 설정된 목표와 비교하여 그 도달 여부를 확인한 후, 이러한 결과에 영향을 미친 요인들과 직접, 간접적인 원인 등을 분석하여 명확히 하는 과정 **재계획의 반영 (피드백)**: 평가결과 분석을 통해 얻어진 영향요인과 원인을 해결하기 위한 방법을 모색하며, 그 결과를 향후 보건교육을 계획 시에 반영하는 것

2 평가유형

분류기준	구분	내용
평가기준	절대평가	기준에 따른 평가로 보건교육 계획 시 목표를 설정해 놓고, 교육을 실시한 후 목표 도달 여부를 확인하는 방법으로, 이 평가는 무엇을 할 수 있는지를 알려고 하는 목적을 두고 있기 때문에 학습자의 점수를 비교하지 않음
	상대평가	다른 학습자에 비해 어느 정도 수행하고 있는지를 평가하는 것으로, 학습자 개인의 상대적인 위치와 우열의 파악이 가능하며 경쟁을 통해 학습동기를 유발하는 방법. 평가의 주된 대상은 학습자로 교육자가 아닌 다른 사람이 평가자가 될 수도 있는 방법

평가시점	진단평가	사전평가라 불리며, 교육을 실시하기 전에 교육대상자들이 보건교육 주제에 대해서 갖고 있는 지식, 태도 및 행동의 수준을 파악하여 학습자들의 요구를 확인하는 방법. 이 평가를 통해 대상자의 지식, 태도, 동기, 준비도, 흥미 등을 파악할 수 있고 어떤 주제의 교육이 필요한지 확인 가능
	형성평가	교육이 진행되는 동안 교육내용, 교육방법, 교육효과를 향상시키기 위하여 무엇을 조정하거나 추가하는 것이 필요한지를 확인하는 방법. 교육이 진행되는 동안 학습자에게 형성되는 교육의 결과를 알려주고 학습이 이루어지는 영향요인들을 찾아서 개선함으로써 학습목표에 도달하게 됨
	총괄평가	보건교육 후 학습자가 교육주제에 대한 지식, 태도의 변화가 있는지, 행동에 대한 동기부여가 생겼는지를 확인하는 방법. 또한 교육방법, 학습자의 욕구충족, 장점과 단점 등 교육과정에 대한 전반적인 평가를 통해 다음 교육에 재반영하게 되며, 이런 평가과정에 학습자의 참여도 중요
평가성과	과정평가	프로그램이 계획한 대로 시행되었는지를 사정하여 프로그램을 관리하는 데 필요한 기초정보와 평가의 영향 또는 성과적 결과를 해석하는 기초를 마련함
	영향평가	프로그램을 투입한 결과로 단기적으로 나타난 바람직한 변화를 평가. 즉, 대상자의 지식·태도·신념의 변화, 기술 또는 행동의 변화, 기관의 프로그램, 자원의 변화, 사업의 수요도 등 측정
	성과평가	프로그램을 시행한 결과로 얻어진 건강 또는 사회적 요인의 개선점, 이환율이나 사망률의 감소, 삶의 질 향상 등을 평가하는 것

3 평가방법❶

구분	내용
질문지법	① 지적 영역의 학습을 평가하는 데 적합함. 질문지 문항을 작성하는 데 시간과 노력이 필요하지만, 타당도와 신뢰도가 높은 문항일 경우 효과적 ② 선택형과 서답형이 있음 • 선택형: 진위형, 배합형, 선다형 • 서답형: 단답형(기입형), 완결형
구두질문법	관찰방법과 구두질문을 함께 조합하여 사용하는 것이 한 가지 방법만을 사용하는 것보다 정확하게 평가할 수 있음
관찰법	① 직접관찰 ② 도구사용 관찰

❶
평가방법은 평가내용에 따라 달라질 수 있다.

자가보고서 및 자기감시법		① 설문지, 개방식 질문지, 진술식의 자가보고서는 대상자의 태도, 가치, 흥미, 선호, 불안, 자존감 등 정의적 영역을 평가할 때 유용 ② 자기감시법은 대상자가 내면적 행위나 외향적 행위를 한 후 자신의 행위를 기록하는 방법으로 외부에서 관찰한 자료와는 다를 수 있음
평가도구	행동 목록표	① 행동목록표(check list)는 대상자의 행동을 관찰 시 사용 가능 ② 심리운동영역의 기술뿐 아니라 정의적 영역의 태도평가에도 활용할 수 있음 ③ 기술을 학습하는 과정에서는 주기적으로 행동목록표를 사용할 수 있으며, 잘못 수행하는 과정을 학습자와 교육자는 행동목록표를 통해 알 수 있음
	평정 척도	① 평가자가 평가내용을 숫자나 내용으로 연속선 위에 분류하는 측정도구. 평가자의 주관이나 편견, 가치관 때문에 오는 편이의 문제를 해결하기 위해 복잡한 내용을 세분화하여 평가하는 것이 목표 ② 평정척도의 종류에는 여러 가지가 있으나 보건교육에서 활용할 수 있는 종류에는 기술평정척도, 숫자평정척도, 기술도표척도 등이 있음 ㉠ 기술평정척도는 평가하려는 척도의 내용이나 단계를 간단한 단어·구·문장으로 표시하여 평정하는 방법 ㉡ 숫자평정척도는 평정하려는 특성의 단계를 숫자로 표시하는 방법 ㉢ 기술도표척도는 기술척도와 도표척도를 합쳐서 나타내는 것

4 평가오류

구분	내용
후광효과	피평정자의 긍정적 인상에 근거하여 특정 요소가 우수한 경우 다른 평가 요소도 높게 평가받는 경향
혼효과	평정자가 피평정자의 부정적인 면에 주목하여 지나치게 비판적인 경우로 실제보다 낮게 평가되는 경우
중심화 경향	평가자의 평점이 모두 중간치에 집중되는 경향
관대화 경향	대부분의 피평정자에게 좋은 평점을 주는 것
시간적 오류 (근시오류)	평가 직전에 있었던 일들이 평가에 영향을 미치는 경우
총체적 착오	평가자가 가진 가치 판단상의 규칙적인 심리적 오류로 평가자가 다른 평가자에 비해 항상 후하게 평가를 하거나 낮은 평가점수를 주는 경우
논리적 착오	실제 평가요소간에 논리적 상관관계가 없는 경우에 있다고 판단하거나, 있는 경우에 없다고 생각하는 등의 평가착오라고 이해할 수 있음
대비오류	평가자가 무의식적으로 한 피평가자를 다른 피평가자와 비교하게 되면서 대비적으로 낮게 혹은 높게 평가하는 경우

기출의 재발견

01
건강행위에 영향을 미치는 요인을 개인의 특성과 경험, 행위와 관련된 인지와 정서로 설명하며, 사회인지이론과 건강신념모형을 기본으로 하여 개발된 이론의 명칭은? [2018]

① 계획된 행위이론
② 건강증진모형
③ 범이론 모형
④ PRECEDE-PROCEED 모형

| 정답 | ②

02
제5차 국민건강증진종합계획(HP 2030)의 사업분과에 해당하지 않는 것은? [21, 지방직]

① 정신건강관리
② 비감염성질환 예방관리
③ 건강친화적 환경구축
④ 안전환경보건

정답 ④

03
다음의 ㉠, ㉡에 공통으로 들어갈 용어는?

- 1999년 세계보건기구(WHO) 유럽사무국은 'Health 21'을 발표하였는데, 이 보고서는 (㉠)을(를) 강조하며 유럽지역 내 국가 간 기대수명의 격차를 최소 30 %를 줄이고, 사회경제적 집단 간 기대수명의 격차를 최소 25 %를 줄일 것을 권고하였다.
- 우리나라의 제3차 국민건강증진종합계획에 따르면 건강수명 연장과 (㉡)을(를) 제고하는 것을 목표로 하고 있다.

① 공중보건
② 건강형평성
③ 일차보건의료
④ 질병예방

| 정답 | ②

04
다음에서 설명하는 사회인지이론의 구성개념은? [22, 지방직]

- 행동을 성공적으로 수행할 수 있다는 신념을 말한다.
- 수행경험, 대리경험, 언어적인 설득을 통해 높일 수 있다

① 자기조절 ② 결과기대
③ 대리강화 ④ 자기효능감

| 정답 | ④

05
제5차 국민건강증진종합계획(Health Plan 2030)에 제시된 인구집단별 건강관리의 대상과 대표지표를 옳게 짝지은 것은? [22, 서울시]

① 영유아: 손상사망률 ② 근로자: 연간 평균 노동시간
③ 노인: 치매환자 등록률 ④ 여성: 비만 유병률

| 정답 | ②

마인드 맵

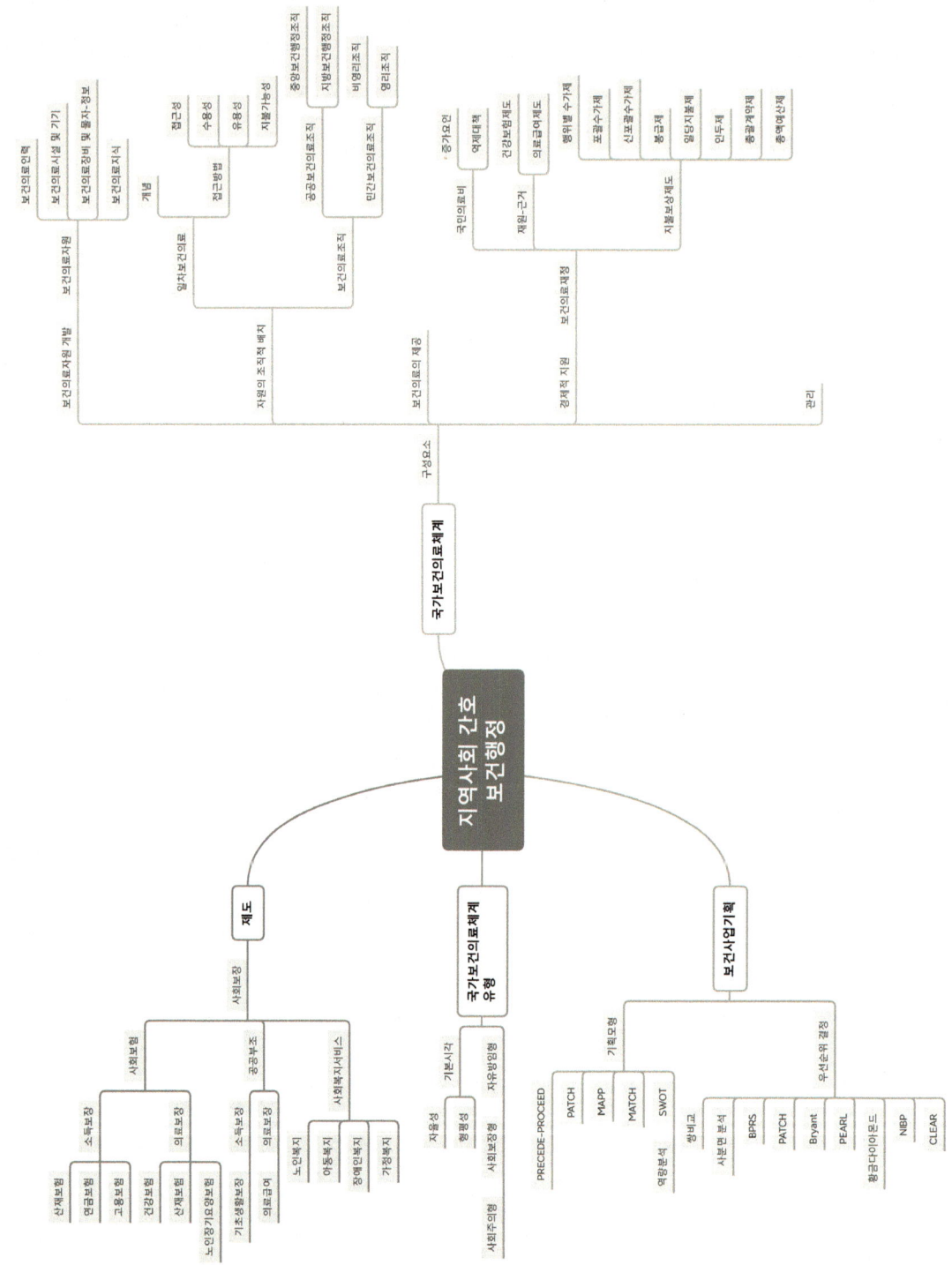

CHAPTER 04
지역사회간호 보건행정

01 **국가보건의료체계**
02 **보건의료자원**
03 **보건의료조직**
04 **보건의료재정**
05 **일차보건의료**
06 **보건사업기획**

PRETEST OX퀴즈

1 국가보건의료체계에서 공공보건의료조직, 기타 정부기관 등으로 구분하여 자원이 배치되는 것은 보건의료의 제공으로 이해한다. ○ ×

2 국가보건서비스방식(NHS)은 보험료에 의해 재원이 마련된다. ○ ×

3 보건의료자원의 평가 시 고려사항으로 필요에 따른 양적 공급에 대한 고려, 즉 인구당 자원의 양으로 표시하는 것은 효율성이다. ○ ×

4 행위별 수가제는 과잉진료 및 의료남용의 우려가 있다. ○ ×

5 보건사업의 기획에 있어서 SWOT 분석은 조직 내부의 기회와 외부의 약점을 분석한다. ○ ×

6 목적이나 목표를 달성하기 위한 접근방법을 개발이라고 한다. ○ ×

7 목표가 갖추어야 할 기준은 BPRS에 의해 결정된다. ○ ×

해설

1 × 자원의 조직적 배치라고 볼 수 있다. 보건의료의 제공은 건강요구수준에 따라 1차, 2차, 3차 예방활동으로 구분된다.
2 × 보험료가 아닌 일반 조세에 의해 재원이 마련된다.
3 × 효율성이 아니라 양적 공급에 관한 설명이다.
4 ○ 지불보상제도에서 행위별 수가제는 의료비용의 상승 가속화의 요인이 된다.
5 × 내부환경의 강점과 약점, 외부환경의 기회와 위협을 분석한다.
6 × 개발이 아니라 전략이다.
7 × 목표가 갖추어야 할 기준은 SMART로 볼 수 있고 BPRS는 우선순위의 판정도구이다.

CHAPTER 04 지역사회간호 보건행정

SECTION 01 국가보건의료체계

(1) 보건의료체계 개요

구분	내용
개념 (WHO)	국가보건의료체계는 국민의 건강을 회복하고 유지하며 증진시키는 일차적인 목적을 달성하기 위하여 행하는 모든 활동❶
특성	① 모든 국민에게 인간답고 건강한 삶을 마련해 주기 위하여 의료를 필요로 하는 사람에게 질적으로나 양적으로 적정한 의료를 효과적으로 제공하기 위한 사회제도의 하나 ② 국가보건의료의 목표: 접근용이성, 질, 지속성, 효율성 ③ 국가보건의료체계의 구조 및 기능적 상호관계가 유기적임

❶ WHO(2000) 보건의료체계의 3가지 본질적인 목표로서 건강수준의 향상, 보건의료체계에 대한 반응성, 재정의 형평성을 제시하고 있음.

(2) 국가보건의료체계의 구성요소

구성요소	내용
보건의료자원의 개발	인적·물적 자원의 개발 필요(인력, 시설, 장비 및 물자, 지식)
자원의 조직적 배치	공공보건의료조직, 기타 정부기관, 비정부기관, 독립민간부문 등으로 구분
보건의료의 전달 (제공)	건강요구수준에 따라 1차, 2차, 3차 예방활동으로 구분 = 보건의료 서비스 제공수준에 따라 1차, 2차, 3차 진료로 나뉨
경제적 지원	① 공공재원(보건복지부, 건강보험기관, 기타 관련 정부기관) ② 고용주 ③ 조직화된 민간기관(자선단체, 임의보험 등) ④ 지역사회의 기부 ⑤ 외국의 원조 ⑥ 가구별 부담(의료비) ⑦ 기타 가능 재원들(복권, 기부금)
(경영)관리	행정적·기능적 수준에서 수행하는 업무체계를 말하며, 지도력, 의사결정, 규제의 3가지 측면으로 나뉘어짐

기출의 재발견

❖ 보건의료체계 하부구조의 구성요소에서 보건의료자원 개발에 해당하는 것은? [23. 지방직]
① 외국원조
② 공공재원
③ 국가보건당국
④ 보건의료지식

정답 ④

(3) 국가보건의료체계의 유형

구분	내용
개요	보건의료체계는 보건의료서비스 전달 또는 제공 위한 구조적·기능적 체계로 이해 ① 정의: 한 국가와 사회가 소속 구성원, 즉 국민 및 지역사회 주민의 건강수준 향상을 위해 마련한 보건의료사업의 제공과 관련된 법률, 제도, 정책 등 ② 보건의료체계의 유형: 프라이(Fry)(1970), 뢰머(Roemer)(1991), 테리스(Terris)

1) Fry의 보건의료체계

구분		자유방임형	사회보장형	사회주의형
유형 및 분류	특징	① 자유기업형으로 민간주도의 시장경제 원리로 국가의 개입이 최소화됨 ② 수요자의 선택의 자유가 있으며, 의료제공자는 서비스 질향상 및 기술개발에 집중할 수 있음 ③ 개인의 능력과 자유를 존중함	① 정부가 보건의료서비스 기획, 관리하여 효율적 활용 ② 자유방임형과 사회주의형의 중간 형태 ③ 정부 및 사회가 주도하여 의료서비스에 영향을 미침 (특히 재원조달 - 세금>의료보험)	① 개인에게 선택의 자유 없음 ② 보건의료자원의 배분, 기획에 중앙정부가 직접 관여 → 형평성 높음
	장점	① 국민의 의료서비스에 대한 자유선택권 보장 ② 보건의료서비스의 질적 수준이 높게 유지될 수 있음 ③ 자유경쟁으로 의료서비스의 효율적 운영이 가능	① 의료서비스 이용과 의료비 통제가 용이함 ② 공공재로서 보건의료서비스를 이용할 수 있도록 하여 균등한 이용 보장 ③ 예방을 포괄하는 의료서비스를 제공함	① 의료비 절감과 의료서비스의 포괄성이 높음 ② 의료의 균등분포, 형평한 서비스 기회 제공
	단점	① 의료서비스 제공의 불균형 ② 의료비 상승 및 형평성이 저해될 수 있음 ③ 국가적 통제의 어려움으로 국민의 료비의 증가	① 행정적 복잡성, 경직성 유발 ② 의료인의 인센티브 미약 → 동기부여가 잘 안됨 ③ 의료수준 저하, 효율성 저하	① 의료서비스의 질적 수준 낮음 → 개선의 의지 ↓ ② 국민의 의료서비스 선택권 없음 ③ 관료체계의 문제 심각

기출의 재발견

❖ 프라이(Fry)의 보건의료체계 분류방식 중 <보기>에서 제시한 유형의 특징으로 가장 옳은 것은? [22. 서울시]

- 국민보건서비스형, 무료 의료서비스, 예방의학 강조
- 정치적으로는 자유민주주의를 채택하고 사회적으로는 사회보장을 중요시하는 국가에서 채택한다. 이 제도의 특징은 주로 정부에 의해 의료서비스가 포괄적으로 제공되고, 보건기획 및 보건의료자원의 효율적인 활용을 통해 의료서비스가 공평하게 무상으로 제공된다.

① 의료서비스의 균등성과 포괄성이 보장된다.
② 의료의 형평성과 효율성이 낮다.
③ 의료서비스의 질적 수준이 가장 높다.
④ 의료인에게 의료의 내용과 범위의 대한 재량권이 많다.

정답 ①

2) Roemer의 보건의료체계❶

구분	자유기업형	복지지향형	포괄적 보장형	사회주의 계획형
특징	① 자유시장에 의존, 정부 개입 최소화 ② 정부 보건의료 취약 → 보장성 ↓	① 정부/준정부 (*제3자지불자)의 보건의료시장 개입 ② 공공주도의 의료보험제도	① 시장개입의 정도: 복지지향형 보다 더 심함 ② 보건의료 재원: 중앙정부와 지방정부의 조세로 조달 ③ 전국민 보건의료서비스 무상제공 - 공평한 배분에 대한 정치적 의지↑	① 정부의 시장 개입 최고 ② 정부 중앙계획을 통해 통제하는 체제
선진국	미국	독일, 캐나다, 일본, 한국	영국, 뉴질랜드, 노르웨이	구소련, 구동구권
개발도상국	태국, 필리핀, 남아공	브라질, 이집트, 말레이시아	이스라엘, 니카라과	쿠바, 북한
빈곤한 나라	가나, 방글라데시, 네팔	인도, 미얀마	스리랑카, 탄자니아	중국(개방전), 베트남
자원 풍부 나라		리비아, 가봉	쿠웨이트, 사우디아라비아	

❶ 1976년 뢰머의 분류: 자유기업형, 복지국가형, 저개발국가형, 개발도상국가형, 사회주의국가형

3) Terris의 보건의료체계

구분	공공부조형(공적부조형)	건강보험형	국민보건서비스형
특징	① 국민들이 보건의료비 조달능력이 없음 → 정부의 조세에 의존 ② 재원부족 → 정부 제공 서비스 1차 보건의료 중심	① 국민들의 소득수준이 어느 정도 높음 → 보험방식에 따라 보건의료비 조달 가능 ② 의료보험제도를 통해 재원 조달-나라마다 제도적 차이는 있음	① 건강권의 개념이 보편화된 국가의 유형 ② 보건의료서비스 수혜자는 전체 국민 - 원칙적으로 모든 보건의료서비스는 무료 - 재원은 조세

				③ 보건의료자원 국유화가 일반적
해당 국가	아시아, 아프리카, 남미의 저개발국가	한국, 독일, 프랑스, 일본		영국, 뉴질랜드, 이탈리아

4) OECD(경제협력개발기구)의 보건의료체계

구분	사회보험형	국민보건서비스형	소비자주권형
특징	① 비스마르크형 ② 적용 대상자 - 강제 적용하고 빈곤자는 별도로 관리함 ③ 재원조달 - 보험료 > 본인일부부담금	① 베버리지형 ② 거의 무상으로 보건의료서비스 제공함 ③ 주요 재원은 조세, 보건의료자원의 사회화	① 민간의료보험 중심 ② 소비자의 선택권이 보장됨(의료기관, 의료보험)

	기준	자유방임형(미국)	사회보장형(영국)	사회주의형(중국)
유형별 장단점 비교	의료서비스의 질	++	++(+)	-
	의료서비스의 포괄성	-	++	++
	의료 균점	-	++	++
	선택의 자유	++	+	-
	형평	-	++	++
	의료비 절감	-	+	++

++: 매우바람직함, +: 바람직함, -: 바람직하지 못함

(4) 우리나라 보건의료제도의 특징

구분	특징
개요	국가보건의료체계에 근거한 포괄적인 이해가 필요함
특징과 문제점	① 국민의료비의 지속적인 증가 ② 공공보건의료의 취약(민간 위주) ③ 제약 없이 환자가 의료제공자를 선택 ④ 보건의료공급자의 문제점 ⑤ 포괄적인 의료서비스의 부재 ⑥ 의료기관 및 인력의 지역 간 불균형, 공공의료분야의 다원화 등

기출의 재발견

❖
우리나라 보건의료제도에 대한 설명으로 가장 옳지 않은 것은?
[19. 서울시]

① 민간보건의료조직이 다수를 차지한다.
② 환자가 자유롭게 의료제공자를 선택할 수 있다
③ 국민의료비가 지속적으로 증가하고 있다.
④ 예방중심의 포괄적인 서비스가 제공되고 있다.

정답 ④

> 참고
자율성과 형평성의 구분❶

구분	자율성	형평성
개인적 책임	① 개인의 성취원리(사회적 다원주의-약육강식) ② 개인의 노력과 도덕성 비례 ③ 의료도 개인의 노력에 대한 보상으로 체계 유지	① 동등한 기회(집단주의) ② 경제적 빈곤, 부도덕성을 동일하게 취급하지 않음
사회적 관심과 책임	① 개인 성취원리와 부분적인 문제점을 인정 ② 제한된 사회적 관심을 강조 ③ 임의적 자선의 형태로 사회적 관심을 표명	① 의료를 개인의 책임에 맡길 수 없음 ② 자선은 사회적 배려의 부적절한 수단 ③ 사회적 기전을 통해 자선은 최소화
자유	① 최대한의 자유 보장 ② 정부 기능의 최소화(개인의 자율성 보장) ③ 시장 기능에 의한 자연 적응을 강조	① 자유와 권리의 박탈은 정치뿐만 아니라 경제적 빈곤에 의해서도 발생 ② 정부는 국민의 의사를 대변해 주는 존재 ③ 사회 전체 편익 증가를 위한 정부 개입 선호
평등	① 법 앞의 평등(협의) ② 소수의 비공정한 대우에 대해서는 소홀 ③ 평등과 자유의 상충 ④ 양자 중 자유를 선호	① 성취에 대한 기회균등(광의) ② 의료는 성취의 전제조건으로 기본 권리 ③ 평등을 자유의 파급으로 인식

❶ 자료원: 박인혜 외(2017), 지역사회간호학 I를 참고하여 재구성

기출의 재발견

보건의료체계의 특성 중 괄호 안에 들어갈 내용으로 옳은 것은? [17. 지방직]

"자유방임형과 사회주의형 보건의료체계를 비교하였을 때, ( )은(는) 사회주의형보다 자유방임형 보건의료체계에서 일반적으로 높다."

① 의료서비스 수혜의 형평성
② 의료서비스의 균등분포
③ 의료서비스의 포괄성
④ 의료서비스 선택의 자유

정답 ④

(5) 사회보장제도와 의료보장제도

구분			내용
사회보장 제도	사회보험, 공공부조, 사회복지서비스		
	사회보험	소득보장	고용보험, 연금보험, 산재보험
		의료보장	건강보험, 산재보험, 노인장기요양보험
	공공부조	소득보장	기초생활보장
		의료보장	의료급여❷
	사회복지서비스		노인복지, 아동복지, 장애인복지, 가정복지
의료보장 제도	사회보험방식 (NIH)		정부기관이 아닌 보험자의 보험료로 재원 마련 ⇨ 의료보장 방식
	국가보건서비스방식 (NHS)		정부가 일반 조세로 재원 마련하여 모든 국민에게 의료를 제공하는 국가의 직접적인 의료관리방식

❷ 의료급여제도
공적부조방식의 의료급여에 의해 생활유지능력이 없거나 생활이 어려운 자에게 필요한 보호를 행하여 이들의 최저생활을 보장하고 자활을 조성하는데 목적을 두고 국가가 보호하고 있는 저소득층을 대상으로 자력으로 의료문제를 해결할 수 없는 경우 국가재정으로 의료혜택을 주는 제도

❶
자료원: 박인혜 외(2017), 지역사회간호학 I를 참고하여 재구성

📖 사회보험 방식과 국가보건서비스 방식의 비교❶

구분		사회보험 방식	국가보건서비스 방식
적용대상 관리		국민을 임금소득자, 공무원, 자영업자 등으로 구분 관리	전 국민을 일괄 적용(집단 구분 없음)
재원조달		보험료, 일부 국고 지원	정부 일반조세
의료기관		① 일반 의료기관 중심 ② 의료의 사유화 전제	① 공공 의료기관 중심 ② 의료의 사유화 내지 국유화 전제
급여내용		치료 중심적	예방 중심적
의료보수		의료기관과의 계약에 의한 행위별 수가제	① 일반 개원의는 인두제 ② 병원급 의사는 봉급제
관리기구		보험자(조합 또는 금고)	정부기관(사회보험청 등)
국가		독일, 프랑스, 네덜란드, 일본 등	영국, 스웨덴, 이탈리아, 캐나다 등
장·단점	기본철학	의료비에 대한 국민의 일차적 책임의식 견지(국민의 정부 의존 최소화)	국민의료비에 대한 국가책임 견지, 전국민 보편 적용(국민의 정부 의존 심화)
	국민 의료비	의료비 억제기능 취약	의료비 통제효과 강함
	보험료 형평성	① 보험자 간 보험료 부과의 형평성 부족 ② 보험자 간 재정 불균형 파생	① 조세에 의한 재원조달로 소득재분배 효과(선진국) ② 조세체계가 선진화되지 않은 경우 소득역전 초래
	의료 서비스	① 상대적으로 양질의 의료 제공 ② 첨단 의료기술 발전에 긍정적 영향	의료의 질 저하, 입원 대기환자 급증(대기시간 장기화, 개원의의 입원 의뢰 남발)
	관리운영	① 조합 중심 자율운영 ② 상대적으로 관리운영비 많이 소요(보험료 징수 등)	① 민간 사회보험의 가입 증가로 국민의 이중부담 초래 ② 정부기관 직접 관리(가입자의 운영참여 배제) ③ 관리운영비 절감(보험료 징수 인력 불필요)

기본시각에 따른 보건의료제도의 분류 ❶

구분	제도 X(기본권)	제도 Y(시장원리)
진료비 지불보상제도	선불제	후불제
의료보장 형태	전국민 의료보험(공공) 또는 국가제도	민간의료보험
재원조달	보험료❷, 조세	본인부담금, 보험료
제도의 소외계층	부유계층	빈곤계층
소외계층을 위한 보완장치	민간의료보험	의료급여제도
의료기관의 소유형태	① 병원: 국·공립 또는 비영리민간 ② 의원: 국·공립 또는 영리민간	영리추구형 민간기관
국민의료비	의료비 통제가 가능	의료비 억제의 어려움
인력 및 시설분포	균등	불균등(편재)
의료비 부담	거의 무상, 서비스 이용기회 균등	본인 부담, 소외계층의 이용 제한
국민건강 수준	의료비에 비해 양호함	의료비에 비해 좋지 않음
의료기술의 도입 및 사용	도입이 신속하지 못함	빠른 도입, 신속한 이용
공급자와 수요자의 관계	협상에 의한 계획된 의료	공급자의 독점력 강함
공급자의 윤리의식	높음	낮음
낭비적 요소	소비자의 도덕적 해이	공급자의 과잉진료와 허위청구

❶ 자료원: 박인혜 외(2017), 지역사회간호학 I를 참고하여 재구성

❷ 준조세

❶
자료원: 박인혜 외(2017), 지역사회간호학 I를 참고하여 재구성

건강보험 재원조달방법❶

구분	보험방식	조세방식
재원조달의 용이성	조세저항을 피하면서 재원 조달 용이	조세저항 있음
비용부담	사용자와 근로자가 공동으로 비용을 부담하므로 비용조달이 쉬우며, 예산의 안정적 공급 가능	보건정책의 우선순위가 바뀌면 예산지원이 달라져 재원조달이 불안정
대상	임금근로자의 의료보장에 적합	의료를 공공수요로 간주하여 전 국민에게 적용 가능
의료기관 선택권	의료기관 자유선택권 보장에 유리	선택권 제한받음
적용의 한계	보험료를 낼 수 없는 취약계층에 대한 문제를 해결할 수 없음	계층 간, 보험제도 간 차이 없음
관리운영비	관리운영비 지출 큼	지출 최소화
의료의 질	재원조달이 비교적 용이하여 질이 높음	재원부족으로 질 저하 가능
의료비 통제	의료이용량을 증가시켜 의료비 앙등의 요인	예산의 한계로 의료비 통제 가능

(6) 보건의료정책 및 관리

구성요소	특징
정책	공공의 문제를 해결하기 위한 목표 달성을 위해 결정된 행동 방침
정책의 특성	① 공공기관이 주체이기 때문에 정치권력성을 가짐 ② 목표 지향적 활동이기 때문에 미래성과 방향성 ③ 목표와 함께 그 실현수단을 핵심으로 함 ④ 비용과 편익의 배분을 통해 국민들의 이해관계에 영향을 미침 ⑤ 의도적인 행위뿐만 아니라 의식적인 부작위, 즉 무의사결정(non-decision making)도 포함함 ⑥ 일회의 선택이 아니다(의사결정의 차이). 공익을 위한 의사 결정들의 상호작용 결과
앤더슨(Anderson)의 정책과정	정책의제형성과정 → 정책결정과정 → 정책집행과정 → 정책평가과정 ① 정책의제형성과정: 문제정의와 아젠다 형성, 정책당국이 심각성을 인정하여 해결해야하는 정책문제를 선정하는 단계 ② 정책결정과정: 정책형성과정과 정책채택과정으로 볼 수 있다. ③ 정책집행과정: 행정기구가 결정된 정책을 실행에 옮기는 단계 ④ 정책평가과정: 정책이 효과적이었는지 평가하고 성공 또는 실패의 원인을 찾는 단계이다.

기출의 재발견

❖
앤더슨(Anderson)이 제시하는 보건정책과정 중 정책당국이 심각성을 인정하여 해결해야 하는 정책문제를 선정하는 단계에 해당하는 것은? [22. 서울시]

① 정책의제형성
② 정책결정
③ 정책집행
④ 정책평가

정답 ①

보건정책	인구집단, 즉 국민의 건강상태를 유지·증진시키는 것을 목표로 하는 정부나 기타 단체들의 활동
보건정책의 이념	① 양질의 의료서비스를 적절한 시기에, 경제적으로, 편리하게 제공받아야 함 ② 의료인 및 의료기관은 진료와 연구 등 의료관련 행위를 보장받아야 함 ③ 보건의료자원의 생산성과 국가 경쟁력 제고
보건정책 수립시 고려사항	① 인구의 성장, 구성 및 인구동태 ② 경제개발의 수준 및 단계 ③ 지배적인 가치관 ④ 보건의료제도 ⑤ 국민의 건강수준 (감염성 질환 유병, 만성 퇴행성 질환, 사고, 환경오염, 스트레스 등) ⑥ 사회의 구조와 생활양식
WHO 보건정책 평가기준	① 능률성: 산출 대 투입의 비율을 의미 ② 효과성: 정책목표의 달성도 ③ 대응성: 정책 대상자의 선호를 만족시키는 능력 ④ 만족도: 주관적 평가 ⑤ 형평성 ⑥ 민주성 및 참여성 ⑦ 적정성: 문제의 해결 정도

SECTION 02 보건의료자원

보건의료 제공을 위해 필요한 인력, 시설, 장비, 지식 등을 의미한다.

구분	내용
보건의료인력❷	① 의료법에 따른 의료인으로서 의사, 치과의사, 한의사, 간호사, 조산사 (의료법 제2조) ② 의료법에 따른 간호조무사(의료법 제80조) ③ 의료기사 등에 관한 법률에 따른 임상병리사, 방사선사, 물리치료사, 작업치료사, 치과기공사, 치과위생사(의료기사 등에 관한 법률 제2조 의료기사의 종류 및 업무) ④ 약사법에 따른 약사, 한약사(약사법 제3조 및 제4조) ⑤ 응급의료에 관한 법률에 따른 응급구조사(응급의료에 관한 법률 제36조) ⑥ 보건의료정보관리사, 안경사(의료기사 등에 관한 법률 제1조의2)

❷
보건의료인력지원법 제2조 제3호 마목에서 "대통령령으로 정하는 사람"이란 다음 각 호의 면허 또는 자격을 취득한 사람을 말한다.
1. 국민영양관리법에 따른 영양사
2. 공중위생관리법에 따른 위생사
3. 국민건강증진법에 따른 보건교육사

❶
의료법 제3조3(종합병원), 제3조4(상급종합병원의 지정) 종합병원 중에서 중증질환에 대하여 난이도가 높은 의료행위를 전문적으로 하는 종합병원을 상급종합병원으로 지정, 제3조5(전문병원 지정) 특정 진료과목, 특정 질환 등 난이도가 높은 의료행위 하는 병원

기출의 재발견

❖
다음에서 설명하는 보건의료자원에 대한 평가요소는? [22. 지방직]

"2019년 우리나라 병상수는 인구 1,000명당 12.4병상으로 OECD 회원국 평균 4.4 병상에 비해 약 2.8배 많았다."

① 효율성(efficiency)
② 통합성(integration)
③ 양적공급(quantity)
④ 분포(distribution coverage)

정답 ③

보건의료 시설 및 기기	① 종합병원❶: 의사 및 치과의사의 진료, 입원환자 100인 이상 수용 시설 ② 병원, 치과, 한방병원: 의사, 치과의사(또는 한의사) 의료 수행, 입원환자 30인 이상 ③ 요양병원: 의사 또는 한의사가 그 의료를 행하는 곳, 요양환자 30인 이상 수용할 수 있는 시설. 주로 장기요양을 요하는 입원환자에 대해 의료 수행 ④ 의원, 치과의원, 한의원: 의사, 치과의사 또는 한의사의 진료, 외래환자에 대한 의료 목적 ⑤ 조산원: 조산사가 조산과 임부, 해산부, 산욕부 및 신생아에 대한 보건과 양호지도를 행하는 곳. 조산에 지장이 없는 시설	
보건의료장비 및 물자, 정보	의료시설 및 장비, 의약품, 의료정보 등도 보건의료를 제공하고 지원기능을 수행하는 데 요구되는 요소	
보건의료 자원의 평가시 고려사항	양적 공급	필요에 따른 양적 공급에 대한 과제로서 흔히 인구당 자원의 양으로 표시
	질적 수준	보건의료인력의 주요 수행능력과 기술수준, 시설규모와 적정시설 구비 정도를 의미
	분포	지리적, 시설 간, 직종 간, 전문과목별 자원의 분포가 주민의 보건의료 필요성에 상응하는 정도
	효율성	보건의료자원을 개발하는 데 얼마나 많은 자원이 소요되었는지를 평가
	적합성	공급된 보건의료서비스의 역량이 대상 주민의 보건의료 필요에 얼마나 적합한가를 나타냄
	기획 능력	장래에 필요한 보건의료자원의 종류와 양을 얼마나 체계적이고 정확하게 기획하는가를 측정함
	통합성	보건의료자원 개발의 주요 요소인 계획, 실행, 관리 등이 보건의료서비스 개발과 얼마나 통합적으로 조정될 수 있는가를 평가함
보건의료 지식	생의학적 연구들은 질병의 예방과 치료 개발에 기여함(생화학 및 생리학, 미생물학, 병리학, 임상의학, 유기화학, 약리학, 역학 및 통계학). 또한 비감염성질환 및 만성질환의 요인에 대해 사회행태학적 관련성을 고려하며 다각도의 연구가 시도됨(역학, 사회학 기타). 최근 생명윤리 확립을 위해 생명윤리법을 전면개정, 시행(2013년 2월)	

SECTION 03 보건의료조직

1 공공보건의료조직

(1) 중앙보건행정조직
　① 보건복지부
　② 보건복지부 산하기관 및 단체: 국민건강보험공단, 국민연금공단, 건강보험심사평가원 등

(2) 지방보건행정조직

구분		내용
보건소	기능	보건기획과 평가기능, 행정규제와 지원기능, 지역보건사업의 전개(건강증진, 질병예방, 치료, 재활서비스 등 포괄적 보건의료서비스 제공)
	업무내용	지역보건법 제9조【지역보건의료계획 시행 결과의 평가】 ① 제8조 제1항에 따라 지역보건의료계획을 시행한 때에는 보건복지부장관은 특별자치시·특별자치도 또는 시·도의 지역보건의료계획의 시행결과를, 시·도지사는 시·군·구(특별자치시·특별자치도는 제외한다)의 지역보건의료계획의 시행 결과를 대통령령으로 정하는 바에 따라 각각 평가할 수 있다. ② 보건복지부장관 또는 시·도지사는 필요한 경우 제1항에 따른 평가결과를 제24조에 따른 비용의 보조에 반영할 수 있다.
보건지소, 보건진료소		= 일차보건의료의 접근 4A ① 접근성(Accessible) ② 수용가능성(Acceptable) ③ 유용성(Available, 주민참여) ④ 지불부담능력(Affordable)

📋 일차의료와 일차보건의료 비교❶

구분	일차의료	일차보건의료
대상	지역사회 주민(수요자)	지역사회 주민(전체)
목적	일차적인 보건의료서비스, 병원서비스, 응급치료, 외래 등에서의 전문 의료서비스, 가정간호서비스, 예방서비스, 학교에서의 질병예방 프로그램, 집단검진, 약물처방, 의료기기 제공, 검사, 재활 ⇨ 의료서비스에 대한 불평등한 접근도	건강문제 교육, 음식의 공급, 안전한 물의 공급, 적절한 영양, 환경위생, 모자보건, 풍토병의 예방과 관리, 흔한 질환과 상해에 대한 적절한 치료, 정신건강의 증진, 기본적인 약에 대한 공급 ⇨ 사회적·정치적·경제적 환경

기출의 재발견

❖ WHO가 제시한 일차보건의료의 필수요소가 아닌 것은?
① 효율성
② 접근성
③ 수용가능성
④ 지불부담능력

정답 ①

❶
자료원: 박인혜 외(2017), 지역사회간호학 I를 참고하여 재구성

방법론	① 의료접근의 장애요인의 제거 ② 개인, 가족에 대한 직접간호 ③ 간접간호(교육자, 행정자, 감독자, 상담자, 연구자) ④ 제공자 중심으로 진행, 지역사회 간호사를 힘의 중개인으로 규정함	① 총체적 환경의 변화 ② 지역사회 일상생활 중심자원의 역할이 중요함 ③ 간호사의 주도적 역할: 관리자, 리더, 감독자의 역할
접근성	의료서비스에 대한 이용 제한, 제3자 지불에 대한 자격에 의해 제한될 수 있음	의료서비스와 자원에 대한 보편적인 이용가능성과 이용자격이 있음

2 민간보건의료조직

민간보건의료조직은 비영리조직과 영리조직으로 구분됨

3 국제보건의료조직

(1) 세계보건기구 시작
   ① 1946년 샌프란시스코 회의에서 국제연합헌장 기초 → 국제보건기구 필요성 대두
   ② 1946년 국제보건회의 의결(뉴욕, 61개국 대표 참석) → UN헌장 제57조 근거 세계보건기구 헌장 기초 서명
   ③ 1948년 4월 7일 세계보건기구 헌장의 효력 발생 → UN의 경제사회이사전문기관의 하나로 WHO 정식 출범

(2) 우리나라 가입
   ① 1949년 65번째로 가입
   ② 우리나라 서태평양 지역사무소 소속❶

> ❶ 북한 동남아시아 지역에 소속

(3) WHO의 구성
   ① 본부: 스위스 제네바
   ② WHO의 6개 지역사무소
      ㉠ 동지중해 지역: 카이로(이집트)
      ㉡ 동남아시아 지역: 뉴델리(인도)(북한소속)
      ㉢ 서태평양 지역: 마닐라(필리핀)(우리나라 소속)
      ㉣ 범미주지역: 워싱톤(미국)
      ㉤ 유럽지역: 코펜하겐(덴마크)
      ㉥ 아프리카 지역: 브라자빌(콩고)
   ③ WHO의 기능/주요 사업

구분	내용
주요기능	• 국제적 보건사업의 조정 및 지휘 • 회원국가에 대한 기술적 지원과 정보의 제공 • 전문가 파견에 대한 기술자문 활동 등

주요사업	• 결핵·말라리아 사업 • 모자보건사업 • 영양개선 사업 • 환경위생사업 • 보건교육사업 • 성병 AIDS 사업

(4) WHO 유럽본부 필수적인 공중보건 활동 10가지
  ① 대중의 건강과 웰빙(well being)에 대한 감시감독(Survaillance)
  ② 건강상의 위해 및 응급시의 대응과 감독
  ③ 환경, 작업장, 식품 기타에서 오는 문제로부터 건강을 보호
  ④ 건강의 사회적 결정요인과 건강불평등에의 대처를 포함한 건강증진
  ⑤ 질병의 조기발견을 포함하는 건강증진
  ⑥ 거버넌스(건강과 행복을 위한)
  ⑦ 충분하고, 유능한 보건의료인력을 보증함
  ⑧ 지속가능한 조직의 구조와 재정을 보증
  ⑨ 건강을 위한 옹호 커뮤니케이션 및 사회적 동원
  ⑩ 정책과 실천을 알리기 위한 공중보건 연구의 발전

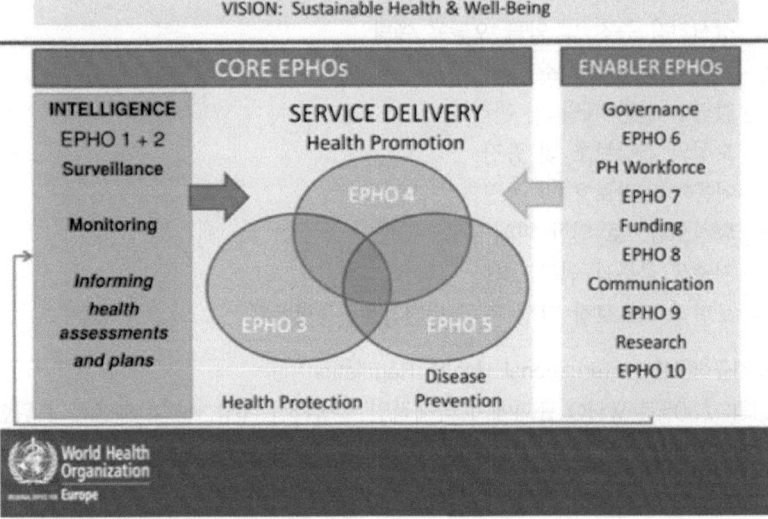

(5) WHO- SDGs 17
  ① SDGs- 지속가능한 개발목표
    17개의 목표와 169개의 타깃(구체적 목표)로 구성
  ② SDGs 17대 목표의 설명
    ㉠ 17개 목표는 사회발전, 경제성장, 환경보존의 세 가지 축을 기반으로 하고 있음
    ㉡ 목표 1-목표 6은 사회발전 영역 - 빈곤퇴치 및 불평등을 해소하고 인간의 존엄성을 회복하는 것을 목표로 함

ⓒ 목표 8-목표 11은 경제성장 관련 양질의 일자리를 통해 적절한 수준의 생계를 유지할 수 있도록 포용적인 경제 환경을 구축하고 지속가능한 성장 동력을 만드는 것을 목표로 함
ⓔ 목표 7, 12, 13, 14, 15는 생태계를 보호하기 위한 목표로 기후변화 및 자연재해 대응, 환경보호를 포함하여 지속가능한 지구를 만들기 위한 목표가 포함되어 있음

③ 목표 3 건강하고 행복한 삶 보장
  ㉠ 만성질환 위험관리 및 건강보장 확대
  ㉡ 정신건강 증진 및 약물 오남용 예방
  ㉢ 도로 교통사고 감소
  ㉣ 감염성 질환 예방 및 관리
  ㉤ 모성의 건강보호 및 증진
  ㉥ 아동의 건강보호 및 증진
  ㉦ 환경오염으로 인한 피해 감소
  ㉧ 저출생 극복과 인구고령화 대비
  ㉨ 보편적 의료보장 달성 → 국민건강증진종합계획

(6) 국제보건규칙(IHR: International Health Regulation)
  ① 정의: 2005년 WHO 총회에서 국제적인 질병확산 예방, 관리, 대응하기 위한 목적으로 제정된 국제법규로 기존 규칙을 개정하여 변경, 2024년 코로나19 팬데믹 경험을 바탕으로 추가 개정에 합의하였음

> 참고
>
> **24년 주요 개정사항**
> ① 팬데믹 정의 및 선언 절차 신설: WHO 사무총장이 특정 조건 충족 시 팬데믹 위기 상황을 선언할 수 있는 근거 마련
> ② 보건 물품 접근성 강화: 회원국들의 시의적절하고 형평성 있는 보건 물품 접근 촉진 의무 규정
> ③ 재정 메커니즘 개선: '조정 재정 메커니즘' 신설로 재정 자원 정보 제공

② 국제보건규칙 적용의 원칙
　　㉠ 인간의 존엄, 권리, 근본적인 자유의 전적인 존중
　　㉡ 국제연합헌장과 세계보건기구 헌장의 준수
　　㉢ 질병의 국가 간 전파에서 세계 모든 사람을 보호하기 위한 보편적 적용
　　㉣ 자국의 보건정책을 수행하기 위한 법률제정과 시행에 관한 각 국가의 주권 존중
(7) 국제연합아동구호기금(UNICEF)
(8) 국제간호협회

SECTION 04 보건의료재정

(1) 국민의료비의 증가

구분	내용
증가요인	가격과 의료이용량의 함수로 결정, 의료비 증가는 의료부문의 가격 상승의 결과 또는 의료이용량의 과도한 증가에 의한 효과 또는 복합적 요인으로 볼 수 있음
억제대책	지불보상제도의 개편, 의료전달체계 확립, 다양한 의료대체서비스, 인력개발 및 활용

(2) 의료보장❶ 재원의 충당
보건복지부의 예산은 일반회계와 기금(건강증진, 국민연금 및 응급의료기금)으로 구성. 구체적으로는 사회복지 분야에서는 기초생활보장, 아동·장애인 등 취약계층지원, 공적연금, 보육 및 저출산, 노인 및 사회복지 일반 항목으로, 보건분야는 보건의료와 건강보험 항목으로 지원. 의료급여사업의 재정은 국고 + 지방비로 건강보험❷재정은 국고보조 + 피보험자와 기업주 부담 보험료 재원
　① 건강보험제도
　② 의료급여제도

❶ 의료보장제도는 국민의 건강권 보호를 목적으로 필요한 보건의료서비스를 국가나 사회가 제도적으로 제공하는 것. 우리나라의 의료보장제도는 <u>사회보험 방식의 건강보험 + 의료급여</u>

❷ 국민건강보험 재원조달체계에 대해서는 보건복지부 보건복지백서의 내용을 참고. 간단히 재원조달 = 보험료 + 국고 + 건강증진기금

(3) 지불보상제도

구분	특징
행위별 수가제	① 제공된 의료서비스의 단위당 가격에 서비스의 양을 곱한 만큼 보상하는 방식. 반면, 과잉진료, 의료남용의 우려가 있고, 행정적으로 복잡하며 의료비 상승이나 의료인과 보험자 간에 갈등 유발 가능 ② 행위별 수가제 ⇨ 치료 위주의 의료행위에 대한 수가 책정 ⇨ 진료량의 증가, 의료비용 상승 가속화
포괄 수가제	① 환자의 종류당 총괄보수단가를 설정하여 보상하는 방식. 경제적인 진료 수행을 유도하고, 의료기관의 생산성을 증대시키며 행정적으로 간편하다는 것이 장점. 반면, 서비스의 양이 최소화되고 규격화되며 행정직의 진료진에 대한 지나친 간섭이 단점 ② 행위별 수가제 문제점 개선의 방안 ⇨ 질병군별 포괄수가제 도입 (2003년부터 정상분만을 제외한 7개 질병군❶을 선택하여 적용, 현재 종합병원급 이상 모든 의료기관에 확대 적용)
신포괄 수가제	① 입원환자에 대하여 질병군에 따라 미리 정해진 포괄수가를 적용하는 제도로, 의사가 직접 하는 시술과 일부 고가진료에 대해서는 각각의 금액을 별도로 계산하는 방식 ② 즉, 진료비 지불시 포괄수가제와 행위별 수가제를 병행하며, 건당 포괄 방식에 일당 수가 개념을 도입하여 입원일수에 따라 진료비를 가감하는 방식을 적용한 것

구분	7개 질병군 포괄수가제	신포괄수가제
대상 기관	7개 질병군 진료가 있는 전체 의료기관	• 국민건강보험공단 일산병원 • 국립중앙의료원, 지역거점 공공병원 등 총 42개 기관
적용 환자	7개 질병군 입원환자(백내장 수술, 편도선수술, 맹장수술, 항문수술, 탈장수술, 제왕절개분만, 자궁수술)	559개 질병군 입원환자
장점	• 포괄수가 • 의료자원의 효율적 사용	• 포괄수가(묶음) + 행위별 수가(건당) • 의료자원의 효율적 사용 + 적극적 의료서비스 제공

구분	특징
봉급제	① 제공된 서비스의 양이나 제공받는 사람의 수에 상관없이 일정 기간에 따라 보상받는 방식 ② 의사의 수입이 안정되고 불필요한 경쟁을 억제할 수 있다는 장점이 있는 반면, 진료의 형식화, 관료화가 우려
일당 지불제	① 주로 병원의 입원진료에 적용되는 방식으로. 투입자원이나 서비스 강도의 차이를 두지 않고 진료 1일당 수가를 책정하여 진료기간에 따라 진료비 총액이 결정되는 제도 ② 일당진료비 방식도 일종의 포괄수가제로 보는 경우도 있음

❶ 수정체수술, 편도선수술, 항문수술, 탈장수술, 맹장수술, 자궁수술, 제왕절개수술

기출의 재발견

❖
행위별수가제에 대한 설명으로 옳은 것은? [21. 지방직]
① 진료비 청구 절차가 간소하다.
② 치료보다 예방적 서비스 제공을 유도한다.
③ 양질의 의료행위를 촉진한다.
④ 의료비 억제효과가 크다

정답 ③

구분	내용
인두제	① 등록된 환자 또는 주민 수에 따라 일정액을 보상받는 방식. 진료의 계속성이 증대되어 비용이 상대적으로 저렴하며 예방에 대한 관심이 커진다는 장점. 단점으로는 환자의 선택권이 제한되고 서비스의 양이 최소화하는 경향이 있으며 환자후송, 의뢰가 증가하는 경향이 있음 ② 영국 등에서 시행하고 있는 제도로 질병발생을 예방, 과잉진료 방지 효과 있음
총괄 계약제	① 지불자측과 진료자측이 진료보수 총액의 계약을 사전에 체결하는 방식으로 총진료비의 억제가 가능하며 과잉진료에 대한 자율적 억제가 가능하다는 장점 ② 매년 진료비 계약을 둘러싼 교섭의 어려움으로 의료제공의 혼란을 초래할 우려가 있으며 새로운 기술의 도입이 지연될 수 있음
총액 예산제	① 보험자가 1년간의 의료비를 예상하여 공급자단체에 주면 이를 각각의 의료공급자에게 배분하는 방식, 의료비의 절감을 가져올 수 있는데, 정확히는 보험자측이 예측한 의료비 범위에서 벗어날 가능성이 낮아짐. ② 이 경우 과소진료가 우려될 수 있고, 비급여 진료의 증가 가능
보너스 지불제	① 특정 목표를 달성하기 위한 유인책으로서 보너스를 공급자에게 지불하는 제도 ② 예를 들어 약품비 지출을 감소시키기 위해 의사들로 하여금 약품의 처방을 줄일 수 있도록 유인책을 마련하는 것으로 약품소비량 감소를 위해 환자당 처방비용이 평균 처방비용보다 낮은 의사들에게 보너스를 지불하는 방안을 고려할 수 있음

SECTION 05 일차보건의료

구분	내용
일차보건의료의 개념❶	① 일차보건의료는 필수적인 보건의료(essential health service)로서 과학적이고 합리적이며 사회적으로 수용 가능한 방법과 기술에 근거함 ② 일차보건의료는 지역사회 모든 개인 및 가족이 쉽게 받아들일 수 있는 방법으로 설계되어야 하며, 지역주민의 적극적인 참여로 운영되며 자체의존과 자체결정의 정신에 의해 발전·유지되어야 함 ③ 일차보건의료는 국가의 보건체계와 개인, 가족 및 지역사회가 접촉하는 첫 단계이며, 가장 주민과 가까운 위치에서 계속적인 건강관리가 이루어져야 함 ④ 일차보건의료는 완전한 국가보건의료체계의 첫 부분을 구성하며, 이차, 삼차 보건의료체계는 물론이고 정부나 민간보건체계의 지원을 받아야 함

❶
일차보건의료의 개념의 내용으로서 다음과 같은 사안을 정리해볼 필요가 있음
1. 전 국민을 대상으로 하는 전체 보건의료전달체계의 가장 기초되는 역할과 기능을 함
2. 일정 지역사회 내에서 보건의료요원과 주민의 적극적인 참여로 이루어지는 보건의료활동임
3. 일차보건의료활동은 지역사회의 자주적인 활동과 공공보건의료기관의 활동으로 구성됨
4. 일차보건의료활동은 지역사회의 기본적 보건의료 욕구를 충족시켜야 하므로 전체 보건의료활동에서 예방측면에 치중함
5. 일차보건의료활동은 각종 보건의료요원의 협동과 지역사회 자조요원의 협동으로 이루어지며 각 요원은 치료, 예방 및 기타 기능이 부여됨
6. 일차보건의료활동은 전체 지역사회개발계획의 일부로 이루어지는 것이 바람직함. 여기에서 말하는 보건의료란 건강증진, 예방, 치료 및 재활을 포함하는 총괄적 보건의료를 말함.

접근방법 (접근의 원칙)	접근성 (Accessibility)	여러 가지 측면에서 접근하는 것이 용이해야 함
	수용성 (Acceptability)	모든 대상자가 쉽게 수용할 수 있는 방법으로 의료(사업)가 제공되어야 함
	유용성 (Availability) = 주민참여	대상자에게 유용한 것이어야 하며, 지역사회의 적극적 참여가 가능해야 함
	지불가능성 (Affordability)	지불능력에 맞는 보건의료수가로 제공되어야 함

SECTION 06 보건사업기획

1 보건기획의 이해

구분	내용
개념 (WHO)	보건기획은 국가가 국민들의 보건의료 수요를 충족하기 위해 자원을 활용하여 보건사업을 체계적으로 개발하는 것
필요성	① 사업에 대한 평가도구가 될 수 있음 ② 환경변화에 대한 적절한 대처 전략 ③ 효율성과 효과성의 측면에서 유용함 ④ 업무수행 동기향상 및 성과향상을 통해 업무수행 역량이 향상
보건기획의 특성	① 미래의 불확실성을 최소화: 목표지향적, 미래지향적 ② 행동지향성 ③ 연속적 의사결정과정 ④ 근거 기반 ⑤ 접근성 ⑥ 지속성

기출의 재발견

❖
보건기획의 특성으로 옳은 것은? [17.서울시]

① 기획은 알수 없는 미래에 대한 대처이므로 불확실성을 줄일 필요가 없다.
② 여러 단계들이 상호영향을 주는 연속적인 의사결정 과정이다.
③ 창의적이고 새로운 기획에 중점을 두므로 실행가능성은 중요하지 않다
④ 관리자가 쉽고 편리하게 접근할 수 있도록 관리자 중심으로 기획되어야 한다.

정답 ②

2 보건사업의 기획모형들

구분	특징
PRECEDE – PROCEED 모형	① 1~4단계의 PRECEDE ⇨ 프로그램 계획에 초점 5~8단계의 PROCEED 부분 프로그램의 수행과 평가에 초점

② 8단계의 내용

	사회적 진단	지역사회 주민들의 요구 및 삶의 질을 이해하기 위한 과정으로, 건강과 삶의 질에 영향을 주는 주요 건강 관련 사회적 지표들(예를 들어 빈곤수준, 범죄율, 낮은 교육수준 등) 진단
	역학적 진단	건강, 유전적 특성, 행위 및 환경 진단 첫 번째 단계에서의 낮은 삶의 질과 관련되어 있는 구체적인 건강문제를 찾고, 우선순위에 따라 자원 사용이 필요한 가장 중요한 건강문제를 찾는 단계
	교육 및 생태학적 진단	행위에 영향을 주는 요소로 성향요인, 강화요인, 촉진요인(가능요인)을 진단
	행정, 정책사정	사정단계에서 규명된 계획이 보건사업으로 전환되어 수행되기 위해 확인되어야 하는 단계
	수행	프로그램의 실시
	과정평가	계획된 사업을 진행하고 있는지를 평가하는 단계로, 사업수행이 정책, 이론적 근거, 프로토콜 등에 타당하게 이루어지고 있는지를 평가
	영향평가	대상자에게 미치는 영향을 확인. 즉, 대상행위와 성향요인, 강화요인, 촉진요인 등에 대한 효과 및 영향을 평가
	결과평가	초기 단계에 확인된 삶의 질과 건강상태의 변화 여부를 확인

PATCH 모형	① 미국 CDC(질병통제예방센터) 지역보건요원의 보건사업기획지침서로 개발됨 ② 지역사회 조직화 ⇨ 자료수집 및 자료분석 ⇨ 우선순위 설정 ⇨ 포괄적인 중재계획 개발 ⇨ 평가
MAPP 모형 (Mobilizing for Action through Planning and Partnership)❶	지역보건체계 ⇨ 보건문제 대응 역량 개발에 초점 ① 1단계: 기획의 성공을 위한 조직화와 협력체계의 개발(조직화 + 파트너십 개발) ② 2단계: 비전의 확립(설정) ③ 3단계: 지역현황 평가(종합적 MAPP 사정: 4 MAPP assessments) 　지역의 건강수준 평가 ⇨ 지역사회의 관심과 장점 ⇨ 지역 공중보건체계의 평가 ⇨ 변화의 영향요인 사정 ④ 4단계: 전략적 과제의 확인(전략적 이슈 선정) ⑤ 5단계: 목표와 전략의 개발(목적과 전략 설정) ⑥ 6단계: 행동(Action) - 순환적 활동(계획 - 실시 - 평가)

❶
배상수(2015)는 MAPP 모형의 내용을 활용하여 보건사업기획의 '현황분석'을 다음과 같이 설명한다.
1. 지역사회의 건강수준 평가
2. 지역사회의 관심과 장점
3. 지역사회보건체계의 평가: (가) 지역보건사업의 현황과 평가 (나) 보건기관의 건강문제 해결능력
4. 건강문제와 해결능력에 영향을 미치는 환경의 변화

MATCH 모형 (Multilevel Approach Community Health)		개인의 행동과 환경에 영향을 주는 요인들을 개인에서 조직, 지역사회, 정부, 공공정책 등 여러 수준으로 나누어 프로그램을 계획하는 모형
	① 목적 설정	• 건강상태의 목적 설정 • 우선순위 설정 • 건강행위의 목적 확인 • 환경요소의 목적 확인
	② 중재계획	• 중재대상 확인 • 중재목적 설정 • 중재목적 확인 • 중재전략 선택
	③ 프로그램 개발	• 프로그램(또는 사업) 단위 결정 및 구성요소 확인 • 지역사회보건사업계획안 수립
	④ 실행	• 변화를 위한 계획안 작성 • 실무자 훈련
	⑤ 평가	• 과정평가 • 영향평가 • 성과평가

📖 지역보건체계의 역량분석 SWOT

구분	내용
정의	조직이나 사업의 강점(S)과 약점(W), 주위 환경의 기회요인(O)과 위협요인(T)을 분석하여 조직체나 조직의 강점과 약점을 발견하고 외부환경의 기회와 위기를 찾아내어 이를 토대로 사업의 전략 방향을 채택하는 것
특성	강점은 최대한 살리고 약점은 보완하며, 사업의 목표달성에 도움이 되는 외부환경인 기회요인을 살리는 것이 바람직함
SWOT 분석을 통한 전략의 도출	① 내부역량 분석: 조직의 강점과 약점을 분석 ② 외부환경 분석: 기회와 위협의 분석 ⇨ 조직의 노력과 상관없이 조직이 통제할 수 없는 미래의 환경적 요인 ③ 전략방향 도출: 조직의 강점과 약점, 환경의 기회요인과 위협요인분별 ⇨ 전략방향 설정 | 구분 | 외부기회(O) | 외부위협(T) | |---|---|---| | 내부강점(S) | S - O(강점 - 기회) 전략 | S - T(강점 - 위협) 전략 | | 내부약점(W) | W - O(약점 - 기회) 전략 | W - T(약점 - 위협) 전략 | • SO: 내부역량의 강점과 외부환경의 기회요인을 살리는 전략 • ST: 내부역량의 강점을 가지고 외부환경의 위협요인을 최소화하는 전략 • WO: 내부역량의 약점을 보완하고 기회요인을 살리는 전략 • WT: 내부역량의 약점을 보완하고 외부환경의 위협요인을 최소화하거나 대비하는 전략

3 보건사업기획의 우선순위 결정

구분	특징
쌍비교(Paired Comparisons)	대안을 비교할 기준(예 문제의 중요성)을 결정, 결정된 기준을 이용하여 대안을 2개씩 상호 비교 후 가장 많이 선택된 대안이 높은 우선순위를 가지게 됨
사분면 분석	의사결정을 위한 두 가지 명백한 판단기준이 있고, 2개의 기준이 양분될 수 있는 경우 사용 가능
BPRS (Basic Priority Rating System)	① 건강문제의 크기에 따라 우선순위가 정해지는 방법이며, 지역사회 내의 보건문제를 목록화하여 문제별 평가항목을 기준공식에 따라 점수화 ② 공식 $$BPRS = (A + 2B) \times C$$ ㉠ A - 문제의 크기: 만성질환은 유병률, 급성질환은 발생률의 크기를 활용하여 점수화, 건강문제를 지닌 인구비율을 반영하여 0~10점까지 점수를 부여하는 방식으로 유병률 및 발생률의 크기를 점수화하는 것 ㉡ B - 건강문제의 심각도: 긴급성, 중등도, 경제적 손실, 해결의지 • 각 항목별로 상대적 중요성을 결정 • 각 항목에 포함될 고려요인을 반영한 측정지표 선정 및 척도를 결정 • 계산된 점수를 항목의 종점을 고려하여 보정 ㉢ C - 사업(해결책)의 추정효과: 사업의 효과에 대한 최대효과와 최소효과를 추정하여 점수 부여
PATCH (Planned Approach to Community Health)	① 건강문제의 우선순위를 결정하기 위한 기준으로 중요성과 변화가능성을 선정함 ② 건강문제의 중요성을 판단하기 위해서는 ㉠ 유병률 또는 발생률을 이용하여 비교, ㉡ 건강문제의 위중도 = 질병의 사망률이나 장애발생률, DALY❶ ③ 변화가능성은 건강문제가 얼마나 쉽게 변화될 수 있는가를 평가하는 기준 | 구분	중요함	중요하지 않음 | |---|---|---|
변화 가능성이 높음		
변화 가능성이 낮음			

기출의 재발견

지역사회 간호진단의 우선순위 결정 기준 중 BPRS(Basic Priority Rating System)의 구성요소에 해당하는 것은?
[23, 서울시]

① 문제의 중요성, 변화가능성
② 문제의 크기, 문제의 심각성, 해결가능성, 주민의 관심도
③ 대상자의 취약성, 문제의 심각성, 주민의 관심도
④ 문제의 크기, 문제의 심각성, 사업의 추정효과

정답 ④

❶ 장애보정 생존연수(Disability adjusted life years, DALYs): 질병부담을 측정하는 지표의 하나로 상병이나 장애, 조기사망에 의해 손실된 연수를 표시함.

브라이언트 (Bryant)	BPRS에 주민의 관심도 항목이 추가된 것을 말하는데, 보건문제의 크기, 보건문제의 심각도, 보건사업의 기술적 해결가능성, 주민의 관심도의 4가지 결정기준에 대해 해당 점수를 부여한 후 총점이 높게 나온 건강문제 순으로 우선순위를 매기는 방식이다. | 건강문제	문제의 크기	문제의 심각도	문제해결 가능성	주민의 관심도	총점	우선순위 | |---|---|---|---|---|---|---| | 1. 고혈압 | | | | | | | | 2. 당뇨 | | | | | | | | 3. 암 | | | | | | |
PEARL (Propriety, Economics, Acceptability, Resource, Legality)	① BPRS의 계산 후 사업의 실현가능성 여부 판단기준으로 사용 ② PEARL: 0 또는 1(P × E × A × R × L) 　㉠ 적절성(Propriety): 해당 기관의 업무범위 　㉡ 경제적 타당성(Economic Feasibility): 문제를 해결하는 것이 경제적으로 의미가 있는지, 손실인지 여부 　㉢ 수용성(Acceptability): 지역사회나 대상자들이 문제해결이나 사업을 수용할 것인가? 　㉣ 자원의 이용가능성(Resource): 사업에 사용할 재원이나 자원의 유무 　㉤ 적법성(Legality) ▢ PEARL에 의한 결정기준의 보완결과 	구분	운동부족 √	비만 ×	불규칙한 식사습관 ×	잘못된 운동습관 √	 |---|---|---|---|---| | 적절성 | 1 | 1 | 1 | 1 | | 경제성 | 1 | 0 | 1 | 1 | | 수용성 | 1 | 1 | 1 | 1 | | 자원 | 1 | 1 | 1 | 1 | | 적법성 | 1 | 1 | 0 | 1 |
미국 Maryland 주의 "황금다이아몬드" 방식	① 사분면 분석(PATCH)의 변형: 즉, 2가지 결정기준을 사용하나 척도의 측정을 이분법이 아니라 3점 척도로 한다는 점이 상이함 ② 예를 들어 A지역 유병률 조사 결과, 1위는 암, 2위는 순환기계 질환, 3위는 사고로 나왔음. 이 중 사고가 전국 평균치보다 1.5배가 높은 경우 암과 사고 중 어떤 문제가 더 우선시 되어야 할 것인지의 판단 시 '황금다이아몬드' 방식 활용 가능

NIBP(Needs/ Impact-Based Planning)❶	① 우선순위의 결정기준으로 건강문제의 크기(need)와 해결을 위한 방법의 효과(impact) 사용 ② '황금다이아몬드' 방식처럼 이 방법 역시 두 가지 결정기준을 사용하나 척도의 측정이 이분법이 아니라 3점 척도 및 4점 척도로 한다는 점 | 구분		필요의 크기		
---	---	---	---	---
		높음	보통	낮음
효과의 추정	매우 좋음	반드시 실행	반드시 실행	실행
	좋음	반드시 실행	실행	실행
	효과 있을 것 같음	시행 검토 또는 연구 촉진	시행 검토 혹은 연구 촉진	연구 촉진
	효과 없음	사업 중지 혹은 시작 금지	사업 중지 또는 시작 금지	사업 중지 혹은 시작 금지	
CLEAR	CLEAR는 지역사회의 역량, 합법성, 효율성, 자원의 활용성 등을 기준으로 NIBP에서 결정된 건강문제의 우선순위가 사업의 수행가능성 측면에서도 효과를 나타낼 수 있는지를 확인하는 데 활용되는 기준 ① Community Capacity: 지역사회 역량 ② Legality: 합법성 ③ Efficiency: 효율성 ④ Acceptability: 수용성 ⑤ Resource Availability: 자원의 활용가능성

❶ 자료원: 배상수(2015). 보건사업기획 제3판. 재인용

기출의 재발견

01
우리나라 보건행정 조직에 대한 설명으로 옳은 것은? [2016]

① 지역보건법 시행령 상 보건지소는 읍면(보건소가 설치된 읍면은 제외한다)마다 1개씩 설치할 수 있다. 다만, 시·군·구의 인구가 30만 명을 초과하는 등 지역주민의 보건의료를 위하여 특별히 필요하다고 인정되는 경우에는 대통령령으로 정하는 기준에 따라 해당 지방자치단체의 조례로 보건소를 추가로 설치할 수 있다.
② 보건복지부는 국민의 보건 향상과 사회복지 증진을 위한 중앙행정조직으로 보건소에 대한 인사권과 예산권을 가지고 있다.
③ 지역보건법 상 지역주민의 건강을 증진하고 질병을 예방·관리하기 위하여 시·군·구에 보건복지부령으로 정하는 기준에 따라 해당 지방자치단체의 조례로 보건소(보건의료원을 포함한다)를 설치한다.
④ 농어촌 등 보건의료를 위한 특별조치법 상 보건진료 전담공무원의 자격은 의사 면허를 가진 사람이어야 한다.

| 정답 | ①

02
다음 글에 해당하는 우리나라 지방보건행정 조직은? [2020]

- 지역보건법령에 근거하여 설치함
- 보건소가 없는 읍·면·동마다 1개씩 설치할 수 있음
- 진료 서비스는 없으나 지역주민의 만성질환 예방 및 건강한 생활습관 형성을 지원함

① 보건지소 ② 보건진료소
③ 정신건강복지센터 ④ 건강생활지원센터

| 정답 | ④

03
우리나라 보건행정체계의 특징으로 옳지 않은 것은? [2015]

① 보건의료기관을 정부가 주관함으로써 의료서비스에 대한 간섭과 통제력을 최대화하고 있다.
② 민간의료기관 간의 과도한 경쟁으로 합리적 기능분담이 어렵다.
③ 공공부문 간의 독자적인 보건의료전달체계가 운영되지 못하고 있다.
④ 민간과 공공기관 간의 경쟁으로 협조 및 보완체계가 어렵다.

| 정답 | ①

04
보건사업의 우선순위 결정 기준 중 BPRS 계산 후 사업의 실현가능성 여부를 판단하는 기준으로 사용되는 것은? [2018]

① Bryant
② PATCH
③ MAPP
④ PEARL

| 정답 | ④

05
보건사업 기획에서 사용된 NIBP(Needs Impact Based Planning)의 우선순위 결정기준은? [2022]

① 건강문제의 크기와 건강문제의 심각성
② 건강문제의 크기와 해결방법의 효과
③ 건강문제의 중요성과 자원이용 가능성
④ 건강문제의 중요성과 주민의 관심도

| 정답 | ②

마인드 맵

CHAPTER 05
지역사회 간호과정

01 **지역사회 간호사정**
02 **지역사회 간호진단**
03 **지역사회 간호계획**
04 **지역사회 간호수행**
05 **지역사회 간호평가**
06 **지역사회 간호활동 및 수단**
07 **사례관리와 방문간호**
08 **중재수레바퀴 모델**

PRETEST OX퀴즈

1. 지역사회 간호사정에서 효과적인 의사소통을 확인하는 것은 목표와 경계를 사정하는 것이다. ○ ✕

2. 사정자료의 분석은 범주화 ⇨ 요약 ⇨ 비교 ⇨ 추론의 단계를 거친다. ○ ✕

3. 오마하 문제분류틀은 생리, 심리사회, 환경의 세 가지 영역으로 구분된다. ○ ✕

4. 지역사회 간호사정에서 계획된 목표수준에 어느 정도 도달했는지를 확인하는 평가는 사업의 적합성 평가이다. ○ ✕

5. 사례관리의 모형은 전형적 표적인구집단, 주제, 목적, 활동, 장소 및 수행역할에 따라 다르게 분석된다. ○ ✕

해설

1. ✕ 효과적인 의사소통은 상호작용 또는 과정의 사정이라고 볼 수 있다.
2. ○ 지역사회간호사는 수집된 자료를 기초로 지역사회의 건강요구를 찾아내고, 지역사회의 강점 등을 분석하여야 한다.
3. ✕ 오마하 문제분류틀은 환경, 심리사회, 생리, 건강 관련 행위, 기타로 구분된다.
4. ✕ 사업의 진행과정에 대한 평가이다.
5. ○ 사례관리의 모형은 특정한 대상자집단을 표적으로 한다.

CHAPTER 05 지역사회 간호과정

SECTION 01 지역사회 간호사정

(1) 사정유형

구분	내용
개요	지역사회 간호사정은 자료를 어떻게 구분하는가에 따라 유형화할 수 있음
사정 유형	① 거시적인 관점인지, 미시적인 관점인지 또는 포괄적인지, 구체적인지, 상위체계의 사정인지 하위체계의 사정인지 매우 다양하게 유형화됨. ② 포괄적 사정, 친밀화 사정, 문제중심 사정, 하위체계 사정의 4가지로 구분하는 것이 일부 학설
포괄적 사정	① 철저한 방법론에 기초하여 지역사회관련 자료 전부를 찾아내는 방법 ② 1차 자료의 생성과 함께 전체 지역사회를 포함하기 때문에 시간, 비용이 많이 들고 타방법과 중복되는 경우가 많아 잘 사용되지 않는다.
친밀화 사정	지역사회와 익숙해지기 위해 건강기관, 사업장, 정부기관 등을 시찰하여 필요한 자료를 수집, 자원을 파악하는 방법
문제중심 사정	전체 지역사회와 관련되긴 하지만 우선순위를 두어 지역사회의 중요 문제에 초점을 두고 사정하는 방법이다.
하위체계 사정	① 전체 지역사회를 사정하는 것이 아니라 지역의 특정 부분, 일면을 조사하는 것 ② 하위체계를 정태적 또는 평면적으로 이해하기 보다 하위체계의 역동성을 고려하여 실시한다.

(2) 사정영역

구분	내용
지역사회 건강사정 영역별 지표	① 인구: 인구수, 성별, 연령별 분포, 교육 ② 사망양상: 사망률, 비례사망지수 ③ 유병양상: 유병률(시점, 기간)
인구의 건강상태	건강행태, 생활양식

기출의 재발견

지역사회 간호과정 중 〈보기〉에서 설명하는 지역사회사정 유형으로 가장 옳은 것은? [22. 서울시]

- 지역사회 특정 부분에 초점을 두고 실시한다.
- 다양한 영역에 대한 사정을 실시한다.
- 정태성보다는 역동성을 고려하여 실시한다.
- 어디에 중심을 둘 것인지에 따라 다양하게 정보를 수집할 수 있다.

① 포괄적 사정
② 친밀화 사정
③ 문제중심 사정
④ 하위체계 사정

정답 ④

자원과 환경	물리적 자원, 인위적 자원, 사회적 자원, 인적 자원, 보건의료시설 및 건물, 보건의료기기·기구 및 자료, 예산, 시간
상호작용 또는 과정(능력)	몰입, 자신 - 타인에 대한 지각과 상황파악, 의사표명, 의사소통, 갈등해소와 조화, 참여, 더 큰 사회와의 관계유지, 참여적인 상호작용과 의사결정을 촉진하는 기전
목표와 경계	기능: 사회화, 생산 - 소비 - 분배, 사회통합, 사회통제, 상부상조

(3) 자료수집 내용

구분	특징
인구와 건강수준	① 인구 규모(인구 수, 가구 수, 세대 수), 인구구조(성·연령별 분포, 성비, 영유아비, 노인인구비, 생산연령비, 결혼상태, 교육수준, 종교, 가족구조 및 기능, 평균 가족구성원 수, 가족발달단계), 인구밀도 ② 건강수준 ㉠ 건강상태: 출생률, 사망양상(사망률, 연령별 사망률, 모성사망률, 영아사망률, 주산기 사망률, 비례사망률, 비례사망수, 평균수명, 연령별 사망수 및 원인 등), 상병 및 질병이환 수준(급·만성질환), 감염병, 정신질환 등의 발생률 및 유병률, 상병자료 - 특정 질병, 국민건강조사, 특수집단의 상병자료, 병원자료 등 ㉡ 건강형태: 질병치료 및 예방행위, 생활습관(식습관, 음주, 흡연, 운동, 관습 등), 보건의료 이용률(건강검진율, 예방접종률, 보건의료기관 이용률, 건강보험 상태, 마약중독 상태 등) ㉢ 건강 관련 환경: 상·하수도 보급률 및 시설 - 식수원(불소 함유), 분뇨, 하수 및 쓰레기 처리시설, 주택, 부엌의 구조 및 채광, 청결상태, 화장실 형태, 위치, 종류 및 위생상태, 주택의 소유, 구조, 방의 수, 거주 가구 수(단독 혹은 다가족 거주, 식품의 질 환기 및 채광, 위생상태, 공해, 환경오염원, 대기(오존, 오염), 동물관리(해충·동물 매개 질환에 노출), 사고가능성, 문화기구 소유 상태 등
자원 및 환경 및 지리적 특성	주요 산과 강, 수자원, 토양의 특성, 기후와 지형의 특성, 동물, 식물의 특성, 행정구역, 위치와 면적, 유형(도시, 농촌, 주택가, 상업지역 등), 역사적 배경과 발전과정 ① 보건의료자원: 보건의료시설(병·의원, 약국, 보건소, 보건진료소, 조산소, 한방 병·의원, 치과, 너싱홈 등)의 종류와 수, 시설규모, 서비스 내용과 문제점 ② 인적 자원: 보건의료 전문인(의사, 한의사, 치과의사, 간호사, 조산사, 약사 등)의 종류와 수, 특정 전문가, 보건사업에 영향을 줄 수 있는 사회지도자, 자원봉사자, 지역주민 조직 및 활동(조직의 종류, 구성원 기능) 등

	③ 사회적 자원: 각종 사회복지관, 경로당, 양로원, 탁아소, 보육원의 서비스 내용과 문제점, 지역사회 내 조직 및 단체(지역사회 개발위원회, 노인회, 부녀회, 주민단체, 자원봉사단체 등), 공적 서비스(경찰, 화재예방, 응급의료서비스, 공익사업), 재난 프로그램(적십자사 등), 지역사회 개발활동, 지역사회서비스(시설간호, 정신건강간호, 예방적 건강서비스, 복지서비스) ④ 정치적 자원: 주민의 건강과 관련된 정부기관, 지방자치단체의 활동 ⑤ 물리적 자원: 안전시설(소방서, 파출소, 대피소, 응급구조 예방시설, 재난방지시설 등), 편의시설(시장, 관공서, 우체국, 은행, 위생업소 등), 교통(대중교통수단, 자동차 보급률, 수송 장애 지역), 통신(전화·라디오·TV 보급률, 신문 구독률, 핸드폰, 컴퓨터 보유율, 우편서비스, 방송, 게시판 등)
상호작용 또는 과정	① 지역사회 **적정기능수준**을 향상시킴 ② 지역사회 건강 측면에서 지역사회 과정에 대한 개념 ⇨ 지역사회 역량(community competence)❶ | 조건	정의
몰입	지역사회에 대한 감정적이고 인지적인 애착
자신-타인에 대한 지각과 상황파악	지역사회 그 자체와 다른 지역사회의 위상, 구성요소, 현안문제에 대한 현실적 지각
의사표명	다른 지역사회의 입장과 관련하여 그 지역사회 자체의 입장을 언급하며 형성해가는 기술적인 측면
효과적인 의사소통	의사소통자들 간의 공유된 의미에 기초한 정보의 정확한 전달
갈등해소와 조화	창의적이며 효과적인 동화와 견해의 차이에 대한 권리
더 큰 사회와의 관계 유지	외부자원을 알고, 얻고 사용하는 능력과 필요시 대안적·보충적인 자원을 사용하고 창출해내는 능력
참여적인 상호작용과 의사결정을 촉진하는 기전	상호작용과 의사결정을 촉진하는 융통성 있고 책임감 있는 공식적·비공식적 절차	
목표와 경계	① 지역사회건강이란 지역사회 상위체계인 더 큰 사회체계와의 상호작용을 관리 ② 체계이론의 지역사회에의 적용 | 구성요소	지역사회에의 적용
구성물	지역사회 주민
자원	지역사회 내에 건강과 관련된 인적·물적·사회환경적 자원	

❶ 콜렐(Collrell, 1976)이 사용한 개념으로 지역사회 구성요소의 하나로 효과적으로 지역사회의 요구와 문제를 규명, 목표와 우선순위를 합리적으로 수립하고 이를 성취하기 위한 활동을 수행하는 것

기출의 재발견

A 간호사는 지역보건소에 처음 발령을 받고 주민센터 동장님을 만나 지역사회 건강문제에 대한 의견을 물어보았다. 이때의 자료수집 방법으로 가장 옳은 것은? [20. 서울시]

① 정보원 면담
② 설문지 조사
③ 차창 밖 조사
④ 참여관찰

정답 ①

상호작용	지역사회 주민과 인적·물적·사회환경적 자원과의 상호작용
목표	적정기능수준의 향상, 건강의 유지, 증진, 삶의 질 향상
경계	지역사회의 경계(예 도시의 행정구역)

자료수집방법	① 정보원 면담 ② 참여관찰 ③ 설문지 조사 ④ 이차적인 분석 ⑤ 차창 밖 조사

사정자료 분석		
	범주화 ⇨ 요약 ⇨ 비교 ⇨ 추론	
	지역사회간호사는 수집된 자료를 기초로 지역사회의 건강요구를 찾아내고, 지역사회의 건강관리의 양상, 지역사회의 강점 등을 분석하여야 한다. 자료분석은 분류단계, 요약단계, 확인·비교단계, 결론단계로 이루어짐	
	분류 (또는 범주화) 단계	① 지역사회사정에서 수집된 모든 정보를 특성별로 범주화하여 서로 연관성 있는 것끼리 분류하는 단계 ② 분류방법은 지역사회간호사가 사용하는 자료수집의 개념틀과 경험 등에 따라 달라질 수 있는데, 일반적으로 지역사회의 특징, 인구특성, 건강상태, 환경특성, 지역사회자원 등으로 범주화
	요약단계	분류된 자료를 근거로 지역사회의 전반적인 분위기, 역사적 배경 및 지리적 특성을 요약·서술하고, 지도에 표시(위치, 가구 및 공공시설 분포, 지역사회자원의 분포)하거나 자료의 특성에 따라 비율을 구하고 표·그림·그래프 등을 작성하여 자료를 요약하는 단계
	확인· 비교단계	① 규명된 자료 간의 불일치, 누락된 자료, 자료 간의 차이 등을 고려하면서 수집된 자료에 대해 부족하거나 더 필요한 자료가 무엇인지 재확인. 다른 지역의 자료나 전국 규모의 자료, 과거의 통계치와 비교하여 포괄적이고 총체적인 지역사회의 문제를 평가하기 위한 단계 ② 이때 지역주민의 견해나 동료의 의견을 들어보는 것이 도움이 됨
	결론(추론) 단계	자료가 분석되고 합성되는 과정을 통하여 수집된 자료의 의미를 찾는 단계이며, 지역사회간호사의 전문적 견해를 포함하여 지역사회의 건강요구 및 구체적 문제를 찾아 결론내리는 단계

SECTION 02 지역사회 간호진단

(1) 지역사회 간호진단의 특성

구분	특성
개념	지역사회 간호문제 = 지역사회 간호현상 = 지역사회 간호진단
스탠호프와 랭카스터 (Stanhope & Lancaster)의 우선순위 결정기준 (1995)	① 지역사회 건강문제에 대한 지역사회 주민들의 인식 정도 ② 건강문제를 해결하려는 지역사회의 동기수준 ③ 건강문제 해결에 영향을 미치는 간호사의 능력 ④ 건강문제 해결에 필요한 적절한 전문가의 유용성 ⑤ 건강문제 해결이 안 될 때 후속적으로 생길 결과의 심각성 ⑥ 건강문제 해결에 걸리는 시간

(2) 지역사회 간호진단에 활용되는 분류체계 – 오마하 분류체계
　① 오마하 분류체계의 틀

구분	내용
오마하 분류체계의 종류	진단(문제)분류체계와 중재체계 및 결과에 대한 등급척도를 위한 체계 등 3가지가 있어 지역사회진단에 가장 유용하게 사용됨 ① 진단(문제)분류체계: 대상자 문제 진단 시 활용 ② 중재분류체계: 간호사가 서비스를 하는 간호활동 목록 ③ 결과에 대한 문제등급 척도: 특정 문제나 간호진단과 관련된 대상자의 경과를 측정하는 평가도구
오마하 분류체계의 틀	① 다양한 대상자의 건강 관련 문제들을 규명하기 위해 고안된 포괄적·순서적·상호배타적·비소모적 분류법 ② 영역, 영역별 문제, 문제별 수정인자 그리고 증상/징후의 4개 수준으로 구성 • 수준 1 – 영역: 환경, 사회심리, 생리, 건강 관련 행위 등 4가지 • 수준 2 – 문제: 현재나 미래에 개인이나 가족의 건강상태에 영향을 미칠 수 있는 어려움으로 42가지 대상자 문제로 구성 • 수준 3 – 진단명(수정인자): 개인이나 가족의 실재적·잠재적 문제로 구성 • 수준 4 – 증상 및 징후: 각각의 문제와 관련된 독특한 증상과 징후로 구성

기출의 재발견

❖
다음 중 오마하 문제분류체계의 영역 중 수입, 위생, 주거 등이 포함되어 있는 영역은?
① 환경
② 심리사회
③ 생리
④ 건강관련 행위

정답 ①

② 오마하 분류체계의 구성

구성	영역	문제(진단)	수정인자		증상/징후
문제 분류틀	Ⅰ. 환경	4종	Ⅰ. 대상자	Ⅱ. 심각도	문제의 증상 및 징후
	Ⅱ. 심리사회	12종	• 개인	• 건강증진	
	Ⅲ. 생리	18종	• 가족	• 잠재적 결핍/손상	
	Ⅳ. 건강 관련 행위	8종	• 집단	• 실제적 결핍/손상	
중재틀	① 범주: 1) 건강교육 2) 처치와 시술 3) 사례관리 4) 감독 ② 중심내용: 간호중재와 활동내용(알파벳으로 된 62개 목록) ③ 대상자에 대한 구체적 정보				
결과	① 서비스 전 과정을 통하여 대상자의 발전과정을 측정 ② 5점 Likert 척도로 점수가 높을수록 양호한 상태				

③ 오마하 문제분류체계 영역별 문제

구분	내용
환경영역	수입, 위생, 주거, 이웃/직장안전
심리사회 영역	지역사회자원과의 의사소통, 사회적 접촉, 역할 변화, 대인관계, 영성, 슬픔, 정신건강, 성적 관심, 돌봄/양육, 무시, 학대, 성장과 발달
생리 영역	청각, 시각, 언어와 말, 구강건강, 인지, 동통, 의식, 피부, 신경·근육·골격기능, 호흡, 순환, 소화와 수분, 배변기능, 생식기능, 임신, 산후, 감염성 질환
건강관련행위 영역	영양, 수면과 휴식 양상, 신체적 활동, 개인위생, 약물오용, 가족계획, 건강관리 감시, 투약

SECTION 03 지역사회 간호계획[1]

(1) 간호사업 목적과 목표설정

구분	내용
투입-산출모형에 따른 목표 분류	① 투입목표: 사업기반 조성에 관한 지표로, 사업관계자가 사업에 투입하는 인력, 시간, 돈, 장비, 시설 등의 자원 ② 산출목표: 사업의 결과 나타나는 활동, 이벤트, 서비스 생산물 등 (의도하는 사업량, 즉 목적을 성취하기 위한 활동) ③ 결과목표: 사업의 결과 나타나는 건강수준이나 건강결정요인의 변화 예 보건교육 • 투입목표: 인력, 시설, 예산, 정보 등 • 산출목표: 이용건수, 교육건수, 사업건수 등 • 결과목표: 지식, 태도, 행동의 변화, 사망률 저하, 평균수명 연장, 삶의 질 향상 등
인과관계에 따른 목표 분류	① 과정목표: 산출(활동)의 양적 수준과 투입 및 산출의 적절성 ② 영향목표: 건강결정요인과 기여요인의 변화 ③ 결과목표: 건강수준(사망률, 유병률, 장애 등)의 변화
시간에 따른 분류	① 단기목표: 2~3개월 이내의 변화, 지식, 태도, 신념 등의 변화 ② 중기목표: 2년 이내의 결과 변화, 행동의 변화 ③ 장기목표: 5~10년이 소요되는 목표

(2) 목표설정의 기준

구분	내용
관련성	사업목적과 직접 관련성이 있어야 함
실현가능성	현실적으로 실현 가능해야 함
관찰가능성	목표는 관찰 가능해야 함
측정가능성	목표는 측정 가능해야 함

(3) 간호방법과 수단선택 - 오마하 중재체계 범주[2]

구분	내용
보건교육, 지도, 상담	보건교육, 지도, 상담은 정보를 주고, 대상자 문제를 예측하며, 자가간호와 대처에 대한 대상자의 행동과 책임감을 증가시키도록 하는 것에서부터 의사결정과 문제해결을 하는 것까지를 포함하는 간호사의 개인, 가족, 지역사회를 지지하는 활동
치료와 절차	치료와 절차는 개인, 가족, 지역사회의 증상, 징후를 예방하고, 위험요인과 조기증상, 징후를 규명하고, 증상, 징후를 감소시키거나 혹은 완화시키는 기술적 간호활동

---

[1] 최근 각론에서는 계획과정에 대한 부가적인 설명이 있다. 즉, 지역사회 간호계획을 '계획과정'이라는 용어로 설명하면서, 계획과정의 특징을 ① 협력적 과정 ② 순차적 과정 ③ 순환적 과정 등으로 설명하고, WHO(1971)가 제시한 보건계획의 지침을 서술하고 있다. 또한 계획을 위해 사용되는 도구로서 '의사결정 가지(decision tree)'를 제시하고 있는데, 이는 기획에 대한 관심이 증가한 학문적 경향을 반영하는 것으로 이해되며, '의사결정'은 기획과정 속에서 중요한 단계로 고려되는바 브레인스토밍, 명목집단기법, 델파이기법 등의 의사결정 방법론에 대해서도 주목해 볼 필요가 있다.

기출의 재발견

❖ 지역사회 간호과정에서 목표 설정시 고려해야할 사항으로 가장 옳지 않은 것은? [20, 서울시]
① 추상성
② 관련성
③ 성취가능성
④ 측정가능성

정답 ①

[2] 자료원: 박인혜 외(2016). 지역사회간호학 I. 재인용

구분	내용
사례관리	사례관리는 조정, 옹호, 의뢰와 같은 간호활동을 포함함. 이들 활동에는 대상자를 위한 서비스 전달을 촉진하고, 보건의료와 기타 서비스 제공자와 의사소통하고, 대상자의 의사소통을 향상시키고, 적절한 지역사회자원을 사용할 수 있도록 개인, 가족, 지역사회의 상태를 확인하기 위한 간호활동을 포함
감독	감독은 주어진 상태나 현상과 관련지어서 대상자의 상태를 나타내기 위한 발견, 측정, 비판적 분석, 감시와 관련된 개인, 가족, 지역사회의 상태를 확인하기 위한 간호활동을 포함
간호방법 및 수단 선택시 고려사항 (타당성)	① 법률적 타당성: 목표달성을 위한 행위가 법적으로 수용될 수 있는가의 문제이다. ② 기술적 타당성: 간호방법이 기술적으로 실현가능하고 효과가 있는 것인가의 문제이다. ③ 사회적 타당성: 대상자들이 해당 방법이나 수단에 대해 수용할 것인가의 문제이다. ④ 경제적 타당성: 경제적인 측면에서 방법과 수단이 시행가능하고 경제성이 있다고 평가되는가의 문제이다. ⑤ 정치적 타당성: 법률적 타당성과 유사한 의미로 적용되기도 하지만 보편적인 의미로 정치적 타당성은 계층별지지 또는 수용성으로 이해된다.

(4) 평가계획

구분	내용
평가계획 구성요소	① 평가자: 평가를 누가 할 것인가를 정하는 것 ② 평가시기: 언제 할 것인지 ③ 평가도구: 무엇을 가지고 평가할 것인지 결정하는 것으로 타당성과 신뢰성이 있어야 함 ④ 평가범주: 사업의 성취도, 투입된 노력, 사업진행 정도, 사업의 적합성, 사업의 효율성으로 나눠짐
평가절차	① 평가대상과 기준 ⇨ ② 평가자료 수집 ⇨ ③ 비교 ⇨ ④ 가치판단 ⇨ ⑤ 재계획
평가계획의 예	① 평가영역: 투입평가, 산출평가, 결과평가 ② 평가자: 건강증진 자문요원, 건강증진 담당요원, 사업대상자 대표들 ③ 평가자료: 사업수행기록, 전산자료 및 각종 통계, 지역 언론 및 공공기관 홈페이지 자료 등 ④ 평가범주: 최종평가, 중간평가, 수시평가 시기 ⑤ 평가방법: 영역별 평가지표에 의함

⑥ 평가지표

평가영역	평가항목
투입	사업계획서
	예산
	인력, 조직
산출(과정)	평가 및 기술지원
	인력교육
	정보생산
	지역사회 자원활용도
	사업의 효율화 및 개선 노력
결과	실천율
	만족도
	지식, 태도 및 신념, 행위의 변화

> **참고**
>
> **보건사업의 논리적 모형**
>
> 1. **논리적 모형**
>   보건사업을 도식적으로 표시하는 방법의 하나. 구체적으로 보건사업의 논리적 근거, 즉 사업의 구성요소와 구성요소들 사이의 관계를 그림으로 보여주는 모형을 말함
>
> 2. **논리적 모형의 기본구조**
>   - **산출**: 사업담당자의 활동 실적을 표시하는 것, 결과는 대상자에게 나타나는 변화를 말함
>   - **현황**: 논리적 모형 개발의 출발점
>   - **가정**: 사업이 어떠한 방식으로 작동하리라 생각하는 근거임
>   - **외부요인**: 사업 관계자가 통제하기 힘드나 사업의 성패에 영향을 미치는 요인
>
> 3. **논리적 모형의 한계**
>   - 논리적 모형은 단지 사업의 기획, 실행, 평가를 돕는 틀, 사고방식, 과정일 뿐임
>   - 이 모형은 윤리적 질문에 답해주지 않음

SECTION 04 지역사회 간호수행[1]

[1] 이인숙 등은 지역사회 간호중재라는 책에서 수레바퀴 모델 구성요인을 제시하여 간호수행의 '중재 수레바퀴 모델'을 제시한다. 이에 따르면 17가지 간호중재가 도출되는데, 여기에는 감시, 질병과 건강문제 조사, 아웃리치, 스크리닝, 사례발견, 의뢰 및 추후관리, 사례관리, 위임, 보건교육, 상담, 자문, 협력, 협약체결, 지역사회 조직화, 옹호, 사회적 마케팅, 정책 개발 등의 내용이 포함된다.

구분	특징
개념	간호수행에 대한 접근 시 어떤 모델 또는 모형, 이론에 근거하는가에 따라 업무의 흐름이나 실행수준이 달라질 수 있음

지역사회 간호사업의 관리	① 조정: 분담된 업무활동을 수행함에 있어 업무의 중복이나 오류, 결손들이 발생하지 않도록 수행자들 간의 관계를 명확히 하고, 업무분담과 결정사항에 대해 의사소통을 통한 조정을 시행함
	② 감시
	  ⊙ 사업의 목적달성을 위하여 계획대로 진행되는지를 확인하는 것
	  ⓒ 업무활동 표준(standard)을 유지하기 위한 업무의 수행수준, 수행절차, 수행결과에 대한 결여를 규명하고 결여의 원인 규명 등을 하는 것
	  ⓒ 크게 투입, 과정, 결과에 대한 감시가 있음
	  ② 계속적인 관찰, 기록의 검사, 물품 또는 자원의 점검, 요원과 지역사회와의 토의 등이 있음

구분	내용
투입에 대한 감시	• 규정에 따라 기대되는 기능, 활동 및 업무수행 여부 • 맡은 업무의 적절성 여부 • 자원의 소비와 비용 계획에 따른 진행 여부 • 필요한 정보전달 여부 • 대상 주민이나 지역사회 참여 정도
과정에 대한 감시	• 규정에 따라 기대되는 기능, 활동 및 업무수행 여부 • 업무기준의 달성 여부 • 회의 개최 여부 및 의사소통 여부
결과에 대한 감시	• 결과의 달성 정도 • 계획에 따른 서비스 전달 정도 • 새로운 기술이나 고도의 훈련에 대한 성과 정도 • 의사결정 시기의 적절성 여부 • 기록의 신뢰성 여부 • 보고서 정기발간 여부 • 업무상 발생된 갈등해소 여부 • 대상 주민이나 지역사회의 만족도

③ 감독: 목표 진행 정도의 평가, 수행수준의 모니터링, 사업 진행 동안 발생한 문제점과 개선방안 등을 논의하고 필요시 조언을 수행하는 활동을 의미함

기출의 재발견

✤ 수행단계에서 지역사회간호사업이 계획대로 진행되고 있는지를 보기 위해 물품 또는 자원의 목록 점검, 요원과 지역사회주민 간의 토의활동 등을 하는 것은? [17. 서울시]

① 조정(coordinating)
② 의뢰(referring)
③ 감시(monitoring)
④ 감독(supervising)

정답 ③

SECTION 05 지역사회 간호평가

구분		내용
평가의 유형		① 평가시기에 따른 유형: 현황분석, 과정평가, 결과평가 ② 투입 – 산출모형에 따른 평가의 유형: 구조평가, 과정평가, 결과평가 ③ 성과평가 영역에 따른 평가유형: 적절성 평가, 투입된 노력에 대한 평가, 산출평가, 효과, 효율성 평가
체계모형에 따른 평가의 범주	투입자원 평가 (투입)	간호사업에 투입된 전체 노력의 정도를 측정하는 것으로 지역사회간호사를 포함한 간호제공자들의 간호시간이나 가정방문 횟수, 인력, 물품소비 정도를 모두 포함한 소비량을 산출하는 것
	사업진행평가 (과정/변환)	계획된 일정대로 사업이 수행되었는지 순서와 진행 정도를 파악
	목표의 달성 정도 평가(산출)	계획된 목표 수준에 어느 정도 도달했는지 구체적 목표 성취 여부를 평가
	사업효율성 평가 (산출/투입)	효율성의 평가는 사업을 수행하는 데 투입된 노력, 즉 인적·물적 자원 등을 비용으로 환산하여 그 사업의 단위 목표량에 대한 투입비용이 어느 정도인가를 산출함
	사업적합성 평가	지역사회의 요구충족 정도를 평가함. 사업의 목표나 사업 자체가 지역사회의 요구에 적합한지, 투입된 노력에 대한 사업의 결과는 합당한지 등에 관한 전반적인 평가
(체계적인) 평가절차		① 평가내용과 측정기준의 설정 ② 평가자료의 수집 ③ 설정된 목표와 현재 상태의 비교 ④ 목표도달 정도의 가치판단과 분석 ⑤ 재계획 수립
논리모델에 의한 평가유형		로직모델이라고도 하는데, 이 모델 또는 모형에서는 장·단기목적의 설정과 중요성 및 목표의 단계별 활동에 대한 기본적인 가정을 강조
	구조평가	보건사업에 투입된 자원과 인프라, 재원 등에 대해 적절성을 평가하는데 시설, 장비, 물자, 예산, 정보 등이 포함
	과정평가	사업의 진행과정에서 일정대로 진행되고 있는지, 투입된 자원은 적절하게 사용되고 있는지를 평가하는 것, 대상자의 만족도를 확인할 수 있음
	결과평가	보건사업이 종료된 후에 수행된 사업결과와 산출물이 예상대로 목표를 달성했는지를 평가하는 것

칼루즈니와 베니 (Kaluzny & Veney)에 의한 평가유형(2002)	① 평가범주: 관련성, 적합성, 진행정도, 효율성, 효과, 영향 및 파급효과, 지속성 ② 관련성은 프로그램 요구도, 적합성은 프로그램 요구도의 크기, 영향 및 파급효과는 표적집단에 발생한 장기적 변화로, 지속성은 프로그램 지속에 필요한 자원의 충족성으로 설명됨.

SECTION 06 지역사회 간호활동 및 수단

구분	내용
방문활동	간호행위를 전달하기 위해 지역사회 간호대상을 모두 방문할 수 있음
건강관리실	건강관리실의 활동은 방문활동과 대조적이며 상호 보충적
상담	① 일반적 상담에서는 경청, 개방형 질문, 요약, 반영, 명료화, 직면, 해석 등을 사용 ② 동기강화 상담의 경우 저항 수용, 대상자의 동기 이해, 경청과 공감의 표현, 자기효능감 지지 등의 원리를 활용
지역사회자원 활용	인적 자원, 물리적 자원, 사회적 자원, 경제적 자원 등을 이용할 수 있으며, 지역사회간호사의 자원은 건강평가기술, 간호기술, 보건교육 기술 등을 고려
매체활용/ 홍보활동	매체란 홍보 및 교육자료, 기자재를 활용하여 효율적으로 일시에 많은 대상에게 효과적으로 정보를 전달하기 위한 수단

SECTION 07 사례관리와 방문간호

(1) 사례관리의 개요

구분	내용
통합적 서비스 전달방법	복잡하고 다양한 문제나 욕구를 가진 대상자가 사례관리자로부터 필요한 서비스를 효과적으로 받을 수 있도록 가용한 자원을 활용하여 대상자로 하여금 독립적인 생활을 할 수 있게 도와주는 서비스
요구에 따른 서비스 제공	대상자의 요구에 맞는 적절한 서비스를 제공 및 조정, 지역사회 차원에서 독립적인 생활을 할 수 있도록 도움

사례관리의 활동(5가지)	① 소비자를 확인하고 찾는 것으로, 요구상태에 있는 소비자를 확인하고 공식적인 도움을 받지 못하는 사람을 찾는 활동 ② 사정활동으로, 개별적인 사정은 모든 인간서비스 활동과 동일하지만 사례관리에서는 소비자의 다양한 요구를 충족시키기 위하여 지역사회자원의 활용을 강조 ③ 서비스 계획으로, 사례관리자는 여러 종류의 서비스 제공자와 기관 등과 연계하여 일하기 때문에 요구와 바라는 결과를 명백히 정의하고, 요구를 충족시키기 위한 서비스를 계획해야 함 ④ 필요한 서비스와 연결하는 것으로, 소비자의 요구가 충족되는 것을 확인하는 기초로서 서비스 연결이 전개되고 유지되어야 함 ⑤ 서비스 전달의 점검활동으로, 서비스 전달의 점검은 소비자의 요구가 충족되었는지, 적절한 서비스를 발견하여 왔는지, 그리고 소비자가 서비스의 혜택을 받고 있는가를 확인하는 것이 중요

(2) 사례관리의 목적과 필요성
  ① 지속적이고 종합적인 대상관리자 필요
  ② 적극적이고 전향적인 서비스 제공과 점검 강조

(3) 사례관리모형
사례관리의 모형은 상당히 다양하며 전형적으로 표적인구집단, 주체, 목적, 활동 장소 및 수행역할에 따라 분석
  ① 사례관리모형의 구성요소

구분	내용
표적인구집단	㉠ 대개 특정한 대상자 집단을 표적으로 함 ㉡ 표적인구집단: 복합적인 욕구를 지닌 가족과 같은 취약집단, 발달장애인, 허약한 노인, 신체장애인, 만성정신질환자 및 다른 위험에 처한 집단 등
주체	다양한 서비스 제공자에 의해 고용되어 있으며 이들 제공자는 전통적인 비영리 지역사회 대인서비스기관, 공공기관, 영리기관 등이 있다. 이들 여러 주체는 그들이 사례관리를 제공하는 근거도 다양
목적	사례관리모형의 목표에는 사회적 목표모형, 제1차적 보호목표모형, 의료 사회적 목표모형 등의 3가지 유형 ㉠ 사회적 목표모형: 지역사회 내에 거주하는 사람들에게 초점을 두고 있으며, 그 목적은 보건보호보다 오히려 기초적인 지지서비스를 제공하는 것 ㉡ 제1차적 보호목표모형: 사례관리에 대한 전통적인 의료모형 접근방법에 기반을 두고 있음 ㉢ 의료 사회적 목표모형: 이미 위험에 처한 대상자에게 초점을 두고 있으며, 사례관리 프로그램은 취약집단에 개입하여 부가적인 문제를 예방하고 평형상태를 확립하도록 함

활동장소	표적인구집단, 주체, 목적이 확정되면 사례관리모형은 활동장소에 따라 다양해질 것임
수행역할	사례관리자가 수행하는 역할에 따라 다양함. 간호사, 의사, 사회복지사, 심리학자 등 다양한 전문직의 역할수행을 말함

② 사례관리의 일반적 모형

구분	내용
가족보호모형	㉠ 부모, 성인자녀 또는 배우자에게 발달장애아동, 기능적 장애를 가진 노인, 신체장애인, 만성정신장애인 등을 적절히 보호할 수 있는 사례관리과정에 대한 교육과 훈련을 시켜 적절한 보호를 연속적으로 제공할 수 있도록 하며 가족구성원이 제공하지 못하는 서비스를 보충적으로 사례관리자가 직접적 또는 간접적 방법으로 제공하는 것 ㉡ 이 모형에서 사례관리의 기능은 가족의 보호능력의 극대화, 대상자의 사회적 기능 향상, 대상자와 가족의 상호작용 촉진, 대상자와 서비스와의 연결, 옹호 등
지역사회 지원모형	㉠ 전제: 가족의 보호를 받지 못하는 대상자에게 사회적 지지와 필요한 서비스를 제공할 수 있는 자원이 지역사회 내에 존재할 것 ㉡ 서비스 범위: 지역사회 거주하는 사회적 취약계층에게 사회적 지지와 서비스를 제공하는 역할을 수행 ㉢ 사례관리의 기능: 가족을 제외한 지역사회 내 일차집단의 보호 능력 향상, 대상자와 지역사회 내 비공식 지원체계와의 상호작용 촉진, 비공식 지원체계와 공식 지원체계의 상호작용 촉진, 대상자와 서비스와의 연결, 대상자에 대한 상담과 옹호 등
포괄모형	㉠ 전제: 복합적인 욕구를 가진 대상자에게는 서비스의 단편적인 접근보다 포괄적인 접근이 그들의 요구를 더 잘 충족시킬 수 있다는 것 ㉡ 서비스 범위: 가족과 지역사회의 지지적 보호자에 의해서 해결될 수 없는 다차원적이고 복합적인 욕구를 가진 만성정신장애인, 발달장애인, 지체장애인, 만성질환 노인 등에게 사례관리 기관이 포괄적인 서비스를 제공하는 것 ㉢ 사례관리의 기능: 대상자와 서비스의 연결, 사례관리 기관 상호 간의 조정, 대상자와 비공식 지원체계와의 상호작용 촉진, 대상자에 대한 상담과 옹호 등

③ 사례관리서비스 전달방법에 의한 모형

구분	내용
중개모형	㉠ 이 모형의 대표적인 예는 미국의 민간 사례관리기관 ㉡ 민간 사례관리기관: 수수료를 받고 사례관리를 하는 기관을 의미
판매모형	판매모형에서는 사례관리기관이 고객에게 직접 서비스를 제공 예 미국의 민간회사와 보험회사의 사례관리자들, 그리고 사회 및 건강유지단체와 지역사회선택프로그램 등이 포함
통합된 중개판매모형	㉠ 이 모형에서는 제한된 수의 서비스를 제공하고 나머지는 외부 기관과 협력해서 조정 ㉡ 주로 급성치료에 중점 예 병원을 기반으로 하는 사례관리 ㉢ 우리나라 방문건강관리사업에서 제공하는 사례관리
자원개발모형	㉠ 자원개발모형은 장기보호서비스가 마련되어 있지 않아 개발되어야만 하는 경우에 적용 ㉡ 사례관리자는 서비스 전달을 위해 필요한 자원을 파악하고, 그 자원을 확보하는 데 있어 도움이 될 요소와 장애가 될 요소를 가려내어 재원 확보를 위한 계획을 세워야 함 ㉢ 의료전달체계가 미비한 농촌지역에서 장기보호서비스를 개발하려고 하는 군이나 읍의 보건기관에 적용
조직변화모형	㉠ 사례관리자는 장기보호서비스의 가정은 현재 기관에서 제공되는 서비스들의 일부 변화 또는 보완을 통해 장기적인 서비스로 전환할 수 있다고 봄 ㉡ 사례관리자는 장기적 보호를 제공하는 데 필요한 서비스들이 무엇인가를 조사한 다음 이를 기반으로 현 기관을 어떻게 변화시킬지 목표를 정함 ㉢ 현 기관의 내부 강점과 약점을 파악하고 서비스 전달조직이 변화되어야 하는 이유와 목적을 설정하고, 기관을 변화시킴으로써 얻게 될 이득을 나타낼 만한 자료를 확보하여 의도된 변화를 수행하기 위한 전략 계획을 세움. 이 모형은 특별히 사례관리자가 새로운 서비스의 비용을 만회할 수 있다고 보장될 때 효과적

SECTION 08 중재수레바퀴 모델

구분	내용
중재수레바퀴	① 인구집단 중심의 중재로서 인구중심적 보건 간호실무를 시각화함 ② 지역사회와 지역사회 구성하고 있는 개인, 가족, 집단에 제공될 중재가 어떠해야 지역사회건강수준이 높아질 수 있는지를 보여주는 것임 ③ 17가지 간호중재 도출 → 개인, 집단, 전체(지역사회) 모두에 적용-도식화 (그림: 중재수레바퀴 – 정책 개발, 감시, 사회적 마케팅, 질병과 건강 문제 조사, 지지, 아웃리치, 지역사회 조직화, 스크리닝, 연합 형성, 의뢰 및 추후관리, 협력, 사례관리, 자문, 위임 가능, 상담, 보건 교육 / 인구에 근거함, 사례발견, 개인 중심적, 지역사회 중심적, 체계 중심적) 자료원: 이인숙 등(2014), 지역사회간호중재, 현문사
중재수레바퀴 모델의 가정	① 지역사회 보건간호는 간호학, 사회학, 공중보건학적 지식을 이용하여 인구집단의 건강을 보호 증진하기 위한 실무이다. ② 지역사회 보건간호 실무는 인구중심적이다. ③ 지역사회 보건간호 실무는 건강의 결정요인을 중요시한다. ④ 지역사회 보건간호 실무는 지역사회 건강사정을 통해 결정된 우선순위에 따라 진행한다. ⑤ 지역사회 보건간호 실무는 예방을 강조한다. ⑥ 지역사회 보건간호사는 모든 실무수준(개인, 집단, 지역사회 혹은 1차 예방, 2차 예방, 3차 예방)에 맞는 중재를 제공한다. ⑦ 지역사회 보건간호사는 모든 수준의 실무에 간호과정을 적용한다. ⑧ 지역사회 보건간호 실무에서는 실무 장소와 상관없이 공통중재들이 사용된다.

	⑨ 지역사회 보건간호 실무에서는 10가지 공중보건 핵심서비스수행에 기여한다. ⑩ 지역사회 보건간호 실무는 공동의 가치와 신념에 근거한다.
지역사회보건 핵심서비스 10가지	① 지역사회 건강문제를 확인하기 위해 건강상태를 모니터링한다. ② 지역사회의 건강문제와 건강위험을 진단하고 조사한다. ③ 건강이슈에 대해 사람들에게 알리고, 교육하고, 역량을 강화한다. ④ 건강문제를 발견하고 해결하기 위해 지역사회 파트너십을 동원한다. ⑤ 건강을 위한 개인과 지역사회의 노력을 지지하는 정책과 계획을 개발한다. ⑥ 건강보호 및 안전확보를 위한 법률과 정책을 집행한다. ⑦ 개인에게 필요한 서비스를 연결해주고, 필요한 서비스를 이용할 수 있도록 보장한다. ⑧ 능력 있는 공중보건인력과 개인을 대상으로 하는 보건의료인력을 확보한다. ⑨ 개인 및 인구집단에 근거한 보건서비스의 효과, 접근성, 질을 평가한다. ⑩ 건강문제에 대한 새로운 통찰과 혁신적 해결을 위해 연구한다.
중재수레바퀴에 포함된 17가지 간호활동	① 감시: 지역사회보건 간호중재를 계획, 수행, 평가하기 위해 지속적이고 체계적으로 자료를 수집, 분석, 정보를 해석하여 건강상태를 기술하고 모니터링하는 것 ② 질병과 건강문제 조사 ③ 아웃리치: 보건의료 서비스에 대한 접근성이 낮은 위험군이나 관심 인구집단을 찾아내고, 건강문제의 원인과 문제해결 방법, 서비스 이용방법 등에 대한 정보를 제공하는 것 ④ 스크리닝: 건강위험 요인, 증상이 없는 질병상태에 있는 개인을 찾아내는 것 ⑤ 사례발견: 건강위험인자를 가진 개인과 가족을 찾아내어 필요한 자원을 연결해주는 것 ⑥ 의뢰 및 추후관리: 실제적, 잠재적 문제를 예방하거나 해결하는데 필요한 자원을 찾아내고, 개인, 가족, 집단, 조직, 지역사회 등이 이러한 자원들을 이용하도록 돕는 것 ⑦ 사례관리: 각 서비스를 서로 조정하여 체계적으로 제공함으로써 서비스 중복 및 누락을 막고, 개인과 가족의 자가간호능력, 체계와 지역사회의 역량을 최적화하는 것 ⑧ 위임: 법에 보장된 간호사의 역할에 근거하여 지역사회간호사가 수행하는 직접적 보건업무. 예) 의사의 정기처방에 따라 지역사회 클리닉에서 예방접종을 한다. ⑨ 보건교육: 지식, 태도, 행위습관을 변화시키기 위한 중재 ⑩ 상담: 자가간호나 대처역량 강화를 목적으로 대상자와 지지적, 정서적 상호관계를 수립하는 것 ⑪ 자문: 대상자와 상호작용하며 문제를 해결하는 과정에서 필요정보를 찾고, 최적의 해결방법을 이끌어 내는 것 ⑫ 협력: 둘 이상의 사람 혹은 조직이 건강증진 및 유지를 위한 역량을 강화함으로써 공동목표를 달성하도록 하는 것

⑬ 협약체결: 둘 이상의 기관의 공동의 목적을 달성하기 위해 협약을 통해 긴밀한 관계를 형성하고 문제해결 및 지역사회 리더십을 강화한다.
⑭ 지역사회 조직화: 지역사회가 공동의 문제나 목표를 설정하고 자원을 개발하며, 공동의 목표를 성취하기 위한 전략들을 개발하고 실행할 수 있도록 돕는 것이다.
⑮ 옹호: 대상자들이 자신을 스스로 변호하고 자신의 이익을 위해 행동할 수 있는 역량을 개발할 수 있도록 지역사회 간호사가 대상자를 변호하거나 그들의 이익을 위해 행동하는 것
⑯ 사회적 마케팅: 관심인구집단의 지식, 태도, 가치, 신념 등에 영향을 주기 위해 기획한 프로그램에 대해 상업적 마케팅 원칙과 기술을 적용하는 것
⑰ 정책개발: 지역사회 건강수준을 향상할 수 있는 중요한 기전 중 하나로 보건 분야 공공정책은 인구집단의 요구를 파악하고 공공의 이익을 위해 개인의 선택을 제한하기도 함.

기출의 재발견

01
지역사회 간호과정을 적용하여 대학생을 대상으로 금연 프로그램을 실시하고자 한다. 다음 중 사정단계에서 이루어진 내용으로 옳은 것은?
[2015]

① 금연전문강사가 대학을 방문하여 개별금연교육을 실시하였다.
② 이 지역에 있는 2개 대학의 흡연율을 타 지역과 비교하였다.
③ '흡연대학생의 30%가 금연에 성공한다' 로 목표를 설정하였다.
④ 금연성공률은 6주, 12주, 6개월 후에 평가하기로 하였다.

| 정답 | ②

02
지역사회간호과정을 적용하여 비만여성 운동프로그램을 실시한 경우, 계획단계에서 이루어진 내용으로 옳은 것은?
[2018]

① 비만여성 운동프로그램 참여율에 대한 목표를 설정하였다.
② 여성의 운동부족과 비만문제를 최우선 순위로 설정하였다.
③ 여성의 비만이 건강에 미치는 영향을 조사하였다.
④ 여성의 비만 유병률을 다른 지역과 비교하였다.

| 정답 | ①

03
지역사회 간호과정에서 목표 설정 시 고려해야 할 사항으로 가장 옳지 않은 것은?
[2020]

① 추상성
② 관련성
③ 성취가능성
④ 측정가능성

| 정답 | ①

04
체계모형에 따른 평가범주의 정의가 옳지 않은 것은? [17, 서울시]

① 사업 진행 과정에 대한 평가: 계획과 진행 수준의 비교
② 투입된 노력에 대한 평가: 투입된 자원의 소비량 산출
③ 사업의 효율성에 대한 평가: 목표의 달성 여부
④ 사업의 적합성에 대한 평가: 지역사회의 요구에 부합하는 정도

| 정답 | ③

05
고등학교 보건교사가 15명의 흡연학생들을 대상으로 금연프로그램을 운영한 결과, 흡연율이 50% 감소한 것으로 평가하였다. 이때 관련된 평가범주는?

① 사업 진행에 대한 평가
② 투입된 노력에 대한 평가
③ 목표달성정도에 대한 평가
④ 사업의 효율성에 대한 평가

| 정답 | ③

memo

마인드 맵

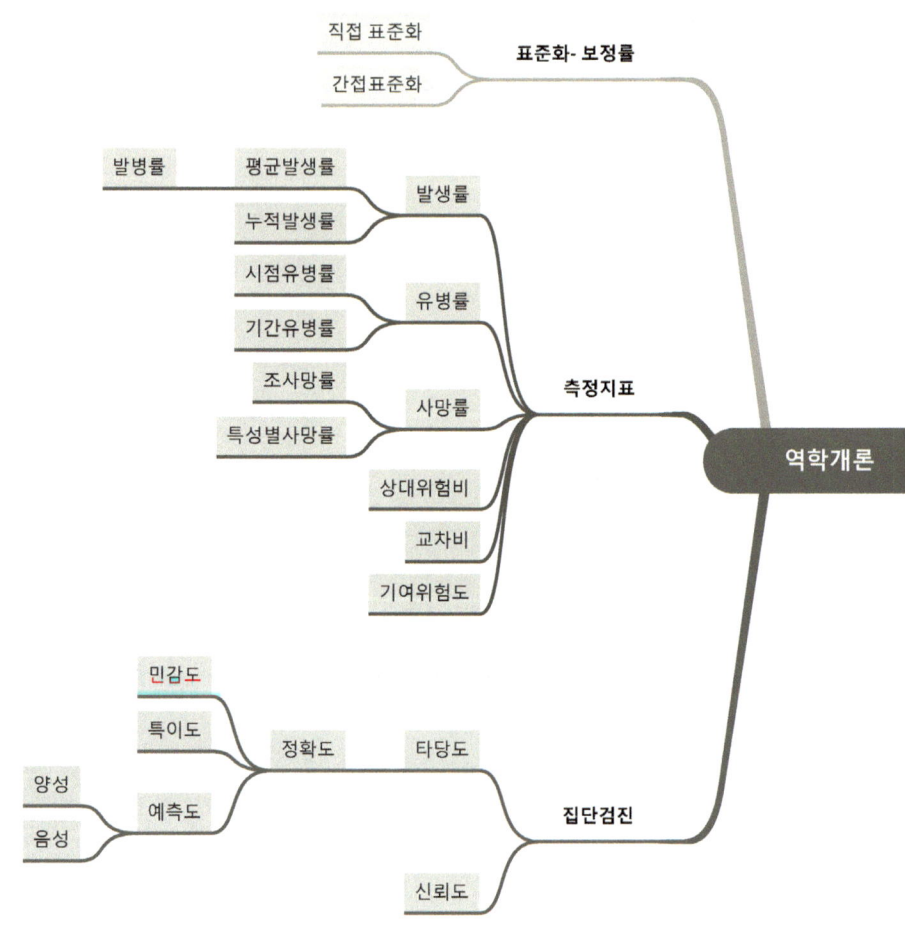

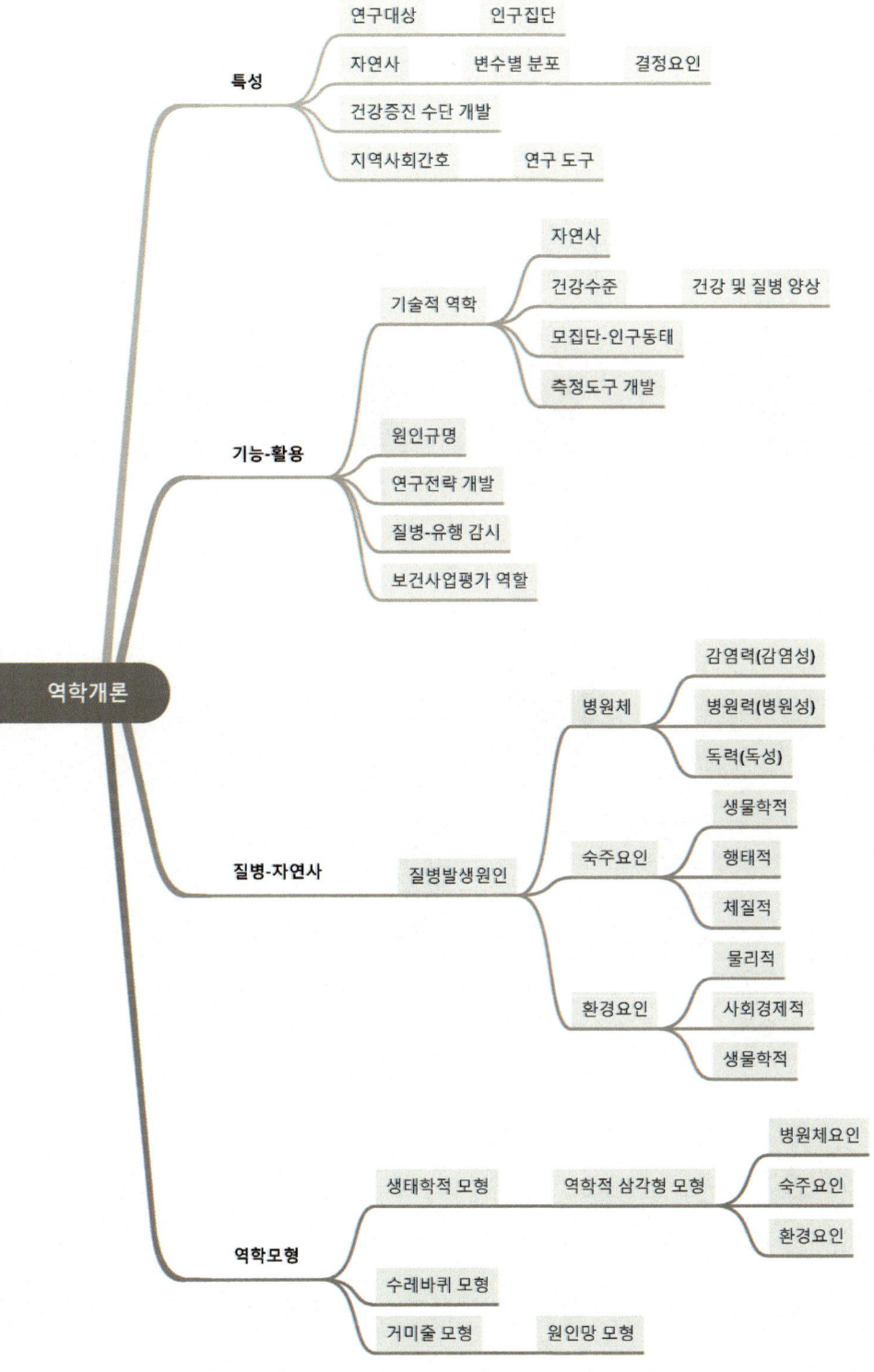

마인드 맵

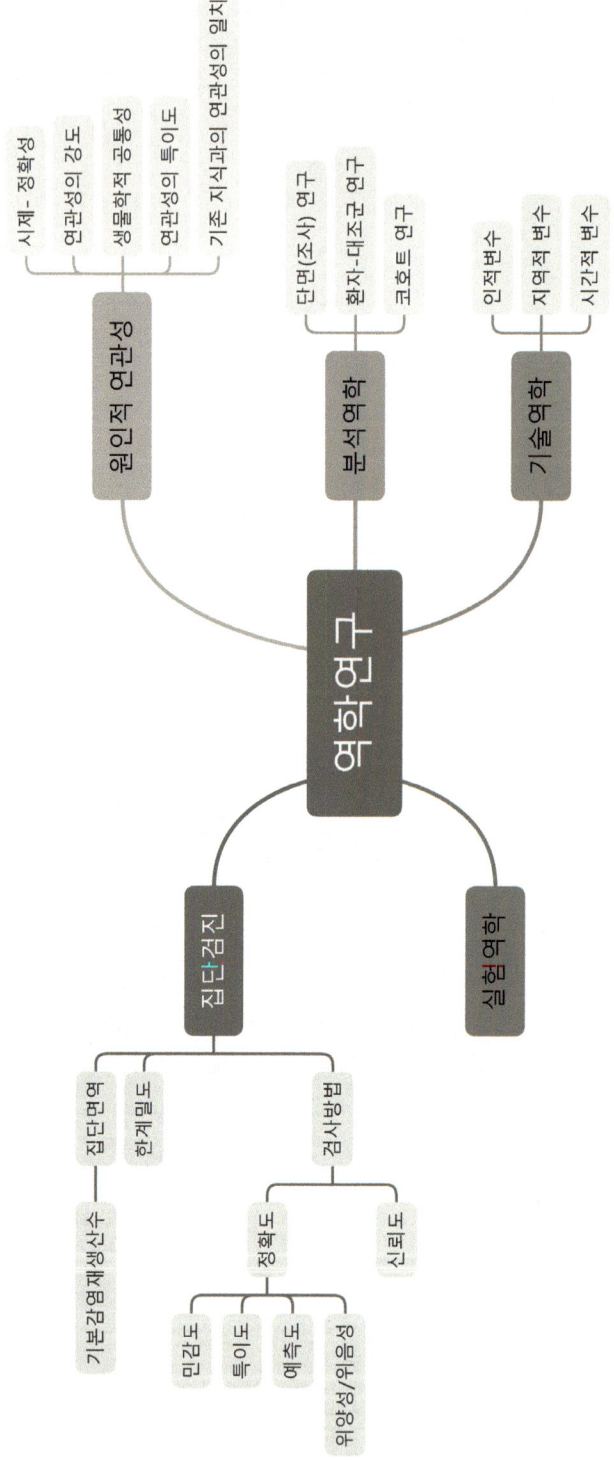

CHAPTER 06
역학과 질병관리

01 **역학개론**
02 **역학모형**
03 **질병의 역학관리 및 지표**
04 **역학적 사상 측정지표**
05 **건강검진의 진단검사**
06 **역학적 연구**
07 **감염병 관리, 만성병 관리**

PRETEST OX퀴즈

1 질병의 자연사란 질병의 시작부터 소멸에 이르기까지의 일련의 과정을 말한다. ○ ✕

2 '병원력'이란 임상적으로 증상이 발현된 사람에게 있어서 병원 입원이 필요할 정도의 매우 심각한 정도를 나타내는 미생물의 능력을 의미한다. ○ ✕

3 기여위험도는 위험요인이 있는 집단의 해당 질병발생률의 크기 중 위험요인이 기여하는 부분을 추정하기 위한 통계량을 의미한다. ○ ✕

4 집단검진의 가장 중요한 목적은 질병의 조기진단을 통해 조기에 치료하여 생명 연장을 시키기 위한 것으로 비용편익과 경제성은 고려하지 않는다. ○ ✕

5 후향적 코호트 연구란 연구 시작 시점에서 특정 건강문제에 대한 원인요인의 유무를 시간의 흐름에 따라 각 집단의 질병발생률을 비교하는 연구방법이다. ○ ✕

6 시간과 경비가 절약된다는 것은 코호트 연구의 장점이다. ○ ✕

7 비교위험도가 1.0이라면 이는 특정 요인노출과 질병 발생과의 연관성이 없다는 것이다. ○ ✕

해설

1 ○ 질병의 자연사에 대한 정의이다.
2 ✕ 독력에 대한 설명이다. 병원력은 병원체가 임상적으로 질병을 일으키는 능력이다.
3 ○ 기여위험도 = 노출군의 발생률 – 비노출군의 발생률
4 ✕ 비용편익과 경제성은 집단검진의 조건에 해당한다.
5 ✕ 전향적 코호트 연구에 대한 설명이다.
6 ✕ 코호트 연구는 시간과 경비가 오히려 많이 든다. 시간, 경비의 절약은 환자대조군 연구의 장점이라고 볼 수 있다.
7 ○ 상대위험비(비교위험도)가 1보다 크다면 질병 발생의 원인이 위험요인에 대한 노출과 관련성이 크지만 상대위험비가 1이라면 질병발생과 위험요인 간의 연관성이 없음을 말한다.

CHAPTER 06 역학과 질병관리

SECTION 01 역학개론

(1) 개요

구분	내용
정의	인간집단 내 발생하는 모든 생리적 상태와 이상상태의 빈도와 분포를 기술, 이들의 빈도와 분포를 결정하는 요인을 원인적 연관성 여부에 근거를 두고, 그 발생원인 및 투입된 사업의 근거로 규명하여 효율적 예방법을 개발하는 학문
역학의 특성	① 인구집단이 주요 연구대상 ② 집단구성원 중 발생하는 건강에서 사망에 이르기까지 모든 사건의 자연사와 이 사건의 변수별 분포와 이 분포의 결정요인이 연구과제가 됨 ③ 인구집단의 건강을 증진시키기 위한 수단을 개발하는 것이 목적 ④ 지역사회간호: 사람들 사이의 건강과 질병상태를 체계적으로 연구하기 위해 역학적 방법을 활용하는 것
역학의 기능과 활용(목적)	① 기술적 역학의 기능 　㉠ 자연사에 관한 기술 　㉡ 건강수준과 건강 및 질병양상에 관한 기술 　㉢ 모집단 및 인구동태에 관한 기술 　㉣ 측정도구의 개발 ② 원인규명의 역할 ③ 연구전략 개발의 역할 ④ 질병과 유행발생의 감시 역할 ⑤ 보건사업 평가의 역할

(2) 질병의 자연사와 예방수준
　① 질병의 자연사

구분	내용
정의	"질병의 시작(inception)으로부터 소멸(resolution)에 이르기까지 일련의 과정"

	특징	특정 집단의 질병 및 건강과 관련된 요인과 현상의 공통점을 찾는 것과 연관됨. 질병·건강과 관련된 현상의 자연사를 살펴보면 서로 상이한 진전기간에 나타나는 진행속도, 특징, 증세, 질병경과 등에 영향을 미치는 병인 - 숙주 - 환경요인을 이해할 수 있고, 영향요인을 통제하여 예방의 근거를 제시할 수 있음 = 1차 예방 ⇨ 2차 예방 ⇨ 3차 예방
과정	구분	특징
	제1기 비병원성기	㉠ 병원성이 없는 비병원성기로 병에 걸리지 않는 시기 ㉡ 병원체의 숙주에 대한 침입을 억제 및 극복할 수 있는 시기
	제2기 초기병원성기	㉠ 예방접종이나 특수예방이 이루어지는 소극적 예방 시기 ㉡ 병원체의 자극이 시작되고 질병에 대한 저항력이 요구되는 시기
	제3기 불현성 감염기	병에 이환되었지만 증상이 나타나지 않는 시기로 감염병의 경우에는 잠복기에 해당되고, 비감염성 질환의 경우는 자각증상이 없는 초기 단계에 해당
	제4기 발현성 질환기	㉠ 임상적인 증상이 나타나는 시기 ㉡ 치료가 필요한 시기
	제5기 회복기	재활 및 사회생활 복귀

② 질병발생의 3대 원인 = 질병발생원인

	구분	특징
질병 발생 원인		원인적 연관성 = 시간적 정확성(속발성), 통계적 연관성의 강도, 기존 지식과의 일정성(일치성), 특이성, 생물학적 발생빈도의 차이, 개연성, 일관성, 실험적 증거
	시제의 정확성	원인적 요인에의 노출이 결과라고 생각하는 질병발생 보다 반드시 선행
	연관성의 강도	비교위험도로 측정이 가능하며, 일반적으로 비교위험도가 클수록, 즉 연관성이 강할수록 그 관계는 원인적 연관성일 가능성 큼
	기존 지식과의 연관성의 일치도	통계적 연관성을 보이는 추정원인은 이미 확인된 지식 소견과 일치할 경우 원인적 연관성일 가능성이 커짐
	연관성의 특이도	요인에 폭로되었을 경우 질병발생을 추정할 수 있을 만큼 특이성이 있어야 함
	생물학적 공통성	동물실험으로 증명이 되면 이 요인에 대한 원인적 연관성이 강화, 즉 어떤 병인이 어떻게 특수질병을 유발하는가를 설명할 수 있는 합리적인 생물학적 기전이 있어야 한다는 것

기출의 재발견

❖
질병발생의 역학적 인과관계가 있다고 확정짓는 조건으로 가장 옳은 것은? [2021, 서울시]
① 요인에 대한 결과가 다른 집단에서는 다른 경향을 나타낸다.
② 어떤 요인이 특정 질병에만 관련을 보인다
③ 원인적 요인이 우연히 일어날 수 있는 확률이 높다
④ 질병요인이 노출을 제거했을 때 질병발생 위험이 증가한다.

정답 ②

병원체 (병인) 요인	특이성 – 항원성	㉠ 병원체는 종류에 따라 각기 다른 질병을 일으키는데, 한 가지의 병원체는 반드시 한 가지의 질병만을 일으키며 여러 질병을 일으키지 않음 ㉡ 예를 들어, 풍진 바이러스의 감염은 풍진에 대한 면역만 될 뿐 홍역이나 수두 바이러스 감염에는 전혀 면역기능이 없는 것과 같은 것. 감염진단 시 항체 – 항원반응을 보는 혈청검사도 이 항원성을 이용하는 검사법
	병원체의 양	침입한 병원체 종류에 따른 병원체의 양은 감염이나 발병에 큰 영향을 미침. 수인성 전염병 중 장티푸스, 콜레라, 세균성 이질 등은 소량의 병원체가 침입해도 감염이 잘 됨. 그러나 식중독의 경우에는 많은 양의 균이 들어와야 감염을 일으킴
	감염력 (감염성)	㉠ 병원체가 숙주 내 침입 증식하여 면역반응을 일으키게 하는 능력을 말함 ㉡ 감염을 성공시키는 데 필요한 최저병원체 수를 말함
	병원력 (병원성)	㉠ 병원체가 임상적으로 질병을 일으키는 능력 ㉡ 감염된 숙주 중 현성감염을 나타내는 수준
	독력	임상적으로 증상을 발현한 사람에게 매우 심각한 정도를 나타내는 미생물의 능력으로, 현성감염으로 인한 사망이나 후유증이 나타나는 정도를 의미
	외계에서의 생존능력	병원체가 살기 위해서는 숙주에 침입·전파·탈출할 수 있고, 숙주 체내에 들어가 증식할 수 있어야 함
	계산식	(아래 표 및 수식 참조)

기출의 재발견

다음 중 감염된 숙주 중 현성감염을 나타내는 수준을 나타내는 것은?

① 감염력 ② 독력
③ 병원력 ④ 치명률

정답 ③

병원체가 숙주에 자리를 잡고 발육, 증식하여 감염시킨 결과 숙주가 병적인 이상현상을 나타내는 것을 발병이라고 하며, 감염이나 발병과 관계되는 생물병원체의 특성을 서술하고 있다(박인혜 외, 지역사회간호학 I, 현문사, 2016)

	감염				
		질병			
	무증상 (A)	증상의 정도			사망 (E)
		경미 (B)	중등도 (C)	심각 (D)	

- 감염력 = $\dfrac{A+B+C+D+E}{N}$
- 병원력 = $\dfrac{B+C+D+E}{A+B+C+D+E}$
- 독력 = $\dfrac{D+E}{B+C+D+E}$

	감염력, 병원력, 독력의 상대적 강도는 질병에 따라 다양하게 제시됨			
	상대적 강도	감염력	병원력	독력
	높다	두창, 홍역, 수두, 폴리오	광견병, 수두, 감기, 홍역	광견병, 결핵, 한센병, AIDS
	중간이다	풍진, 감기, 유행성 이하선염	풍진, 유행성 이하선염	폴리오
	낮다	결핵	폴리오, 결핵	홍역
	매우 낮다	한센병, AIDS	한센병	풍진, 수두, 감기
숙주 요인	유전 요인 – 외부환경: 상호작용 = 능동면역 vs 수동(피동)면역, 자연면역 vs 인공면역 ㉠ 생물학적 요인: 연령, 성, 종족, 면역 등 ㉡ 행태요인: 생활습관, 직업, 개인위생 등 ㉢ 체질적 요인: 선천적, 후천적, 저항력, 건강상태, 영양상태 등			
환경 요인	물리적 환경, 사회경제적 환경, 생물학적 환경 등			

SECTION 02 역학모형

(1) 생태학적 모형 = 지렛대 모형 = 역학적 삼각형 모형

구분		내용
개요		질병과정은 숙주(인간), 환경, 병원체의 세 요인 사이에 상호관계로 이루어지며, 이 요인 중 하나에 변화가 오면 다른 요인의 상황에도 변화를 가져와 서로 간의 균형이 깨어져서 질병이 발생하기 쉬워짐
건강		건강은 숙주 – 병인 – 환경이라는 변인이 평형상태를 유지할 때 가능함
요인	병원체 요인	외계에서 생존 및 생식능력, 숙주에로의 침입 및 감염능력, 질병을 일으키는 능력, 전파의 난이성
	숙주요인	생물학적 요인, 행태적 요인, 체질요인
	환경요인	생물학적, 물리적, 사회경제적 요인

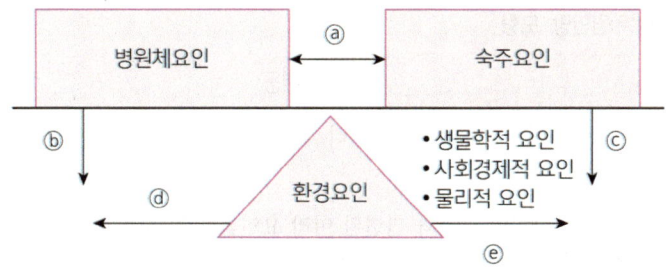

ⓐ 세 요인이 평형을 이루어 어느 쪽으로도 기울어지지 않은 상태: 지역사회 내 유행이 발생하지 않은 경우 또는 개인이 건강할 때
ⓑ 병원체요인에 변화: 바이러스가 항원성에 변이를 일으켜 감염력과 병원력이 증가 되었을 때 유행이 발생하는 경우
ⓒ 개인이나 집단의 면역수준이 떨어져 숙주의 감수성이 증가하는 경우
ⓓ 환경이 숙주의 감수성을 증가시키는 방향으로 변화한 것. 기근으로 인한 영양불량, 대기오염이 상기도감염 촉발
ⓔ 환경이 병원체에 유리한 방향으로 변화했을 때. 홍수, 지진, 화재 등

기출의 재발견

숙주와 환경의 상호작용에 의해 질병이 발생한다고 설명하는 모형은?
① 역학적 삼각형 모형
② 수레바퀴 모형
③ 원인망 모형
④ 생태학적 모형

정답 ②

(2) 수레바퀴모형

구분	내용
개념	숙주인 인간과 환경의 상호작용에 의해 만성병이 발생하는 것을 설명하는 모형
특징	① 인간은 유전적 소인을 갖고 있으며, 서로 다른 유전적 소인으로 인하여 질병이 발생할 수 있음 ② 인간을 둘러싼 환경은 생물학적·물리적·사회경제적 환경으로, 이들 환경은 인간에게 만성병 발생의 원인을 제공하며 질병에 따라 한 가지 환경이 질병을 일으키는 원인이 되기도 하고 2가지 이상의 환경이 복합적으로 작용하여 질병을 일으키기도 함 ③ 유전적 소인 - 생물학적·물리적·사회경제적 환경과의 상호작용에 의해 질병이 발생 　예 유전병인 경우에는 질병의 원인으로 환경보다는 유전적 소인이 더 큰 비중을 차지하며, 심장병인 경우에는 질병의 원인으로 유전적 소인보다는 숙주의 행태와 생물학적·사회경제적 환경의 복합적인 영향이 심장병의 원인에 더 크게 작용 ④ 원인망 모형의 근본적인 개념을 가지고 있음 ⇨ 숙주와 환경을 명확하게 분리하여 역학적 분석의 개념과 통함

(3) 거미줄 모형 = 원인망 모형

구분	내용
개념	만성병이 사람의 내, 외부의 여러 환경이 서로 복잡하게 연결되어 발생됨을 설명하는 모형임
특징	① 특정한 질병의 발생과 관련된 여러 요인들을 보여줄 수 있음. 특히, 비감염성 질환의 발생을 이해하는 데 유리 ② 원인망에 관련된 요소 중 몇 가지를 제거하면 질병예방이 가능할 수 있음 ③ 거미줄 모형은 병인과 숙주 환경을 구분하지 않고 모두 질병 발생에 영향을 주는 요인으로만 파악한다는 점이 주목할 만함

💭 거미줄 모형은 비감염병 발생역학을 설명하는 데 유용하며, 역학적 삼각형 모형은 감염병 발생역학을 설명하는 데 주로 사용된다는 점이 중요함

SECTION 03 질병의 역학관리 및 지표

(1) 감염성 질병

구분	내용
발생과정	감염의 연쇄적 고리, 즉 6가지 요소가 연쇄적으로 상호 유지되어 가능해짐 (그림: 감염 연쇄 고리 - 병원체, 병원소, 병원소에서 병원체 탈출, 전파, 새로운 숙주로의 침입, 감수성이 높을수록 / SAVE A LIFE - BREAK THE CHAIN - PREVENT INFECTION) 출처: https://ciusss360.ca/en/coming-together-to-break-the-chain
감염발생의 예방	감염병 연결고리의 단절 ➡ 감염병 발생 예방
병원체❶	bacteria, virus, rickettsia, protozoa, metazoa, fungus 등

❶ 이들의 감염력, 병원력, 독력 등 병원체의 작용양식에 따라 병의 양식이 다르다.

병원소		병원체가 생활하고 증식, 계속 생존하며 다른 숙주에 전파될 수 있는 상태로 저장되는 장소
	인간병원소	환자, 보균자❶
	동물병원소	인수공통감염병 예 큐열 Coxiella burnetii균, 브루셀라증 Brucella균
	환경(무생물) 병원소	흙, 먼지 등과 같은 무생물 예 흙과 먼지 - 파상풍, 히스토플라스마증, 콕시디오이데스증
병원소 ⇨ 병원체 탈출	호흡기 탈출	대화, 기침, 재채기 등을 통해 탈출(결핵, 감기, 홍역, 디프테리아 등)
	소화기 탈출	토물이나 분변을 통해 탈출(장티푸스, 콜레라, 폴리오 등)
	비뇨생식기 탈출	혈액성 질병의 균이 소변, 성기, 점막을 통해 탈출(성병, 임질)
	기계적 탈출	주사기나 동물매개체를 통해 직·간접적으로 탈출(뇌염, 간염 등)
	개방병소	병소를 통해 직접 배출(나병, 종기, 트라코마 등)

❶ 건강보균자, 잠복기보균자, 회복기보균자, 만성보균자

기출의 재발견

❖ 병원체가 생존하고 증식하면서 감수성 있는 숙주에 전파시킬 수 있는 생태적 지위에 해당하는 사람, 곤충, 흙, 물 등을 말하는 것은 다음 중 무엇인가?
① 감염원 ② 매개물
③ 개달물 ④ 병원소

정답 ④

전파	① 직접전파: 병원소에서 탈출한 병원체가 새로운 숙주로 옮겨지는 과정 ② 간접전파: 무생물매개전파, 생물매개전파				
	분류	중분류	세부분류	감염병 예	
	직접전파	직접접촉	피부	피부탄저, 단순포진	
			점막	임질, 매독	
			수직감염	선천성 매독, 선천성 HIV 감염	
			교상	공수병	
		간접접촉	비말	인플루엔자, 홍역	
	간접전파	무생물매개전파	식품	콜레라, 장티푸스	
			수인성	콜레라, 장티푸스	
			공기	수두, 결핵	
			개달물	세균성 이질	
		생물매개전파	기계적	세균성 이질, 살모넬라증	
			생물학적	말라리아, 황열	
새로운 숙주에의 침입	병원체의 침입양식은 탈출과 같이 호흡기계, 소화기계, 비뇨기계, 개방병소 및 기계적으로 침입됨				

		숙주의 방어력은 면역으로 설명됨			
새로운 숙주의 감수성과 면역		구분	면역의 형태	취득방법	면역기간
	자연	능동면역	항원과 자연적인 접촉으로 감염	일시적 혹은 영구적	
		수동면역	태반 또는 초유나 모유수유를 통해	일시적	
	인공	능동면역	항원을 접종	일시적 혹은 영구적	
		수동면역	항체나 항독소 접종	일시적	
감염성 질병 예방-관리	전파 차단(병원소의 제거, 전염력의 감소, 병원소의 검역과 격리, 환경위생 관리), 숙주의 면역증강, 환자에 대한 조치				
전파경로별 주의	전파경로별 주의의 적용 원칙. 전파 특성이나 증상들을 고려할 때 표준주의만으로 전파경로가 완전히 차단되지 않을 때 전파경로별 주의를 추가 적용함.				
	접촉 주의	역학적으로 중요한 미생물을 포함. 환자나 환자 주변 환경과의 직접 또는 간접접촉에 의한 감염전파를 예방하기 위해 적용함.			
	비말 주의	비말에 바이러스나 세균이 섞여 나와 타인에게 감염시키는 것을 말함. 비말의 크기는 5마이크론 이상으로 감염자가 기침, 재채기, 대화 시 비말이 다른 사람의 눈 결막이나 비강, 구강 점막에 튀면서 전파가 발생함.			
	공기 주의	공기 중에 오랜 시간과 먼 거리에서 부유하고 있는 미생물의 전파를 예방하는 것으로 공기로 전파되는 질환인 결핵, 홍역, 수두, 파종성 대상포진 등이 확진되었거나 의심되는 경우에 적용됨.			

기출의 재발견

❖
태아가 모체로부터 태반이나 수유를 통해서 얻는 면역은?
① 자연능동면역
② 인공능동면역
③ 자연수동면역
④ 인공수동면역

정답 ③

(2) 만성퇴행성 질병

구분	내용
만성질환 특성	① 이환기간이 긴 질환. 암, 심혈관질환, 당뇨, 천식 등 ② 비전염(또는 감염)질환(non-communicable disease, NCD) 또는 만성퇴행성질환 ③ 3개월 이상의 경과, 호전과 악화 반복, 연령증가에 따라 유병률 증가, 원인이 불명확, 기능장애 동반
위험요인	유전적 요인, 습관성 요인, 기호성 요인, 사회경제적 요인, 직업적 요인, 환경적 요인

결정요인	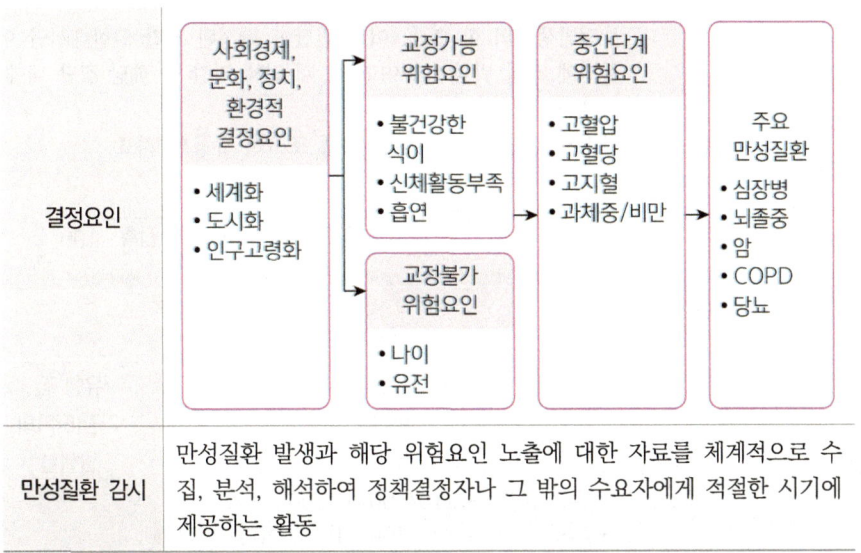
만성질환 감시	만성질환 발생과 해당 위험요인 노출에 대한 자료를 체계적으로 수집, 분석, 해석하여 정책결정자나 그 밖의 수요자에게 적절한 시기에 제공하는 활동

SECTION 04 역학적 사상 측정지표

(1) 구성비율(proportion)❶

❶ proportion을 총계백분율(Percent total) 또는 분율로 쓰기도 한다.

구분		내용
유병률		대상 집단에서 특정 상태·질환을 가진 개체 수의 분율(proportion)
	시점유병률	한 시점에서 전체 인구집단 중 환자의 수, 즉 해당 시점에 이미 질병을 가진 사람들과 그 시점에 새롭게 질병이 관찰된 사람들을 합친 수
	기간유병률	특정 기간 동안 인구집단의 질병 이환상태를 분율로 표현 예) 평생유병률❷
발생률		특정한 기간 동안 일정한 인구집단 중에서 새롭게 질병 또는 사건이 발생하는 수
	평균발생률	평균발생률(발생밀도)은 연구대상자의 관찰기간이 서로 다른 것을 고려하여 어떤 일정한 인구집단에서 질병의 순간발생률을 측정하는 것으로, 분모는 관찰이 이루어진 대상자 수가 아니고 그들에게 주어진 '관찰기간(person-time)의 총합'
	누적발생률	① 누적발생률은 일정 기간에 질병에 걸리는 사람들의 구성비율 ② 누적발생률은 특정 기간에 한 개인의 질병에 걸릴 확률을 추정 ③ 누적발생률은 해당 기간을 명확히 표현하는 것이 중요

❷ 해당 인구집단에 대해 평생동안 한번이라도 해당 질병에 이환된 경우를 분율로 표현하는 지표, 재발되는 질병인 경우 인구집단의 이환규모를 측정하기 어렵기 때문에 이 지표를 이용함.

발병률[1] (attack rate)	① 누적발생률의 한 형태. 어떤 집단이 한정된 기간에 한해서만 어떤 질병에 걸릴 위험에 놓여 있을 때 전체 기간 중 해당 집단 내에 새로 발병한 총수의 분율(%) ② 한정된 집단의 특정 질병 유행 조사시 유용한 지표 $$(일차)발병률 = \frac{질병발병자\ 수}{(유행기간\ 중)원인요인에\ 접촉\ 또는\ 노출된\ 인구} \times 100$$ **5주간 홍역 발병률(발생률)의 예** |	발생률	유행 전 기간(5주)의 발생률
---	---	---
• 1주: 10명 → (10/500) × 100 • 2주: 20명 → (20/500 - 10) × 100 • 3주: 45명 → (45/500 - 10 - 20) × 100 • 4주: 20명 → (20/500 - 10 - 20 - 45) × 100 • 5주: 5명 → (5/500 - 10 - 20 - 45 - 20) × 100		100/500 × 100	 예) 500명의 감수성이 있는 초등학교에서 홍역이 발생하여 유행 전 기간, 즉 5주에 걸쳐서 100명의 환자가 발생하였다. 첫 주에는 10명, 둘째 주 20명, 셋째 주 45명, 넷째 주 20명, 다섯째 주 5명의 환자가 발생하였다. 매주의 발생률과 유행 전 기간의 발생률 및 발병률의 차이를 비교해보면 표와 같다. ③ 이차발병률: 발단환자를 가진 집단의 감수성이 있는 사람들 중에서 이 병원체의 최장 잠복기간 내에 발병하는 환자의 비율 $$이차발병률 = \frac{질병발병자\ 수}{환자와\ 접촉한\ 감수성이\ 있는\ 사람의\ 수} \times 100$$
유병률과 발생률 관계	① 발생률(I), 이환기간(D)에 대한 유병률(P)의 관계 ② 만약 질병의 발생률이 오랜 기간 동안 일정하고 유병기간이 일정한 상태이며, 그 지역사회에서 해당 질병의 유병률이 낮은 경우 $$P = I \times D$$ 예) 어떤 지역사회의 뇌혈관 질환을 조사한 결과 1년 동안의 유병률이 인구 10만 명당 272명이었고, 같은 기간의 발생률이 210명이었다면, 뇌혈관질환의 평균 이환기간 D는 272/210 = 1.3년, 즉 16개월간이 됨

[1] 결국 발병률도 발생률의 개념에서 확장된 것으로 이해된다.

구분	발생률	유병률
관찰의 종류	움직임이 있다	움직임이 없다
시간의 개념	+	-
분자	한 인구집단 내에서 일정한 기간 동안 발생한 사건 수	한 시점에서 어떤 상태에 있거나 어떤 질병을 가지고 있는 사람 수
분모	일정한 기간 동안 그 사건이 일어날 위험에 있는 인구집단의 평균 인구수	한 시점에서 어떤 상태 또는 질병의 유무를 조사받고 있는 사람 수
예시	사망률, 발병률, 출생률	예방접종, 혈청검사 양성률

(2) 사망 및 출생지표

구분	내용
조사망률	인구 1,000명당 1년 동안 발생한 사망수
특성별 사망률	성, 연령, 직업 등 인구의 특성별로 구한 사망률
영아사망률	영아사망률/신생아 사망률❶, 주산기 사망률, 사산율, 모성사망률 $$영아사망률 = \frac{당해연도\ 0세\ 사망아수}{당해연도\ 연간\ 출생아수} \times 1,000$$
모성사망률	모성사망률(가임기여성 10만명당) $$= \frac{모성사망자\ 수(임신,\ 분만,\ 산욕합병증으로\ 사망한\ 부인\ 수)}{15\sim49세\ 가임기\ 여성수} \times 100,000$$
기타 지표	① 모성사망비(출생아 10만명당): 모성사망 측정을 위해 개발된 지표 중 가장 많이 사용되는 지표로 출생아 10만명당 모성사망의 수로 표시 $$모성사망비 = \frac{모성사망자\ 수}{출생아\ 수} \times 100,000$$ ② 노령화지수(Aging index): 유소년(14세 이하) 인구 100명 중 고령(65세 이상)인구의 비이다. $$노령화지수 = \frac{고령인구(65세\ 이상)}{유소년인구(0\sim14세)} \times 100$$ ③ 노인부양비: 생산가능인구(15~64세) 100명에 대한 고령인구(65세 이상)의 비 $$노인부양비 = \frac{고령인구(65세\ 이상)}{생산가능인구(15\sim64세)} \times 100$$

❶ 출생 후 1년 이내(365일 미만) 사망자수를 해당 연도의 출생아 수로 나눈 수치를 1,000분비로 나타낸 것으로 국제적으로 국민보건 수준을 가늠하는 중요한 지표로 사용됨
- 생존기간별 구분: 신생아(0~27일), 신생아 후기(28~364일), 영아(0~364일)

(3) 비(ratio)

구분	내용
개념	한 측정값을 다른 측정값으로 나눈 A : B 또는 A/B의 형태로 나타나는 지수. 이때 A와 B는 완전히 독립적이어야 함. 즉, 두 사건 및 상황의 빈도를 비교할 때 각각의 비율을 비교하거나 두 사건의 건수를 직접 비교하는 것 예 상대위험비, 비의비(교차비)
상대위험비 (상대위험도, 비교위험도, Relative risk ratio)	질병의 원인으로 추정되는 요인(위험요인)에 노출된 군(group)에서의 발생률과 노출되지 않은 군에서의 발생률을 비교하는 것 	요인	질병 있다	질병 없다	계	 |---|---|---|---| 	노출	A	B	A + B	 	비노출	C	D	C + D	 	계	A + C	B + D	A + B + C + D	 $$상대위험비 = \frac{위험요인에 노출된 군에서의 질병발생률}{위험요인에 노출되지 않은 군에서의 질병발생률} = \frac{\frac{A}{A+B}}{\frac{C}{C+D}}$$
상대위험비 계산의 예	흡연으로 인한 폐암 발생에 대한 상대위험비의 예 	흡연 여부	폐암 있다	폐암 없다	계	 |---|---|---|---| 	예	351	1,829	2,180	 	아니요	10	665	675	 	계	361	2,494	2,855	 $$상대위험비 = \frac{위험요인에 노출된 군에서의 질병발생률}{위험요인에 노출되지 않은 군에서의 질병발생률}$$ $$= \frac{\frac{A}{A+B}}{\frac{C}{C+D}} = \frac{\frac{351}{2,180}}{\frac{10}{675}} = 10.86$$ ⇨ 흡연집단이 비흡연집단에 비해 폐암 발생 위험이 10.86배 높다는 것을 의미

교차비 (대응위험도, Odds ratio)	① 질병에 이환된 군(patient group)에서 위험요인에 노출된 사람과 그렇지 않은 사람의 비, 질병이 없는 군(control group)에서 위험요인에 노출된 사람과 그렇지 않은 사람의 비를 구하고, 이들의 비의 비(ratio)를 구함 ② 환자 – 대조군연구에서의 연관성의 지표 | 요인	질병 있다	질병 없다	계
---	---	---	---
노출	A	B	A + B
비노출	C	D	C + D
계	A + C	B + D	A + B + C + D	 교차비 = $\dfrac{\text{질병이 있는 군(대조군)에서 위험요인에 노출된 사람과 그렇지 않은 사람의 비}}{\text{질병이 없는 군(대조군)에서 위험요인에 노출된 사람과 그렇지 않은 사람의 비}} = \dfrac{\frac{A}{C}}{\frac{B}{D}} = \dfrac{AD}{BC}$
기여위험도 (귀속위험도)❶	기여위험도는 위험요인을 가지고 있는 집단의 해당 질병발생률의 크기 중 위험요인이 기여하는 부분을 추정하기 위해 개발된 통계량 귀속위험도(기여위험도, Attributable risk) = 노출군의 발생률 – 비노출군의 발생률
기여위험분율 (AF, Attributable fraction)	노출집단 발생률 중에서 해당 위험요인의 노출이 질병 발생에 기여한 정도(분율)가 얼마나 되는지를 알 수 있음 기여위험분율(%) = $\dfrac{\text{노출군의 발생률 – 비노출군의 발생률}}{\text{노출군의 발생률}} \times 100$ = $\dfrac{\text{기여위험도}}{\text{노출군의 발생률}} \times 100$ 또는 $\dfrac{\text{비교위험도 – 1}}{\text{비교위험도}} \times 100$

❶ 발생률의 차(Risk difference)

(4) 보정률(adjusted rates)❶ = 율의 표준화❷

구분	내용
개념	어떤 사건 발생에 영향을 미치는 변수 또는 변수들의 각 인구 내 구성비가 상이할 때 이 차이로 인해 유발되는 조율(crude rate)의 차이를 보정하여 비교가 가능할 수 있도록 하는 것임
직접표준화	① 연령군별 조율(조사망률 등), 해당 연령군 표준인구(인구구성) ② 직접표준화 과정 　㉠ 먼저 율(사망률, 발생률 등)을 구함 　㉡ 표준인구를 결정함(여러 가지 방법이 있음. 두 집단의 인구를 합하거나, 한 집단의 인구를 표준인구로 하거나 두 집단의 평균인구로 할 수도 있음) 　㉢ 표준인구에 율을 곱하여 표준화시켜 비교함
간접표준화	① 표준인구의 연령별 특수율(이하에서 사망률로 설명), 비교집단의 연령구조 ② 간접표준화 과정 　㉠ 두 군을 비교함에 있어 그중 한 쪽의 연령별 특수사망률을 알지 못하는 경우 사용됨 　㉡ 먼저 표준연령별 특수사망률을 대상집단의 인구구성에 곱하여 기대사망수를 구함 　㉢ 표준사망비(SMR: Standardized mortality ratio)를 계산 $$SMR = \frac{어떤\ 집단에서\ 관찰된\ 총\ 사망수}{이\ 집단에서\ 예상되는\ 총\ 기대사망수}$$ 　㉣ 간접법이 쓰이는 이유: 전체 인구집단의 사망률은 한번 조사해 놓으면 계속 반복하여 사용할 수 있고, 관찰사망수는 기록에서 찾기만 하면 되므로 간단하게 산출할 수 있음
비교	(아래 표)

구분	직접표준화법	간접표준화법
인구분포	표준인구	대상집단
연령사망률	대상집단	표준인구
기대사망수 계산	표준인구의 연령별 인구분포에 대상집단의 연령별 특수사망률을 곱함	대상집단의 연령별 인구분포에 표준인구의 연령별 특수사망률을 곱함
SMR	해당사항 없음	대상집단의 관찰총사망수/ 대상집단의 기대사망수
표준화율의 계산	기대사망수/표준인구총수	SMR × 표준인구의 조사망률

---

❶ 여러 집단 간의 사건비율을 비교하고자 할 때, 비교하고자 하는 집단 간의 인구학적 특성의 차이를 고려함으로써 좀 더 정확하게 집단 간의 사건발생수준을 비교하기 위해 사용한다. 예를 들어 노령인구층이 많은 농촌과 청년층이 많은 도시의 사망을 조율로 비교하여 농촌의 사망률이 높게 나타났다면 노령층이 많아 사망률이 높은 것인지 아니면 환경이 열악하여 도시보다 사망이 많은 것인지를 알 수 없다. 이때 연령과 같이 해석에 영향을 주는 변수를 혼란변수(confounding factor)라 하며 이러한 변수의 영향을 제거하려면 두 집단의 연령구성비를 동일하게 만들어 사망률을 비교하면 된다. 이때 표준화가 필요하다. 직접표준화, 간접표준화의 이해를 요한다.

❷ SMR 〉1이면 표준인구집단에 비해 더 많은 사망자 발생을 의미, 〈1이면 표준인구집단에 비해 더 적은 사망자 발생을 의미

SECTION 05 건강검진의 진단검사

(1) 집단검진 = 집단검사

구분	내용
개념	질병의 증상이 없는 사람들 중 질병을 가지고 있는 사람들을 신속하고, 정확하게 찾아내기 위해 적절한 검사를 시행하여 조기진단해 내는 것을 검진(screening)이라 하고, 이때 사용되는 검사 또는 시술을 선별검사(screening test)라고 함
목적	① 질병의 역학적 연구: 집단검진을 통해 어떤 지역사회의 유병률과 질병 상태를 정확히 파악하고, 질병발생에 관계되는 요소를 규명할 수 있으며, 질병 전체의 규모나 발생양상 등의 많은 정보를 얻을 수 있음 ② 질병의 자연사와 발생기전의 규명: 집단검진으로 질병을 조기에 파악하게 되면 그 질병의 자연사나 발생기전을 이해하는 데 도움이 됨 ③ 조기진단 = 집단검진의 가장 중요한 목적: 많은 질병에서 조기진단을 하여 조기에 치료함으로써 생명의 연장과 질병의 치유에 도움이 됨 ④ 보건교육: 집단검진을 실시하는 과정에서 주민들에게 질병 발생에 대한 지식과 예방의 중요성을 인식시키고, 정기적인 건강진단을 받도록 유도할 수 있음
집단검진의 조건	① 비용편익: 질병이 비교적 흔한 것이어서 많은 사람들에게 이득이 되어야 함 ② 치료가능: 증상 발현 이전에 발견된 병리상태에 대한 치료방법 존재 ③ 회복 가능한 병리단계에서 질환 탐색 가능 ④ 정확도: 민감도, 특이도, 예측도 모두 높아야 함 ⑤ 경제성 ⑥ 수용성

(2) 검사방법의 타당도와 신뢰도

① 정확도: 집단검진에서 민감도, 특이도, 예측도

구분	내용
민감도	질환자를 양성으로 검출하는 정도(환자를 환자로)
특이도	건강자를 음성으로 검출하는 정도(정상을 정상으로)
양성예측도	검사방법이 그 질병이라고 판단한 사람 중에서 실제로 그 질병에 걸린 사람들의 비율
음성예측도	검사방법이 그 질병이 없다고 판단한 사람 중에서 실제로 그 질병이 없는 사람들의 비율
위양성	특이도가 100%가 되지 못한다는 것은 '위양성자(false-positive)'가 존재함을 의미
위음성	민감도가 100%가 되지 못한다는 것은 '위음성자(false-negative)'가 존재함을 의미

계산식	• 민감도(%) = $\dfrac{a}{a+c} \times 100$ • 특이도(%) = $\dfrac{d}{b+d} \times 100$ • 양성예측도(%) = $\dfrac{a}{a+b} \times 100$ • 음성예측도(%) = $\dfrac{d}{c+d} \times 100$ • 위양성률 = 1 − 특이도 • 위음성률 = 1 − 민감도

검사 \ 질병	있음	없음	합계
양성	a	b	a + b
음성	c	d	c + d
합계	a + c	b + d	a + b + c + d

② 신뢰도: 정확도의 필수조건임. 따라서 우연히 일어날 수 있는 오차를 줄여 신뢰도를 높여야 함

구분	내용
관측자 내 오차	동일인이 동일 대상을 여러 번 반복 측정할 때 동일한 값을 얻는 확률
관측자 간 오차	동일 대상을 동일한 측정도구로 여러 사람이 측정했을 때 동일한 값을 얻는 확률
생물학적 변동요인	혈압은 피측정자의 시간, 자세, 그리고 기분 등에 따라 달라질 수 있음을 고려하여 측정해야 함

(3) 집단검진의 효율성을 높이기 위한 고려사항

구분	내용
선별검사의 민감도와 특이도	민감도가 떨어지면 위음성이 많고, 특이도가 감소하면 위양성이 증가
대상집단	질병에 걸릴 위험이 높은 집단을 선택하여 선별검사를 시행
대상집단에서의 유병률	유병률이 높으면 위음성이 많고, 유병률이 낮으면 위양성이 많아짐
양성예측률(도)	양성예측률은 민감도가 감소하면 약간 감소하나, 특이도가 감소하면 많이 감소. 또한 유병률이 감소하면 양성예측률도 감소

(4) 집단면역

구분	내용
개념	지역사회 혹은 집단에 병원체가 침입하여 전파하는 것에 대한 면역성이나 저항성을 나타내는 지표 $$집단면역 = \frac{저항성(혹은\ 면역)이\ 있는\ 사람수}{총\ 인구수} \times 100$$
기본 감염재생산수	① 현실적으로 지역사회에 질병에 대해서 면역을 가지고 있는 인구집단이 일부 존재하며, 이 경우 실제 감염재생산수는 기본감염재생산수❶보다 적어짐 ② 만약 지역사회에 질병에 대해서 면역을 가지고 있는 인구의 비율(집단면역)이 p라고 하면 p만큼의 환자가 덜 발생함 ⇨ 2단계 감염자수(R) = R0 - pR0 예 어떤 질환의 기본감염재생산수가 4라고 할 때❷ 1. 50%가 면역: R = 4 - (0.5 × 4) = 2 각 단계마다 감염원 1인당 2명씩의 새로운 감염자를 만든다. ⇨ 질병의 유행이 발생 * 1 → 2 → 4 → 8 → 16 → …… 2. 75%가 면역: R = 4 - (0.75 × 4) = 1 * 1 → 1 → 1 → 1 → 1 → …… 3. 75%보다 많이 면역되어 있는 경우 R < 1 * 1 → → → → 0으로 수렴 ⇨ 질병의 유행이 소멸
한계밀도	어떤 집단에 유행이 일어나면, 집단면역이 높아져 그 후 몇 년간 유행이 일어나지 않음. 그동안 면역이 없는 신생아가 계속해서 태어나면서 집단면역의 정도는 점차 감소하다가 일정한 한도 이하로 떨어지면 유행이 일어나게 되는데, 이 집단면역의 한계를 한계밀도(Threshold density)라고 함

❶
기본감염재생산수(basic reproduction number, R0): 모든 인구가 감수성이 있다고 가정할 때 한 명의 감염병환자가 감염가능 기간 동안 직접 감염시키는 평균 인원수
▶ 총 10명의 감염자가 있다고 가정, 각 감염자가 몇 명에게 감염시켰는지를 다 더해서 전체 감염자로 나누는 개념이다.

❷
지역사회에서 비면역집단이 있어서 이들에 의해 질병의 유행이 가능할 것처럼 생각되지만 감염재생산수가 1보다 작으면 유행은 일어나지 않고 소멸된다. 마치 지역사회 전체가 면역된 것처럼 행동하는데 이것이 집단면역의 개념이다.

SECTION 06 역학적 연구

(1) 연관성과 원인

구분	내용
연관성과 인과관계	통계적으로 유의한 연관성 ⇨ 인과관계인지 아닌지, 즉 비독립적 관계가 원인적 연관성인지 비원인적 연관성인지를 구별함
원인적 연관성	한 사상의 양과 질이 변하면 뒤따르는 다른 사상의 양과 질에도 변화가 있는 관계를 말하며, 직접원인적 연관성과 간접원인적 연관성이 있음
	직접원인적 연관성	어떤 요인이 다른 변수의 관여 없이 그 질병의 원인이 되는 것
	간접원인적 연관성	매개변수라는 제3의 변수가 중간과정에서 원인과 결과를 맺어주는 관계임
	비원인적 연관성	두 개의 사상 사이에 제3의 변수가 끼어들어 마치 두 개의 변수 간에 원인과 결과의 관계가 있는 것처럼 보이는 것
원인적 연관성의 하전조건	맥마흔(MacMahon)은 시제의 정확성, 통계적 연관성의 강도 그리고 기존 지식과의 일치가 있을 때 원인적 연관성이 높다고 하였고, 미 공중보건사업 위원회에서는 이에 연관성의 특이도와 생물학적 공통성을 추가로 제시
	시제의 정확성	결과라고 생각되는 질병발생보다 원인적 요인에의 폭로가 반드시 선행되어야 함
	연관성의 강도	상대위험도로 측정이 가능하며, 일반적으로 비교위험도가 클수록, 즉 연관성이 강할수록 그 관계는 원인적 연관성일 가능성이 큼
	생물학적 공통성	동물실험으로 증명이 되면 이 요인에 대한 원인적 연관성이 강화. 즉, 어떤 병인이 어떻게 특수질병을 유발하는가를 설명할 수 있는 합리적인 생물학적 기전이 있어야 한다는 것
	연관성의 특이도	요인에 폭로되었을 경우 질병 발생을 추정할 수 있을 만큼 특이성이 있어야 함
	기존 지식과의 연관성의 일치도	통계적 연관성을 보이는 추정원인은 이미 확인된 지식소견과 일치할 경우 원인적 연관성일 가능성이 커짐

(2) 기술역학 연구

구분		내용
개념		인구집단에서의 질병의 발생과 관계되는 모든 현상을 기술하여, 질병 발생의 원인에 대한 가설을 얻기 위해서 시행되는 연구
특성		① 건강과 건강 관련 상황이 발생했을 때 있는 그대로의 상황을 기술하기 위해 관찰을 기록하는 연구방법 ② 대규모의 기술역학 연구는 구체적인 질문에 대답해 주는 풍부하고 중요한 자료를 제공 가능
변수	인적 변수	연령, 성, 종족, 결혼상태, 경제상태, 교육수준, 직업, 종교, 출산순위, 부모의 연령, 가족 수 등
	지역적 변수	대유행성(범세계적), 유행성(한 국가에 전반적으로 토착적 이상으로 발생하는 질환), 토착성(편재적), 산발성(시간이나 지역에 따라 어떤 경향성도 없음)
	시간적 변수	추세변동(장기변화), 주기변동(순환변화), 계절변동, 불시유행(불규칙변화)
분석 역학과 차이		① 기술역학은 연구자가 질병의 발생양상에서 추측할 수 있는 가정을 원인에 입각하여 검증하기 위해 원인변수별 질병분포의 변동을 기술하는 연구이지만, 분석역학은 이 연구를 통하여 발생빈도나 분포를 결정하는 이유나 관련 요인 중에서 설정된 원인을 증명하기 위한 연구 ② 즉, 기술역학 – 분석역학의 선후관계가 있다고 볼 수 있음

(3) 분석역학 연구❶ : 단면연구, 환자 – 대조군 연구, 코호트 연구

구분		내용
단면조사 연구	정의	개인의 위험요인 노출 여부와 질병 유무를 한 시점에서 동시 조사하는 연구. 유병률연구라고 함
	장점	① 비교적 단시간 내 결과를 얻을 수 있음 ② 해당 질병의 유병률을 구할 수 있음 ③ 동시에 여러 종류의 질병과 요인과의 관련성을 연구할 수 있음
	단점	① 질병과 관련요인과의 인과관계(선후관계)가 불분명 ② 복합요인들 중에서 원인에 해당하는 요인만을 찾아내기 어려움 ③ 대상 인구집단이 커야 하며, 유병기간이 긴 환자가 상대적으로 유병기간이 짧은 환자에 비해 자료에 포함될 가능성이 상대적으로 높음 ④ 발생률은 구할 수 없음
환자 – 대조군 연구	정의	연구하고자 하는 질병에 걸린 집단과 질병이 없는 대조군을 선정하여 질병의 원인 또는 위험요인이라고 의심되는 요인에 노출된 분율을 구하여 비교, 요인과 질병과의 상관관계를 제시하는 연구

기출의 재발견

❖

일정한 인구집단을 대상으로 특정한 시점이나 기간 내에 그 질병과 그 인구집단이 가지고 있는 속성과의 관계를 찾아내는 연구조사방법은?

① 단면 조사연구
② 전향성 조사연구
③ 환자-대조군 연구
④ 코호트 연구

정답 ①

❶ 기술역학 연구로 산출된 발생빈도와 분포를 결정하는 영향요인 또는 관련요인 중 원인적 연관성을 증명하기 위한 연구들

	장점	① 시간과 비용이 적게 듦(코호트 연구 대비 대상자 규모 등 고려할 때) ② 필요한 연구대상자의 숫자가 적음 ③ 단기간 내에 연구를 수행할 수 있음 ④ 희귀질병 또는 잠복기가 매우 긴 질병도 연구할 수 있음
	단점	① 대조군 선정이 어려움 ② 정보편견이 크다(기억력 또는 과거의 기록에 의존하므로) ③ 통제가 필요한 변수에 대한 정보를 구하지 못할 때가 많음
코호트 연구	정의	특정 인구집단을 선정하고 그 연구대상으로부터 특정 질병 발생에 관계될 것으로 추정되는 어떤 특성 혹은 질병의 원인이라 생각되는 요인에 노출된 정보를 수집, 시간경과에 따라 질병의 발생을 전향적으로 추적, 관찰함으로써 특정 요인에 노출된 경우와 노출되지 않은 집단에서의 발생률을 비교하는 연구
	장점	① 위험요인에의 노출 여부를 질병이 발생하기 이전에 측정하므로 질병 발생에 있어서 왜곡된 정보의 개입을 방지 ② 질병의 발생을 노출군과 비노출군에서 직접 측정할 수 있음 ③ 하나의 노출요인에 대해 다수의 결과(질병)를 동시에 연구할 수 있음
	단점❶	① 전향적으로 수행되므로 비용과 시간이 많이 듦 ② 시간이 흐름에 따라 노출상태와 진단기준이 변하게 되어 대상자 분류에 영향을 미칠 수 있음 ③ 추적관찰 누락으로 선택편견이 개입될 수 있음
	코호트 연구 설계	모집단 → 표본집단 → 요인 폭로자 → 질병발생 / 질병비발생 요인 비폭로 → 질병발생 / 질병비발생 ① 전향적 코호트 연구: 연구 시작시점에서 특정 건강문제에 대한 원인요인이 있는 코호트와 요인이 없는 코호트로 나누어 시간의 흐름에 따라 각 코호트집단에서의 질병발생률을 비교하는 방법으로, 긴 추적관찰기간이 필요함(코호트 연구 전체를 대별하기도 함) ② 후향적 코호트 연구: 코호트 연구의 특별한 경우로 연구자가 연구시작 시점에서 질병 발생을 파악하고 위험요인 노출 여부는 과거의 기록을 이용하는 경우, 즉 특수한 역사적 사건에서만 가능하므로 역사적 코호트 연구(historical cohort study)라고도 하며, 과거로 거슬러 올라가며 연구한다는 측면에서 환자 - 대조군 연구의 장·단점을 두루 가짐

❶ 코호트 연구의 여러 장점에도 불구하고 편견이 있을 수 있음. 즉, 결과평가에서의 편견, 정보편견, 응답과 추적실패로 인한 편견 등이 있음

(4) **실험역학(연구)**: 실험군과 대조군 선정, 무작위 선정, 실험군과 대조군 차이 검증 – 실험연구 설계

구분		내용
정의		사람을 직접 대상으로 하는 실험적 연구로서 효과적인 질병예방법과 진단 및 치료법을 개발하기 위한 연구로 정의
종류	임상시험	새로 개발한 약물, 진단 및 치료법을 건강한 자원자 또는 환자에게 적용한 후 그 안전성과 효능을 평가하는 연구
	지역사회 시험	지역사회 공중보건 개입연구 등으로 불리며, 임상시험은 개인 대상으로 수행되나 지역사회시험은 인구집단을 연구단위로 삼는다는 차이가 있음
	치료시험	특정 치료방법에 대해 임상적 양상 및 증상 완화, 유병기간 변화, 생존율 등을 평가하기 위한 임상시험
	예방시험	중재가 대상 질병의 발생을 예방하거나 위중도를 낮추는 것에 대한 평가를 진행함.
실험역학의 연구설계의 방법		① 실험군과 대조군의 선정 시 대표성 있는 연구대상, 적절한 대조군을 선정해야 함 ② 시험군들에 환자를 무작위로 배정하여 집단 간의 비교가 가능하게 함 ③ 치료법 적용 및 결과 관찰과정을 환자뿐 아니라 의료진에게도 비밀로 하여 정확하고 객관적인 정보를 수집하고 연구의 타당도를 높임(이중 맹검법)❶
장단점	장점	① 다른 역학적 방법보다 타당도가 높음 ② 원인과 결과의 관계를 가장 확실하게 알 수 있는 연구
	단점	① 시간과 비용이 많이 소요 ② 윤리적인 문제 대두(사전동의를 받고 진행해야 함)

❶ **위약**
실험군과 대조군에 투여되는 약물이 서로 구별되지 않도록 모양, 크기, 색깔, 맛, 냄새 등을 동일하게 하는 것. 위약의 사용목적은 실험역학 시 발생 가능한 정보편견을 통제하는 것

SECTION 07 감염병 관리, 만성병 관리

(1) 감염병 관리

구분	내용
필요성	① 감염병의 유행 발생 시 전파차단 및 유행을 막는 것 ② 이를 위해 위생개선(환경위생, 식품위생, 개인위생 등), 감염병의 대응 태세를 정비, 발생과 유행의 감시, 예방접종을 실시하는 것이 중요
감염병 감시체계	① 감시: 감염병 발생과 관련된 자료 및 매개체에 대한 자료를 체계적·지속적으로 수집, 분석, 해석 ⇨ 감염병 예방 및 관리에 사용하는 과정 ② 감염병이란 제1급 감염병, 제2급 감염병, 제3급 감염병, 제4급 감염병, 기생충감염병, 세계보건기구 감시대상 감염병, 생물테러감염병, 성매개감염병, 인수공통감염병 및 의료관련감염병을 말함

(2) 법정감염병 분류 및 종류

구분	제1급	제2급	제3급	제4급
특성	생물테러감염병 또는 치명률이 높거나 집단발생의 우려가 커서 발생 또는 유행 즉시 신고하여야 하고, 음압격리와 같은 높은 수준의 격리가 필요한 감염병(17종)	전파가능성을 고려하여 발생 또는 유행 시 24시간 이내에 신고하여야 하고, 격리가 필요한 감염병(21종)	그 발생을 계속 감시할 필요가 있어 발생 또는 유행 시 24시간 이내에 신고하여야 하는 감염병(26종)	제1급감염병부터 제3급감염병까지의 감염병 외에 유행 여부를 조사하기 위하여 표본감시 활동이 필요한 (23종)
질환	가. 에볼라바이러스병 나. 마버그열 다. 라싸열 라. 크리미안콩고출혈열 마. 남아메리카출혈열 바. 리프트밸리열 사. 두창 아. 페스트 자. 탄저 차. 보툴리눔독소증	가. 결핵(結核) 나. 수두(水痘) 다. 홍역(紅疫) 라. 콜레라 마. 장티푸스 바. 파라티푸스 사. 세균성이질 아. 장출혈성 대장균감염증 자. A형간염 차. 백일해(百日咳) 카. 유행성 이하선염 타. 풍진(風疹)	가. 파상풍 나. B형간염 다. 일본뇌염 라. C형간염 마. 말라리아 바. 레지오넬라증 사. 비브리오 패혈증 아. 발진티푸스 자. 발진열(發疹熱) 차. 쯔쯔가무시증 카. 렙토스피라증 타. 브루셀라증	가. 인플루엔자 나. 매독(梅毒) 다. 회충증 라. 편충증 마. 요충증 바. 간흡충증 사. 폐흡충증 아. 장흡충증 자. 수족구병 차. 임질 카. 클라미디아감염증 타. 연성하감 파. 성기단순포진

카. 야토병
타. 신종감염병
    증후군
파. 중증급성
    호흡기증후군
    (SARS)
하. 중동호흡기
    증후군(MERS)
거. 동물
    인플루엔자
    인체감염증
너. 신종
    인플루엔자
더. 디프테리아
	파. 폴리오
	하. 수막구균
	    감염증
	거. b형헤모필루스
	    인플루엔자
	너. 폐렴구균
	    감염증
	더. 한센병
	러. 성홍열
	머. 반코마이신
	    내성황색
	    포도알균
	    (VRSA) 감염증
	버. 카바페넴
	    내성장내
	    세균속균종
	    (CRE) 감염증
	서. E형 간염
		파. 공수병(恐水病)
		하. 신증후군
		    출혈열
		거. 후천성면역
		    결핍증
		너. 크로이츠펠트
		    - 야콥병(CJD)
		    및 변종크로이
		    츠펠트 - 야콥
		    병(vCJD)
		더. 황열
		러. 뎅기열
		머. 큐열(Q熱)
		버. 웨스트나일열
		서. 라임병
		어. 진드기매개
		    뇌염
		저. 유비저(類鼻疽)
		처. 치쿤구니야열
		커. 중증열성혈소
		    판감소증후군
		    (SFTS)
		터. 지카바이러스
		    감염증
		퍼. 매독
			하. 첨규콘딜롬
			거. 반코마이신
			    내성장알균
			    (VRE) 감염증
			너. 메티실린내성
			    황색포도알균
			    (MRSA)
			    감염증
			더. 다제내성
			    녹농균(MRPA)
			    감염증
			러. 다제내성
			    아시네토박터
			    바우마니균
			    (MRAB)
			    감염증
			머. 장관감염증
			버. 급성호흡기
			    감염증
			서. 해외유입
			    기생충감염증
			어. 엔테로
			    바이러스
			    감염증
			저. 사람유두종
			    바이러스
			    감염증

📖 감염병 관련 주요 지표

구분	내용
세계보건기구 감시대상 감염병	세계보건기구가 국제공중보건의 비상사태에 대비하기 위하여 감시 대상으로 정한 질환으로서 질병관리청장이 고시하는 감염병
생물테러감염병	고의 또는 테러 등을 목적으로 이용된 병원체에 의하여 발생된 감염병 중 질병관리청장이 고시하는 감염병
성매개감염병	성접촉을 통하여 전파되는 감염병 중 질병관리청장이 고시하는 감염병
인수공통감염병	동물과 사람 간에 서로 전파되는 병원체에 의하여 발생되는 감염병 중 질병관리청장이 고시하는 감염병
의료관련 감염병	환자나 임산부 등이 의료행위를 적용받는 과정에서 발생한 감염병으로서 감시활동이 필요하여 질병관리청장이 고시하는 감염병
기생충감염병	기생충에 감염되어 발생하는 감염병 중 질병관리청장이 고시하는 감염병
감시	감염병 발생과 관련된 자료, 감염병병원체·매개체에 대한 자료를 체계적이고 지속적으로 수집, 분석 및 해석하고 그 결과를 제때에 필요한 사람에게 배포하여 감염병 예방 및 관리에 사용하도록 하는 일체의 과정
표본감시	감염병 중 감염병 환자의 발생빈도가 높아 전수조사가 어렵고 중증도가 비교적 낮은 감염병의 발생에 대하여 감시기관을 지정하여 정기적이고 지속적인 의과학적 감시를 실시하는 것
역학조사	감염병 환자 등이 발생한 경우 감염병의 차단과 확산 방지 등을 위하여 감염병 환자 등의 발생 규모를 파악하고 감염원을 추적하는 등의 활동과 감염병 예방접종 후 이상반응 사례가 발생한 경우나 감염병 여부가 불분명하나 그 발병원인을 조사할 필요가 있는 사례가 발생한 경우 그 원인을 규명하기 위하여 하는 활동
예방접종 후 이상반응	예방접종 후 그 접종으로 인하여 발생할 수 있는 모든 증상 또는 질병으로서 해당 예방접종과 시간적 관련성이 있는 것

가을철 발열성 질병 비교

구분	쯔쯔가무시증	렙토스피라증	신증후군출혈열[1]
병원소	리켓치아의 일종, 쯔쯔가무시에 의해 감염	렙토스피라균에 의한 사람, 동물 공통감염	등줄쥐 등에 서식하는 한탄바이러스에 감염
감염경로	감염된 진드기 유충에 물려서 감염	감염된 동물의 소변에 오염된 물, 토양, 음식물에 노출 시 상처 난 피부를 통해 감염	한탄바이러스에 감염된 쥐와 서울바이러스에 감염된 시궁쥐의 타액, 소변, 분변에서 분비된 바이러스가 공기 중 호흡기를 통해 감염
치명률	적절한 치료하지 않은 경우 0~30%	20~30%	2~7%
주요증상	가피형성, 고열, 오한, 심한 고통, 피부발진, 구토, 복통, 기침	오한, 발열, 근육통, 두통, 복통, 오심, 구토 등	두통, 근육통, 발열, 기침, 오한
잠복기	8~11일	5~7일	1~3주
치료방법	독시사이클린, 클로람페니콜, 아지스로마이신 등 투여 복용	독시사이클린, 페니실린 복용	대증요법. 치료에 앞서 출혈이나 쇼크 발생 감소 위한 절대안정
예방 및 관리	① 백신 없음. 털 진드기 회피수칙 등의 예방수칙 준수 ② 평상시, 농작업시 전용 농작업복을 착용 ③ 농경지와 거주지 주변 풀숲 제거, 작업시 진드기 기피제 도포 ④ 풀숲과 접촉 기회 줄이도록 함. ⑤ 야외 작업 수행 후 감기증상이나 가피(검은 딱지) 발견 즉시 의료기관 방문 치료	① 쥐가 서식하지 못하게 논둑, 관목 숲, 경작지 주변 잡풀을 제거할 것 ② 들쥐의 배설물 접촉을 피할 것 ③ 유행지역의 숲, 풀밭에 가지 말 것 ④ 농경지의 고인 물에 들어갈 때에는 고무장갑과 장화를 착용할 것 ⑤ 가급적 논의 물을 빼고 마른 뒤 벼 베기 작업을 할 것	① 사람 간 전파 없음 ⇨ 격리 불필요 ② 다발지역에 접근하지 않는 것이 최선의 예방법 ③ 유행지역의 산이나 풀밭에 가는 것을 피할 것 ④ 들쥐의 배설물 접촉 피할 것 ⑤ 야외활동 후 귀가 시에는 옷을 꼭 세탁하고, 샤워나 목욕을 할 것 ⑥ 감염위험이 높은 사람은 적기에 예방접종 필수

[1] 신증후군출혈열 또는 유행성출혈열의 임상경과

(3) 수인성·식품매개질환의 역학적 특성❶

구분	내용
콜레라	콜레라균(Vibrio Cholerae) 감염. 급성설사를 주호소로 잠복기는 6시간~5일(대개 24시간 이내)로, 콜레라균에 오염된 해산물 특히, 어패류, 새우, 게, 오징어 등이 원인
장티푸스	장티푸스균(Salmonella Typhi) 감염에 의한 급성 전신성 발열성 질환으로 잠복기는 3~60일(평균 1~3주)로 긴 편임. 주요 증상은 지속적인 고열, 상대적인 서맥, 두통, 간·비장종대 등을 보이며, 조개류, 생과일, 야채, 우유 및 유제품 등이 주요 원인
세균성 이질	이질균(Shigella spp.) 감염에 의해 급성 염증성 장염을 일으키는 질환. 잠복기는 12시간~7일이며 매우 적은 양(10~100개)의 세균으로도 감염될 수 있어 환자나 병원체 보유자와 직·간접적인 접촉에 의하여 감염이 가능함. 물, 우유, 바퀴벌레, 파리에 의해 전파 가능. 가족 내 2차 발병률도 10~40%로 높은 편

❶ 다수의 지역사회간호학 교재들에서 공통적으로 제시하고 있는 감염병은 과거 법정감염병 분류인 제1군~제5군까지의 분류에 따라 주로 발생률이 높은 질병들을 서술하고 있음. 즉, 제1군 장티푸스, 콜레라, A형간염, 세균성 이질, 파라티푸스, 장출혈성대장균 감염증, 제2군 수두, 유행성이하선염, B형간염, 제3군 결핵, 쯔쯔가무시증, 신증후군출혈열 등이며, 일부 각론에서 간흡충 양성자 사례관리 적용 사례 등도 설명하고 있음

(4) 감염병의 예방

구분	내용
법정감염병의 예방 및 관리	① 국가적 차원에서 법적조치로 ② 지역사회 차원에서 지역사회로의 감염병 침입 방지 ③ 개인적 차원에서 감염되지 않도록 스스로 방어하는 것으로 정리됨
국가 및 지자체가 수행해야 할 사업 (감염병예방법 제4조 책무)	① 감염병의 예방 및 방역대책 ② 감염병 환자 등의 진료 및 보호 ③ 감염병 예방을 위한 예방접종계획의 수립 및 시행 ④ 감염병에 관한 교육 및 홍보 ⑤ 감염병에 관한 정보의 수집·분석 및 제공 ⑥ 감염병에 관한 조사·연구 ⑦ 감염병병원체(감염병병원체 확인을 위한 혈액, 체액 및 조직 등 검체를 포함한다) 수집·검사·보존·관리 및 약제내성 감시(藥劑耐性 監視) ⑧ 감염병 예방 및 관리 등을 위한 전문인력의 양성 ⑧-2 감염병 예방 및 관리 등의 업무를 수행한 전문인력의 보호 ⑨ 감염병 관리정보 교류 등을 위한 국제협력 ⑩ 감염병의 치료 및 예방을 위한 의료·방역물품의 비축 ⑪ 감염병 예방 및 관리사업의 평가 ⑫ 기후변화, 저출산·고령화 등 인구변동 요인에 따른 감염병 발생 조사·연구 및 예방대책 수립 ⑬ 한센병의 예방 및 진료업무를 수행하는 법인 또는 단체에 대한 지원 ⑭ 감염병 예방 및 관리를 위한 정보시스템의 구축 및 운영 ⑮ 해외 신종감염병의 국내 유입에 대비한 계획 준비, 교육 및 훈련

	⑯ 해외 신종감염병 발생 동향의 지속적 파악, 위험성 평가 및 관리대상 해외 신종감염병의 지정 ⑰ 관리대상 해외 신종감염병에 대한 병원체 등 정보 수집, 특성 분석, 연구를 통한 예방과 대응체계 마련, 보고서 발간 및 지침(매뉴얼을 포함한다) 고시
감염병의 신고 및 보고의 목적	① 각종 감염병 환자 발생 신속 대처 ② 확산 방지와 감염병 발생과 분포를 신속, 정확하게 파악함

(5) 예방접종

구분	내용
예방접종 문제	특별자치도지사 또는 시장·군수·구청장은 디프테리아, 폴리오, 백일해, 파상풍, 홍역, 유행성이하선염, 풍진, B형간염, 일본뇌염, 수두, b형헤모필루스 인플루엔자, 폐렴구균, 결핵, 인플루엔자, A형간염, 사람유두종바이러스 감염증 및 그 밖에 보건복지부장관이 감염병의 예방을 위해 필요하다고 인정하여 지정하는 감염병에 대하여 관할 보건소를 통하여 필수예방접종을 실시해야 함(감염병예방법 제24조).
필수예방접종	① 디프테리아 ② 폴리오 ③ 백일해 ④ 홍역 ⑤ 파상풍 ⑥ 결핵 ⑦ B형간염 ⑧ 유행성이하선염 ⑨ 풍진 ⑩ 수두 ⑪ 일본뇌염 ⑫ b형헤모필루스인플루엔자 ⑬ 폐렴구균 ⑭ 인플루엔자 ⑮ A형간염 ⑯ 사람유두종바이러스 감염증 ⑰ 그룹 A형 로타바이러스 감염증 ⑱ 그 밖에 질병관리청장이 감염병의 예방을 위하여 필요하다고 인정하여 지정하는 감염병: 필수예방접종이 필요한 감염병 지정 등 제1조 【필수예방접종이 필요한 감염병】「감염병의 예방 및 관리에 관한 법률」제24조제1항제18호에 따라 질병관리청장이 감염병의 예방을 위하여 필수예방접종이 필요하다고 인정하여 지정하는 감염병은 다음 각 호와 같다. 1. 장티푸스 2. 신증후군출혈열

임시예방접종	특별자치도지사 또는 시장·군수·구청장은 다음 각 호의 어느 하나에 해당하면 관할 보건소를 통하여 임시예방접종을 하여야 한다. ① 질병관리청장이 감염병 예방을 위하여 특별자치도지사 또는 시장·군수·구청장에게 예방접종을 실시할 것을 요청한 경우 ② 특별자치도지사 또는 시장·군수·구청장이 감염병 예방을 위하여 예방접종이 필요하다고 인정하는 경우
예방접종의 기본원리	감염병의 발생률과 사망률을 감소시키는 유익이 크며, 비용-편익의 관점에서 예방접종에 소요되는 비용보다 질병예방으로 얻는 편익이 훨씬 크다는 긍정적 효과를 고려할 수 있음. ① 예방접종의 예방효과 ② 예방접종의 안전성 ③ 예방접종의 유용성 ④ 예방접종의 비용-효과

예방접종의 면역기전	① 수동면역과 능동면역
	② 1차 면역과 2차 면역반응
	③ 백신 항원의 분류
	  ㉠ 약독화 생백신: 성분이 변형되거나 병원성을 약화시킨 살아 있는 병원체. 예 BCG, MMR, 일본뇌염, 수두, 로타바이러스, 대상포진, 황열, 인플루엔자(플루미스트)
	  ㉡ 불활성화 사백신: 열이나 화학약품으로 불활성화시킨 세균이나 바이러스 전체 또는 일부 부분으로 제조된 백신. 예 B형간염, DTP, 폴리오, B형 헤모필루스 인플루엔자, Td, 일본뇌염, A형 간염, 폐렴구균, 장티푸스, 신증후군출혈열, 수막구균, 인플루엔자(그린플루, 박시플루 등)

기출의 재발견

01
다음에 해당하는 역학적 연구방법은? [2021]

- 초등학교에서 식중독 증상을 보이는 학생군과 식중독 증상을 보이지 않는 학생군을 나누어 선정한다.
- 식중독 유발 의심요인을 조사하고, 식중독 유발 의심요인과 식중독 발생과의 관계를 교차비(odds ratio)를 산출하여 파악한다.

① 코호트 연구
② 실험역학 연구
③ 기술역학 연구
④ 환자-대조군 연구

| 정답 | ④

02
A 지역의 노년부양비(%)는? [2021]

연령(세)	A 지역 주민 수(명)
0~14	100
15~64	320
65 이상	80

① 16　　② 20
③ 25　　④ 30

| 정답 | ③

03
질병발생의 역학적 인과관계가 있다고 확정 짓는 조건으로 가장 옳은 것은? [2022]

① 요인에 대한 결과가 다른 집단에서는 다른 경향을 나타낸다.
② 어떤 요인이 특정 질병에만 관련을 보인다.
③ 원인적 요인이 우연히 일어날 수 있는 확률이 높다.
④ 질병요인의 노출을 제거했을 때 질병발생 위험이 증가한다.

| 정답 | ②

04
감염성 질환에서 해당 병원체의 감염력 및 전염력을 측정하는데 가장 유용한 지표는? [2021]

① 발생률
② 유병률
③ 일차발병률
④ 이차발병률

| 정답 | ④

05
감염성 질환에 대한 설명으로 가장 옳은 것은? [2023, 서울시 8급]

① 발병력(pathogenicity)은 병원체가 숙주에 침입하여 숙주에 질병 혹은 면역 등의 반응을 일으키는 것을 말하며 병원력이라고도 한다.
② 어떤 질병의 기초감염재상산수(basic reproduction number, R0)가 12~18이라면, 이는 1명이 12~18명을 감염시킨다는 의미이다.
③ 수동면역은 이미 면역을 보유하고 있는 개인의 항체를 다른 개인에게 주는 방법으로서 수두와 같은 질환은 대부분 수동면역이 이루어진다.
④ 독력(virulence)은 병원체가 숙주에게 일으키는 질병의 위중 정도를 말하며 풍진 등의 병원체는 독력이 높다.

| 정답 | ②

마인드 맵

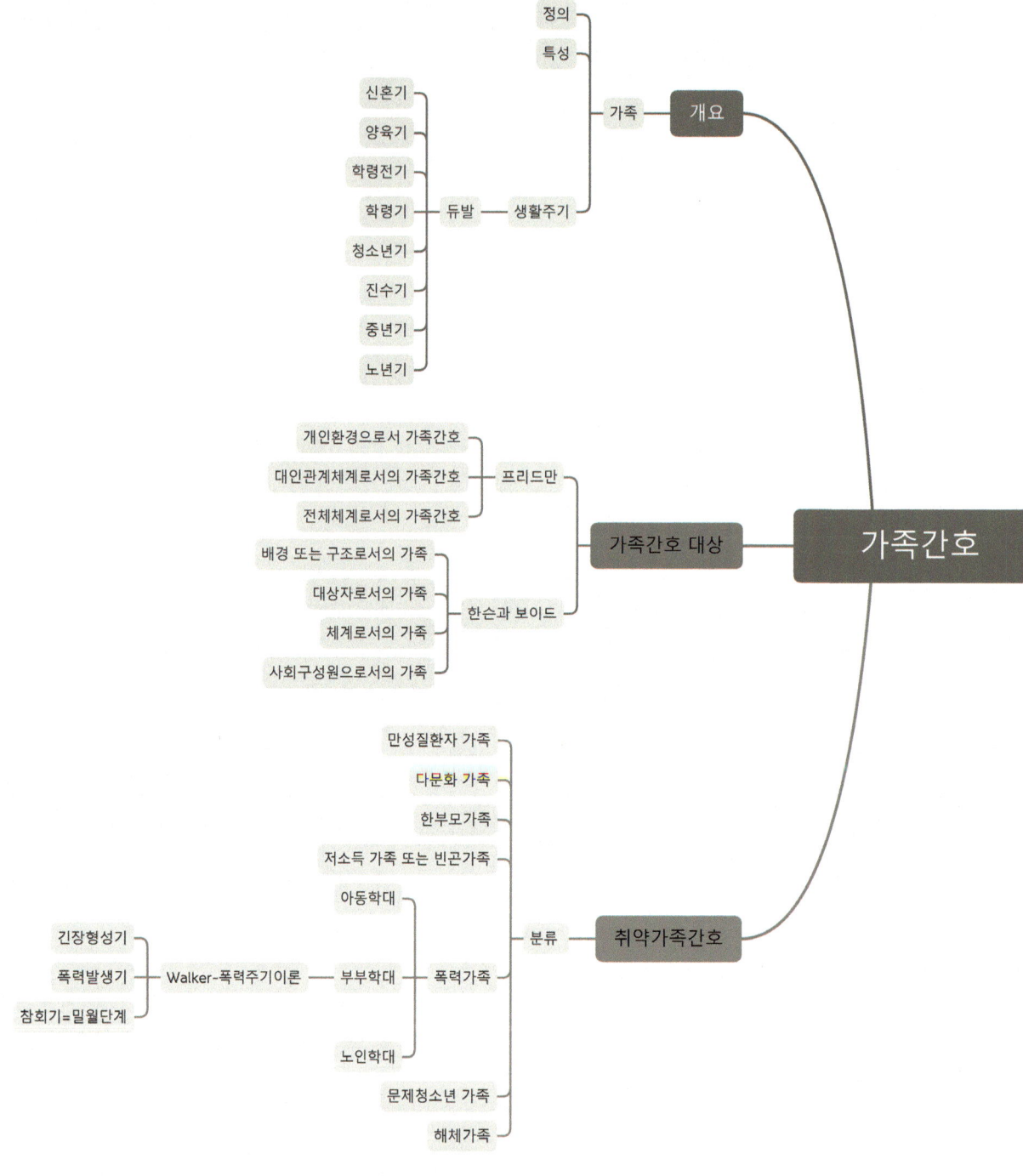

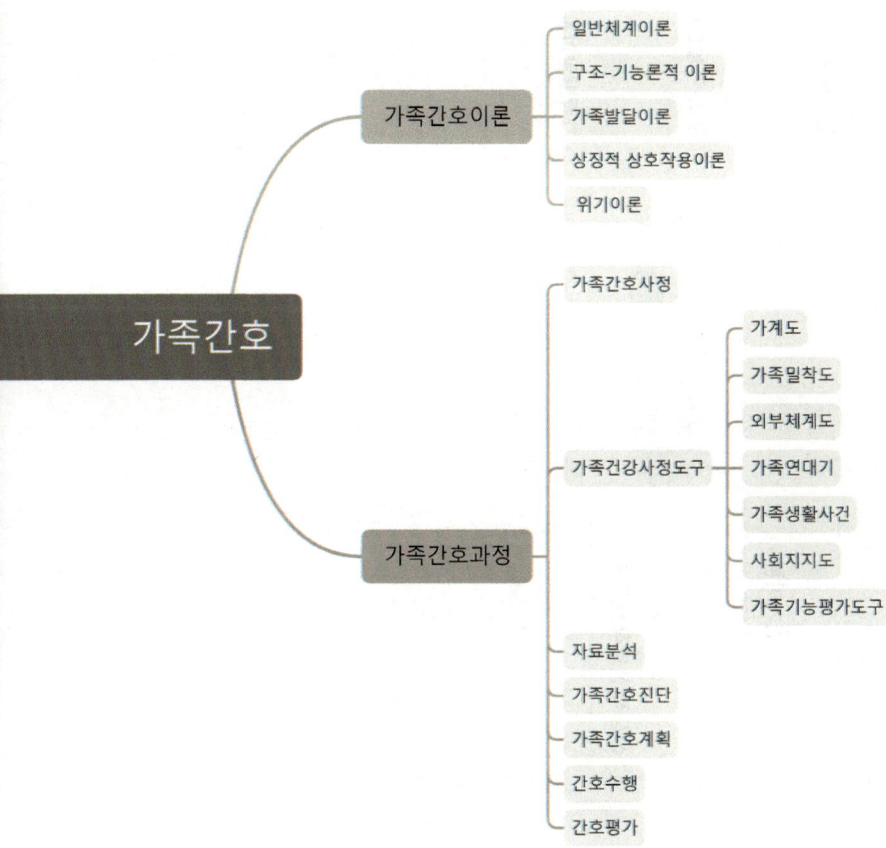

마인드 맵

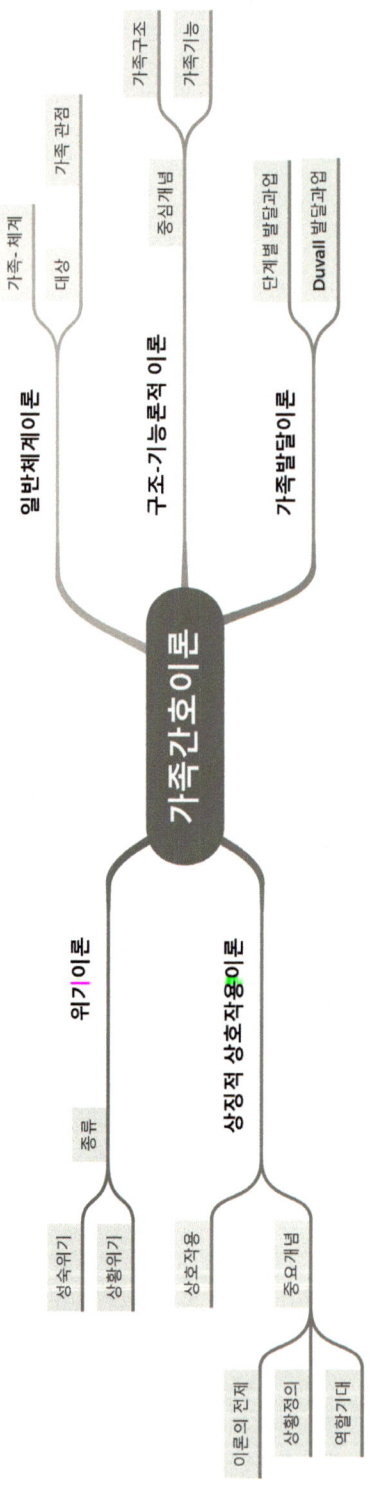

CHAPTER 07
가족간호

01 가족간호의 개요
02 가족간호 이론
03 가족간호과정
04 취약가족
05 가족폭력의 유형

PRETEST OX퀴즈

1 듀발(Duvall)의 가족생활주기에서 진수기 가족이란 학령기 자녀들이 있는 가족을 말한다. ○ ✕

2 외부체계도란 가족을 둘러싼 다양한 외부체계와 가족구성원과의 관계를 그려봄으로써 가족과 외부와의 다양한 상호작용을 한눈에 파악할 수 있도록 한 것이다. ○ ✕

3 다문화가족은 결혼이민자 가족, 외국인근로자 가족, 1인 외국인가족 등을 의미하며, 북한 이탈주민 가족은 해당하지 않는다. ○ ✕

4 아동학대 유형 중에 주양육자가 교육활동에 필요한 정신적·물질적 자원을 제대로 제공하지 못하는 상태는 물리적 방임에 해당한다. ○ ✕

5 워커(Walker)의 폭력주기이론에서 단계는 긴장형성기, 폭력발생기, 참회기로 이어진다. ○ ✕

해설

1 ✕ 진수기 가족은 젊은 성인으로 이루어진 가족을 말한다.
2 ○
3 ✕ 북한 이탈주민 가족도 다문화가족에 포함된다.
4 ✕ 교육적 방임에 해당하는 내용이다.
5 ○ 워커(Walker)는 학대받는 여성이 폭력의 희생자가 되어 무기력해지고 그러한 상황에서 왜 벗어나지 못하는지를 폭력주기이론을 통해 설명하고 있다.

CHAPTER 07 가족간호

SECTION 01 가족간호의 개요

(1) 가족의 이해

구분	내용
머독(Murdock)의 정의	공동의 거주, 경제적 협력, 그리고 생식의 특성을 갖는 사회집단으로, 성관계를 허용받은 최소한의 성인남녀와 그들에게서 출생하였거나 양자로 된 자녀로 구성됨
레비스트로스(Levi Strauss)의 정의	가족은 결혼으로 시작되며 부부와 그들 사이에서 출생한 자녀로 구성되나 이들 외에 가까운 친척이 포함될 수 있고, 가족구성원은 법적 유대 및 경제적·종교적인 것 등의 권리와 의무, 성적 권리와 금기·애정·존경 등의 다양한 심리적 정감으로 결합
특성	① 가족은 일차적 집단 ② 가족은 공동사회집단 ③ 가족은 폐쇄적 집단 ④ 가족은 형식적 집단이나, 가족관계는 비형식적·비제도적 집단 ⑤ 가족은 혈연집단

(2) 듀발(Duvall)의 가족생활주기

신혼기 ⇨ 양육기 가족(30개월까지) ⇨ 학령전기가족(~6세까지) ⇨ 학령기 가족(~13세) ⇨ 청소년기 가족(~20세) ⇨ 진수기 가족(families with launching young adults) ⇨ 중년기 가족 ⇨ 노년기 가족
- 가족발달과업: 가족생활주기의 발달단계에 구체적으로 주어진 기본적인 가족의 과업

기출의 재발견

듀발(Duvall)의 가족발달단계에서 자녀의 사회화 교육이 주요 발달과업이 되는 단계는?
[2016. 지방직]

① 신혼기   ② 학령전기
③ 진수기   ④ 노년기

정답 ②

가족생활주기에 따른 발달과업과 건강 영향요인

단계	기간	발달과업
1. 신혼기	결혼에서 첫 자녀 출산 전	① 결혼에 적응 ② 밀접한 부부관계의 수립, 가족계획, 독립성과 의존성의 조화 ③ 친척에 대한 이해와 관계 수립 ④ 자녀 출생에 대비 ⑤ 생활수준 향상
2. 양육기	첫 자녀 출생~30개월	① 부모 역할과 기능 ② 각 가족구성원의 갈등이 되는 역할의 조정 ③ 산아 제한, 임신, 자녀양육문제에 대한 배우자 간의 동의
3. 학령전기 가족	첫 자녀가 30개월~6세	① 안정된 부부관계의 유지 ② 자녀들의 사회화 교육 및 영양관리 ③ 자녀들 경쟁 및 불균형적 발달로 인한 자녀관계 대처
4. 학령기 가족	첫 자녀가 6세~13세	① 만족스러운 부부관계의 유지 ② 자녀들의 사회화 ③ 가정의 전통과 관습의 전승 ④ 학업성취의 증진 ⑤ 가족 내 규칙과 규범의 확립
5. 청소년기 가족	첫 자녀 13세~19세	① 안정된 부부관계 유지 ② 10대의 자유와 책임의 균형을 맞춤 ③ 자녀들의 성문제 대처 ④ 직업(수입)의 안정화 ⑤ 자녀들의 독립성 증가에 따른 자유와 책임의 조화 ⑥ 세대 간의 충돌 대처 ⑦ 자녀의 출가에 대처
6. 진수기 가족	첫 자녀 결혼~ 막내 결혼 (자녀들이 집을 떠나는 단계)	① 부부관계의 재조정 ② 늙어가는 부모들의 지지 ③ 자녀들의 출가에 따른 부모의 역할 적응 ④ 새로운 흥미의 개발과 참여
7. 중년기 가족	자녀들이 집을 떠난 후 은퇴할 때까지	① 부부관계의 재확립 ② 경제적 풍요 ③ 출가한 자녀가족과의 유대관계 유지
8. 노년기 가족	은퇴 후~사망	① 배우자상실, 권위의 이양, 의존과 독립의 전환 ② 만족스러운 생활 유지 ③ 건강문제에 대한 대처 ④ 사회적 지위 및 경제적 감소의 대처

(3) 가족간호의 이해❶

구분	특징
개념틀	간호의 대상, 목표, 수단 = 지역사회간호 개념틀 활용
가족과정❷	지속적인 상호작용으로 가족 고유의 특징을 갖는다. 유사한 구조를 갖고 있더라도 가족과정은 다양할 수 있다. 가족과정은 가족의 구조와 기능보다 가족의 건강상태에 더 많은 영향을 미친다. 이런 가족과정의 변화는 가족이 발달단계상의 변화, 질병이나 사고, 위기, 재난 등의 다른 잠재적 위기를 경험할 때 발생한다. 가족이 가지고 있는 기존 운영방법은 비효과적이 되고, 가족구성원은 변화에 적응하기 위해 새로운 대처방법을 습득해야 한다.
가족대처	가족은 고유의 대처전략을 갖고 있으며 스트레스 상황에 따라 효과가 있을 수도 없을 수도 있다. 다시 말하면, 가족은 자원을 초과하거나 힘든 외적 혹은 내적 요구를 다루기 위하여 인지적이며 행위적인 노력을 지속적으로 변화시킴으로써 어려운 스트레스원에 견디고 다시 회복할 수 있다. 이를 가족의 탄력성이라고 한다. 가족탄력성의 주요 과정은 신념체계, 조직유형, 가족 의사소통이다. 가족의 신념체계는 역경의 의미 만들기, 긍정적인 시각 유지하기, 믿음 체계를 통하여 역경을 초월하기 등을 포함한다. 가족의 조직 유형은 유연성, 연결성, 사회경제적 자원을 말하며 가족의 탄력성 유지를 돕는다. 마지막으로 가족이 명확하게 의사소통하고 개방적인 정서적 표현을 하며, 협력적인 문제해결방식을 갖는 것은 가족탄력성을 촉진한다.
가족역할	구조와 관계없이 가족구성원 각각은 역할을 갖고 있으며 이러한 역할은 기대를 수반한다. 가족구성원이 질병에 걸린 경우 가족구성원의 역할에 영향을 미친다. 일반적으로 여성에게 다른 역할과 함께 간호제공자의 역할이 추가된다. 간호사는 가족구성원의 역할 부담, 역할 갈등 및 역할 과부하가 있는지를 확인하고 의논할 수 있도록 도울 수 있다. 또한 가족이 협의를 통해 문제를 해결하거나 외부자원을 활용할 수 있도록 도울 수 있다.
가족 의사소통	의사소통은 지속적이고 복합적이며, 변화가 있는 활동으로 상호작용 속에서 만들어지고 공유하고 의미를 교환하는 수단이다.
가족 의사결정	의사소통과 권력은 의사결정 과정에 영향을 미친다. 가족의 의사결정은 개인의 노력이 아닌 여러 가족구성원의 노력의 합이다. 대부분의 건강 관련 의사결정은 가족의 견해에서 이루어진다.
가족의 일상생활 및 의식	가족이 일상과 관련된 행위와 특별한 가족행사, 종교적 행사 등에서 가족의 고유한 특성을 찾을 수 있다. 일상생활과 의식과 관련된 습관적 행위는 건강결과와 관련성이 높다.

❶
자료원: 박인혜 외, 지역사회간호학 I, 현문사

❷
일부 각론에서는 가족 상호작용이 건강, 질병 및 안녕에 미치는 영향을 이해하기 위해 가족의 구조, 기능 및 가족과정에 대한 이해가 필요하다고 봄

❶ 가족간호에서 '가족'에 대한 관점은 이론별 차이를 이해하는 것이 중요함

(4) 가족간호 대상❶

① 프리드만(Friedman)의 관점: 가족간호의 대상에 대한 접근 방법 = 개인 환경으로서의 가족간호, 대인관계체계로서의 가족간호, 전체체계로서의 간호(1989)

관점	내용
개인환경으로서의 가족간호	㉠ 이 접근법에서 간호사들은 가족 내 각 개인과 관계를 맺고 각 개인을 하나의 대상자로서 다룸. 개인적 수준에서의 간호수행에 대한 목표는 가족구성원의 신체적 건강과 개인적 안녕 ㉡ 가족체계는 하부구조인 각 대상자 개인에 대한 직접적이고, 연관된 환경으로서 관심 ㉢ 이러한 가족간호에서 간호목표는 개인에게 초점을 맞춤 예 개인의 식이 및 운동조절이 간호목표, 이를 위해 가족이 어떻게 개인을 지지해 줄 것인가가 고려됨
대인관계체계로서의 가족간호	㉠ 서로 상호작용하는 가족의 수에 근거하여 둘이나 그 이상의 개인체계를 가족간호의 대상으로 하는 개념 ㉡ 대인관계체계는 전체 가족체계의 한 하위체계로서 간호수행을 위한 대상자가 됨 ㉢ 여기서 간호요구란 개인과 개인 간의 갈등 등 가족구성원 간의 잘못된 오해가 있을 때 발생 ⇨ 가족간호는 가족의 상호작용에 개입함으로써 중재자로서의 역할을 수행함
전체체계로서의 간호	㉠ 가족을 환경체계 및 하위체계와 상호작용하는 구조적·기능적 요소를 갖춘 체계로 보는 수준 ㉡ 간호대상자는 전체체계로서의 가족. 이러한 접근에서는 가족 내 상호관계나 가족역동 또는 가족기능이 중심이 되고 이를 파악하기 위하여 개인이나 다른 사회조직과의 관계를 파악 ㉢ 체계 수준에서 간호의 목표는 하나의 체계로서의 가족체계 내의 변화, 체계-환경 간의 체계-하위체계 사이의 조화의 증진으로 이루어짐 ㉣ 다만, 이 경우 앞의 두 단계에서 간호수행의 구상이 용이한 것과 달리 개념화가 어렵다는 한계가 있음

② 한슨과 보이드(Hanson & Boyd)의 관점: 배경 또는 구조로서의 가족, 대상자로서 가족, 체계로서의 가족, 사회구성원으로서 가족(1996)

관점	내용
배경 또는 구조로서의 가족	개인이 먼저이고 가족은 그 다음이다. 예 환자: 인슐린, 식이·운동에 대해 잘 이해하고 계십니까? 　　가족: 환자가 가진 당뇨병의 질환특성과 식이, 운동 등에 대해 잘 이해하고 계십니까?

대상자로서의 가족	가족이 먼저이고, 개인은 그 다음이다. 가족은 개별 가족구성원의 합이다. 예 환자: 당신의 고혈압 진단 이후 집안 의사결정권이 변화되었나요? 　　가족: 가장의 고혈압 진단 이후 가족구성원들의 역할이 변화되었나요?
체계로서의 가족	① 부분의 합 이상인 가족 간의 상호작용 체계에 초점 ② 이 관점은 개인과 가족 전체 모두에 초점을 두는 것 예 환자: 당신의 뇌졸중 발생이 아내에게 어떤 부담을 주고 있나요? 　　가족: 환자를 간호할 때 당신의 느낌은 어떻습니까?
사회구성원으로서의 가족	가족을 사회의 많은 조직 중에 하나로 보는 것. 사회의 일차적 조직인 가족은 보다 큰 체계의 부분이 되며, 가족은 다른 조직들과 상호작용함

SECTION 02 가족간호 이론

구분	내용
개요	가족간호의 이론들은 **가족치료이론과 간호이론**은 주로 일차적으로 문제가 있는 가족이 대상이며, **가족사회학이론**은 문제가정뿐만 아니라 정상가족을 대상으로 하여 가족에게서 일어나는 현상을 사정하고 중재하는 데 필요한 지침으로 널리 활용됨.
주요 이론	가족간호에서는 주로 사회과학 분야에서의 주요 이론인 **체계이론, 구조기능주의 이론, 발달이론, 상징적 상호작용이론** 등이 다뤄짐

(1) 일반체계이론

구분	특징
일반체계 이론 적용	① 가족을 체계라는 관점에서 이해하는 것 ② 가족의 각 부분의 특성을 합한 것 이상의 특징을 지닌 체계. 즉, 가족은 가족구성원의 개인적 특성을 단순히 합친 것 이상의 하나의 체계 ③ 가족은 그 자체가 하위체계로 구성되어 있고, 더 큰 상위체계의 일부인 하나의 체계임. 즉, 가족은 국가와 지역사회라는 상위체계의 하위체계가 됨. 따라서 가족을 하나의 체계로 보고 사정하려 할 때는 가족과 상호작용하는 내외적 환경에 대하여 먼저 파악하고, 그 이하의 하위체계에 관해 사정

기출의 재발견

체계이론에 근거한 가족에 대한 설명으로 옳은 것은? [2019, 지방직]

① 가족구성원은 사회적 상호작용을 통해 상징에 대한 의미를 해석하고 행동한다.
② 가족은 내·외부 환경과 지속적으로 교류하고, 변화와 안정 간의 균형을 통해 성장한다.
③ 가족은 처음 형성되고 성장하여 쇠퇴할때 까지 가족생활주기의 단계별 발달과업을 가진다.
④ 가족기능은 가족구성원과 사회의 요구를 충족하는 것으로 애정-사회화-재생산-경제-건강관리 기능이 있다.

정답 ②

	④ 모든 체계는 환경과 끊임없이 상호작용. 가족체계는 외부체계와의 지속적인 상호작용과 교류를 통하여 변화와 안정 간의 균형 ⇨ 환경의 속성이 체계에 영향을 주고, 또한 환경의 속성은 체계의 행동에 의해 변화됨 ⑤ 가족체계 일부분이 받은 영향은 다른 부분에 영향을 주며, 또 전체 체계에 영향을 줌. 즉, 체계 한 부분의 변화는 체계 전체의 변화를 초래 ⑥ 가족에서 사건은 어떤 원인이 곧 결과가 된다는 직선적 인과관계보다는 원인이 결과이며, 결과가 원인이 될 수 있다는 순환적 관계로 보는 것이 더 이해하기 쉬움
특성	① 체계론적 관점은 다른 체계와 가족의 상호관계뿐 아니라 가족 내 개인의 상호의존성과 상호작용을 이해하기 위한 수단을 제공 ② 체계론적 관점으로부터 가족에 대해 조망할 때 가족체계 내 구성원의 상호관련성이 개념화되고 변화에 대한 이해가 증진 ③ 체계이론은 내부 상호작용의 결과와 외부체계와의 관련에 중점을 두는 접근법. 가족구성원 간의 상호작용, 가족 내 하위체계와의 관계에서 더 나아가 외부환경체계와의 교류에 의한 균형에 초점

(2) 구조·기능론적 이론

구분	특징
구조·기능 이론의 적용	① 가족과 사회를 연관시켜 해야 할 일이 무엇인가에 목표방향을 두고, 특히 거시적 차원에서 가족이 사회통합에 어떻게 기여하는가에 초점 ② 가족구성원 간 다양한 내적인 관계뿐 아니라 가족과 더 큰 사회와의 관계를 강조 ⇨ 가족과 내·외적 환경 간 상호작용을 포괄적으로 인식 ③ 파슨스(Parsons)는 구조·기능론적 개념을 이용하여 가족현상을 설명하고자 함(다만, 남녀의 역할을 도구적·표현적인 역할로 이분했다는 점에서 비판받음)
중심개념 - 가족구조 (family structure)	가족구조를 가족형태의 유형으로 정의하기도 하고, 권력지위 또는 결혼유형으로 보기도 함 ① 캐플란(Caplan, 1965)은 가족의 구조를 가족의 생활양식으로 정의하면서, 이것이 가치체계, 의사소통망, 역할체계의 상호의존적 요소로 분류된다고 봄 ② 프리드만(Friedman, 1986)은 가족구조를 의사소통 유형, 역할, 가치체계, 권력구조로 봄
중심개념 - 가족기능 (family functions)	가족구조에 따른 결과 또는 가족이 한 일에 대한 결과, 가족기능의 완수는 가족구조 또는 조직의 유형을 통해 달성 ① 프리드만(Friedman, 1986): 정서적 기능, 재생산 기능, 사회화 기능, 건강관리 기능, 의식주 제공 기능, 경제적 기능 ⇨ 가족은 가족대처전략에 의해 이러한 기능을 수행

② **가족의 대처전략**에는 가족의 상호신뢰, 유머, 공동참여, 문제의 의미를 재구성하고 또는 조절, 공동 문제해결 그리고 융통성 있는 역할 등(내적 가족대처전략)과 스트레스원에 대한 인식, 지역사회집단과의 연계 증가, 사회적 지지체계의 사용, 자조집단 형성과 영적 지지 등(외적 가족대처전략)이 있음

(3) 가족발달이론

구분	특징
개요	가족생활주기의 단계별로 가족의 다양한 역할과 발달과업을 가족구성원이 어떻게 실행하는지, 즉 시간에 따른 변화의 과정에 초점을 맞추며, 가족이 각 단계의 과업을 효과적으로 달성하는가를 중심으로 가족문제를 파악하는 관점
적용 - 듀발(Duvall)의 가족발달과업	① 가족구성원에게 기본적인 의식주 및 의료지원을 통한 독자적인 가족의 성립과 유지 ② 가족구성원들의 욕구에 맞는 적절한 소비를 위한 수입의 유지 ③ 가족구성원 서로가 인정할 수 있는 형태로서의 가사분담 ④ 지적이고 정서적인 대화를 위한 개방체계의 성립과 유지 ⑤ 친척들과 긴밀한 관계의 발전과 유지 ⑥ 지역사회기관과 밀접한 유대의 발전과 유지 ⑦ 자녀의 출산과 양육 ⑧ 바람직한 인생관의 발달

구분			
가족생활주기의 8단계	구분	명칭	발달과업
	1단계	신혼기	결혼에 적응, 자녀 출생에 대비
	2단계	양육기 가족	• 부모의 역할과 기능 • 각 가족구성원의 역할의 조정 • 산아제한, 임신, 자녀양육문제에 대한 배우자 간의 동의
	3단계	학령전기 가족	• 자녀들의 사회화교육 및 영양관리 • 안정된 결혼관계 유지 • 자녀와의 관계
	4단계	학령기 가족	• 자녀들의 사회화 • 학업성취의 증진 • 만족스러운 부부관계 유지
	5단계	청소년기 가족	• 안정된 결혼관계 유지 • 10대의 자유와 책임의 균형을 맞춤 • 자녀들의 성문제 대처 • 직업의 안정화 • 세대 간의 충돌 대처

6단계	진수기 가족	• 부부관계의 재조정 • 자녀들의 출가에 따른 부모의 역할 적응 • 새로운 흥미의 개발과 참여
7단계	중년기 가족	• 경제적 풍요 • 출가한 자녀가족과의 유대관계 유지 • 부부관계의 재확립
8단계	노년기 가족	• 만족스러운 생활 유지 • 건강문제에 대한 대처 • 사회적 지위 및 경제적 감소의 대처 • 배우자 상실, 권위의 이양, 의존과 독립의 권한

(4) 상징적 상호작용이론

구분		특징
개요		① 상호작용 과정 속에 있는 가족구성원들의 행위들과 상징들(symbols)이 가지는 의미들(meanings)에 초점을 두고 있으며, 가족 간의 상호작용이 어떻게 시작되고 지속되는지 그리고 가족생활에 어떤 상호작용과정들이 일반적이고, 근본적이며 반복적인지를 이해하고 설명하는 이론 ② 가족구성원 간의 상호작용에 대한 개인의 중요성을 강조하는데, 각 개인은 할당된 역할을 지각하고 다른 가족구성원이 그 역할에 대한 역할기대를 받게 된다고 봄 ③ 가족의 상호작용은 외부관찰만으로 설명할 수 없으며 반드시 가족구성원이 그 상황을 지각하는 방식으로 이해되어야 한다는 점 강조
주요개념	이론의 전제	① 인간은 외부의 대상에 대해 그것이 자신에 대해 갖는 의미에 근거하여 행동 ② 그 대상이 가지는 의미는 다른 사람들과의 사회적 상호작용으로부터 생겨나고 도출 ③ 이러한 의미는 대상물에 맞닥뜨려 사람들이 사용하는 해석적 과정을 통해 다루어지고 수정
	상황정의	① 두 사람이 지속적이고 반복적인 상호작용을 통해서 두 사람 간의 일정한 관계가 형성된다고 봄. 즉, 두 사람은 서로에 대한 적합한 지위(status)가 생겨나고, 이러한 지위에는 역할(role)이 부여 ② 상호작용하는 공동체의 구성원 사이에서 공유하는 상징을 통해 상황을 규정하고 해석하는 것
	역할기대	위의 상황정의 하에서 각 개인에게 할당되는 지각된 역할

(5) 위기이론

구분		특징
개요		가족간호의 접근에서는 가족의 문제를 '위기'로 보는 것
주요 개념	성숙 위기	성숙위기는 성장발달과정 중에 있는 사람들이 경험하고 예견할 수 있는 위기로서 발달에 따른 신체변화, 결혼, 출산 등과 관련된 위기이며, 위기의 출현이 점진적임
	상황 위기	상황위기는 우발적으로 발생한 예견할 수 없는 위기, 즉 기형아 출산, 이혼, 실직, 질병, 사고 등과 관련된 위기

SECTION 03 가족간호과정

(1) 가족간호사정

구분		내용
개요		① 가족간호가 필요한 대상 가구 발굴 ② 자료수집: 직접수집방법, 간접수집방법
수집 방법	직접수집 방법	가정방문이나 전화를 통하여 간호사가 관찰하고, 면담을 통해서 정보를 수집. 과거와 현재 일들과 관련된 대상자 면담과 객관적인 발견(예 가정과 자원에 대한 관찰), 주관적인 평가(예 개인과 가족구성원의 반응)를 통해 이뤄짐
	간접수집 방법	가족과 가까운 사람들로 이웃·친척·친구 등 지역에서 가족에 대한 정보를 얻을 수 있는 인적 자원을 통하여 수집

(2) 가족건강사정도구

구분	내용
가계도	3세대 이상에 걸친 가족구성원에 관한 정보와 그들 간의 관계를 도표로 기록하는 방법. 가족에 관한 정보가 도식화되어 있기 때문에 복잡한 가족 유형의 형태를 한눈에 볼 수 있음 📖 가계도의 작성순서 1. 가족구조 도식화 　각 가족이 한 세대에서 다음 세대까지 생물적·법적으로 어떤 관련이 있는지 묘사하는 것. 우선 부모를 먼저 그리고, 아이들을 표시한 후 부부의 양가부모와 형제자매를 그림 2. 가족에 관한 정보 기록 　• 가족구조를 도식화한 후 가족의 이력, 가족의 역할, 가족생활의 중요한 가족사건 등에 관한 정보를 덧붙임

기출의 재발견

❖ 가족 사정의 기본적인 원칙으로 옳은 것은? [2022. 지방직]
① 가족의 문제점 뿐만아니라 강점도 동시에 사정한다.
② 정상가족이라는 고정적 관점으로 가족문제를 규명한다.
③ 가족구성원 중 한명으로부터 자료를 수집하여 일관성을 유지한다.
④ 지역사회간호사가 사정단계부터 가족의 문제점과 중재방법을 주도적으로 제시한다.

정답 ①

	• 가계도를 통해 많은 세부사항을 수집할 수 있으므로 가능한 한 많은 세대에 걸쳐 결혼, 죽음, 가족구성원의 나이, 생일 등을 적도록 함 • 하지만 지나친 경우 복잡해지므로 일반적으로 이혼·결혼·죽음·질병력과 같은 중요한 사건일과 나이 등을 삽입
가족 밀착도	① 가족을 이해하는 데는 가족구조만이 아니라 구조를 구성하고 있는 관계의 본질을 파악하는 것 ② 자신들의 가정생활에 영향을 미치는 근본적인 문제를 확인하면서, 가족구성원 간의 밀착관계와 상호관계를 그림으로 도식화하는 것 🗂 **가족밀착도의 작성순서** 1. 우선 가족구성원을 둥글게 배치하여 남자는 □, 여자는 ○로 표시한다. 기호 안에는 간단하게 구성원의 가족 내 위치와 나이를 기록하며, 가족 2명을 조로 하여 관계를 선으로 나타냄 2. 가족밀착도를 그려보면 부부, 부모자식 간, 형제 간 등에서 평소 가족이 알지 못하던 관계를 새롭게 조명해 볼 수 있고, 가족의 전체적인 상호작용을 바로 볼 수 있어 가족 간 문제를 확인하기 용이
외부 체계도	가족을 둘러싼 다양한 외부체계와 가족구성원과의 관계를 그려봄으로써 가족과 외부와의 다양한 상호작용을 한눈에 파악할 수 있도록 한 것 🗂 **외부체계도의 작성방법** 1. 가계도나 가족밀착도와 같은 방법으로 중심원 안에 거주하는 가족구조를 그리고, 중심원 밖으로 가족체계를 둘러싼 외부체계(예 친척, 의료기관, 교육기관, 여가활용, 직장 등)를 하나씩 작은 원으로 배치하고, 원 내에 외부체계에 대한 간단한 특성을 기술 2. 중심원과 외부원 각각의 상호관계를 상징기호를 이용하여 표시. 이 도구는 가족체계를 둘러싼 외부체계와 가족구성원 간 상호작용을 통해 가족에게 유용한 체계, 그리고 스트레스나 갈등이 있는 외부체계를 파악할 수 있게 해 줌
가족 연대기	① 가족의 역사 중 중요한 사건들을 기록, 해당 사건들이 가족구성원에게 미친 영향력을 확인함. 특히 건강문제가 발생했을 때 사건과의 관련성을 파악할 수 있게 함 ② 가족연대기와 개인연대기를 연결하여 분석해 보면, 가족구성원과 가족의 관계를 분석해 볼 수 있음. 중요한 시기만의 특별한 연대표를 작성하여 효율적으로 이용하는 경우도 있음
가족생활 사건	스트레스가 신체적·정신적 장애에 주요한 요인임을 고려하여 가족이 경험하는 일상사건의 수를 표준화한 도구가 가족생활사건 도구임 🗂 **가족생활사건 도구❶** McCubine과 그의 동료들(1982)이 작성한 가족생활사건 변화척도(Family Inventory of Life Events and Changes, FILE)로 총 71문항으로 가족이 경험한 생활사건의 스트레스 축적을 측정하기 위해 설계된 도구로, 부부가 함께 또는 따로 측정할 수 있으며 총점은 각 항목에서 부여된 점수를 합산하여 산출하며, 높은 점수는 가족 스트레스가 더 크게 누적되어 있음을 의미

❶ 자료원: 박인혜 외, 지역사회간호학 Ⅰ

사회 지지도	사회지지도는 가족 중 가장 취약한 구성원을 중심으로 부모형제관계, 친척관계, 친구와 직장동료 등 이웃관계, 그 외의 지역사회와의 관계를 그려봄으로써 취약가족구성원의 가족 하위체계뿐 아니라 가족 외부체계와의 상호작용을 파악할 수 있음. 실제 사회지지도는 가족의 지지체계를 이해함으로써 가족중재에도 활용됨 🔲 **사회지지도 그리는 방법** 1. 취약한 가족구성원 선택 ⇨ **5개**의 원을 안에서 밖으로 그림 ⇨ 가장 안쪽 원에는 선정된 가족구성원을 그리고, 두 번째 원에는 동거가족, 세 번째 원에는 친척, 네 번째 원에는 이웃, 친구 또는 직장동료, 가장 바깥쪽 원에는 선정된 가족구성원과 관련되는 지역사회자원(사회기관·공공기관·학교 등)을 삽입 2. 안쪽 구성원을 중심으로 선을 이용하여 **지지 정도 표시** ⇨ 관계가 소원한 경우는 선을 그리지 않으며, **보통**은 **하나**, 관계가 **친밀한 경우**에는 **2개**의 선으로 지지선을 표시 ⇨ 원 안에 얼마나 많은 선이 연결되었는지 평가하여 지지 자원의 실태와 개발 가능하거나 간호중재에 활용할 수 있는 지지체계를 파악
가족기능 평가도구	① 가족이 문제에 대처하여 해결해 나가는 데 가족의 자가관리능력과 더불어 가족기능 수준을 사정해 보는 것. 스밀크스타인(Smilkstain, 1980)은 가족의 적응능력(adaptation), 가족 간의 동료의식 정도(partnership), 가족 간의 성숙도(growth), 가족 간의 애정 정도(affection), 해결(resolve) 등 5가지 가족기능 영역(APGAR)을 평가하는데, 항목당 최고 2점을 배정하여 총 7~10점을 받은 경우 가족기능이 좋은 것으로 봄 🔲 **가족기능 평가도구(APGAR)** | 항목	점수	거의 아니다	가끔 그렇다	항상 그렇다
---	---	---	---	---
나는 어떤 문제에 부딪혔을 때 큰 어려움 없이 가족에게 도움을 청한다.				
여러 가지 일에 대해 우리(나와 나의 가족)는 서로 의견을 교환하고 함께 해결한다.				
내가 새로운 활동을 시작하려 할 때나 진로를 변경하고자 할 때 가족들이 이를 받아들이고 도와준다.				
나는 나의 가족이 나에게 애정을 나타내거나 나의 감정(희로애락)을 받아들이는 방식에 만족한다.				
나는 나의 가족과 함께 시간을 보내는 방식에 만족한다.					 ② 가족이 스트레스를 극복하고 견실한 가족구조를 유지하는 데 있어 중요한 것은 가족이 적응력과 결속력. 가족이 겪게 되는 변화나 발달과제에 대해 적응하는 능력과 가족구성원 간 기대의 공유, 공동목표, 친밀성과 유대감 등의 가족결속력은 가족기능 유지에 필수적인 요소

기출의 재발견

가족사정도구에 대한 설명으로 옳은 것은? [2021. 지방직]

① 가계도: 3대 이상에 걸친 가족구성원에 관한 정보와 이들의 관계를 도표로 기록하는 방법으로 복잡한 가족 형태를 한눈에 볼 수 있다.
② 가족밀착도: 가족과 이웃, 외부기관 등과의 상호관계와 밀착 정도를 도식화한 것이다.
③ 사회지지도: 가족 중 부부를 중심으로 부모, 형제, 친척, 친구, 직장 동료와 이웃 및 지역사회의지지 정도와 상호작용을 파악할 수 있다.
④ 가족생활사건: 가족의 역사 중에서 가족에게 영향을 주었다고 생각되는 중요한 사건들을 순서대로 열거하고, 가족에게 미친 영향을 파악하는 것이다.

정답 ①

(3) 자료분석

구분	내용
자료내용	가족구조·발달주기, 상호작용 및 교류, 지지, 대처·적응, 건강관리, 위험행위, 주거환경, 가족의 강점, 가계도, 가족밀착도, 외부체계도, 가족연대기, 가족생활사건, 사회지지도, 가족기능평가도구, 고위험 가족선별 등❶
의의	가족건강 사정을 위한 기본원칙임

❶ 가족사정으로 수집되는 자료들을 같은 영역으로 분류하면서 필요한 자료들을 추가하고 이를 분석하여 평가한 자료분석의 예시에 주목

(4) 가족간호진단

구분	내용
개요	가족과 개인의 건강문제를 정의함. 가족간호진단, 가족간호문제, 가족간호현상의 세 가지 용어가 모두 같은 의미로 사용됨
프리드만의 정의 (Friedman, 1970)	예측되는 위기나 스트레스 지점
가족간호 진단체계의 종류	오마하 문제분류체계에서의 가족간호진단, 가정간호분류체계, ICNP(가족간호현상)

📖 우리나라 가족간호 현상과 특성

가족현상	가족 특성
지역사회와의 상호작용 부족	① 친한 이웃이 적다. ② 친구 간 접촉빈도가 낮다.
사회적 고립감	① 이웃과 왕래가 없다. ② 거의 모든 시간을 집에서 보낸다. ③ 친구가 없다.
지역사회 지지체계 부족	① 지역사회에 도움을 청할 기관이 부족하다. ② 지역사회에 도움을 청할 사람이 부족하다. ③ 자원이용에 대한 지불능력이 없다. ④ 지역사회자원에 대한 정보가 부족하다.
부모역할 장애	① 자녀의 생활에 대해 무관심하다. ② 부 또는 모가 이혼·별거·가출 중에 있다. ③ 자녀양육을 방치한다. ④ 부모가 자녀교육에 대해 무관심하다. ⑤ 비행자녀가 있다.
부부역할 장애	① 부부 간에 잦은 욕, 공격적이고 비꼬는 말투를 사용한다. ② 부부 간의 대화가 결여되어 있다. ③ 부부싸움이 잦다.
성생활의 불만족	① 남편 또는 아내의 외도가 있다. ② 성생활이 원만치 못하다.

의사소통 장애	① 가족구성원들이 각자의 의견만 일방적으로 주장한다. ② 가장이 폐쇄적인 의사소통 양상을 보인다. ③ 가족들이 모여 대화할 수 있는 기회가 드물다. ④ 세대 간 사고방식의 차이가 있다. ⑤ 가족 내 의사결정이 비민주적이다.
부적절한 가족대처	① 가족구성원의 스트레스가 과다하다. ② 가족구성원들 간의 불안이 높다. ③ 주부의 역할편중이 과다하다. ④ 가족구성원 간의 역할분배가 부적절하다. ⑤ 주부의 희생의식이 지나치다. ⑥ 자기역할에 대한 인식이 부족하다. ⑦ 가족구성원 간의 남녀차별이 있다.
가족의 친밀감 부족	① 고부 간의 갈등이 있다. ② 떨어져 사는 자녀와 왕래가 거의 없다. ③ 가족구성원 간의 이해가 부족하다. ④ 세대 간 사고방식의 차이가 있다.
부적절한 권력구조	① 특정 구성원에게 권한이 집중되어 있다. ② 어른들의 지도력이 없다. ③ 가장의 권위의식이 강하다. ④ 부인이 남편의 결정을 완전히 무시한다. ⑤ 가장이 가족에 대해 지나치게 엄격하다.
가족학대	① 부모가 자녀를 구타한다. ② 부모가 자녀를 무시한다. ③ 부모를 구타하거나 무시한다. ④ 남편(아내)에 대한 아내(남편)의 구타가 있다. ⑤ 남편(아내)이 아내(남편)를 무시한다.
부적절한 생활양식	① 가족구성원의 비만이 심하다. ② 예방접종이 부적절하다. ③ 식습관이 불규칙하다. ④ 수면이 부적절하다. ⑤ 운동이 부적절하다. ⑥ 가족구성원 중 흡연자가 있다. ⑦ 가족구성원이 과다한 음주를 한다. ⑧ 여가활동이 부족하다. ⑨ 정기적 검진을 하지 않는다. ⑩ 건강관리에 대한 지식이 부족하다.
비효율적 재정관리	① 지출이 과다하다. ② 수입이 일정하지 않다. ③ 실직한 상태이다. ④ 재정관리가 부적절하다. ⑤ 과도한 의료비가 부담된다. ⑥ 수입원이 감소된 상태이다.

부적절한 질병관리	① 가족구성원의 치료지시를 이행하지 않는다. ② 가족구성원의 질병인식이 부족하다. ③ 가족구성원 간에 돌봐주는 것이 부족하다. ④ 보건의료자원의 활용이 부족하다. ⑤ 가족구성원의 질병지식이 부족하다.
부적절한 주위환경	① 주변에 악취가 발생한다. ② 출입구 계단고가 높고 가파르며 난간이 없다. ③ 쓰레기 수거가 제때에 이루어지지 않고 있다. ④ 골목에 안전시설(난간)이 없고 비탈지다.
부적절한 가정 위생관리	① 화장실이 비위생적이다. ② 바퀴벌레, 쥐 등이 관찰된다. ③ 분리수거를 하지 않는다.

(5) 가족간호계획

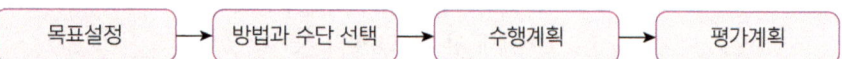

목표설정 → 방법과 수단 선택 → 수행계획 → 평가계획

(6) 간호수행
① 예측적 안내
② 건강상담
③ 보건교육: 시범, 사례연구, 가족집담회, 역할극
④ 직접적인 간호 제공
⑤ 의뢰
⑥ 가족의 자원 강화

SECTION 04 취약가족

(1) 개념

구분	내용
정의	① 특별한 요인으로 생활 속에서 문제 또는 바람직하지 않은 결과를 더 많이 경험하게 되는 가족, 즉 가족의 구조, 기능, 상호작용 및 발달단계에서 위험 또는 위기에 노출되는 가족을 말함 ② 가족발달과업을 달성하고 사회의 부분으로 기능함에 있어 위기의 상황을 경험할 가능성이 높은 가족

취약가족이 경험하는 공통적인 문제❶	① 가족구조의 변화 ② 가족 상호작용의 변화 ③ 가족 구성원 역할 변화 ④ 경제적 기능의 변화 ⑤ 건강수준의 변화 ⇨ 취약한 기간의 장기화로 인해 위험해질 수 있으며, 장기간의 스트레스와 가족해체의 위험, 정상적인 가족발달의 어려움, 자녀 양육의 어려움, 재정의 어려움 등을 공통적인 문제로 고려할 수 있음

❶ 취약가족의 특성으로 복합적인 위기의 경험 정도, 원인의 복잡성, 취약상황의 장기적 지속, 상황적 속성에 따라 가족간호의 문제의 해결가능성을 타진해 볼 수 있다고 해석하기도 함

(2) 취약가족 유형

구분		내용
만성질환자 가족		① 평균수명의 연장, 노인인구 증가, 질병 양상의 변화 등으로 만성퇴행성 질환이 증가하였고, 이에 따라 만성질환자 및 그 가족에 대한 간호요구가 증가함 ② 주요 문제로 다양한 측면에서 어려움을 경험하게 되고, 가족구조의 변화와 역할갈등 등으로 인해 삶의 질이 저하될 수 있음
	레비스트로스 (Levi Strauss)의 만성질환자 가족 - 일상적인 과제들 (1984)	① 의학적 위기의 예방과 치료 ② 증상의 조절 ③ 치료의 수행과 치료로 동반되는 건강문제 해결 ④ 사회적 격리를 예방하거나 익숙해져야 함 ⑤ 악화되거나 회복되는 질병과정에 적응 ⑥ 타인과의 상호관계나 생활양식을 정상적으로 유지 ⑦ 치료에 대비 및 실직상태에서도 가정생활 유지를 위한 재정 확보 ⑧ 가족 간 심리적인 문제와 결혼문제에 직면
	만성질환자 가족을 위한 기본적인 전략	① 조직-가족 연결체계 형성 ② 만성질환자 + 가족도 간호대상에 포함 ③ 만성질환자 자신의 신체를 중요한 자원으로 인식하도록 격려 ④ 입원과 퇴원을 반복적으로 수행한다는 점을 인식시킬 필요 ⑤ 증상 조절을 위한 생활양식의 재구성 ⑥ 식이관리를 지지 ⑦ 시간관리 도와야 함

다문화가족	유형	다문화가족지원법 제2조(정의)에 따를 때 4가지의 유형으로 구분됨
		결혼이민자 가족: 한국인 남자 + 외국인 여자, 외국인 남자 + 한국인 여자
		외국인 근로자 가족: 한국에서 결혼 혹은 본국에서 결혼 후 국내로 이주한 가족
		북한 이탈주민 가족: 북한 태생으로 한국 입국, 한국인과 결혼 또는 외국인과 결혼해 형성된 가족
		1인 외국인 가족: 외국인 근로자, 유학생
	문제점	① 부부관계 문제 ② 자녀양육의 문제 ③ 경제적 문제 ④ 다문화가족 여성과 아동의 주요 건강문제: 기초건강관리 지원이 부족❶, 정신건강문제, 모성건강 및 임신, 출산의 문제, 자녀양육에서의 건강요구, 결혼이주여성 체류기간 증가에 따라 건강상태 인식 및 과체중 증가, 보건의료 이용의 장애요인 완화를 위한 노력
한부모가족		① 한부모가족지원법(제4조)의 정의: 한부모가족(one-parent family)이란 모자가족 또는 부자가족을 말하며, 각 가족의 어머니 또는 아버지가 세대주인 가족을 의미함 ② 심리적·경제적·사회적 어려움을 겪을 수 있음. 특히 정서적으로 안정되지 않은 상태에서 한부모들에서 어린 자녀를 양육하며 언어적·신체적 학대가 발생할 수 있음
저소득가족 또는 빈곤❷가족		실직자 및 불안정 취업자의 증가, 임금구조의 양극화, 빈곤층의 급증, 중산층 및 저소득층의 생활수준 저하와 같은 사회적 문제 발생
폭력가족 (학대가족)		① 가족폭력의 범위: 신체적·정신적 또는 재산상 피해를 수반하는 행위로 보고 있어 신체적 폭력에 국한하지 않고 정신적 학대와 재산상의 손해 및 손괴를 포함하는 포괄적인 폭력 개념으로 인정 ② 가족폭력에 대한 대책: 가해자와 피해자에 대한 응급보호서비스, 의료서비스, 효율적인 상담서비스, 가정폭력 가족원을 위한 재가복지서비스, 이용 및 수용시설의 무료이용 제공, 가족폭력 피해자에 대한 직업교육과 취업알선서비스 등 ③ 예방적 대책: 부부 간의 의사소통 및 감성훈련 강화, 음주에 대한 사회인식의 전환
문제청소년가족		① 안정감을 확보하거나 정서적·사회적 기능면에서 각 가족구성원의 성장증진에 도움을 줄 수 없음 ② 부족한 내적 지지활동과 반복되는 내적·정서적 갈등, 가족구성원들의 반복되는 분노발작, 사회적 기대를 충족시키는 능력부족 등의 특성

❶ 빈혈유병률과 기생충감염률이 높고, B형간염 위험, 간질환, 고지혈증 등의 위험이 높게 나타남

❷ 적당한 생활수준을 유지하는데 필요한 재화와 용역의 결핍 상태 또는 건강과 신체적 능률을 유지할 만한 수입을 얻지 못하는 사회적·경제적 상태

> ✓참고
>
> **해체가족**[1]
>
> 1. **한부모가족(one parent family)**
>   한모가족 또는 한부가족을 지칭하는 것으로, 모 또는 부가 배우자와 사별 또는 이혼하거나 유기된 자, 정신이나 신체의 장애로 장기간 노동능력을 상실한 배우자를 가진 자, 미혼자 등으로서 아동인 자녀를 양육하는 자. 편부모가족이라고도 함
>
> 2. **조손가족**
>   조부모와 그 손자녀로 이루어진 가족을 통칭하는 개념. 소년소녀가장이라고 불려진 용어로 부모의 부재로 만 20세 이하의 소년, 소녀가 가정을 이끌어가야 하므로 생활이 어려워 공적인 보호가 필요한 세대를 지칭하는 편의상의 명칭
>
> 3. **단독가구**
>   1인가구를 말하며, 가족해체로 발생하는 단독가구는 그 특성상 청장년 1인가구와 노인 1인가구임. 청장년 1인가구는 미혼이거나 사별이나 이혼 등으로 배우자를 잃고 자녀가 없거나 또는 자녀 및 기타 친족과의 비동거 등으로 혼자 생활하는 경우이며, 노인독신가구는 노인부부가족 중 배우자의 사망으로 혼자 남은 가구

[1] 자료원: 박재규(2010) 보건사회연구, 가족해체가 남녀의 건강과 삶의 질에 미치는 차별적 영향

SECTION 05 가족폭력의 유형

(1) 아동학대

구분		특징
정의 및 특성		① 협의의 정의는 주 양육자가 아동에게 가하는 적극적이며 의도가 강한 행위 ② 그 위해의 결과가 비교적 명백한 상태이며 관찰 가능한 상처를 초래한 행위
유형	신체적 학대	양육자가 아동의 신체에 의도적으로 타박상, 화상, 좌상, 골절, 두골 및 복부의 상해 등과 같은 간단한 것에서부터 심한 상처를 주는 것
	정서적 학대	① 신체적 학대와 함께 일어나는 경우가 많으며, 아동에게 협박과 언어적 공격을 일삼고, 심한 수치심과 모욕을 주기도 함 ② 감금하는 등 적대적이고 거부적인 처우를 가하여 인성발달의 저하와 같이 정서적 양육과 정상적인 심리·사회적 발달이 부정되는 행위
	성적 학대	아동의 발달상 아직 준비되지 못한 성적 활동에 아동을 타의로 관련시키는 것을 말하며, 실제적인 성교뿐 아니라 애무하기, 노출, 착취와 근친상간, 추행, 강간 등이 포함

	방임	① 신체적 방임: 아동의 기본적 요구, 즉 의, 식, 주, 위생 상태 및 건강관리 등을 제대로 제공하지 않는 것 ② 정서적 방임: 자녀에 대한 애정·관심·지지를 제공하지 않아 아동의 사회, 교육, 발달상의 요구를 무시하는 것 ③ 물리적 방임: 음식, 위생, 난방 등 아동의 건강과 안정을 위해 필수적인 것을 제공해 주지 않는 것 ④ 교육적 방임: 부모나 주양육자가 교육활동에 필요한 정신적·물질적 지원을 제대로 제공하지 못하는 상태 ⑤ 의료적 방임: 신체적·정신적 아픔이나 증상을 호소해도 적절한 의료적인 보호조치를 취해 주지 않는 것
	간호사정 및 중재	① 아동학대가 의심되면 신체적·정서적·성적 학대와 아동방임의 증거가 있는지 자세히 관찰해야 함 ② 잠재적인 학대현상이 파악되면 이를 확인하기 위해 다른 팀 요원에게 의뢰 ③ 아동이 부모와 함께 있게 되면, 부모의 눈치를 보기 위해 말을 하지 않고 회피. 따라서 부모 없이 만나볼 필요가 있음 ④ 성공적인 접근을 위해 부모와 먼저 신뢰관계를 형성한 후 아동과 부모의 상호작용을 보면서 점차 아동에게 접근하는 것이 바람직. 또한 부모와 자녀 간의 관계가 이미 어려운 관계이므로, 더욱 나쁜 방향으로 가지 않도록 양측에 신뢰감을 주도록 해야 함

(2) 부부학대

구분		특징
정의 및 특성		부부학대 또는 배우자학대는 "배우자의 공격적 결과로서 심각하고 반복적인 신체 및 정서적 상해를 입게 되는 경우"라고 할 수 있음
유형	신체적 학대	실제적인 신체적 상해나 가해로 고통 주기, 질병, 건강 유지에 필요한 자원의 억제, 강제적인 알코올 또는 약물 사용 등을 포함
	성적 학대	학대자 또는 타인(강요된 매춘)에게 강요된 성적 접촉을 하도록 신체적·정서적 강요를 하는 것, 또는 피해자의 성적정체감을 손상시키려는 의도를 포함
	정서적 학대	두려움과 위협으로 피해자를 조절하려는 시도이며, 피해자를 사회적 상호작용에서 고립시키는 것
	경제적 학대	피해자의 경제활동을 억제하며, 자신에게만 경제적으로 의존하게 하여 피해자를 조절하려는 것

		학대받는 여성이 어떠한 과정으로 희생자가 되고, 무기력한 행동을 하게 되는지 그리고 그러한 상황에서 왜 벗어나려는 시도를 하지 않는지를 설명
워커(Walker)의 폭력주기이론 (1979)		
	단계	특징
	긴장 형성기	① 사소한 일에 남편이 흥분하기 시작하고 물건을 던지는 등 아내가 느끼는 긴장이 고조되는 시기 ② 이때 여자는 더욱 수동적이 되고 유순해지며, 남편의 기분을 거스르지 않기 위해 고분해짐. 아내는 또한 이에 대해 자신도 약간의 책임이 있다고 생각하여 남편의 사랑을 받기 위해 과도하게 신경쓰며, 이러한 분위기가 남에게 노출되는 것이 싫어서 이웃·친구 등 타인과의 관계를 멀리하고 사회적으로 고립 ③ 남편은 자신이 이러한 행동 때문에 부인이 자신을 떠날까봐 부인에게 더 압력을 가하고, 아내가 자신의 소유라는 강압적 행동을 하게 됨
	폭력 발생기	① 남편의 분노가 사소한 일로 촉발되어 폭력이 발생. 시간은 2~24시간 지속되며 남편이 정서적·신체적으로 힘이 빠져 더 이상 폭력을 가할 수 없을 때 종결 ② 아내는 자신을 보호하려는 시도나 안전한 장소로 도망가려는 시도를 할 수 없음. 특히 어린 아동이 있을 때는 더욱 그러함. 아내의 자존감은 극도로 떨어지고 더욱 무기력해짐. 그리고 아내는 자신과 타인에게 손상의 심각성을 부인하며, 의학적 도움이 필요한 상황에서도 도움을 청하지 않으며 손상의 정도는 의료기관에 가야만 확인됨
	참회기❶	① 남편이 아내에게 용서를 구하고 선물을 주면서 다시는 폭력을 행사하지 않겠다는 맹세를 하며 관계를 유지하기 위해 노력하는 사과단계로 이 시기는 매우 짧음 ② 이 단계가 지나면 다시 1단계로 돌아가게 됨. 한편 학대자의 폭력은 학습된 행동이라고 해석되며, 폭력행동을 예측할 수 있게 하는 중요한 특성들을 보여주게 됨 ③ 반면에, 피해자인 아내는 신체적 증상과 고통 외에도 다양한 특징 보임. 예를 들면, 자존심 손상과 수치심, 굴욕감, 정서적 억압(자신에 대한 이해 부족과 정체감 혼돈, 상대에 대한 적개심, 분노, 억울함), 불안과 긴장, 스트레스 장애(다시 폭력을 당할 것에 대한 두려움, 가슴 두근거림, 가슴 답답함, 정신둔화, 자율신경 과민, 울화와 속열, 우울, 알코올중독, 자해, 불면증), 정신 신체화 증상(손발마비, 소화불량, 실어증), 환경통제 능력 결여(위축, 고립감, 무기력감, 일상생활이나 가사일을 못함, 식사불능), 자녀에 대한 폭력과 죄책감 등

❶
예를 들면, 어린 시절 가정에서 학대행위를 목격하였거나 받았을 때, 이전에도 여성에 대한 폭력을 썼을 때, 분노발작의 과거 경험, 사소한 혼란 상태에서도 쉽게 위협받는 불안정한 성격, 병리적인 질투와 소유욕, 매력적·유혹적인 능력이 있지만 자신의 의도대로 되지 않을 때는 적대적이고 비열한 성격을 드러내는 것, 알코올중독과 그 밖의 물질남용 등이 있다.

구분	내용
간호사정	① 사정은 예방 및 조기발견을 위해 주요한데, Walker(1979)의 폭력의 주기이론에 의하면, 3단계 중 중재할 수 있는 가장 적절한 시기는 2단계의 끝과 3단계의 초반 ② 이때가 치료를 위하여 의료기관을 방문하는 시기이므로 의료처치와 함께 관계형성을 하면서 폭력의 주기를 깰 수 있는 심층적인 접근을 해야 함 ③ 또한 배우자학대는 다양한 신체적·심리적 결과를 초래하므로 간호사정 시 유의해야 함

(3) 노인학대

구분	내용
개념	노인복지법 제1조의2(정의)에서 노인학대는 노인에 대하여 신체적·정신적·정서적·성적 폭력 및 경제적 착취 또는 가혹행위를 하거나 유기 또는 방임을 하는 것으로 정의
원인에 대한 분석	노인 관련 요인, 가해자 관련 요인, 가해자와 노인의 상호작용 요인, 가정환경 요인, 사회문화적 요인 등

(4) 가정폭력 예방

구분	내용	
개요	① 가정폭력을 예방하기 위해서는 일차, 이차, 삼차 예방에서의 통합적 접근이 필요 ② 사정을 할 때에는 개인뿐 아니라 가족과 지역사회 모두 사정되어야 함 ③ 가족과 지역사회 내에서 폭력을 유발하는 위험요소와 실제로 일어나는 학대의 증상과 징후가 있는지 사정해야 함 ④ 간호사는 사정에 앞서 가정폭력과 관련된 간호수행에 대한 자신의 느낌과 감정을 검토	
가정폭력 해결을 위한 전략적 원칙 3가지	① 간호사와 가족은 상호 간에 수용될 수 있는 목적을 정하여 기록. 의견이 다를 때는 그 차이에 대해 토론하고 타협하여야 함 ② 구체적으로 이룰 수 있는 목적을 설정하여 이를 달성하도록 함 ③ 간호사는 가족에게 해결책을 강요해서는 안 됨	

예방적 전략	일차 예방	잠재적인 학대의 가해자와 피해자 또는 사회 전반을 대상으로 예방함
		① 지역사회 전체가 폭력에 대항
		  ㉠ 대중매체의 폭력성을 줄이기 위한 다양한 활동에 참여
		  ㉡ 학교폭력 및 부부학대 등을 예방하기 위한 법적·제도적 노력
		  ㉢ 지역사회에서 폭력에 대한 관찰과 신고가 자발적으로 이루어져야 함

	② 잠재적인 학대자에 대한 중재 　㉠ 사용하는 대처전략과 문제해결과정의 효과를 사정하고, 좀 더 효과적이고 적절한 대처전략과 문제해결기술을 개발하도록 지지 　㉡ 폭력이 발생할 수 있는 가정을 발견하면 위험요소를 줄이기 위한 구체적인 계획을 세워야 함 　㉢ 잠재적인 피해자를 위한 중재를 보면, 타인에 의한 강요로부터 자신을 스스로 보호하고 돌볼 수 있는 개인적 능력을 키우는 과정이 중요
이차 예방	① 가족 내에서 폭력과 학대가 발생한 이후에 이루어짐. 즉, 피해자를 더 이상 학대받지 않도록 보호하는 것과 폭력주기가 반복되는 것을 막는 것 ② 폭력주기의 반복을 막기 위해서는 학대자, 피해자와 가족에 대한 치료를 포함 ③ 위기 중재적 접근이 필요함
삼차 예방	사회적 지지 자원의 부재와 부족, 학대받은 가족력, 대처기술 부족 등 취약한 요소들을 줄일 수 있는 방안을 모색. 학대가 재발하지 않도록 예방하는 것이 중요함

SECTION 06 지역사회간호와 문화적 다양성

(1) 문화적 역량과 사정영역

구분	내용
다문화 역량	① 문화적 차이가 있는 다른 사람을 이해하고 공감하는 능력 ② 다문화사회에서 자신의 문화에 대한 정체성을 찾고 문화적 차이를 유연하게 받아들일 수 있는 공감하는 능력
가이거와 다비드 하이저 (Giger & David hizar)의 문화 사정 자료와 영역	① 횡문화사정 모형은 5가지 메타 패러다임을 제시함 ② 5가지 메타 패러다임: 횡문화간호와 문화적으로 다양한 간호, 문화역량 간호, 문화적으로 독특한 개인, 문화적으로 민감한 환경, 문화적인 질병과 건강 행위에 근거한 건강과 건강상태 ③ 6가지 문화현상: 의사소통, 공간, 사회조직, 시간, 환경통제 및 생물학적 차이 (이 6가지 문화현상은 상호배타적이지 않아 서로 관련이 있고 상호작용한다고 설명)

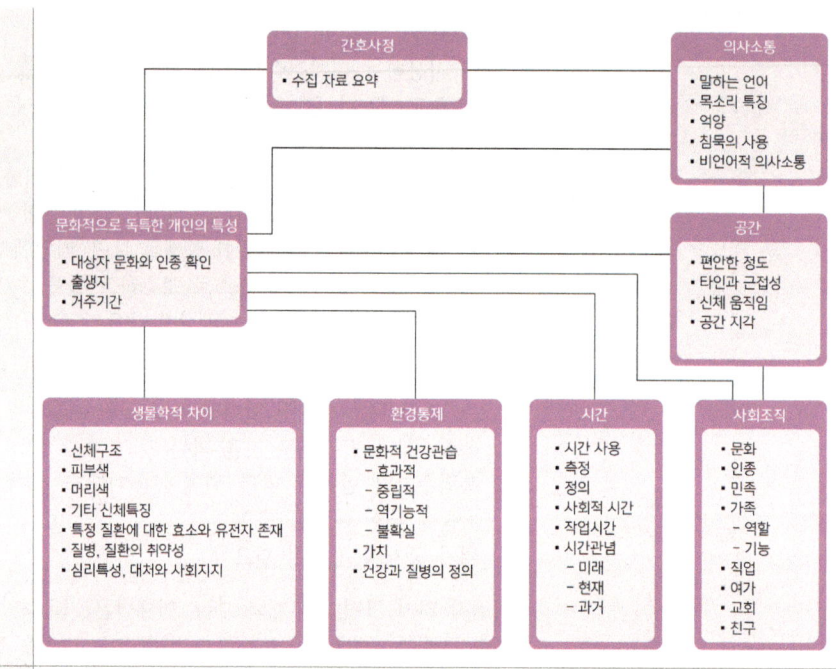

① 횡문화간호의 목표는 사람들의 건강과 안녕을 추구하고 질병 예방 및 죽음을 잘 준비하도록 돕기 위해 문화적으로 의미 있는 방법을 이용하여 특수하면서도 보편적인 간호실무 제공하는 것
② **7가지 요인들**(기술, 종교와 철학, 혈연 및 사회, 문화적 가치관과 삶의 방식, 정책 및 법, 경제, 교육)이 개인, 가족, 집단의 건강과 질병에 영향을 미친다고 함.

레이닝거의 문화, 간호, 다양성 그리고 보편성에 대한 간호이론

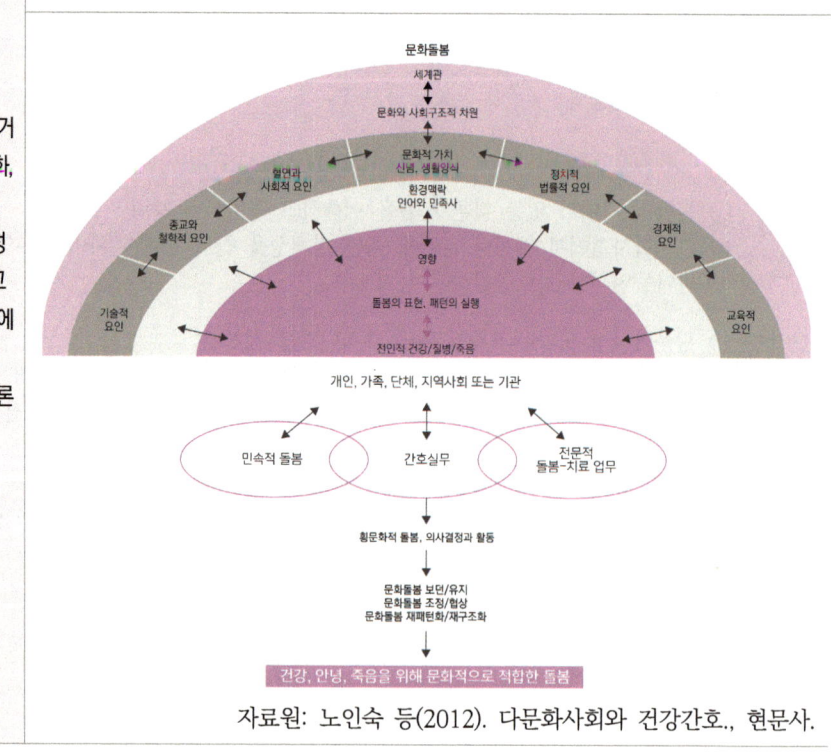

자료원: 노인숙 등(2012). 다문화사회와 건강간호., 현문사.

기출의 재발견

01

가족간호 수행전략에 대한 설명으로 옳은 것은? [2015]

① 가족의 강점보다 약점 활용에 초점을 둔다.
② 가족 문제 해결을 위해 간호표준보다 가족의 신념에 따른다.
③ 합리적이고 과학적으로 접근하기 위해 간호계획 수립 시 간호사가 주도적으로 작성한다.
④ 가족이 스스로 현재와 미래의 문제에 대처할 수 있는 능력을 기를 수 있도록 한다.

| 정답 | ④

02

가족간호사정을 위한 가계도 작성에 대한 설명으로 옳지 않은 것은? [2015]

① 일반적으로 3세대 이상이 포함되도록 작성하고 가족의 구조적 특성을 나타낸다.
② 자녀는 수직선으로 나타내고, 오른쪽에서 왼쪽으로 출생순위를 나타낸다.
③ 부부를 중심으로 자녀를 그리고 난 후에 부부의 양가 부모 및 형제자매를 그린다.
④ 가족 구성원 개인에 대하여 연령, 성별 및 질병상태 등을 기술한다.

| 정답 | ②

03

가족간호 사정도구에 대한 설명으로 옳은 것은? [2015]

① 외부체계도 - 가족 내부 구성원의 상호관계와 밀착관계만을 알 수 있다.
② 가족밀착도 - 가족구성원의 결혼, 이혼, 사망, 질병력과 같은 중요한 사건을 점선으로 도식화한다.
③ 가족생활사건 - 가족의 역사 중에서 중요하다고 생각되는 사건들을 시간 순으로 열거한 것이다.
④ 사회지지도 - 가장 취약한 가족구성원을 중심으로 부모·형제, 친구와 직장동료, 기관 등 외부와의 상호작용을 그린 것이다.

| 정답 | ④

04

가족간호과정에 대한 설명으로 옳지 않은 것은? [2015]

① 문제가 있는 가구원만을 대상으로 사정한다.
② 가족의 문제점뿐만 아니라 강점도 함께 사정한다.
③ 간호사가 전화면담을 통해 가족으로부터 직접 얻은 자료는 일차자료이다.
④ 정상가족이라는 고정관념을 버리고 가족의 다양성과 변화성에 대한 인식을 가진다.

| 정답 | ①

05

방문간호사가 K씨 가족을 방문하여 가족간호사정을 실시하였다. 다음의 사정도구에 대한 설명으로 옳은 것은? [2018, 지방직]

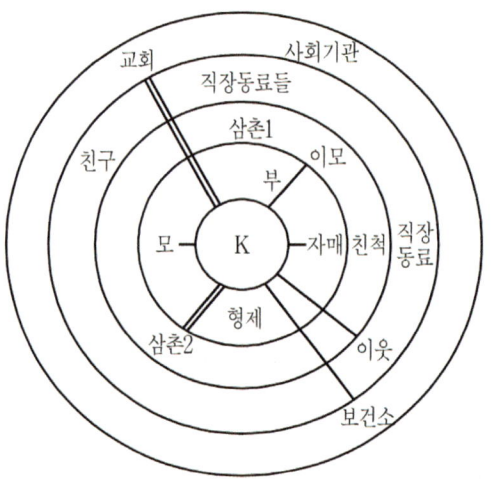

① K씨와 가족 내·외부 간의 지지 정도를 확인할 수 있다.
② K씨의 가족과 외부체계 간의 자원 흐름을 파악할 수 있다.
③ K씨의 가족구성원 간의 상호관계와 친밀도를 도식화한 것이다.
④ K씨의 가족구성원의 구조를 한눈에 볼 수 있도록 도식화한 것이다.

| 정답 | ①

마인드 맵

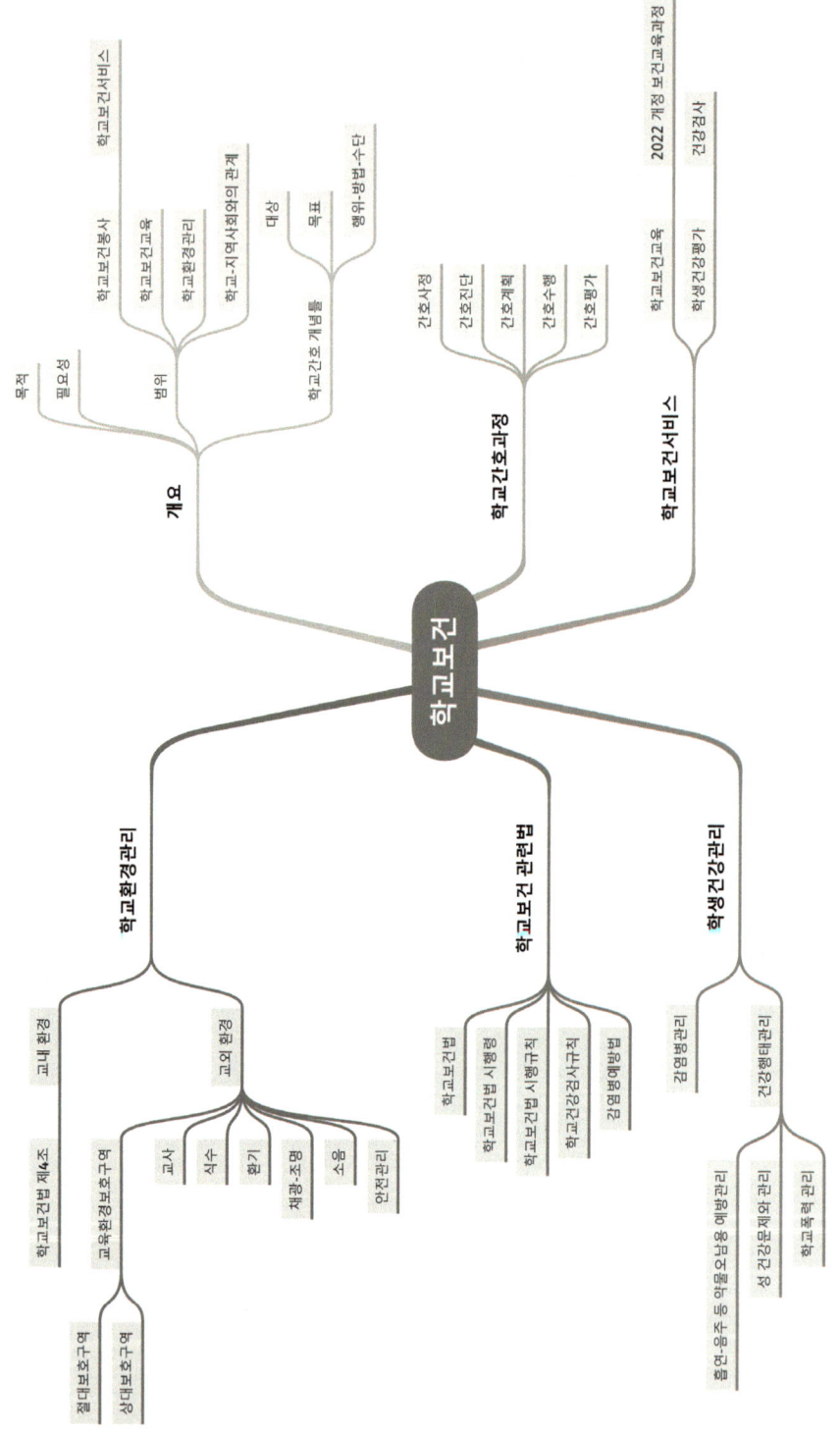

CHAPTER 08
학교보건

01 학교보건 개요
02 학교간호과정
03 학교보건서비스와 학교보건교육 및 건강증진
04 **2022년 개정 보건교육과정**
05 학생건강평가
06 학생건강문제 관리
07 학교보건(관련)법
08 학생건강관리, 감염병관리
09 학교환경관리

PRETEST OX퀴즈

1 학교간호의 목표는 적절한 학교생활을 하도록 하는 것이다. ○ ×

2 학생건강평가에서 신체의 발달상황을 확인하기 위한 건강검사 실시 항목은 키, 몸무게, 가슴둘레, 비만도이다. ○ ×

3 학교보건법 제7조에 따라 학교의 장은 학생과 교직원에 대한 건강검사를 실시해야 한다. 교직원의 건강검사는 국민건강보험법의 건강검진으로 대체할 수 있다. ○ ×

4 학교건강검사에서 별도의 검사항목은 소변검사, 시력검사, 결핵검사, 혈액검사를 의미한다. ○ ×

5 절대보호구역이란 학교출입문으로부터 직선거리로 100미터까지의 지역을 의미한다. ○ ×

해설

1 × 학교간호의 목표는 적정기능수준의 향상이다.
2 × 신체 발달상황은 키, 몸무게, 비만도를 측정하여 확인한다.
3 ○ 국민건강보험법 제52조에 따른 건강검진을 교직원 건강검진으로 갈음할 수 있다.
4 × 별도의 검사(학교건강검사규칙 제6조)는 소변검사 및 시력검사, 결핵검사, 구강검사가 해당한다.
5 × 절대보호구역이란 학교출입문으로부터 직선거리로 50미터까지의 지역을 의미한다. 학교설립예정지인 경우는 학교경계로부터 직선거리 50미터까지의 지역을 말한다.

CHAPTER 08 학교보건

SECTION 01 학교보건 개요

(1) 개요

구분	내용
정의	① 학생과 교직원이 건강하고 안전하게 생활할 수 있도록 질병을 예방하고 건강을 보호·증진함으로써 건강한 학교생활을 유지하게 하는 것 ② 학교보건은 학생 및 교직원의 건강관리와 건전한 학교환경, 보건교육과 지역사회의 관련 활동을 포함(Nadar), 학교보건은 모든 학령 전 및 학령기 인구와 청소년들을 위한 질적인 1차 보건의료를 증진하는 것(Lowe) ③ 학교보건의 목표를 달성하기 위해 학교에서 다루는 내용은 보건교육, 건강한 식습관, 신체적 활동, 구강보건, 손상 예방, 영적 안녕, 환경보건
WSCC 모델❶ 10가지 항목	① 보건교육 ② 체육교육과 신체활동 ③ 급식환경과 서비스 ④ 건강서비스 ⑤ 상담·심리 및 사회적 지원 ⑥ 사회 및 정서적 풍토(분위기) ⑦ 물리적 환경 ⑧ 교직원 건강 ⑨ 가족참여 ⑩ 지역사회 참여

❶ Whole School, Whole Community, Whole Child Model: WSCC으로 CSHP(Comprehensive School Health Programs)의 구성요소와 국제교육협의체(ASCD)의 '모든 아동' 접근전략을 통합한 것

(2) 학교보건 특성, 필요성

구분	내용
개념	학교보건의 대상자가 신체적·정신적·사회적으로 안녕상태에 도달하도록 하는 것 ⇨ 적정기능수준. 학교간호❷의 상위목적으로 이해할 수 있음
목적	학교의 보건관리에 필요한 사항을 규정하여 학생과 교직원의 건강을 보호·증진함을 목적으로 함(학교보건법 제1조)
1차적 목표	자신의 건강문제를 스스로 관리할 수 있고 지역사회의 자원을 활용하며 건강문제를 다루도록 함

❷ 일부 각론에서 학교간호의 예로 천식, 비만 및 감염성 질환과 같은 질병을 가진 학생의 특별한 건강문제를 다루는 것이라고 설명하기도 한다.

구분	내용
2차적 목표	질병, 사고 등으로 인해 발생할 수 있는 장애에 대응할 수 있도록 대상자의 요구에 따라 돕는 것
필요성과 중요성	① 대상자의 특성: 건강한 생활습관의 형성기, 감염에 취약❶, 성장발달의 시기 ② 경제성: 효율적, 비용 효과적 방법 ③ 파급효과: 학교는 지역사회의 중심이므로 지역사회에 미치는 영향력이 큼

❶ 감염에 취약, 집단생활은 감염병 발생의 근원, 전파될 가능성이 높음 ⇨ 감염병 발생 예방에 효과적

(3) 학교보건의 범위

구분	내용
학교보건봉사	건강평가, 건강상담, 감염병관리, 응급처치, 요양호자 건강관리 등
학교보건교육	보건교과 지도, 보건교과 수업
학교환경관리	환경관리, 생활관리
지역사회와의 관계	지역사회 내 보건사업과 일치, 학생 및 교직원의 보건조직 활동

SECTION 02 학교간호과정

구분	내용
학교간호 정의	① 학교간호는 질병을 앓고 있는 대상자인 학생과 교직원을 보살피고 돌보는 서비스를 하는 것 ② 학교간호의 예를 들면, 천식, 비만 및 감염성 질환과 같은 학생의 특별한 건강문제를 다루는 것 ③ 건강문제를 가진 학생들에게 건강 및 건강한 행동을 유지, 증진하는 방법과 문제해결에 도움이 되는 도구의 이용법을 가르침 ④ 학생들에게 위험행동을 예방하는 방법 및 절차를 알려줌 ⑤ 건강문제를 해결하는 데 필요한 운동 및 건강한 습관을 형성하도록 간호서비스 측면에서 격려함
개념틀❷	① 대상: 학교지역사회, 구조적·감정적·기능적 지역사회 ② 목표(학교간호): 적정기능수준의 향상 ③ 행위 - 방법 - 수단(학교간호활동)
간호사정	① 지역사회 간호사정과 동일한 과정임 ② 지역사회 = 학교로 치환하여 이해하고 정리하면 됨

❷ 지역사회간호의 개념틀로 이해함

이론적으로 간호진단 = 간호현상 = 간호문제가 모두 동일한 의미로 사용됨

📖 ICNP에 따른 학교간호현상

간호진단	인간행위와 관련된 학교간호현상	• 척추질환의 위험성 • 부적절한 식습관 • 부적절한 스트레스 관리 • 부적절한 응급관리 • 부적절한 체중관리 • 흡연 및 약물남용 • 성에 대한 부적절한 대처
	인간기능과 관련된 학교간호현상	• 부적절한 시력관리 • 구강건강관리 • 소화기질환 위험성 • 호흡기계 질환 위험성 • 전염병 관리 미비 • 성정체감 부족
	학교환경과 관련된 학교간호현상	• 교실 내 사고위험성 • 교실 외 사고위험성 • 학교 주변 사고위험성 • 유해환경 노출위험성 • 부적절한 쓰레기관리 • 부적절한 학습환경 • 학교적응장애
간호계획	① 학생과 교직원의 건강요구에 초점을 둠 ② 목표, 방법과 수단 선택, 수행계획, 평가계획까지 포함	
간호수행	① 직접간호수행 ② 간접간호수행	
간호평가	① 평가대상과 기준 선정 ② 자료수집 ③ 계획과 실적 비교 ④ 결과분석: 학교보건사업의 가치 판단 ⑤ 재계획 실시	

SECTION 03 학교보건서비스와 학교보건교육 및 건강증진

구분	내용
학교보건서비스 - 학생건강관리	① 학생건강검사(신체발달상황, 건강조사, 정신건강 상태검사, 건강검진, 구강검사, 신체능력검사, 별도검사, 건강검사 추후관리) ② 건강문제별 직접간호서비스(일반적 건강문제, 응급을 요하는 건강문제) ③ 학교 감염병 예방 및 관리 ④ 학교 성건강관리 ⑤ 학교폭력 예방 및 관리
학교보건교육 정의	개인이나 집단의 건강과 관련된 지식, 태도, 행위에 영향을 미칠 목적으로 학습경험을 제공하는 과정
목적 및 과정	① 건강의 본질을 파악, 건강지식을 개발, 건강생활의 실천 ② 학교보건교육과정 = 학습요구의 사정 ⇨ 보건교육의 계획 ⇨ 교수·학습지도안 작성 ⇨ 보건교육 실시 ⇨ 보건교육 평가
보건교육과정의 개정❶	① 국가수준 학교보건교육과정의 이해 2008년 학교보건법 제9조의2(보건교육 등)의 조항을 근거로 보건교육과정 신설됨. 이는 단독 교과목으로 '보건' 과목이 생기고 국가수준의 보건교육과정이 마련됨. 한편 2015년 개정 교육과정에는 '건강자원의 활용과 대처기술' 영역과 '건강과 사회·문화' 영역이 '건강자원과 사회문화' 영역으로 통합되고 '안전과 응급처치' 영역이 추가됨 ② 학교보건교육과정 운영주체 　㉠ 보건교사 자격기준 　㉡ 보건교사 배치기준 　㉢ 보건교사의 직무 　㉣ 학교의사와 학교약사

❶ 교육부 고시 제2105-74호 [별책 18-19] 참조

SECTION 04 2022년 개정 보건교육과정

(1) 고등학교

주요개념	내용
성격	① 고등학교 보건 과목에서는 중학교에서 습득한 건강에 대한 가치, 지식, 태도, 기술 및 역량을 강화하는 한편, 건강 영향요인과 건강정보 및 자원을 분석하고 평가하여, 건강증진과 질병 예방의 개인적·사회적 실천을 탐색한다. ② 또, 약물, 성, 정서에 대한 조절 능력을 강화하고 협력적으로 건강문제와 위험에 대처하며 서로의 건강을 옹호하고 건강지향적 사회 환경을 추구함으로써 개인과 공동체의 건강역량을 강화하고 삶의 질을 높인다.
목표	① 건강의 가치와 다양한 건강 개념, 몸과 마음에 대한 균형 있는 지식과 태도, 기술을 발전시키는 한편, 건강 영향요인을 고려하여 일상생활을 행복하고 건강하게 관리할 수 있다. ② 이를 기반으로 건강 안전을 위협하는 건강문제 상황에서 건강생활기술과 건강자원, 정보를 유연하게 활용하여 건강문제를 해결하고 질병상태에서도 친구와 가족, 공동체와 함께 건강하게 살아가며 안전하게 대처할 수 있다. ③ 또한, 개인과 공동체의 건강증진에 기여하고 급변하는 환경과 미래 세대 건강문제에 창의적으로 대응하고, 공감적 이해력, 협력적 의사소통 등을 바탕으로 건강을 옹호하고 건강지향적 환경을 추구하며 포용성, 종합성, 시민성을 갖추어 삶의 질을 높인다.

내용체계

	범주	건강증진과 질병예방
건강증진과 질병예방	핵심 아이디어	① 건강은 우리 삶의 질에 중요한 가치를 가지며 총체적으로 행복한 상태를 추구하는 공통성이 있지만 여러 측면이 있으므로 해석과 수용이 다양함 ② 개인과 공동체의 건강증진은 건강에 영향을 미치는 다양한 요인을 고려한 포용성, 시민성을 토대로 건강관리 역량을 강화하고, 공동체가 함께 전략을 수립하며 협력적으로 실천할 때 가능함
	지식·이해	
	건강과 건강증진	• 다차원적 건강개념과 건강영향요인 • 건강지표와 건강평가 • 건강관리의 역사와 제도 및 모델 • 건강에 대한 사회적 지지와 역할 및 책임
	신호와 생활주기	• 몸과 마음의 신호와 변화 • 생애주기별 건강특성과 건강관리 및 제도

	질병 예방과 건강생활 기술	• 개인과 공동체, 국가의 질병예방과 건강관리 • 건강생활기술과 건강자원 • 개인·공동체·국가의 건강옹호와 협력 및 네트워크
	과정·기능	
	건강이해	• 건강의 가치와 다차원적 개념 탐구하기 • 건강요구와 지지·장애요인 분석하기 • 생애주기별 건강특성을 제도와 연관하여 이해하기
	건강탐구	• 몸과 마음의 신호를 평가하고 해석하기 • 건강상태 및 건강관리 모델을 평가하여 건강관리 계획하기 • 건강지표를 분석하여 활용하기
	실천적용	• 건강관리하기 • 네트워크 활용 및 건강옹호하기
	가치·태도	• 건강가치화와 건강관리 및 건강증진 실천 의지 • 건강지향적 환경 개선 의지 • 소통과 협력하며 반성과 개선 인식 • 건강관리의 생활화
	범주	정서와 정신건강
정서와 정신건강	핵심 아이디어	① 물질 오·남용과 행위 중독은 개인과 사회의 건강 및 사회 문제와 관련이 있으므로 문제에 대처할 수 있는 내적인 힘, 생활기술과 지지체계 및 환경조성이 중요하다. ② 감정, 성격, 유대 등 정신건강을 이루는 요소들은 개인적 특성과 사회, 문화, 환경적 요인의 상호 작용에 영향을 받으며 삶의 질에 영향을 준다.
	지식·이해	
	중독과 건강	• 의약품 오·남용 • 물질 및 행위중독
	정서·정신건강	• 정서·정신건강 이해 • 감정과 성격의 이해와 관리 • 우울 및 불안과 스트레스 관리 • 삶과 죽음·상실의 개인적·사회·문화적 의미
	과정·기능	
	개념이해 건강탐구 실천적용	• 정서·정신건강의 의의와 영향 요인을 탐색하여 관리하기 • 약물과 중독의 기전을 이해하고 조절하기 • 건강하고 안전한 선택을 지지하고 다양성을 존중하며 지지체계 및 제도 개선하기 • 정서·정신건강의 문제와 위험을 사회적 환경과 연계하여 관리하기 • 감정과 성격을 사회적 조건과 관련지어 이해하고 행복한 삶의 양식 발전시키기

		• 내적인 힘, 생활기술 및 미디어와 자원을 활용하여 유혹과 압력, 폭력에 대처·옹호하기
	가치·태도	
	• 건강한 자아상과 유대 및 행복 추구 • 자아 존중감과 회복탄력성 • 위험요인 감수성 및 중독에 대한 사회적 관점과 비판적 태도	
성과 건강	범주	성과 건강
	핵심 아이디어	① 성 건강은 개인과 가족의 행복과 국가 발전에 중요한 토대가 된다. ② 성의 다양한 측면에 대해 사회적 맥락을 고려하여 평등하고 균형 있는 시각으로 이해하는 것이 성 건강관리의 기초가 된다
	지식·이해	
	성과 성발달	• 성의 다양한 개념 • 생애주기별 성적 특성과 관리 • 성적 발달과 건강관리 • 신체상과 몸에 대한 권리
	사랑, 권리와 책임	• 사랑과 성적자기결정권 • 성 건강 및 권리와 임신·피임·미혼부모 • 성 역할과 성인지 감수성
	성문화와 성적 위험	• 성 건강문제와 성매개감염병 및 위험 이슈 • 성문화와 성폭력·성매매 예방대책 • 성미디어 문해력 • 성 건강 관련 제도와 정책
	과정·기능	
	건강이해 실천적용	• 성 건강문제를 균형 있게 탐색하여 건강을 관리하고 개선하기 • 성과 건강, 발달, 사랑, 위험, 담론에 작용하는 요인 탐색하기 • 안전하고 행복한 선택이 가능한 조건을 탐색하여 관리하고 실천하기 • 성 건강 관련 제도와 정책 및 환경을 탐색하여 건강관리에 적용하고 개선·옹호하기
	가치·태도	
	• 개인과 공동체의 행복과 안전·평등 추구 • 비판적이고 균형 있는 태도 • 공감과 객관화 및 균형 • 건강을 저해하는 편견과 차별 및 위험요인 감수성 • 취약성에 대한 주의	

	범주	건강안전과 응급처치
건강안전과 응급처치	핵심 아이디어	① 생활 속에는 늘 위험이 있을 수 있고, 이러한 건강위험은 문제가 되기 전에 대체로 신호가 있으며, 도미노처럼 주변의 문제로 이어질 수 있으므로, 건강 안전을 위해서는 개인과 공동체의 안전감수성, 사전 위험요인 평가, 참여와 협력에 기반한 예방 및 대비 체계가 필요하다. ② 위급 상황에서 골든타임 내 안전 수칙 및 응급처치의 신속하고 정확한 적용과 적절한 자원 및 협력 체계는 사망 및 손상 악화 방지와 질병 회복의 결정 요인으로 작용한다.
		지식·이해
	건강안전	• 건강 안전과 개인적 사회적 위험요인 • 암·심혈관계 질환 등 주요 급·만성 질병과 직업병 안전관리·제도 • 면역과 감염병 관리체계 및 제도
	사고예방 응급처치	• 공동체 문화와 건강 안전 및 자원 • 안전수칙과 응급처치·협력체계 및 제도
		과정·기능
	건강이해	• 개인과 공동체의 위험요인을 평가하고 예방·대처방안 탐색하기 • 인체와 주요 급만성 질병의 기초 생리와 병리 이해하기 • 질병과 함께 건강하게 살아가며 건강한 환경 추구하기
	건강탐구 실천적용	• 위험 상황에서 협력적으로 건강과 안전을 지키는 수칙, 제도를 탐색하여 활용하기 • 다양한 응급처치와 심폐소생술 및 자동심장충격기 사용을 익히고 협력 체계와 자원을 탐색하여 다양한 응급상황에 대처하기
		가치·태도
		• 건강과 안전에 대한 공동체 감수성 • 공감과 협력적 소통 • 응급처치 및 협력적 대처 방안 탐색 및 실천 의지
건강자원과 건강문화	범주	건강자원과 건강문화
	핵심 아이디어	① 건강 수준은 성, 가정환경, 경제 수준 등에 따라 차이가 있으므로 건강에 대한 권리의식과 책임의식, 균형 있는 가치관에 기반한 건강옹호와 사회적 환경 개선이 필요하다. ② 디지털 기술과 미디어, 인공지능 시대의 보건의료 환경 및 의료서비스의 급격한 변화는 사람들의 건강 정보와 건강자원의 선택 및 활용에 영향을 미친다. ③ 인류의 건강을 위협하는 부적절한 관행 및 기후·생태환경의 변화는 지속가능한 사회를 위한 건강문화와 환경 조성에 공동체의 책임감과 연대를 필요로 한다.

지식·이해	
건강권과 건강자원	• 건강권의 역사와 의료보장 • 건강정보와 보건의료서비스 체계 • 건강자원과 건강정책 및 제도·건강지향적 환경 • 디지털·인공지능 시대 건강자원
건강문화	• 건강 문해력과 건강 데이터·디지털 문해력 • 기후변화와 사회적 건강문제 및 국제 연대 • 건강 신념·규범·관행 등 건강문화와 지속 가능한 환경
과정·기능	
건강이해 건강탐구 실천적용	• 건강권 보장을 위한 사회·제도적 노력과 건강지향적 환경 개선을 탐색하고 제안하기 • 디지털·인공지능 건강정보와 보건의료서비스를 포함한 건강자원의 변화와 활용 방안을 제안하기 • 건강문화와 기후변화가 개인과 공동체의 건강과 윤리에 미치는 영향을 탐색하여 지속가능한 발전을 위한 협력과 연대, 옹호하기
가치·태도	

• 건강정보·자원의 비판적 탐색과 활용 생활화
• 건강과 상호 작용하는 사회적·문화적 요인에 대한 감수성
• 공동체 건강문제에 대한 심미적 감수성

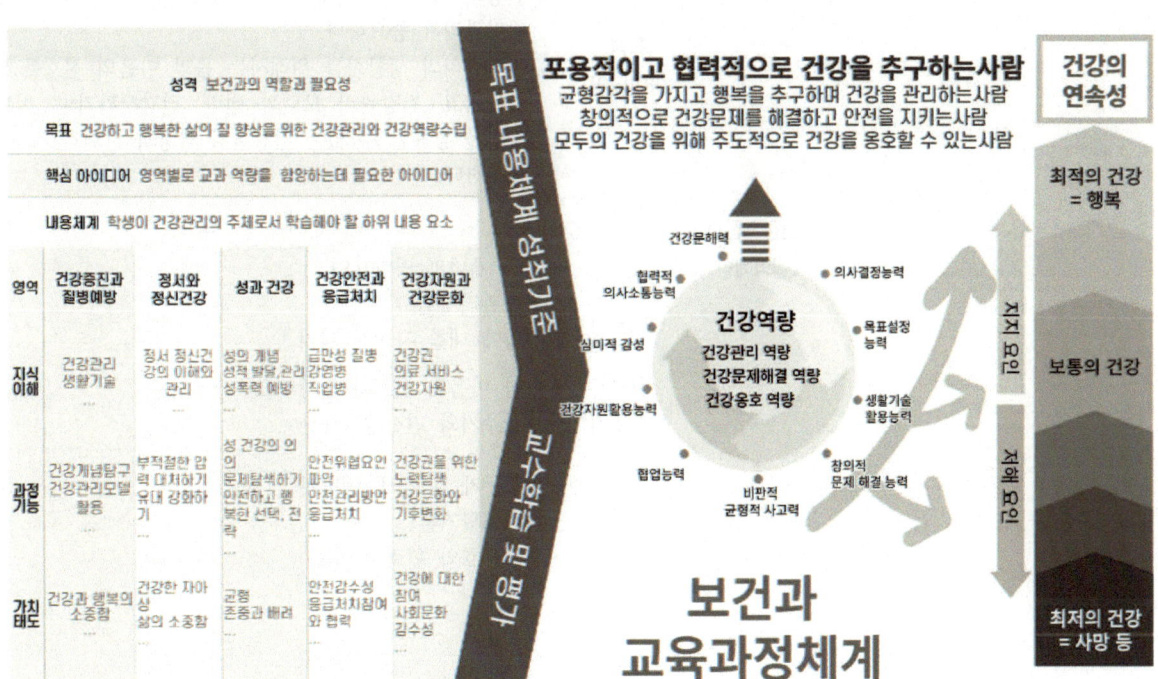

(2) 중학교

주요개념	내용
성격	① 중학교 보건 과목에서는 초등학교에서 습득한 건강생활습관을 강화하는 한편, 몸과 마음에 대한 이해와 존중을 배우고, 건강 지식과 기술, 정보, 자원을 토대로 건강생활을 실천할 수 있도록 한다. ② 약물과 성, 정서에 대한 조절 능력을 기르고 협력적으로 건강문제와 질병의 위험에 대처하며 자신과 주변의 건강을 옹호하도록 한다. 개인과 공동체의 건강역량을 발전시킴으로써 지금보다 더 높은 상태의 건강, 즉 행복을 추구하도록 한다.
목표	① 건강의 가치와 개념, 지식을 바탕으로 몸과 마음에 대한 이해와 건강관리 능력을 높여 일상생활에서 건강생활을 실천할 수 있다. ② 이를 토대로 건강문제 상황에서 건강정보와 자원을 활용하여 건강문제를 해결하고 질병 상태에서도 친구와 가족, 공동체와 함께 위험을 관리하며 행복하고 안전하게 살아갈 수 있다. ③ 한편, 서로의 건강을 옹호하며 개인과 공동체의 건강증진에 기여하고 급변하는 환경에 창의적으로 대응하며 건강역량을 함양하고 건강 지향적 환경을 추구하여 삶의 질을 높인다.

내용체계			
건강증진과 질병예방	범주		건강증진과 질병예방
	핵심 아이디어		① 우리 삶의 질에 중요한 건강을 유지, 증진하기 위해서 건강의 연속성과 항상성 및 다양한 영향요인을 고려한 건강관리가 중요하다. ② 건강관리의 생활화를 위해서는 몸과 마음의 신호를 알아차리고, 건강관리 모델과 전략, 건강생활기술, 정보, 자원을 활용할 수 있는 건강관리 역량과 사회적 지지가 중요하다.
	지식·이해		
	건강과 건강증진		• 건강 개념과 영향요인 • 건강관리모델 • 건강에 대한 사회적 지지
	신호와 생활주기		• 몸과 마음의 신호와 건강지표 • 생활주기와 건강생활습관
	질병 예방과 건강생활 기술		• 건강문제 및 질병 예방과 건강관리 • 건강생활기술 • 건강옹호와 협력

	과정·기능	
건강이해	• 건강개념 및 가치와 영향요인 탐색하기 • 몸과 마음의 신호 이해하기	
건강탐구	• 건강상태를 확인하고 건강관리 방안 제시하기 • 건강관리 모델을 알아보고 생활에 적용하기 • 건강관리 목표와 전략을 세우고 평가하기	
실천적용	• 건강문제와 건강생활기술을 탐색하여 건강관리 실천하기 • 건강옹호활동을 이해하여 사례에 적용하기	
가치· 태도	• 건강과 행복의 소중함 • 건강의 가치 내면화 및 건강을 관리하려는 태도 • 몸과 마음의 신호에 대한 민감성 • 건강생활기술 활용 및 옹호와 협력에 대한 적극성	

	범주	정서와 정신건강
정서와 정신건강	핵심 아이디어	① 자신과 삶의 소중함에 대한 인식, 다양성 존중, 적절한 유대와 지지적 환경은 청소년기와 성인기의 건강하고 행복한 삶의 기초가 된다. ② 흡연·음주 및 의약품의 오·남용은 개인과 사회의 건강 및 사회문제와 관련이 있으므로 내적인 힘과 생활기술 및 지지체계가 중요하다.
	지식·이해	
	중독과 건강	• 흡연·음주·약물 오·남용 • 행위중독
	정서· 정신건강	• 감정·공감 및 지지 • 자아 존중감 • 스트레스 관리 • 삶·죽음·상실의 의미
	과정·기능	
	개념이해 건강탐구 실천적용	• 정서와 정신건강 및 영향요인 알아보기 • 약물과 중독의 기전을 이해하고 조절하기 • 건강하고 안전한 선택 지지하기 • 감정을 이해하고 적절하게 표현하여 행복한 관계 맺기 • 유혹과 압력 등에 대처 및 옹호하기 • 다양성을 존중하며 유대 강화 및 환경 개선하기
	가치·태도	
	• 자신과 타인의 삶을 소중히 여기고 존중하는 태도 • 건강한 자아상·유대와 행복 추구 • 위험요인 감수성과 중독에 대한 비판적 태도	

범주		성과 건강
	핵심 아이디어	① 성 건강은 개인과 가족의 행복, 국가 발전에 기본이 된다. ② 성 건강관리는 성인지 관점 및 서로 다른 입장에 대한 균형 있는 접근과 이해를 필요로 한다.
		지식·이해
	성과 성발달	• 성의 개념 • 성적 발달과 신체상
성과 건강	사랑, 권리와 책임	• 성적자기결정권 • 이성교제와 경계존중 • 성역할 및 임신과 피임
	성문화와 성적 위험	• 성폭력·성매개감염병 등 성 건강위험 • 성 건강문제와 관리·옹호 • 성문화
		과정·기능
	건강이해 실천적용	• 성 건강에 관련된 생리와 주제, 제도, 권리 탐색하기 • 성적 발달과 관계에 대해 알아보고 건강하게 관리하기 • 디지털 미디어와 성문화를 탐색하여 개선하기 • 안전하고 행복한 선택을 위한 균형 있는 관점으로 대처 전략 세우기 • 청소년 성 건강문제를 알아보고 예방·관리하기 • 성과 관련된 차별과 고정 관념, 평등과 존중에 대해 알아보고 평가하기
		가치·태도
		• 안전하고 행복한 성의식과 성문화 함양 • 성인지 감수성 및 차이를 존중하고 공감·배려하는 자세 • 성 건강을 근거를 가지고 관리하는 태도 • 성 미디어 문해력 함양
	범주	건강안전과 응급처치
건강안전과 응급처치	핵심 아이디어	① 생활 속에는 늘 위험이 있을 수 있고, 다양한 건강위험은 문제가 되기 전 대체로 신호가 있으며, 도미노처럼 주변의 건강문제로 이어질 수 있으므로, 개인과 공동체의 안전 감수성 및 참여와 협력에 기반한 예방과 관리가 중요하다. ② 위급 상황에서 공동체의 준비된 안전수칙 및 응급처치의 적용과 협력은 개인과 공동체의 사망 및 손상 악화 방지와 질병 회복의 결정 요인으로 작용한다.

		지식·이해	
	건강안전	• 건강 안전의 의미와 위험요인 • 급·만성 질병 및 관리 • 면역과 감염병 예방 및 관리	
	사고예방 응급처치	• 공동체의 문화와 건강 안전 및 관리 • 건강수칙·응급처치·협력	
		과정·기능	
	건강이해		
	건강탐구 실천적용	• 건강 안전의 개념 및 위험요인을 탐구하여 예방·대처방안 탐색하기 • 질병과 면역의 원리를 이해하고 건강수칙 탐색하기 • 위급 상황에서 협력적 건강 안전 관리 방안을 탐색하고 실천하기 • 질병과 함께 건강하게 살아갈 방안을 탐색하여 생활에 적용하기 • 다양한 응급상황에서 협력적 응급처치와 심폐소생술·자동심장충격기 사용 방법을 익히고 실천하기	
		가치·태도	
	• 건강과 안전에 대한 감수성 내면화 • 건강안전 관리 방안에 대한 탐색적 태도 • 질병 예방과 응급처치에 대한 관심과 참여		
건강자원과 건강문화	범주	건강자원과 건강문화	
	핵심 아이디어	① 건강 수준은 가정환경, 성, 경제 수준 등에 따라 차이가 있으므로 건강을 옹호하고 지지하는 건강지향적인 사회환경이 필요하다. ② 디지털 기술과 미디어, 인공지능 시대의 보건의료 환경 및 의료서비스의 변화는 사람들의 건강정보와 건강자원의 선택 및 활용에 영향을 미친다. ③ 인류의 건강을 위협하는 기후변화는 지속가능한 사회를 위한 건강문화 조성 및 공동체의 책임감과 연대를 필요로 한다.	
		지식·이해	
	건강권과 건강자원	• 건강권 • 건강정보와 보건의료서비스건강자원 • 디지털·인공지능 시대 건강자원의 변화·위험	
	건강문화	• 건강 문해력과 디지털 문해력 • 기후변화와 사회적 건강문제 • 건강 신념과 규범·관행 등 건강문화와 지속가능한 환경	

	과정·기능
건강이해 건강탐구	• 건강권을 위한 노력과 자원 탐색하기 • 디지털·인공지능 건강정보와 보건의료서비스 및 건강자원의 변화와 활용 탐색하기 • 문화와 기후변화가 건강에 미치는 영향 탐색하기
실천적용	• 건강옹호활동 주도하기 • 건강지향적 문화와 환경 지지·옹호하기
	가치·태도
• 건강에 대한 권리와 책임 인식 • 건강한 문화와 환경 변화를 위한 참여 의식 내면화 • 건강의 가치화와 다양성 존중	

❶ 고영·이인숙, 「WHO 건강증진학교 개념에 근거한 전국 중·고등학교의 건강증진학교 운영유형」 지역사회간호학회지 제24권 제3호

(3) 학교 건강증진 ❶

구분		특징
WHO 건강증진학교 정의		학교구성원들의 신체적·정신적·사회적 그리고 영적 건강 및 안녕을 증진시키기 위해 학교와 지역사회의 협력된 노력을 통하여 체계적이고 포괄적인 서비스를 지속적으로 제공하는 총체적이며 포괄적인 접근법 (WHO, 2009)
WHO 건강증진학교 원칙		① 학교건강증진은 학생들이 건강문제 원인이나 결정요인에 초점을 둔 활동 ② 학교건강증진은 학생들이 건강유해요인들을 감소시키기 위한 의사소통, 교육, 학교활동, 경제적 지원, 학교조직의 변화, 그리고 학교 개발 등의 다양한 활동들을 포함 ③ 학교건강증진은 효과적이고 확실한 학생들의 참여를 목표로 함 ④ 학교건강증진의 활성화에 가장 중점적인 역할을 하는 사람은 일차건강관리자인 보건교사
WHO가 제시한 6가지 건강증진학교 전략	학교건강정책	① 학생들의 건강관리에 필요한 학교건강정책을 포함 ② 학교에서 학생들의 건강을 향상하기 위한 모든 정책, 즉 급식, 금연, 운동정책 등 건강생활실천을 강화하는 정책들이 우선적으로 시행되어야 함
	물리적 환경	건물, 실내외 시설, 학교 주변 구역 등
	사회적 환경	교직원의 관계, 학생 상호관계, 교직원-학생 상호관계가 모두 고려된 관계를 포함
	지역사회 유대관계	① 학교와 학생들의 가족 그리고 학교와 지역의 주요 기관이나 개개인과 연결됨 ② 적절한 지역사회의 참여와 의뢰는 건강증진학교 프로그램을 강화할 수 있고, 학생과 교직원들을 지지

	개인건강기술	건강생활실천을 할 수 있도록 하는 것, 즉 운동을 할 수 있는 기술, 금연을 할 수 있는 기술, 스트레스에 대처할 수 있는 기술 등을 학습시키는 것
	학교보건서비스	질병관리부터 예방적 접근으로서 건강생활 실천 확대까지의 내용으로 학교보건서비스를 재설정

> **기출의 재발견**
>
> 다음에서 설명하는 것은 WHO 건강증진학교의 영역 중 어디에 해당하는가?
>
> "금연을 할 수 있는 기술, 스트레스 관리기술 등을 학습하도록 하여 건강증진을 돕는다"
>
> ① 개인건강기술
> ② 학교보건정책
> ③ 사회적 환경
> ④ 지역사회와의 연계
>
> 정답 ①

SECTION 05 학생건강평가

(1) 건강평가와 건강검사

구분	내용
건강평가의 목적과 근거	① 건강이상자의 조기발견과 조기치료 및 적절한 대책을 마련하여 만성질환으로의 이행을 예방함 ② 학생건강평가결과를 분석하여 학교건강증진계획을 수립하고 효율적으로 학생건강증진사업을 시행함 ③ 학교보건법 제7조(건강검사 등): 학교의 장은 학생과 교직원에 대하여 건강검사를 하여야 한다. 다만, 교직원에 대한 건강검사는 국민건강보험법 제52조에 따른 건강검진으로 갈음할 수 있다. ④ 학교건강검사규칙 제2조: 학교보건법 제7조에 따른 건강검사를 원활하게 실시하기 위하여 건강검사에 필요한 소요예산을 포함한 구체적인 건강검사실시계획을 매년 3월 31일까지 수립하여야 함
건강검사의 이해	① 건강검사는 신체의 발달상황, 신체의 능력, 건강조사, 정신건강 상태검사 및 건강검진으로 구분함. ② 신체의 발달상황, 신체의 능력, 건강조사 및 정신건강 상태검사는 해당 학교의 장이 실시하고 건강검진은 지정된 검진기관이 실시함

(2) 학교건강검사의 목적

구분	내용
정의	신체의 발달상황 및 능력, 정신건강상태, 생활습관, 질병의 유무 등에 대하여 조사하거나 검사하는 것
목적	학생에 대한 정기적인 건강검진을 통한 질병의 조기발견치료 및 예방에 필요한 조치를 취하고, 질병 또는 건강문제가 발견된 학생에 대한 건강상담치료 및 보호 등의 적절한 대책을 강구하여 자기건강관리 능력을 배양하고 건강한 학교생활을 유지하도록 함

(3) 학교건강검사 실시내용

구분	내용
신체의 발달상황	키, 몸무게, 비만도 측정(전교생)
건강조사	예방접종 및 병력, 건강행태 및 생활습관 등을 조사(전교생)
건강검진	건강검진기본법 제14조에 따라 지정된 검진기관에서 실시
별도검사	건강검진을 받지 아니하는 초·중 고등학생에 대하여 소변검사, 시력검사, 결핵검사, 구강검사 실시

(4) 건강검사의 실제

구분	내용
신체발달상황	키, 몸무게를 측정한 후 상대체중과 체질량지수(BMI)로 비만도를 산출하여 파악 ① 검사시기: 연중 ② 검사항목: 키(cm), 몸무게(kg), 비만도 ③ 검사방법: ㉠ 키 ㉡ 몸무게 ㉢ 비만도(p.219 참조) ④ 검사자: 당해 학교 교직원(단, 건강검진대상 학년은 검진기관에서 실시) ⑤ 결과처리: 학생건강기록부에 입력 후 학부모에게 통보하여 적절한 치료 등을 할 수 있도록 조치
건강조사	① 조사시기: 4월중 ② 조사항목: 학교건강검사규칙 참고 ③ 조사자: 당해 학교 교직원(단, 건강검진대상 학년은 검진기관에서 실시) ④ 조사방법: 설문조사
건강검진	① 검진시기: 연중 ② 검진대상: 초등학교 1, 4학년, 중·고등학교 1학년 ③ 검진항목: 근·골격 및 척추, 눈·귀, 콧병·목병·피부병, 구강, 기관능력, 병리검사(표)
구강검진	치아상태, 구강상태
정신건강 상태검사	건강검사규칙 제4조의3 정신건강 상태검사 참조
신체능력	① 체력요소를 평가하여 신체의 능력등급을 판정하는 필수평가 ② 신체활동에 대한 인식 정도 등 필수평가에 대한 심층평가를 하는 선택평가
별도검사	건강검사규칙 제6조 별도의 검사 참조

(5) 학교건강검사 결과 기록과 관리

구분	내용
학생생활기록부 작성	학교의 장은 감염병 예방접종의 실시 여부, 건강검진 및 별도 검사실시 현황 등 건강검사결과를 교육정보시스템에 의한 처리를 위하여 학생건강기록부에 작성
건강검진 결과 기재	건강검진 결과는 검진을 담당한 의사가 진찰하고 건강검진 항목별 검진결과 기재요령에 의거하여 '정상', '정상(경계)', '정밀검사 요함'
건강검사 결과의 조치	소변·구강·시력검사의 이상자는 보호자에게 안내하여 사후관리를 철저히 수행해야 함
학생건강증진계획의 수립	건강검사 결과를 평가하여 학생건강증진계획을 수립하고 시행

SECTION 06 학생건강문제 관리

(1) 일반적인(통상적인) 건강문제 관리

(2) 응급상황 관리❶ – 응급의료에 관한 법률 시행규칙 제2조 제1호 관련

구분	내용
응급증상	① 신경학적 응급증상: 급성의식장애, 급성신경학적 이상, 구토·의식장애 등의 증상이 있는 두부 손상 ② 심혈관계 응급증상: 심폐소생술이 필요한 증상, 급성호흡곤란, 심장질환으로 인한 급성 흉통, 심계항진, 박동이상 및 쇼크 ③ 중독 및 대사장애: 심한 탈수, 약물·알코올 또는 기타 물질의 과다복용이나 중독, 급성대사장애(간부전·신부전·당뇨병 등) ④ 외과적 응급증상: 개복술을 요하는 급성복증(급성복막염·장폐색증·급성췌장염 등 중한 경우에 한함), 광범위한 화상(외부 신체 표면적의 18% 이상), 관통상, 개방성·다발성 골절 또는 대퇴부 척추의 골절, 사지를 절단할 우려가 있는 혈관 손상, 전신마취하에 응급수술을 요하는 증상, 다발성 외상 ⑤ 출혈: 계속되는 각혈, 지혈이 안되는 출혈, 급성 위장관 출혈 ⑥ 안과적 응급증상: 화학물질에 의한 눈의 손상, 급성 시력 손실 ⑦ 알레르기: 얼굴 부종을 동반한 알레르기 반응 ⑧ 소아과적 응급증상: 소아 경련성 장애 ⑨ 정신과적 응급증상: 자신 또는 다른 사람을 해할 우려가 있는 정신장애

❶ 응급환자 발생시에는 Check(상황판단), Call(도움요청), Care(응급처치)의 단계로 응급처리를 시행할 수 있다. 경기도교육청. (2015). 행복한 학교를 위한 보건실무 매뉴얼. 88-95pp

응급증상에 준하는 증상	① 신경학적 응급증상: 의식장애, 현훈 ② 심혈관계 응급증상: 호흡곤란, 과호흡 ③ 외과적 응급증상: 화상, 급성복통을 포함한 배의 전반적인 이상증상, 골절·외상 또는 탈골, 그 밖에 응급수술을 요하는 증상, 배뇨장애 ④ 출혈: 혈관손상 ⑤ 소아과적 응급증상: 소아 경련, 38℃ 이상인 소아 고열(공휴일·야간 등 의료서비스가 제공되기 어려운 때에 8세 이하의 소아에게 나타나는 증상을 말함) ⑥ 산부인과적 응급증상: 분만 또는 성폭력으로 인하여 산부인과적 검사 또는 처치가 필요한 증상 ⑦ 이물에 의한 응급증상: 귀·눈·코·항문 등에 이물이 들어가 제거술이 필요한 환자

(3) 요양호(보호) 학생관리

구분	내용
개념	① 만성질환을 가지고 있거나 신체 허약하여 학교 교육활동 중 건강상 문제가 발생할 가능성이 있어 특별한 주의가 필요한 아동 ② 만성질환으로 인하여 3개월 이상의 장기입원 또는 통원치료 등 계속적인 의료적 지원이 필요한 학생 ③ 기타 학교에서 보호가 필요하다고 인정하는 학생
선정 기준	① 약이나 음식물로 인한 알레르기가 있거나, 병원치료를 자주 받는 경우 ② 현재 면역억제제나 호르몬제 치료를 받고 있는 경우 ③ 심혈관계질환(심장병, 고혈압)의 진단 및 치료를 받고 있거나 받았던 학생 ④ 근육 및 골격계 질환의 치료(교통사고 포함)를 받은 적이 있는 경우(단, 병결석계를 진단서 첨부하여 학교에 제출한 적이 있는 학생) ⑤ 신장계통의 질환으로 1주일 이상 입원치료 혹은 매일 투약 중인 학생 ⑥ 간질환으로 의사의 처방 하에 약을 복용하고 있는 경우 ⑦ 만성소모성질환(결핵, 당뇨 등)으로 규칙적인 치료 및 투약 중인 학생 ⑧ 뇌수술, 간질, 정서장애, 기타 심한 행동장애(틱장애)가 있는 학생 ⑨ 기타 학교생활 전반에 걸쳐 건강상태를 고려하여 운동 제한을 요하는 학생 ⑩ 현재 병원치료를 요하는 학생(특히 정신과 약물복용 중이거나 또는 상담 중인 학생)이나 그 외 특이질환이나 희귀병 등을 앓고 있는 학생

SECTION 07 학교보건(관련)법

1 학교보건법

구분	내용
제1조 (목적)	이 법은 학교의 보건관리에 필요한 사항을 규정하여 학생과 교직원의 건강을 보호·증진함을 목적으로 한다.
제2조 (정의)	1. "건강검사"란 신체의 발달상황 및 능력, 정신건강 상태, 생활습관, 질병의 유무 등에 대하여 조사하거나 검사하는 것을 말한다. 2. "학교"란 유아교육법 제2조 제2호, 초·중등교육법 제2조 및 고등교육법 제2조(대학)에 따른 각 학교를 말한다. 3. "관할청"이란 다음 각 목의 구분에 따른 지도·감독기관을 말한다. 　가. 유아교육법 제7조 제1호에 따른 국립유치원 및 초·중등교육법 제3조 제1호에 따른 국립학교: 교육부장관 　나. 유아교육법 제7조 제2호·제3호에 따른 공립유치원·사립유치원 및 초·중등교육법 제3조 제2호·제3호에 따른 공립학교·사립학교: 교육감 　다. 고등교육법 제2조에 따른 학교: 교육부장관
제4조 (환경위생 및 식품위생)	① 학교의 장은 교육부령으로 정하는 바에 따라 학교시설[교사대지(校舍垈地)·체육장, 교사·체육관·기숙사 및 급식시설, 교사대지 또는 체육장 안에 설치되는 강당 등을 말한다. 이하 같다]에서의 환기·채광·조명·온도·습도의 조절과 유해중금속 등 유해물질의 예방 및 관리, 상하수도·화장실의 설치 및 관리, 오염공기·석면·폐기물·소음·휘발성유기화합물·세균·먼지 등의 예방 및 처리 등 환경위생과 식기·식품·먹는 물의 관리 등 식품위생을 적절히 유지·관리하여야 한다. ② 학교의 장은 제1항에 따라 학교시설에서의 환경위생 및 식품위생을 적절히 유지·관리하기 위하여 교육부령으로 정하는 바에 따라 점검하고, 그 결과를 기록·보존 및 보고하여야 한다. 이 경우 환경위생 점검을 위한 공기 질 점검 시 학교운영위원회 위원 또는 학부모가 참관을 요청하는 경우에는 이를 허용하여야 한다. ③ 학교의 장은 제2항에 따른 점검에 관한 업무를 교육부령으로 정하는 바에 따라 환경분야 시험·검사 등에 관한 법률 제16조에 따른 측정대행업자에게 위탁하거나 교육감에게 전문인력 등의 지원을 요청하여 수행할 수 있다. ④ 학교의 장은 제2항과 제3항에 따른 점검 결과가 교육부령으로 정하는 기준에 맞지 아니한 경우에는 시설의 보완 등 필요한 조치를 하고 이를 교육부장관 및 교육감에게 보고하여야 한다. ⑤ 교육부장관이나 교육감은 제1항에 따른 환경위생과 식품위생을 적절히 유지·관리하기 위하여 필요하다고 인정하면 관계 공무원에게 학교에 출입하여 제2항에 따른 점검을 하거나 점검 결과의 기록 등을 확인하게 할 수 있으며, 개선이 필요한 경우에는 행정적·재정적 지원을 할 수 있다.

		⑥ 학교의 장은 제2항 및 제4항에 따른 환경위생 및 식품위생 점검 결과 및 보완 조치를 학교의 인터넷 홈페이지 또는 교육부장관이 운영하는 공시 관련 홈페이지를 통하여 공개하여야 한다. 이 경우 측정된 수치는 최초측정과 재측정 이력을 포함하여야 한다. ⑦ 학교의 장은 제2항에 따른 학교시설의 환경위생 점검을 실시하여 심각한 유해물질의 지속적 발생의 가능성이 확인된 경우 관할 교육감에게 특별점검을 요청하여야 하고, 교육감은 이에 특별점검을 실시하고 대책을 수립·실행하여야 한다.
	제4조의2 (공기의 질 유지·관리 특례)	① 학교의 장은 제4조 제2항에 따른 **공기 질의 위생점검**을 상·하반기에 각각 1회 이상 실시하여야 한다. ② 학교의 장은 제4조 제2항 및 제3항에 따라 교사 안에서의 공기 질을 측정하는 장비에 대하여 교육부령으로 정하는 바에 따라 매년 1회 이상 정기적으로 점검을 실시하여야 한다.
	제4조의3 (공기정화설비 등 설치)	학교의 장은 교사 안에서의 공기 질 관리를 위하여 교육부령으로 정하는 바에 따라 각 교실에 공기를 정화하는 설비 및 미세먼지를 측정하는 기기를 설치하여야 한다.
❶ 제7조의2【대기오염도 예측·발표】 ① 환경부장관은 대기오염이 국민의 건강·재산이나 동식물의 생육 및 산업 활동에 미치는 영향을 최소화하기 위하여 대기예측 모형 등을 활용하여 대기오염도를 예측하고 그 결과를 발표하여야 한다. ② 제1항에 따라 환경부장관이 대기오염도 예측결과를 발표할 때에는 방송사, 신문사, 통신사 등 보도 관련 기관을 이용하거나 그 밖에 일반인에게 알릴 수 있는 적절한 방법으로 하여야 한다. ③ 제1항에 따른 대기오염도 예측·발표의 대상 지역, 대상 오염물질, 예측·발표의 기준 및 내용 등 대기오염도의 예측·발표에 필요한 사항은 대통령령으로 정한다.	제5조 (대기오염대응 매뉴얼의 작성 등)	① 교육부장관은 대기오염에 효과적으로 대응하기 위하여 환경부장관과의 협의를 거쳐 대기환경보전법 제7조의2❶의 대기오염도 예측결과에 따른 대응 매뉴얼(이하 "대기오염대응매뉴얼"이라 한다)을 작성·배포하여야 한다. ② 대기오염대응매뉴얼에는 대응 단계별 전파요령, 실외수업에 대한 점검 및 조치, 실내 공기질 관리를 위한 조치사항 등 대통령령으로 정하는 내용이 포함되어야 한다. ③ 학교의 장은 대기오염대응매뉴얼에 따라 학생 및 교직원의 세부 행동요령을 수립하고 학생 및 교직원에게 세부 행동요령에 관한 교육을 실시하여야 한다. ④ 그 밖에 대기오염대응매뉴얼의 작성·배포, 세부 행동요령의 수립에 필요한 사항은 대통령령으로 정한다.
	제7조 (건강검사 등)	① 학교의 장은 **학생과 교직원에 대하여 건강검사**를 하여야 한다. 다만, 교직원에 대한 건강검사는 국민건강보험법 제52조에 따른 건강검진으로 갈음할 수 있다. ② 학교의 장은 제1항에 따라 건강검사를 할 때에 **질병의 유무** 등을 조사하거나 검사하기 위하여 다음 각 호의 어느 하나에 해당하는 학생에 대하여는 국민건강보험법 제52조에 따른 건강검진 실시 기관에 의뢰하여 교육부령으로 정하는 사항에 대한 건강검사를 한다. 1. 초·중등교육법 제2조 제1호의 학교와 이에 준하는 특수학교·각종학교의 1학년 및 4학년 학생. 다만, 구강검진은 전 학년에 대하여 실시하되, 그 방법과 비용 등에 관한 사항은 지역실정에 따라 교육감이 정한다. 2. 초·중등교육법 제2조 제2호·제3호의 학교와 이에 준하는 특수학교·각종학교의 1학년 학생 3. 그 밖에 건강을 보호·증진하기 위하여 교육부령으로 정하는 학생

	③ 학교의 장은 제2항에 따른 건강검사 외에 학생의 건강을 보호·증진하기 위하여 필요하다고 인정하면 교육부령으로 정하는 바에 따라 그 학생을 별도로 검사할 수 있다. ④ 학교의 장은 제1항과 제2항에도 불구하고 천재지변 등 부득이한 사유로 관할 교육감 또는 교육장의 승인을 받은 경우에는 교육부령으로 정하는 바에 따라 건강검사를 연기하거나 건강검사의 전부 또는 일부를 생략할 수 있다. ⑤ 제2항에 따라 건강검사를 한 검진기관은 교육부령으로 정하는 바에 따라 그 검사결과를 해당 학생 또는 학부모와 해당 학교의 장에게 알려야 한다. ⑥ 학교의 장은 제2조 제1호의 정신건강 상태 검사를 실시함에 있어 필요한 경우에는 학부모의 동의 없이 실시할 수 있다. 이 경우 학교의 장은 지체 없이 해당 학부모에게 검사 사실을 통보하여야 한다. ⑦ 제1항과 제2항에 따른 건강검사의 시기, 방법, 검사항목 및 절차 등에 관하여 필요한 사항은 교육부령으로 정한다.
제7조의2 (학생건강 증진계획의 수립·시행)	① 교육감은 학생의 신체 및 정신 건강증진을 위한 학생건강증진계획을 수립·시행하여야 한다. ② 제1항에 따른 계획에는 제11조에 따른 학교의 장의 조치를 행정적 또는 재정적으로 지원하는 방안을 포함하여야 한다. ③ 학교의 장은 제7조에 따른 건강검사의 결과를 평가하여 이를 바탕으로 학생건강증진계획을 수립·시행하여야 한다. ④ 학교의 장은 제3항에 따라 건강검사의 결과를 평가하고, 학생정신건강증진계획을 수립하기 위하여 제15조 제1항에 따른 학교의사 또는 학교약사에게 자문을 할 수 있다.

제7조의3
(건강검사기록)
	① 학교의 장은 제7조에 따라 건강검사를 하였을 때에는 그 결과를 교육부령으로 정하는 기준에 따라 작성·관리하여야 한다.
	② 학교의 장이 제1항에 따라 건강검사 결과를 작성·관리할 때에 초·중등교육법 제30조의4에 따른 교육정보시스템을 이용하여 처리하여야 하는 자료는 다음과 같다.
	  1. 인적사항
	  2. 신체의 발달상황 및 능력
	  3. 그 밖에 교육목적을 이루기 위하여 필요한 범위에서 교육부령으로 정하는 사항
	③ 학교의 장은 소속 학교의 학생이 전출하거나 고등학교까지의 상급학교에 진학할 때에는 그 학교의 장에게 제1항에 따른 자료를 넘겨 주어야 한다.

기출의 재발견

중학교에서 결핵으로 의심되는 환자가 발생하였다. 이 학생에게 등교중지 조치를 내릴 수 있는 가장 적절한 사람은? [18. 서울시]

① 학교장
② 교육감
③ 보건소장
④ 해당 학교 소재 구청장

정답 ①

제8조 (등교중지)	① 학교의 장은 제7조에 따른 건강검사의 결과나 의사의 진단 결과 감염병에 감염되었거나 감염된 것으로 의심되거나 감염될 우려가 있는 학생 또는 교직원에 대하여 대통령령으로 정하는 바에 따라 등교중지를 시킬 수 있다. ② 교육부장관은 감염병으로 인하여 재난 및 안전관리 기본법 제38조 제2항에 따른 주의 이상의 위기경보가 발령되는 경우 다음 각 호의 어느 하나에 해당하는 학생 또는 교직원에 대하여 질병관리청장과 협의하여 등교를 중지시킬 것을 학교의 장에게 명할 수 있다. 이 경우 해당 학교의 관할청을 경유하여야 한다. 　1. 검역법 제2조 제7호에 따른 검역관리지역 또는 같은 조 제8호에 따른 중점검역관리지역에 체류하거나 그 지역을 경유한 사람으로서 같은 조 제1호에 따른 검역감염병의 감염이 우려되는 사람 　2. 감염병 발생지역에 거주하는 사람 또는 그 지역에 출입하는 사람으로서 감염병에 감염되었을 것으로 의심되는 사람 　3. 감염병의 예방 및 관리에 관한 법률 제42조 제2항 제1호에 따라 자가(自家) 또는 시설에 격리된 사람의 가족 또는 그 동거인 　4. 그 밖에 학교 내 감염병의 차단과 확산 방지 등을 위하여 등교 중지가 필요하다고 인정되는 사람 ③ 제2항에 따른 명을 받은 학교의 장은 해당 학생 또는 교직원에 대하여 지체 없이 등교를 중지시켜야 한다.
제8조의2 (등교중지를 위한 개인정보의 처리 등)	교육부장관, 관계 중앙행정기관(그 소속기관을 포함한다)의 장, 교육감 및 학교의 장은 제8조 제2항에 따른 등교 중지를 위하여 필요한 경우 개인정보 보호법 제24조에 따른 고유식별정보를 처리할 수 있다. 이 경우 개인정보의 보호에 관한 사항은 개인정보 보호법에 따른다.
제9조 (학생의 보건관리)	학교의 장은 학생의 신체발달 및 체력증진, 질병의 치료와 예방, 음주·흡연과 마약류를 포함한 약물 오용(誤用)·남용(濫用)의 예방, 성교육, 이동통신단말장치 등 전자기기의 과의존 예방, 도박 중독의 예방 및 정신건강 증진 등을 위하여 보건교육을 실시하고 필요한 조치를 하여야 한다.
제9조의2 (보건교육 등)	① 교육부장관은 유아교육법 제2조 제2호에 따른 유치원 및 초·중등교육법 제2조에 따른 학교에서 모든 학생들을 대상으로 심폐소생술 등 응급처치에 관한 교육을 포함한 보건교육을 체계적으로 실시하여야 한다. 이 경우 보건교육의 실시 시간, 도서 등 그 운영에 필요한 사항은 교육부장관이 정한다. ② 유아교육법 제2조 제2호에 따른 유치원의 장 및 초·중등교육법 제2조에 따른 학교의 장은 교육부령으로 정하는 바에 따라 매년 교직원을 대상으로 심폐소생술 등 응급처치에 관한 교육을 실시하여야 한다. ③ 유아교육법 제2조 제2호에 따른 유치원의 장 및 초·중등교육법 제2조에 따른 학교의 장은 제2항에 따른 응급처치에 관한 교육과 연관된 프로그램의 운영 등을 관련 전문기관·단체 또는 전문가에게 위탁할 수 있다.

제10조 (예방접종 완료 여부의 검사)	① 초등학교와 중학교의 장은 학생이 새로 입학한 날부터 90일 이내에 시장·군수 또는 구청장(자치구의 구청장을 말한다. 이하 같다)에게 감염병의 예방 및 관리에 관한 법률 제27조에 따른 예방접종증명서를 발급받아 같은 법 제24조 및 제25조에 따른 예방접종을 모두 받았는지를 검사한 후 이를 교육정보시스템에 기록하여야 한다. ② 초등학교와 중학교의 장은 제1항에 따른 검사결과 예방접종을 모두 받지 못한 입학생에게는 필요한 예방접종을 받도록 지도하여야 하며, 필요하면 관할 보건소장에게 예방접종 지원 등의 협조를 요청할 수 있다.
제11조 (치료 및 예방조치 등)	① 학교의 장은 제7조에 따른 건강검사의 결과 질병에 감염되었거나 감염될 우려가 있는 학생에 대하여 질병의 치료 및 예방에 필요한 조치를 하여야 한다. ② 학교의 장은 제7조 제1항에 따라 학생에 대하여 제2조 제1호의 정신건강 상태를 검사한 결과 필요하면 학생 정신건강 증진을 위한 다음 각 호의 조치를 하여야 한다. 1. 학생·학부모·교직원에 대한 정신건강 증진 및 이해 교육 2. 해당 학생에 대한 상담 및 관리 3. 해당 학생에 대한 전문상담기관 또는 의료기관 연계 4. 그 밖에 학생 정신건강 증진을 위하여 필요한 조치 ③ 교육감은 검사비, 치료비 등 제2항 각 호의 조치에 필요한 비용을 지원할 수 있다. ④ 학교의 장은 제1항 및 제2항의 조치를 위하여 필요하면 보건소장에게 협조를 요청할 수 있으며 보건소장은 정당한 이유 없이 이를 거부할 수 없다.
제12조 (학생의 안전관리)	학교의 장은 학생의 안전사고를 예방하기 위하여 학교의 시설·장비의 점검 및 개선, 학생에 대한 안전교육, 그 밖에 필요한 조치를 하여야 한다.
제13조 (교직원의 보건관리)	학교의 장은 제7조 제1항에 따른 건강검사 결과 필요하거나 건강검사를 갈음하는 건강검진의 결과 필요하면 교직원에 대하여 질병 치료와 근무여건 개선 등 필요한 조치를 하여야 한다.
제14조 외 (질병의 예방/감염병 예방접종의 시행/대책의 마련/대응 매뉴얼의 작성)	제14조【질병의 예방】① 학교의 장은 감염병 예방과 학교의 보건에 필요하면 휴업을 할 수 있다. ② 관할청은 감염병 예방과 학교의 보건에 필요하면 해당 학교에 대하여 다음 각 호의 어느 하나에 해당하는 조치를 명할 수 있다. 다만, 교육부장관은 제2조 제3호 가목의 학교의 경우에는 그 권한을 교육감에게 위임할 수 있다. 1. 학년 또는 학교 전체에 대한 휴업 또는 등교수업일 조정 2. 휴교(휴원을 포함한다) ③ 제1항 및 제2항에도 불구하고 감염병으로 인하여 재난 및 안전관리 기본법 제38조 제2항에 따른 주의 이상의 위기경보가 발령되어 제1항 또는 제2항에 따른 조치를 하는 경우 학교의 장은 관할청의 동의를, 교육감은 교육부장관의 동의를 받아야 한다.

제14조의2 【감염병 예방접종의 시행】 시장·군수 또는 구청장이 감염병의 예방 및 관리에 관한 법률 제24조 및 제25조에 따라 학교의 학생 또는 교직원에게 감염병의 필수 또는 임시 예방접종을 할 때에는 그 학교의 학교의사 또는 보건교사(간호사 면허를 가진 보건교사로 한정한다. 이하 같다)를 접종요원으로 위촉하여 그들로 하여금 접종하게 할 수 있다. 이 경우 보건교사에 대하여는 의료법 제27조 제1항❶을 적용하지 아니한다.

제14조의3 【감염병예방대책의 마련 등】 ① 교육부장관은 감염병으로부터 학생과 교직원을 보호하기 위하여 다음 각 호의 사항이 포함된 대책(이하 "감염병예방대책"이라 한다)을 마련하여야 한다. 이 경우 행정안전부장관 및 질병관리청장과 협의하여야 한다.
1. 감염병의 예방·관리 및 후속조치에 관한 사항
2. 감염병 대응 관련 매뉴얼에 관한 사항
3. 감염병과 관련한 학교의 보건·위생에 관한 사항
4. 그 밖에 감염병과 관련하여 대통령령으로 정하는 사항

② 교육부장관은 제1항에 따라 감염병예방대책을 마련한 때에는 특별시장·광역시장·특별자치시장·도지사·특별자치도지사, 교육감 및 학교에 알려야 한다.
③ 교육감은 교육부장관의 감염병예방대책을 토대로 지역 실정에 맞는 감염병 예방 세부 대책을 마련하여야 한다.
④ 교육부장관과 질병관리청장은 학교에서 감염병을 예방하기 위하여 긴밀한 협력 체계를 구축하고 감염병 발생 현황에 관한 정보 등 대통령령으로 정하는 정보(이하 "감염병정보"라 한다)를 공유하여야 한다.
⑤ 학교의 장은 해당 학교에 감염병에 걸렸거나 의심이 되는 학생 및 교직원이 있는 경우 즉시 교육감을 경유하여 교육부장관에게 보고하여야 한다.
⑥ 교육부장관은 제4항에 따른 공유를 하였거나 제5항에 따른 보고를 받은 경우 감염병의 확산을 방지하기 위하여 감염병정보를 신속히 공개하여야 한다.
⑦ 제4항부터 제6항까지에 따른 공유, 보고 및 공개의 방법과 절차는 교육부령으로 정한다.

제14조의4 【감염병대응매뉴얼의 작성 등】 ① 교육부장관은 학교에서 감염병에 효과적으로 대응하기 위하여 질병관리청장과의 협의를 거쳐 감염병 유형에 따른 대응 매뉴얼(이하 "감염병대응매뉴얼"이라 한다)을 작성·배포하여야 한다.
② 감염병대응매뉴얼의 작성·배포 등에 필요한 사항은 대통령령으로 정한다.

---

❶ 의료법 제27조 【무면허 의료행위 등 금지】 ① 의료인이 아니면 누구든지 의료행위를 할 수 없으며 의료인도 면허된 것 이외의 의료행위를 할 수 없다.

제15조 (학교에 두는 의료인· 약사 및 보건교사)	① 학교에는 대통령령으로 정하는 바에 따라 학생과 교직원의 건강관리를 지원하는 의료법 제2조 제1항에 따른 의료인과 약사법 제2조 제2호에 따른 약사를 둘 수 있다. ② 학교(고등교육법 제2조 각 호에 따른 학교는 제외한다. 이하 이 조 및 제15조의2에서 같다)에 제9조의2에 따른 보건교육과 학생들의 건강관리를 담당하는 보건교사를 두어야 한다. 다만, 대통령령으로 정하는 일정 규모 이하의 학교에는 순회 보건교사를 둘 수 있다. ③ 제2항에 따라 보건교사를 두는 경우 대통령령으로 정하는 일정 규모 이상의 학교에는 2명 이상의 보건교사를 두어야 한다.
제15조의2 (응급처치 등)	① 학교의 장(고등교육법 제2조에 따른 학교는 제외한다. 이하 이 조에서 같다)은 사전에 학부모의 동의와 전문의약품을 처방한 의사의 자문을 받아 제15조 제2항에 따른 보건교사 또는 순회 보건교사(이하 이 조에서 "보건교사 등"이라 한다)로 하여금 제1형 당뇨로 인한 저혈당쇼크 또는 아나필락시스 쇼크로 인하여 생명이 위급한 학생에게 투약행위 등 응급처치를 제공하게 할 수 있다. 이 경우 보건교사 등에 대하여는 의료법 제27조 제1항을 적용하지 아니한다. ② 보건교사 등이 제1항에 따라 생명이 위급한 학생에게 응급처치를 제공하여 발생한 재산상 손해와 사상(死傷)에 대하여 고의 또는 중대한 과실이 없는 경우 해당 보건교사 등은 민사책임과 상해(傷害)에 대한 형사책임을 지지 아니하며 사망에 대한 형사책임은 감경하거나 면제할 수 있다. ③ 학교의 장은 질병이나 장애로 인하여 특별히 관리·보호가 필요한 학생을 위하여 보조인력을 둘 수 있다. 이 경우 보조인력의 역할, 요건 등에 관하여는 교육부령으로 정한다.
제16조 (보건기구의 설치 등)	교육감 및 교육장 소속으로 대통령령으로 정하는 바에 따라 학교의 보건관리에 필요한 기구(機構)와 공무원을 둘 수 있다.
제17조 (학교보건 위원회)	① 제2조의2에 따른 기본계획 및 학교보건의 중요시책을 심의하기 위하여 교육감 소속으로 시·도학교보건위원회를 둔다. ② 시·도학교보건위원회는 학교의 보건에 경험이 있는 15명 이내의 위원으로 구성한다. ③ 시·도학교보건위원회의 기능·운영과 그 밖에 필요한 사항은 대통령령으로 정한다.
제18조 (경비보조)	국가나 지방자치단체는 제3조에 따른 시설과 기구 및 용품 구매, 제4조의3에 따른 공기를 정화하는 설비 및 미세먼지를 측정하는 기기 설치, 제7조 제1항에 따른 건강검사에 드는 경비의 전부 또는 일부를 보조한다.
제18조의2 (비밀누설 금지 등)	이 법에 따라 교직원 및 학생에 대한 건강검사와 관련된 업무를 수행하거나 수행하였던 자는 그 직무상 알게 된 비밀을 다른 사람에게 누설하거나 직무상 목적 외의 용도로 이용하여서는 아니 된다.

2 학교보건법 시행령

구분	내용
제1조 (목적)	이 영은 학교보건법에서 위임된 사항과 그 시행에 필요한 사항을 규정함을 목적으로 한다.

제2조
(보건실의
설치기준 등)
	① 학교보건법(이하 "법"이라 한다) 제3조에 따른 보건실의 설치기준은 다음 각 호와 같다.
	  1. 위치: 학생과 교직원의 응급처치 등이 신속히 이루어질 수 있도록 이용하기 쉽고 통풍과 채광이 잘 되는 장소일 것
	  2. 면적: 66제곱미터 이상. 다만, 교육부장관(대학설립·운영 규정 제1조에 따른 대학만 해당된다) 또는 특별시·광역시·특별자치시·도 또는 특별자치도(이하 "시·도"라 한다)의 교육감(고등학교 이하 각급 학교 설립·운영 규정 제2조에 따른 각급 학교만 해당된다)은 학생수 등을 고려하여 학생과 교직원의 건강관리에 지장이 없는 범위에서 그 면적을 완화할 수 있다.
	② 제1항에 따른 보건실에는 학교보건에 필요한 다음 각 호의 시설과 기구(器具) 및 용품을 갖추어야 한다.
	  1. 학생과 교직원의 건강관리와 응급처치 등에 필요한 시설과 기구 및 용품
	  2. 학교환경위생 및 식품위생검사에 필요한 기구

제3조
(대기오염대응
매뉴얼의
작성 등)
	① 법 제5조 제2항에서 "대통령령으로 정하는 내용"이란 다음 각 호의 내용을 말한다.
	  1. 대기오염 대응 업무 수행체계 및 관련 기관별 역할에 관한 사항
	  2. 대응 단계별 전파요령에 관한 사항
	  3. 대응 단계별 실외수업에 대한 점검 및 조치에 관한 사항
	  4. 대응 단계별 실내 공기질 관리를 위한 조치에 관한 사항
	  5. 그 밖에 교육부장관이 대기오염 대응에 필요하다고 인정하는 사항
	② 교육부장관은 법 제5조 제1항에 따라 작성한 대기오염대응매뉴얼을 전자적 파일이나 인쇄물의 형태로 배포할 수 있다.
	③ 법 제5조 제3항에 따른 학생 및 교직원의 세부 행동요령(이하 이 조에서 "세부 행동요령"이라 한다)에는 다음 각 호의 내용이 포함되어야 한다.
	  1. 대기오염 대응 업무를 관리하는 교직원의 지정에 관한 사항
	  2. 등교·하교 시간 조정, 수업시간 단축, 질환자 관리 등 대응 단계별 안전조치 이행에 관한 사항
	  3. 교직원 비상연락망 유지, 학생·학부모에 대한 연락체계 구축 등 대응 단계별 전파요령에 관한 사항
	  4. 체육활동, 현장학습, 운동회 등 실외수업의 실내수업 대체 등 대응 단계별 실외수업에 대한 점검 및 조치에 관한 사항
	  5. 공기 정화 설비의 가동, 환기요령, 청소 등 대응 단계별 실내 공기질 관리를 위한 조치에 관한 사항
	  6. 그 밖에 학교의 장이 학교의 사정 등을 고려하여 대기오염 대응에 필요하다고 인정하는 사항

	④ 학교의 장은 세부 행동요령을 학교안전사고 예방 및 보상에 관한 법률 제4조 제6항에 따른 학교안전사고 예방에 관한 학교계획에 포함하여 수립할 수 있다.

제22조
(등교 등의
중지)
	① 학교의 장은 법 제8조에 따라 학생과 교직원 중 다음 각 호의 어느 하나에 해당하는 사람에 대하여 등교중지를 명할 수 있다.
	  1. 감염병의 예방 및 관리에 관한 법률 제2조에 따른 감염병환자, 감염병의사환자 및 병원체보유자(이하 "감염병환자 등"이라 한다). 다만, 의사가 다른 사람에게 감염될 우려가 없다고 진단한 사람은 제외한다.
	  2. 제1호 외의 환자로서 의사가 감염성이 강한 질환에 감염되었다고 진단한 사람
	② 학교의 장이 제1항에 따라 등교중지를 명할 때에는 그 사유와 기간을 구체적으로 밝혀야 한다. 다만, 질환증세 또는 질병유행의 양상에 따라 필요한 경우에는 그 기간을 단축하거나 연장할 수 있다.

제22조의2
(감염병예방
대책의
마련 등)
	① 법 제14조의3 제1항 제4호에서 "대통령령으로 정하는 사항"이란 다음 각 호의 사항을 말한다.
	  1. 감염병 예방·관리에 필요한 교육에 관한 사항
	  2. 감염병 대응 능력 강화를 위한 가상연습 등 실제 상황 대비 훈련에 관한 사항
	  3. 감염병 방역에 필요한 물품의 비축 및 시설의 구비에 관한 사항
	  4. 그 밖에 감염병의 예방·관리를 위하여 교육부장관이 필요하다고 인정하는 사항
	② 법 제14조의3 제4항에서 "감염병 발생 현황에 관한 정보 등 대통령령으로 정하는 정보"란 감염병의 예방 및 관리에 관한 법률 제2조 제5호에 따른 제4군 감염병이 국내에서 새롭게 발생하였거나 국내에 유입된 경우 또는 같은 법 제41조 제1항에 따라 질병관리청장이 고시한 감염병에 대하여 재난 및 안전관리 기본법 제38조 제2항에 따른 주의 이상의 예보 또는 경보가 발령된 경우 해당 감염병에 관한 다음 각 호의 정보를 말한다.
	  1. 감염병명
	  2. 감염병의 발생 현황 또는 유입 경로
	  3. 감염병환자 등(학생 및 교직원에 한정한다)의 발병일·진단일·이동경로·이동수단 및 접촉자 현황
	  4. 그 밖에 교육부장관 또는 질병관리청장이 감염병의 예방 및 확산을 방지하기 위하여 필요하다고 인정하는 정보

제22조의3
(감염병대응
매뉴얼의 작성
및 배포 등)
	① 법 제14조의4 제1항에 따라 작성·배포하여야 하는 감염병 유형에 따른 대응 매뉴얼(이하 "감염병대응매뉴얼"이라 한다)에는 다음 각 호의 사항이 포함되어야 한다.
	  1. 감염병 유형에 따른 학생 및 교직원의 행동 요령에 관한 사항
	  2. 감염병 유형에 따른 예방·대비·대응 및 복구 단계별 조치에 관한 사항
	② 교육부장관은 감염병대응매뉴얼을 배포하는 경우에는 전자적 파일이나 인쇄물의 형태로 배포할 수 있다.

③ 특별시·광역시·특별자치시·도 또는 특별자치도 교육감(이하 "교육감"이라 한다) 및 학교의 장은 감염병의 예방·대비·대응 및 복구 조치에 관한 업무를 추진할 때 감염병대응매뉴얼을 활용하여야 한다.
④ 교육감 및 학교의 장은 각 지역 또는 학교의 특성을 반영한 내용을 감염병대응매뉴얼에 추가·보완할 수 있다.

| 제23조 (학교의사, 학교약사 및 보건교사) | ① 삭제
② 법 제15조 제1항에 따라 학교에 두는 의료인·약사는 학교장이 위촉하거나 채용한다.
③ 법 제15조 제3항에서 "대통령령으로 정하는 일정 규모 이상의 학교"란 36학급 이상의 학교를 말한다.
④ 법 제15조 제1항에 따라 학교에 두는 의사(치과의사 및 한의사를 포함하며, 이하 "학교의사"라 한다) 및 학교에 두는 약사(이하 "학교약사"라 한다)와 같은 조 제2항·제3항에 따른 보건교사의 직무는 다음 각 호와 같다.
  1. 보건교사의 직무
    가. 학교보건계획의 수립
    나. 학교 환경위생의 유지·관리 및 개선에 관한 사항
    다. 학생과 교직원에 대한 건강진단의 준비와 실시에 관한 협조
    라. 각종 질병의 예방처치 및 보건지도
    마. 학생과 교직원의 건강관찰과 학교의사의 건강상담, 건강평가 등의 실시에 관한 협조
    바. 신체가 허약한 학생에 대한 보건지도
    사. 보건지도를 위한 학생가정 방문
    아. 교사의 보건교육 협조와 필요시의 보건교육
    자. 보건실의 시설·설비 및 약품 등의 관리
    차. 보건교육자료의 수집·관리
    카. 학생건강기록부의 관리
    타. 다음의 의료행위(간호사 면허를 가진 사람만 해당한다)
      1) 외상 등 흔히 볼 수 있는 환자의 치료
      2) 응급을 요하는 자에 대한 응급처치
      3) 부상과 질병의 악화를 방지하기 위한 처치
      4) 건강진단결과 발견된 질병자의 요양지도 및 관리
      5) 1)부터 4)까지의 의료행위에 따르는 의약품 투여
    파. 그 밖에 학교의 보건관리
  2. 학교의사의 직무
    가. 학교보건계획의 수립에 관한 자문
    나. 학교 환경위생의 유지·관리 및 개선에 관한 자문
    다. 학생과 교직원의 건강진단과 건강평가
    라. 각종 질병의 예방처치 및 보건지도
    마. 학생과 교직원의 건강상담
    바. 그 밖에 학교보건관리에 관한 지도 |

기출의 재발견

❖
보건교사의 직무에 해당하는 것을 모두 고르면?

```
가. 학교보건계획의 수립
나. 각종 질병의 예방처치
다. 신체가 허약한 학생에 대한 보건지도
라. 보건지도를 위한 학생가정 방문
```

① 가, 나, 다
② 가, 다
③ 나, 라
④ 가, 나, 다, 라

정답 ④

	3. 학교약사의 직무 　가. 학교보건계획의 수립에 관한 자문 　나. 학교환경위생의 유지관리 및 개선에 관한 자문 　다. 학교에서 사용하는 의약품과 독극물의 관리에 관한 자문 　라. 학교에서 사용하는 의약품 및 독극물의 실험·검사 　마. 그 밖에 학교보건관리에 관한 지도
제24조 (보건위원회의 기능)	② 법 제17조 제1항에 따른 시·도학교보건위원회(이하 "보건위원회"라 한다)는 다음 각 호의 사항을 심의한다. 1. 학생과 교직원의 건강증진에 관한 시·도의 중·장기 기본계획 2. 학교보건과 관련되는 시·도의 조례 또는 교육규칙의 제정·개정안 3. 교육감이 회의에 부치는 학교보건정책 등에 관한 사항

3 학교보건법 시행규칙

구분	내용	
제1조 (목적)	이 규칙은 학교보건법 및 동법 시행령에서 위임된 사항과 그 시행에 관하여 필요한 사항을 규정함을 목적으로 한다.	
제2조 (보건실의 시설과 기구 및 용품)	**구분**	**기준**
	일반 시설 및 기구 등	사무용 책상·의자, 건강기록부 및 서류 보관장, 약장·기기보관함, 소독(멸균)기, 냉·온장고, 물 끓이는 기구, 손전등, 가습기, 수도시설 및 세면대, 냉·난방시설, 통신시설, 컴퓨터·프린터기, 칠판·교육용 기자재 등
	환자안정용 기구	침대·침구류 및 보관장, 칸막이(가리개), 보온기구 등
	건강진단 및 상담용 기구	신장계·체중계·줄자·좌고계, 비만측정기, 시력표·조명장치·눈가리개·시력검사용 지시봉, 색각검사표, 청력계, 혈압계·청진기, 혈당측정기, 스톱워치(stopwatch), 검안경·검이경(귀보개)·비경, 펜라이트(penlight), 치과용 거울, 탐침·핀셋, 상담용 의자·탁자 및 진찰용 의자 등
	응급처치용 기구	체온계, 핀셋·핀셋통, 가위·의료용 쟁반·가제통·소독접시·상처소독용 이동식 수레, 부목·휴대용 구급기구·구급낭·들것·목발, 세안수수기·찜질기·켈리(지혈감자), 휴대용 산소기 및 구급처치용 침대 등
	환경위생 및 식품위생 검사용 기구	통풍건습계, 흑구온도계, 조도계, 가스검지기, 먼지측정기, 소음계 및 수질검사용 기구 등
	기타	학생 및 교직원의 보건관리에 필요한 시설과 기구 및 용품 등

제3조
(환경위생 및 식품위생의 유지관리)

① 환기·채광·조명·온습도의 조절기준과 환기설비의 구조 및 설치기준

> 1. 환기
>   가. 환기의 조절기준
>   환기용 창 등을 수시로 개방하거나 기계식 환기설비를 수시로 가동하여 1인당 환기량이 시간당 21.6세제곱미터 이상이 되도록 할 것
>   나. 환기설비의 구조 및 설치기준(환기설비의 구조 및 설치기준을 두는 경우에 한한다)
>   1) 환기설비는 교사 안에서의 공기의 질의 유지기준을 충족할 수 있도록 충분한 외부공기를 유입하고 내부공기를 배출할 수 있는 용량으로 설치할 것
>   2) 교사의 환기설비에 대한 용량의 기준은 환기의 조절기준에 적합한 용량으로 할 것
>   3) 교사 안으로 들어오는 공기의 분포를 균등하게 하여 실내공기의 순환이 골고루 이루어지도록 할 것
>   4) 중앙관리방식의 환기설비를 계획할 경우 환기닥트는 공기를 오염시키지 아니하는 재료로 만들 것
> 2. 채광(자연조명)
>   가. 직사광선을 포함하지 아니하는 천공광에 의한 옥외 수평조도와 실내조도와의 비가 평균 5퍼센트 이상으로 하되, 최소 2퍼센트 미만이 되지 아니하도록 할 것
>   나. 최대조도와 최소조도의 비율이 10대 1을 넘지 아니하도록 할 것
>   다. 교실 바깥의 반사물로부터 눈부심이 발생되지 아니하도록 할 것
> 3. 조도(인공조명)
>   가. 교실의 조명도는 책상면을 기준으로 300럭스 이상이 되도록 할 것
>   나. 최대조도와 최소조도의 비율이 3대 1을 넘지 아니하도록 할 것
>   다. 인공조명에 의한 눈부심이 발생되지 아니하도록 할 것
> 4. 실내온도 및 습도
>   가. 실내온도는 섭씨 18도 이상 28도 이하로 하되, 난방온도는 섭씨 18도 이상 20도 이하, 냉방온도는 섭씨 26도 이상 28도 이하로 할 것
>   나. 비교습도는 30퍼센트 이상 80퍼센트 이하로 할 것

② 공기 질 등의 유지·관리기준
  ㉠ 유지기준

오염물질 항목	기준(이하)	적용시설	비고
가. 미세먼지	35㎍/m³	교사 및 급식시설	직경 2.5㎛ 이하 먼지
	75㎍/m³	교사 및 급식시설	직경 10㎛ 이하 먼지
	150㎍/m³	체육관 및 강당	직경 10㎛ 이하 먼지

나. 이산화탄소	1,000ppm	교사 및 급식시설	해당 교사 및 급식시설이 기계 환기장치를 이용하여 주된 환기를 하는 경우 1,500ppm 이하
다. 폼알데하이드	80㎍/㎥	교사, 기숙사(건축 후 3년이 지나지 않은 기숙사로 한정한다) 및 급식시설	건축에는 증축 및 개축 포함
라. 총부유세균	800CFU/㎥	교사 및 급식시설	
마. 낙하세균	10CFU/실	보건실 및 급식시설	
바. 일산화탄소	10ppm	개별 난방 교실 및 도로변 교실	난방 교실은 직접 연소 방식의 난방 교실로 한정
사. 이산화질소	0.05ppm	개별 난방 교실 및 도로변 교실	난방 교실은 직접 연소 방식의 난방 교실로 한정
아. 라돈	148Bq/㎥	기숙사(건축 후 3년이 지나지 않은 기숙사로 한정한다), 1층 및 지하의 교사	건축에는 증축 및 개축 포함
자. 총휘발성 유기화합물	400㎍/㎥	건축한 때부터 3년이 경과되지 아니한 학교	건축에는 증축 및 개축 포함
차. 석면	0.01개/cc	석면안전관리법 제22조 제1항 후단에 따른 석면건축물에 해당하는 학교	
카. 오존	0.06ppm	교무실 및 행정실	적용 시설 내에 오존을 발생시키는 사무기기(복사기 등)가 있는 경우로 한정
타. 진드기	100마리/㎡	보건실	
파. 벤젠	30㎍/㎥	건축 후 3년이 지나지 않은 기숙사	건축에는 증축 및 개축 포함

하. 톨루엔	1,000μg/m³	건축 후 3년이 지나지 않은 기숙사	건축에는 증축 및 개축 포함
거. 에틸벤젠	360μg/m³	건축 후 3년이 지나지 않은 기숙사	건축에는 증축 및 개축 포함
너. 자일렌	700μg/m³	건축 후 3년이 지나지 않은 기숙사	건축에는 증축 및 개축 포함
더. 스티렌	300μg/m³	건축 후 3년이 지나지 않은 기숙사	건축에는 증축 및 개축 포함

ⓒ 관리기준

대상시설	중점관리기준
가. 신축 학교	1) 실내공기질 관리법 제11조 제1항에 따라 오염물질 방출 건축자재를 사용하지 않을 것 2) 교사 안에서의 원활한 환기를 위하여 환기시설을 설치할 것 3) 책상·의자 및 상판 등 학교의 비품은 산업표준화법 제15조에 따라 한국산업표준 인증을 받은 제품을 사용할 것 4) 교사 안에서의 폼알데하이드 및 휘발성유기화합물이 유지기준에 적합하도록 필요한 조치를 강구하고 사용할 것
나. 개교 후 3년 이내인 학교	폼알데하이드 및 휘발성유기화합물 등이 유지기준에 적합하도록 중점적으로 관리할 것
다. 개교 후 10년 이상 경과한 학교	1) 미세먼지 및 부유세균이 유지기준에 적합하도록 중점 관리할 것 2) 기존 시설을 개수 또는 보수하는 경우 실내공기질 관리법 제11조 제1항에 따라 오염물질 방출 건축자재를 사용하지 않을 것 3) 책상·의자 및 상판 등 학교의 비품은 산업표준화법 제15조에 따라 한국산업표준 인증을 받은 제품을 사용할 것
라. 석면안전관리법 제22조 제1항 후단에 따른 석면건축물에 해당하는 학교	석면이 유지기준에 적합하도록 중점적으로 관리할 것
마. 개별 난방(직접 연소 방식의 난방으로 한정한다) 교실 및 도로변 교실	일산화탄소 및 이산화질소가 유지기준에 적합하도록 중점적으로 관리할 것

	바. 급식시설	미세먼지, 이산화탄소, 폼알데하이드, 총부유세균 및 낙하세균이 유지기준에 적합하도록 중점적으로 관리할 것
	사. 보건실	낙하세균과 진드기가 유지기준에 적합하도록 중점적으로 관리할 것

학교시설에서의 환경위생 및 식품위생에 대한 점검의 종류 및 시기 (제3조 제3항 관련)	점검종류	점검시기
	일상점검	매 수업일
	정기점검	매 학년: 2회 이상. 다만, 제3조 제1항 각 호의 규정에 의하여 별도의 점검횟수를 3회 이상으로 정한 경우에는 그 기준을 따른다
	특별점검	• 전염병 등에 의하여 집단으로 환자가 발생할 우려가 있거나 발생한 때 • 풍수해 등으로 환경이 불결하게 되거나 오염된 때 • 학교를 신축·개축·개수 등을 하거나, 책상·의자·컴퓨터 등 새로운 비품을 학교시설로 반입하여 폼알데하이드 및 휘발성 유기화합물이 발생할 우려가 있을 때 • 그 밖에 학교의 장이 필요하다고 인정하는 때
	[비고] 별표4의2에 따른 오염물질 중 라돈에 대한 정기점검의 경우 최초 실시 학년도 및 그 다음 학년도의 점검 결과가 각각 유지기준의 50퍼센트 미만에 해당하는 기숙사(건축 후 3년이 지나지 않은 기숙사로 한정한다) 및 1층 교사에 대해서는 교육부장관이 정하는 바에 따라 정기점검의 주기를 늘릴 수 있다.	

제10조 (응급처치 교육 등)	① 학교의 장이 법 제9조의2 제2항에 따라 교직원을 대상으로 심폐소생술 등 응급처치에 관한 교육(이하 "응급처치교육"이라 한다)을 실시하는 경우 응급처치교육의 계획·내용 및 시간 등은 별표 9와 같다. ② 학교의 장은 응급처치교육을 실시한 후 해당 학년도의 교육 결과를 다음 학년도가 시작되기 30일 전까지 교육감에게 제출하여야 한다. ③ 학교의 장은 공공기관, 고등교육법 제2조에 따른 학교, 교원 등의 연수에 관한 규정 제2조 제2항의 연수원 중 교육감이 설치한 연수원 또는 의료기관에서 교직원으로 하여금 응급처치교육을 받게 할 수 있다. 이 경우 예산의 범위에서 소정의 비용을 지원할 수 있다.
제10조의2 (감염병 정보의 공유 등)	① 교육부장관과 보건복지부장관은 법 제14조의3 제4항에 따라 영 제22조의2 제2항에 따른 감염병 정보를 지체 없이 구두, 전화(문자메시지 등을 포함한다), 팩스, 서면(전자문서를 포함한다) 등의 방법 중 가장 신속하고 적합한 방법으로 공유하여야 한다. ② 교육부장관은 학교에서 감염병을 예방하기 위하여 법 제14조의3 제4항에 따라 보건복지부장관과 공유한 정보를 교육감 및 학교의 장에게 제공할 수 있다. ③ 제2항에 따라 정보를 제공받은 교육감 및 학교의 장은 법 제8조 및 제14조에 따른 감염병 관련 업무 이외의 목적으로 해당 정보를 활용할 수 없다.

	④ 학교에 감염병에 걸렸거나 걸린 것으로 의심이 되는 학생 및 교직원이 있는 경우 법 제14조의3 제5항에 따라 해당 학교의 장이 교육감을 경유하여 교육부장관에게 보고하여야 할 사항은 다음 각 호와 같다. 1. 해당 학생 및 교직원의 감염병명 및 감염병의 발병일·진단일 2. 해당 학생 및 교직원의 소속 3. 해당 학생 및 교직원에 대한 조치 사항 ⑤ 제4항에 따른 보고는 서면(전자문서를 포함한다)으로 하되, 초·중등교육법 제2조에 따른 학교의 경우에는 같은 법 제30조의4에 따른 교육정보시스템을 통하여 할 수 있다. ⑥ 교육부장관은 법 제14조의3 제6항에 따라 감염병 정보를 공개할 때에는 정보통신망 이용촉진 및 정보보호 등에 관한 법률 제2조 제1항 제1호에 따른 정보통신망에 게재하거나 보도자료를 배포하는 등의 방법으로 하여야 한다. ⑦ 제6항에 따른 정보의 당사자는 공개된 사항 중 사실과 다르거나 의견이 있는 경우 교육부장관에게 구두, 서면 등의 방법으로 이의신청을 할 수 있으며, 교육부장관은 이에 따라 공개된 정보의 정정 등 필요한 조치를 하여야 한다.
제11조 (보조인력의 역할 등)	① 법 제15조의2 제3항에 따른 보조인력(이하 "보조인력"이라 한다)은 같은 조 제1항에 따른 보건교사 등(이하 "보건교사 등"이라 한다)의 지시를 받아 질병이나 장애로 인하여 특별히 관리·보호가 필요한 학생에 대해서 보건교사 등이 행하는 다음 각 호의 활동을 보조한다. 1. 법 제15조의2 제1항에 따른 투약행위 등 응급처치 2. 각종 질병의 예방처치, 건강관찰 및 건강상담 협조 등의 보건활동 ② 보조인력은 의료법 제7조에 따른 간호사 면허가 있어야 한다.

4 학교건강검사규칙

구분	내용
제1조 (목적)	이 규칙은 학교보건법 제7조 및 제7조의3의 규정에 의하여 학교 건강검사의 실시 및 그 결과의 기록에 관하여 필요한 사항을 규정함을 목적으로 한다.
제2조 (건강검사 실시계획의 수립)	학교의 장은 학교보건법(이하 "법"이라 한다) 제7조에 따른 건강검사를 원활하게 실시하기 위하여 건강검사에 필요한 소요예산을 포함한 구체적인 건강검사 실시계획을 매년 3월 31일까지 수립하여야 한다.
제3조 (건강검사의 실시)	① 건강검사는 신체의 발달상황, 신체의 능력, 건강조사, 정신건강 상태 검사 및 건강검진으로 구분한다. ② 신체의 발달상황, 신체의 능력, 건강조사 및 정신건강 상태 검사는 해당 학교의 장이 실시하고, 건강검진은 건강검진기본법 제14조에 따라 지정된 검진기관(이하 "검진기관"이라 한다)에서 실시한다. ③ 제2항에도 불구하고 건강검진을 실시하는 학생에 대한 신체의 발달상황에 대한 검사는 검진기관에서 실시할 수 있다.

제4조 (신체의 발달상황에 대한 검사항목 및 방법)	① 신체의 발달상황은 키와 몸무게를 측정한다. ② 신체의 발달상황에 대한 검사의 방법은 별표1과 같다. ③ 신체의 발달상황에 대한 검사는 매학년도 제1학기 말까지 실시해야 하며, 필요한 경우 추가로 실시할 수 있다.	
제4조의2 (건강조사의 항목 및 방법)	① 건강조사는 병력, 식생활 및 건강생활 행태 등에 대해서 실시하여야 한다. ② 건강조사의 항목에 따른 세부적인 내용 및 건강조사의 방법은 별표1의 2와 같다. ③ 건강조사는 매학년도 제1학기 말까지 실시해야 하며, 필요한 경우 추가로 실시할 수 있다.	
제4조의3 (정신건강 상태검사)	① 정신건강 상태검사는 설문조사 등의 방법으로 한다. 이 경우 설문조사 등의 시행과 그 결과 처리는 초·중등교육법 제30조의4에 따른 교육정보시스템(이하 "교육정보시스템"이라 한다)을 통하여 할 수 있다. ② 학교의 장은 정신건강 상태검사를 실시하는 경우(법 제7조 제6항에 따라 동의 없이 실시하는 경우를 포함한다)에는 검사와 관련한 구체적인 내용을 학부모에게 미리 알려야 한다.	
제5조 (건강검진의 항목 및 방법)	① 건강검진은 척추, 눈·귀, 콧병·목병·피부병, 구강, 병리검사 등에 대하여 검사 또는 진단해야 한다. ② 건강검진의 방법은 별표 2와 같다.	

	검진항목		검진방법(세부항목)
건강검진 항목 및 방법	1. 척추		척추옆굽음증(척추측만증) 검사
	2. 눈	가. 시력 측정	1) 공인시력표에 의한 검사 2) 오른쪽과 왼쪽의 눈을 각각 구별하여 검사 3) 안경 등으로 시력을 교정한 경우에는 교정시력을 검사
		나. 안질환	결막염, 눈썹찔림증, 사시 등 검사
	3. 귀	가. 청력	1) 청력계 등에 의한 검사 2) 오른쪽과 왼쪽의 귀를 각각 구별하여 검사
		나. 귓병	중이염, 바깥귀길염(외이도염) 등 검사
	4. 콧병		코곁굴염(부비동염), 비염 등 검사
	5. 목병		편도선비대, 목부위림프절비대, 갑상샘비대 등 검사
	6. 피부병		아토피성피부염, 전염성피부염 등 검사
	7. 구강	가. 치아 상태	충치, 충치발생위험치아, 결손치아(영구치로 한정한다) 검사
		나. 구강 상태	치주질환(잇몸병)·구내염 및 연조직질환, 부정교합, 구강위생상태 등 검사

8. 병리 검사 등	가. 소변	요컵 또는 시험관 등을 이용하여 신선한 요를 채취하며, 시험지를 사용하여 측정(요단백·요잠혈 검사)	
	나. 혈액	1회용 주사기나 진공시험관으로 채혈하여 다음의 검사 1) 혈당(식전에 측정한다), 총콜레스테롤, 고밀도지단백(HDL) 콜레스테롤, 중성지방, 저밀도지단백(LDL) 콜레스테롤 및 간세포효소(AST·ALT) 2) 혈색소	
	다. 결핵	흉부 X-선 촬영 및 판독	
	라. 혈압	혈압계에 의한 수축기 및 이완기 혈압	
9. 허리둘레		줄자를 이용하여 측정	
10. 그 밖의 사항		제1호부터 제9호까지의 검진항목 외에 담당의사가 필요하다고 판단하여 추가하는 항목(검진비용이 추가되지 않는 경우로 한정한다)	

기출의 재발견

❖
학교건강검사규칙상 건강검진의 내용으로 가장 옳지 않은 것은?
[21. 서울시]

① 척추는 척추옆굽음증(척추측만증)을 검사한다.
② 고등학교 1학년 여학생은 혈액검사 중 혈색소 검사를 한다.
③ 시력측정은 안경 등으로 시력을 교정한 경우에는 교정시력을 검사한다.
④ 초등학교 4학년과 중학교 1학년 및 고등학교 1학년 학생 중 비만인 학생은 허리둘레와 혈압을 검사한다.

정답 ④

[적용범위 및 판정기준]
1. 다음 각 목의 검진항목에 대한 검사 또는 진단은 해당 목에 따른 학생을 대상으로 하여 실시한다.
   가. 위 표 제8호 나목 1) 및 같은 표 제9호의 검진항목: 초등학교 4학년과 중학교 1학년 및 고등학교 1학년 학생 중 비만인 학생
   나. 위 표 제8호 나목 2)의 검진항목: 고등학교 1학년 여학생
   다. 위 표 제8호 다목의 검진항목: 중학교 1학년 및 고등학교 1학년 학생
2. 위 표에서 정한 건강검진 방법에 관하여 필요한 세부적인 사항 및 건강검진 결과의 판정기준은 교육부장관이 정하여 고시하는 기준에 따른다.
3. 위 표 제1호부터 제10호까지의 검진항목 외의 검진항목에 대한 검진방법 및 건강검진 결과의 판정기준은 국민건강보험법 제52조 제4항 및 같은 법 시행령 제25조 제5항에 따라 보건복지부장관이 정하여 고시하는 기준에 따른다.

제5조의2 (건강검진의 절차 등)	① 학교의 장은 법 제7조 제2항에 따른 학생의 건강검사를 실시하기 위하여 2개 이상의 검진기관을 선정하여야 한다. 다만, 검진기관을 2개 이상 선정할 수 없는 경우에는 관할 교육감(지방교육자치에 관한 법률 제26조 제1항에 따라 하급교육행정기관에 권한을 위임한 경우에는 교육장을 말한다. 이하 이 조에서 같다)의 승인을 얻어 1개의 검진기관만 선정할 수 있다. ② 학교의 장은 제1항의 규정에 의하여 검진기관을 선정하고자 하는 때에는 초·중등교육법 제31조의 규정에 의한 학교운영위원회의 심의 또는 자문을 받을 수 있다. ③ 학교의 장은 검진대상자가 검진기관을 방문하여 건강검진을 받도록 하여야 한다.

	④ 학교의 장은 제1항 본문 및 제3항에도 불구하고 다음 각 호의 어느 하나에 해당하는 경우에는 1개의 검진기관만을 선정하여 검진기관이 검진대상자에 대한 출장검진을 하도록 할 수 있다.
	  1. 학교가 소재한 지역(읍·면·동을 말한다)에 검진기관이 없는 경우
	  2. 장애인 등에 대한 특수교육법에 따른 특수학교 및 특수학급의 학생을 대상으로 검진을 실시하는 경우
	  3. 그 밖에 부득이한 사유로 출장검진이 불가피하다고 교육감이 승인한 경우
	⑤ 검진기관은 검진대상자 여부를 확인한 후 검진대상자에 대하여 별표 1 및 별표 2의 검사항목에 해당되는 신체의 발달상황에 대한 검사 및 건강검진을 실시하여야 한다.
	⑥ 검진기관은 검진을 실시하기 전에 검진에 필요한 별지 제1호의2 서식부터 별지 제1호의4 서식까지에 따른 문진표를 비치하고, 검진대상자에게 필요한 문진표를 작성·제출하도록 하여야 한다.
	⑦ 검진기관은 법 제7조 제5항에 따라 다음 각 호의 서류를 작성하여 검사결과를 검사일부터 30일 내에 해당 학생 또는 학부모와 해당 학교의 장에게 각각 통보하여야 한다. 이 경우 검진결과 질환이 의심되는 학생 또는 정밀검사가 필요한 학생이 있는 경우에는 해당 학부모에게 반드시 통보하여야 한다.
	  1. 별지 제1호의5 서식에 따른 학생건강검사 결과 통보서
	  2. 별지 제1호의6 서식에 따른 학생구강검사 결과 통보서
	⑧ 건강검진에 소요되는 비용의 범위는 국민건강보험법 제52조 제4항 및 같은 법 시행령 제25조 제5항에 따라 보건복지부장관이 정한 금액을 적용한다.

제6조
(별도의 검사)
	① 학교의 장은 법 제7조 제3항에 따른 별도의 검사를 다음 각 호의 학생에 대하여 실시할 수 있다.
	  1. 소변검사 및 시력검사: 초등학교·중학교 및 고등학교의 학생 중 교육감이 지정하는 학년의 학생
	  2. 결핵검사: 고등학교의 학생 중 교육감이 지정하는 학년의 학생
	  3. 구강검사: 중학교 및 고등학교의 학생 중 교육감이 지정하는 학년의 학생
	② 제1항의 규정에 의한 검사의 시기 및 방법 등 검사에 필요한 사항은 교육감이 정한다.

제7조
(신체능력
검사의 대상 및
방법 등)
	① 신체능력검사는 체력요소를 평가하여 제8조에 따른 신체의 능력등급을 판정하는 필수평가와 신체활동에 대한 인식정도 등 필수평가에 대한 심층평가를 하는 선택평가로 구분한다.
	② 학교의 장은 다음 각 호의 학생을 대상으로 신체능력검사를 실시한다. 다만, 심장질환 등으로 인한 신체허약자와 지체부자유자는 그 대상에서 제외할 수 있다.
	  1. 초등학교 제5학년 및 제6학년 학생
	  2. 중학교 및 고등학교 학생

기출의 재발견

❖ **학교 건강검사 결과의 관리 및 처리에 대한 설명으로 옳지 않은 것은?** [14. 지방직]

① 학교의 장은 건강검사 결과에 따라 건강 상담, 예방 조치 등의 대책을 강구하여야 한다.
② 학교의 장은 건강검사 결과에서 감염병에 감염될 우려가 있는 학생에 대하여 등교를 중지시킬 수 있다.
③ 졸업하지 못한 학생의 건강기록부는 당해년도에 보건소로 이관하여 5년간 보관한다.
④ 검진기관은 검사 결과를 해당 학생 또는 학부모, 해당 학교의 장에게 통보하여야 한다

정답 ③

	③ 필수평가는 체력요소별로 1개의 검사항목을 선택하여 매 학년 초에 실시하는 것을 원칙으로 하되, 선택평가는 학교의 장이 해당 학교의 여건을 고려하여 검사항목, 검사주기 등을 자율적으로 결정하여 실시할 수 있다. ④ 제2항 및 제3항에도 불구하고 학교의 장은 해당 학교의 여건을 고려하여 초등학교 제4학년에 대한 필수평가 또는 선택평가의 실시 여부를 자율적으로 결정할 수 있다.

제9조
(건강검사 등의
실시결과 관리)
	① 학교의 장은 법 제7조의3 제1항에 따라 건강검사의 실시결과를 다음 각 호의 기준에 따라 작성·관리하여야 한다.
	  1. 대상자가 학생인 경우: 다음 각 목의 구분에 따라 작성·관리
	    가. 신체발달상황 및 신체능력검사 결과: 별지 제1호 서식에 따른 학생건강기록부로 작성·관리
	    나. 건강검진 결과: 제5조의2 제7항에 따라 검진기관이 통보한 자료를 학생건강기록부와 별도로 관리
	  2. 대상자가 교직원인 경우: 국민건강보험법 제52조에 따른 건강검진의 결과를 관리
	② 학교의 장은 제6조에 따른 별도검사의 실시결과를 학생건강기록부와 별도로 관리하여야 한다.
	③ 법 제7조의3 제2항 제3호에서 "교육부령으로 정하는 사항"이란 다음 각 호의 사항을 말한다.
	  1. 법 제10조 제1항에 따른 예방접종 완료 여부
	  2. 제5조 및 제5조의2에 따른 건강검진의 검진일자 및 검진기관명
	  3. 제6조에 따른 별도검사의 종류, 검사일자 및 검사기관명
	④ 학교의 장은 법 제7조의3 제2항 각 호의 사항을 교육정보시스템을 이용하여 처리하기 위하여 학생건강기록부에 기록해야 한다.
	⑤ 고등학교의 장은 소속 학생이 고등학교를 졸업할 때 학생건강기록부를 해당 학생에게 교부하여야 한다.
	⑥ 학생이 중학교 또는 고등학교에 진학하지 아니하거나 휴학 또는 퇴학 등으로 고등학교를 졸업하지 못한 경우 그 학생이 최종적으로 재적하였던 학교는 학생건강기록부를 비롯한 건강검사 등의 실시결과를 학생이 최종적으로 재적한 날부터 5년간 보존하여야 한다.
	⑦ 교육감은 제7조 제1항에 따른 신체능력검사 결과에 따라 학생 개인별 신체활동 처방을 제공하는 학생건강체력평가시스템을 교육정보시스템과 연계하여 구축하고, 학생·학부모가 조회할 수 있도록 관리하여야 한다.

제10조 (건강검사 등의 실시결과에 따른 조치)	① 학교의 장은 건강검사 등의 실시결과에 따라 보건의료기관, 체육단체 및 대학 등의 협조를 받아 소속 학생 및 교직원에 대한 건강상담, 예방조치 및 체력증진 등 적절한 보호 또는 양호의 대책을 강구하여야 한다. ② 학교의 장은 건강검사 등을 실시한 결과 수업면제·휴학·치료·보호 또는 교정 등을 필요로 하는 학생에 대해서는 본인 또는 그의 보호자에게 적정한 조치를 강구하도록 요청하여야 한다. ③ 학교의 장은 교직원에 대해서 건강검사 또는 국민건강보험법 제52조에 따른 건강검진을 실시한 결과 전염성질환 또는 신체의 심한 허약 등으로 복무에 지장이 있다고 인정되는 경우에는 휴직 기타 적절한 조치를 취하도록 임면권자에게 건의하여야 한다.

	④ 학교의 장은 건강검사 등을 실시한 경우에는 별지 제2호 서식에 따른 통계표를 작성하여 해당 연도의 8월 31일까지, 별지 제4호 서식에 따른 통계표를 작성하여 다음 연도의 2월 말일까지 관할 교육장을 거쳐 교육감에게 보고해야 한다. ⑤ 교육감은 법 제7조의2 제1항에 따른 학생건강증진계획의 수립·시행을 위하여 필요한 경우에는 학교의 장에게 건강조사 결과 및 건강검진 결과에 관한 통계자료를 제출하도록 할 수 있다.
제11조 (건강검사 표본학교의 지정 및 보고 등)	① 교육부장관은 법 제2조의2에 따른 기본계획의 수립·시행과 시책 마련을 위하여 건강검사의 표본학교를 지정할 수 있다. ② 교육부장관은 제1항에 따른 표본학교(이하 "표본학교"라 한다)에 대해서 이 규칙이 정한 검사항목 외의 검사항목을 추가한 건강검사를 실시하게 할 수 있다. ③ 표본학교의 장은 건강검사를 실시한 경우 그 결과를 교육부장관이 정하는 바에 따라 교육감을 거쳐 교육부장관에게 보고하여야 한다.
제14조 (건강검사 실시의 예외)	학교의 장은 법 제7조 제4항의 규정에 의하여 당해 연도에 건강검사를 실시할 수 없는 경우에는 관할 교육감 또는 교육장의 승인을 얻어 신체의 발달상황 및 신체의 능력과 건강조사를 생략할 수 있고, 건강검진은 다음 학년도로 연기할 수 있다.

✔참고

신체의 발달상황에 대한 검사항목 및 방법(제4조 제2항 관련) - 학교건강검사규칙 [별표 1]

검사항목	측정단위	검사방법
키	센티미터 (cm)	1. 검사대상자의 자세 　가. 신발을 벗은 상태에서 발꿈치를 붙일 것 　나. 등·엉덩이 및 발꿈치를 측정대에 붙일 것 　다. 똑바로 서서 두 팔을 몸 옆에 자연스럽게 붙일 것 　라. 눈과 귀는 수평인 상태를 유지할 것 2. 검사자는 검사대상자의 발바닥부터 머리끝까지의 높이를 측정
몸무게	킬로그램(kg)	옷을 입고 측정한 경우 옷의 무게를 뺄 것
비만도	-	1. 비만도는 학생의 키와 몸무게를 이용하여 계산된 체질량지수(BMI, Body Mass Index: kg/m^2)를 성별·나이별 체질량지수 백분위수 도표에 대비하여 판정한다. 2. 비만도의 표기방법은 다음 각 목과 같다. 　가. 체질량지수 백분위수 도표의 5 미만인 경우: 저체중 　나. 체질량지수 백분위수 도표의 85 이상 95 미만인 경우: 과체중 　다. 체질량지수 백분위수 도표의 95 이상인 경우: 비만 　라. 가목부터 다목까지의 규정에 해당되지 않는 경우: 정상

[비고]
수치는 소수 첫째자리까지 나타낸다(측정값이 소수 둘째자리 이상까지 나오는 경우에는 둘째자리에서 반올림한다).

> ✓참고
>
> ### 건강조사 항목 및 방법(제4조의2 제2항 관련) - 학교건강검사규칙 [별표 1의2]
>
> 1. 조사항목 및 내용
>
> | 조사항목 | 조사내용 |
> |---|---|
> | 1. 예방접종/병력 | 가. 전염병 예방접종
나. 가족병력
다. 개인병력 |
> | 2. 식생활/비만 | 가. 식습관
나. 인스턴트 및 그 밖에 식품의 섭취형태
다. 다이어트 행태 |
> | 3. 위생관리 | 가. 손 씻기
나. 양치질 |
> | 4. 신체활동 | 가. 근지구력 향상을 위한 운동
나. 심폐기능 향상을 위한 운동
다. 수면 |
> | 5. 학교생활/가정생활 | 가. 가족 내 지지 정도
나. 학교생활 적응 정도
다. 교우관계 |
> | 6. 텔레비전/인터넷/음란물의 이용 | 가. 텔레비전 시청
나. 인터넷 이용
다. 음란물에의 노출 여부 및 정도 |
> | 7. 안전의식 | 가. 안전에 대한 인식
나. 안전사고의 발생 |
> | 8. 학교폭력 | 가. 학교폭력에의 노출 여부 및 정도 |
> | 9. 흡연/음주/약물의 사용 | 가. 흡연
나. 음주
다. 흡입제의 사용 여부 및 약물의 오·남용 여부 등 |
> | 10. 성 의식 | 가. 성문제
나. 성에 대한 인식 |
> | 11. 사회성/정신건강 | 가. 사회성(자긍심, 적응력 등)
나. 정신적 건강(우울, 자살, 불안증, 주의력 결핍 등) |
> | 12. 건강상담 | 가. 건강에 대한 상담의 요구 등 |
>
> 2. 조사방법
>
> 시·도교육감은 위 조사항목 및 내용을 포함한 구조화된 설문지를 마련하고, 학교의 장을 통하여 조사할 수 있도록 한다.

> **참고**

건강검진 항목 및 방법(제5조 제2항 관련) - 학교건강검사규칙 [별표 2]

검진항목		검진방법(세부항목)
1. 척추		척추옆굽음증(척추측만증) 검사
2. 눈	가. 시력측정	1) 공인시력표에 의한 검사 2) 오른쪽과 왼쪽의 눈을 각각 구별하여 검사 3) 안경 등으로 시력을 교정한 경우에는 교정시력을 검사
	나. 안질환	결막염, 눈썹찔림증, 사시 등 검사
3. 귀	가. 청력	1) 청력계 등에 의한 검사 2) 오른쪽과 왼쪽의 귀를 각각 구별하여 검사
	나. 귓병	중이염, 바깥귀길염(외이도염) 등 검사
4. 콧병		코곁굴염(부비동염), 비염 등 검사
5. 목병		편도선비대, 목부위림프절비대, 갑상샘비대 등 검사
6. 피부병		아토피성피부염, 전염성피부염 등 검사
7. 구강	가. 치아상태	충치, 충치발생위험치아, 결손치아(영구치로 한정한다) 검사
	나. 구강상태	치주질환(잇몸병)·구내염 및 연조직질환, 부정교합, 구강위생상태 등 검사
8. 병리검사 등	가. 소변	요컵 또는 시험관 등을 이용하여 신선한 요를 채취하며, 시험지를 사용하여 측정(요단백·요잠혈 검사)
	나. 혈액	1회용 주사기나 진공시험관으로 채혈하여 다음의 검사 1) 혈당(식전에 측정한다), 총콜레스테롤, 고밀도지단백(HDL) 콜레스테롤, 중성지방, 저밀도지단백(LDL) 콜레스테롤 및 간세포효소(AST·ALT) 2) 혈색소
	다. 결핵	흉부 X-선 촬영 및 판독
	라. 혈압	혈압계에 의한 수축기 및 이완기 혈압
9. 허리둘레		줄자를 이용하여 측정
10. 그 밖의 사항		제1호부터 제9호까지의 검진항목 외에 담당의사가 필요하다고 판단하여 추가하는 항목(검진비용이 추가되지 않는 경우로 한정한다)

[적용범위 및 판정기준]
1. 다음 각 목의 검진항목에 대한 검사 또는 진단은 해당 목에 따른 학생을 대상으로 하여 실시한다.
   가. 위 표 제8호 나목 1) 및 같은 표 제9호의 검진항목: 초등학교 4학년과 중학교 1학년 및 고등학교 1학년 학생 중 비만인 학생
   나. 위 표 제8호 나목 2)의 검진항목: 고등학교 1학년 여학생
   다. 위 표 제8호 다목의 검진항목: 중학교 1학년 및 고등학교 1학년 학생
2. 위 표에서 정한 건강검진 방법에 관하여 필요한 세부적인 사항 및 건강검진 결과의 판정기준은 교육부장관이 정하여 고시하는 기준에 따른다.
3. 위 표 제1호부터 제10호까지의 검진항목 외의 검진항목에 대한 검진방법 및 건강검진 결과의 판정기준은 국민건강보험법 제52조 제4항 및 같은 법 시행령 제25조 제5항에 따라 보건복지부장관이 정하여 고시하는 기준에 따른다.

5 감염병예방법

구분		내용
제1조 (목적)		이 법은 국민 건강에 위해(危害)가 되는 감염병의 발생과 유행을 방지하고, 그 예방 및 관리를 위하여 필요한 사항을 규정함으로써 국민 건강의 증진 및 유지에 이바지함을 목적으로 한다.
제2조 (정의)	감염병	제1급감염병, 제2급감염병, 제3급감염병, 제4급감염병, 기생충감염병, 세계보건기구 감시대상 감염병, 생물테러감염병, 성매개감염병, 인수(人獸)공통감염병 및 의료관련감염병을 말한다.
	제1급 감염병	생물테러감염병 또는 치명률이 높거나 집단 발생의 우려가 커서 발생 또는 유행 즉시 신고하여야 하고, 음압격리와 같은 높은 수준의 격리가 필요한 감염병 가. 에볼라바이러스병 나. 마버그열 다. 라싸열 라. 크리미안콩고출혈열 마. 남아메리카출혈열 바. 리프트밸리열 사. 두창 아. 페스트 자. 탄저 차. 보툴리눔독소증 카. 야토병 타. 신종감염병증후군 파. 중증급성호흡기증후군(SARS) 하. 중동호흡기증후군(MERS) 거. 동물인플루엔자 인체감염증 너. 신종인플루엔자 더. 디프테리아
	제2급 감염병	전파가능성을 고려하여 발생 또는 유행 시 24시간 이내에 신고하여야 하고, 격리가 필요한 감염병 가. 결핵(結核) 나. 수두(水痘) 다. 홍역(紅疫) 라. 콜레라 마. 장티푸스 바. 파라티푸스 사. 세균성이질 아. 장출혈성대장균감염증 자. A형간염 차. 백일해(百日咳)

	카. 유행성이하선염(流行性耳下腺炎) 타. 풍진(風疹) 파. 폴리오 하. 수막구균 감염증 거. b형헤모필루스인플루엔자 너. 폐렴구균 감염증 더. 한센병 러. 성홍열 머. 반코마이신내성황색포도알균(VRSA) 감염증 버. 카바페넴내성장내세균속균종(CRE) 감염증 서. E형간염
제3급 감염병	그 **발생**을 계속 **감시할 필요**가 있어 발생 또는 **유행 시 24시간 이내에 신고**하여야 하는 다음 각 목의 감염병 가. 파상풍(破傷風) 나. B형간염 다. 일본뇌염 라. C형간염 마. 말라리아 바. 레지오넬라증 사. 비브리오패혈증 아. 발진티푸스 자. 발진열(發疹熱) 차. 쯔쯔가무시증 카. 렙토스피라증 타. 브루셀라증 파. 공수병(恐水病) 하. 신증후군출혈열(腎症侯群出血熱) 거. 후천성면역결핍증(AIDS) 너. 크로이츠펠트-야콥병(CJD) 및 변종크로이츠펠트-야콥병(vCJD) 더. 황열 러. 뎅기열 머. 큐열(Q熱) 버. 웨스트나일열 서. 라임병 어. 진드기매개뇌염 저. 유비저(類鼻疽) 처. 치쿤구니야열 커. 중증열성혈소판감소증후군(SFTS) 터. 지카바이러스 감염증 퍼. 매독

	제4급 감염병	제1급감염병부터 제3급감염병까지의 감염병 외에 유행 여부를 조사하기 위하여 표본감시 활동이 필요한 감염병 가. 인플루엔자 나. 회충증 다. 편충증 라. 요충증 마. 간흡충증 바. 폐흡충증 사. 장흡충증 아. 수족구병 자. 임질 차. 클라미디아감염증 카. 연성하감 타. 성기단순포진 파. 첨규콘딜롬 하. 반코마이신내성장알균(VRE) 감염증 거. 메티실린내성황색포도알균(MRSA) 감염증 너. 다제내성녹농균(MRPA) 감염증 더. 다제내성아시네토박터바우마니균(MRAB) 감염증 러. 장관감염증 머. 급성호흡기감염증 버. 해외유입기생충감염증 서. 엔테로바이러스감염증 어. 사람유두종바이러스 감염증
	기생충 감염병	기생충에 감염되어 발생하는 감염병 중 질병관리청장이 고시하는 감염병을 말한다.
	표본 감시	감염병 중 감염병환자의 발생빈도가 높아 전수조사가 어렵고 중증도가 비교적 낮은 감염병의 발생에 대하여 감시기관을 지정하여 정기적이고 지속적인 의과학적 감시를 실시하는 것
제4조 (국가 및 지방자치단체의 책무)		① 국가 및 지방자치단체는 감염병환자 등의 인간으로서의 존엄과 가치를 존중하고 그 기본적 권리를 보호하며, 법률에 따르지 아니하고는 취업 제한 등의 불이익을 주어서는 아니 된다. ② 국가 및 지방자치단체는 감염병의 예방 및 관리를 위하여 다음 각 호의 사업을 수행하여야 한다. 1. 감염병의 예방 및 방역대책 2. 감염병환자 등의 진료 및 보호 3. 감염병 예방을 위한 예방접종계획의 수립 및 시행 4. 감염병에 관한 교육 및 홍보 5. 감염병에 관한 정보의 수집·분석 및 제공 6. 감염병에 관한 조사·연구 7. 감염병병원체(감염병병원체 확인을 위한 혈액, 체액 및 조직 등 검체를 포함한다) 수집·검사·보존·관리 및 약제내성 감시(藥劑耐性 監視)

	8. 감염병 예방을 위한 전문인력의 양성 9. 감염병 관리정보 교류 등을 위한 국제협력 10. 감염병의 치료 및 예방을 위한 약품 등의 비축 11. 감염병 관리사업의 평가 12. 기후변화, 저출산·고령화 등 인구변동 요인에 따른 감염병 발생 조사·연구 및 예방대책 수립 13. 한센병의 예방 및 진료 업무를 수행하는 법인 또는 단체에 대한 지원 14. 감염병 예방 및 관리를 위한 정보시스템의 구축 및 운영 15. 해외 신종감염병의 국내 유입에 대비한 계획 준비, 교육 및 훈련 16. 해외 신종감염병 발생 동향의 지속적 파악, 위험성 평가 및 관리대상 해외 신종감염병의 지정 17. 관리대상 해외 신종감염병에 대한 병원체 등 정보 수집, 특성 분석, 연구를 통한 예방과 대응체계 마련, 보고서 발간 및 지침(매뉴얼을 포함한다) 고시 ③ 국가·지방자치단체(교육감을 포함한다)는 감염병의 효율적 치료 및 확산방지를 위하여 질병의 정보, 발생 및 전파 상황을 공유하고 상호협력하여야 한다. ④ 국가 및 지방자치단체는 의료법에 따른 의료기관 및 의료인단체와 감염병의 발생 감시·예방을 위하여 관련 정보를 공유하여야 한다.
제11조 (의사 등의 신고)	① 의사, 치과의사 또는 한의사는 다음 각 호의 어느 하나에 해당하는 사실(제16조 제6항에 따라 표본감시 대상이 되는 제4급감염병으로 인한 경우는 제외한다)이 있으면 소속 의료기관의 장에게 보고하여야 하고, 해당 환자와 그 동거인에게 질병관리청장이 정하는 감염 방지 방법 등을 지도하여야 한다. 다만, 의료기관에 소속되지 아니한 의사, 치과의사 또는 한의사는 그 사실을 관할 보건소장에게 신고하여야 한다. 1. 감염병환자 등을 진단하거나 그 사체를 검안(檢案)한 경우 2. 예방접종 후 이상반응자를 진단하거나 그 사체를 검안한 경우 3. 감염병환자 등이 제1급감염병부터 제3급감염병까지에 해당하는 감염병으로 사망한 경우 4. 감염병환자로 의심되는 사람이 감염병병원체 검사를 거부하는 경우 ③ 제1항 및 제2항에 따라 보고를 받은 의료기관의 장 및 제16조의2에 따른 감염병병원체 확인기관의 장은 제1급감염병의 경우에는 즉시, 제2급감염병 및 제3급감염병의 경우에는 24시간 이내에, 제4급감염병의 경우에는 7일 이내에 질병관리청장 또는 관할 보건소장에게 신고하여야 한다.
제12조 (그 밖의 신고의무자)	① 다음 각 호의 어느 하나에 해당하는 사람은 제1급감염병부터 제3급감염병까지에 해당하는 감염병 중 보건복지부령으로 정하는 감염병이 발생한 경우에는 의사, 치과의사 또는 한의사의 진단이나 검안을 요구하거나 해당 주소지를 관할하는 보건소장에게 신고하여야 한다. 1. 일반가정에서는 세대를 같이하는 세대주. 다만, 세대주가 부재 중인 경우에는 그 세대원 2. 학교, 병원, 관공서, 회사, 공연장, 예배장소, 선박·항공기·열차 등 운송수단, 각종 사무소·사업소, 음식점, 숙박업소 또는 그 밖에 여러 사람이 모이는 장소로서 보건복지부령으로 정하는 장소의 관리인, 경영자 또는 대표자

	② 제1항에 따른 신고의무자가 아니더라도 감염병환자 등 또는 감염병으로 인한 사망자로 의심되는 사람을 발견하면 보건소장에게 알려야 한다.
제14조 (인수공통 감염병의 통보)	① 가축전염병예방법 제11조 제1항 제2호에 따라 신고를 받은 국립가축방역기관장, 신고대상 가축의 소재지를 관할하는 시장·군수·구청장 또는 시·도 가축방역기관의 장은 같은 법에 따른 가축전염병 중 다음 각 호의 어느 하나에 해당하는 감염병의 경우에는 즉시 질병관리청장에게 통보하여야 한다. 1. 탄저 2. 고병원성조류인플루엔자 3. 광견병 4. 그 밖에 대통령령으로 정하는 인수공통감염병(동물인플루엔자) ② 제1항에 따른 통보를 받은 질병관리청장은 감염병의 예방 및 확산 방지를 위하여 이 법에 따른 적절한 조치를 취하여야 한다.
제24조 (필수예방접종)	① 특별자치도지사 또는 시장·군수·구청장은 다음 각 호의 질병에 대하여 관할 보건소를 통하여 필수예방접종(이하 "필수예방접종"이라 한다)을 실시하여야 한다. 1. 디프테리아 2. 폴리오 3. 백일해 4. 홍역 5. 파상풍 6. 결핵 7. B형간염 8. 유행성이하선염 9. 풍진 10. 수두 11. 일본뇌염 12. b형헤모필루스인플루엔자 13. 폐렴구균 14. 인플루엔자 15. A형간염 16. 사람유두종바이러스 감염증 17. 그룹 A형 로타바이러스 감염증 18. 그 밖에 질병관리청장이 감염병의 예방을 위하여 필요하다고 인정하여 지정하는 감염병
제31조 (예방접종 완료 여부의 확인)	① 특별자치도지사 또는 시장·군수·구청장은 초등학교와 중학교의 장에게 학교보건법 제10조에 따른 예방접종 완료 여부에 대한 검사 기록을 제출하도록 요청할 수 있다. ② 특별자치도지사 또는 시장·군수·구청장은 유아교육법에 따른 유치원의 장과 영유아보육법에 따른 어린이집의 원장에게 보건복지부령으로 정하는 바에 따라 영유아의 예방접종 여부를 확인하도록 요청할 수 있다. ③ 특별자치도지사 또는 시장·군수·구청장은 제1항에 따른 제출 기록 및 제2항에 따른 확인 결과를 확인하여 예방접종을 끝내지 못한 영유아, 학생 등이 있으면 그 영유아 또는 학생 등에게 예방접종을 하여야 한다.
질병관리청장이 지정하는 감염병의 종류	1. 「감염병의 예방 및 관리에 관한 법률」 제2조제4호 각 목 외의 부분 단서에 따라 질병관리청장이 보건복지부장관과 협의하여 지정하는 감염병의 종류는 다음과 같다. 가. 엠폭스(MPOX)

2. 「감염병의 예방 및 관리에 관한 법률」 제2조제5호 각 목 외의 부분 단서에 따라 질병관리청장이 지정하는 감염병의 종류는 다음과 같다.
   가. 코로나바이러스감염증-19
3. 「감염병의 예방 및 관리에 관한 법률」 제2조제6호에 따른 기생충감염병의 종류는 다음 각 목과 같다.
   가. 회충증
   나. 편충증
   다. 요충증
   라. 간흡충증
   마. 폐흡충증
   바. 장흡충증
   사. 해외유입기생충감염증
4. 「감염병의 예방 및 관리에 관한 법률」 제2조제8호에 따른 세계보건기구 감시대상 감염병의 종류는 다음 각 목과 같다.
   가. 두창
   나. 폴리오
   다. 신종인플루엔자
   라. 중증급성호흡기증후군(SARS)
   마. 콜레라
   바. 폐렴형 페스트
   사. 황열
   아. 바이러스성 출혈열
   자. 웨스트나일열
5. 「감염병의 예방 및 관리에 관한 법률」 제2조제9호에 따른 생물테러감염병의 종류는 다음 각 목과 같다.
   가. 탄저
   나. 보툴리눔독소증
   다. 페스트
   라. 마버그열
   마. 에볼라바이러스병
   바. 라싸열
   사. 두창
   아. 야토병
6. 「감염병의 예방 및 관리에 관한 법률」 제2조제10호에 따른 성매개감염병의 종류는 다음 각 목과 같다.
   가. 매독
   나. 임질
   다. 클라미디아감염증
   라. 연성하감
   마. 성기단순포진
   바. 첨규콘딜롬
   사. 사람유두종바이러스 감염증
7. 「감염병의 예방 및 관리에 관한 법률」 제2조제11호에 따른 인수공통감염병의 종류는 다음 각 목과 같다.
   가. 장출혈성대장균감염증

나. 일본뇌염
다. 브루셀라증
라. 탄저
마. 공수병
바. 동물인플루엔자 인체감염증
사. 중증급성호흡기증후군(SARS)
아. 변종크로이츠펠트-야콥병(vCJD)
자. 큐열
차. 결핵
카. 중증열성혈소판감소증후군(SFTS)
타. 장관감염증
　　1) 살모넬라균 감염증
　　2) 캄필로박터균 감염증

8. 「감염병의 예방 및 관리에 관한 법률」 제2조제12호에 따른 의료관련 감염병의 종류는 다음 각 목과 같다.
　가. 반코마이신내성황색포도알균(VRSA) 감염증
　나. 반코마이신내성장알균(VRE) 감염증
　다. 메티실린내성황색포도알균(MRSA) 감염증
　라. 다제내성녹농균(MRPA) 감염증
　마. 다제내성아시네토박터바우마니균(MRAB) 감염증
　바. 카바페넴내성장내세균목(CRE) 감염증

9. 「감염병의 예방 및 관리에 관한 법률」 제41조제1항에 따른 감염병관리기관, 감염병전문병원 및 감염병관리시설을 갖춘 의료기관에서 입원치료를 받아야 하는 감염병의 종류는 다음 각 목과 같다.
　가. 결핵
　나. 홍역
　다. 콜레라
　라. 장티푸스
　마. 파라티푸스
　바. 세균성이질
　사. 장출혈성대장균감염증
　아. A형간염
　자. 폴리오
　차. 수막구균 감염증
　카. 성홍열

10. 「감염병의 예방 및 관리에 관한 법률」 제42조제1항제4호에 따라 제3급감염병 중 질병관리청장이 정하는 감염병의 종류는 다음과 같다.
　가. 엠폭스(MPOX)

11. (재검토기한) 질병관리청장은 이 고시에 대하여 「훈령·예규 등의 발령 및 관리에 관한 규정」에 따라 2024년 1월 1일을 기준으로 매 3년이 되는 시점(매 3년째의 6월 30일까지를 말한다)마다 그 타당성을 검토하여 개선 등의 조치를 하여야 한다.

SECTION 08 학생건강관리, 감염병관리

1 학교감염병의 관리

(1) 법정감염병의 분류

감염병예방 및 관리에 관한 법률에 근거하여 제1급, 제2급, 제3급, 제4급감염병 및 기생충 감염병, 세계보건기구 감시대상 감염병, 생물테러감염병, 성매개감염병, 인수공통감염병 및 의료관련감염병으로 분류됨

(2) 학교 주요 감염병의 종류와 특성

감염병	임상증상	감염 가능 기간	등교중지(격리) 기간	잠복기
결핵	발열, 전신 피로감, 식은땀, 체중감소	약물치료 시작 후 2주까지	약물 치료 시작후 2주까지	수년까지 가능
수두	피부발진, 수포, 발열, 피로감	발진 1-2일 전부터 모든 피부 병변에 가피가 생길 때까지	모든 수포에 가피가 형성될 때까지	10-21일(평균 14-16일)
수족구병	발열, 손, 발바닥과 구강 내 수포 및 궤양	발병 후 7일간이 가장 전염력이 강함, 피부 병변(수포)에 가피가 생성될 때까지	수포 발생 후 6일간 또는 가피가 형성될 때까지	3-7일
급성 출혈성 결막염	충혈, 안통, 이물감, 많은 눈물, 눈부심, 눈곱, 결막하출혈	발병 후 4일-1주일	격리없이 개인 위생수축을 철저히 지킬 것을 권장	8-48시간
유행성 각결막염		발병 후 14일까지		5-7일
감기군	발열, 기침, 객담 등 호흡기계 증상	이환기간 내내	등교 중지 안 함	병원체마다 다양(보통 2-14일)
인플루엔자	발열, 두통, 근육통, 인후통, 기침, 객담	증상 발생 1일 전부터 5일까지	유행차단을 위한 등교중지는 의미 없지만 화환자상태에 따라 실시	1-4일

(3) 학생 감염병 예방·위기 대응 요약(근거: 학생 감염병 예방·위기대응 매뉴얼 제3차 개정판(초·중·고·특수학교용), 2023)

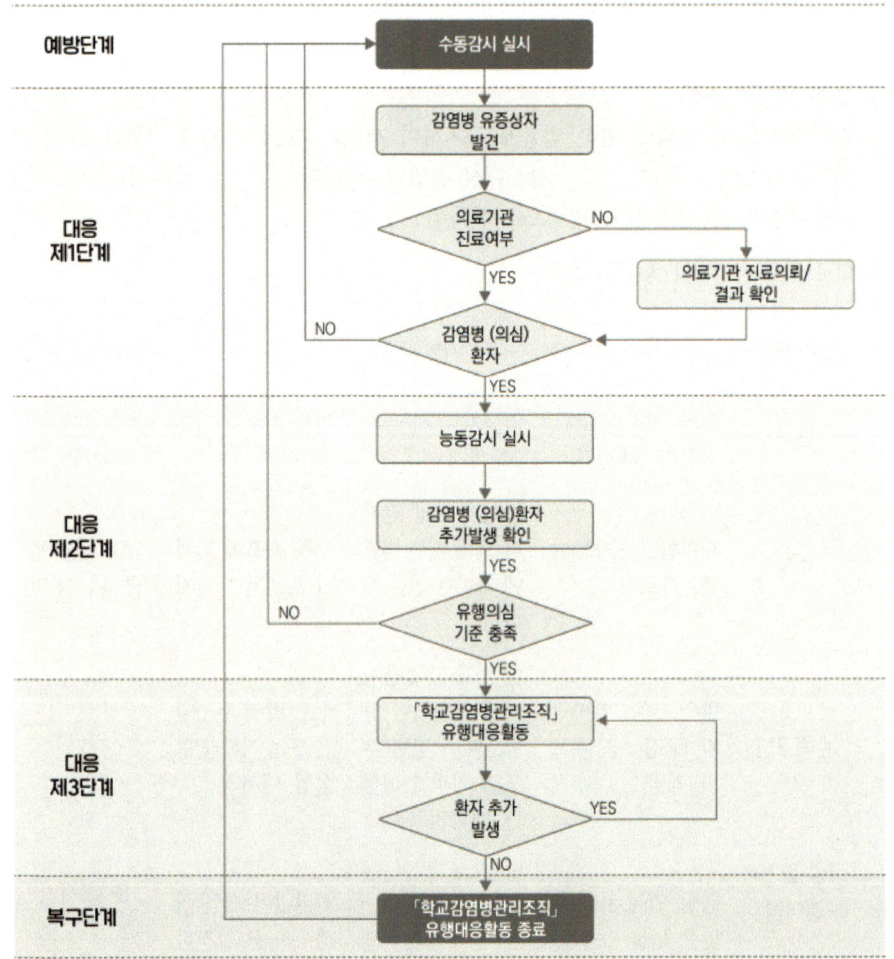

| 학교 내 감염병 대응 업무흐름도 |

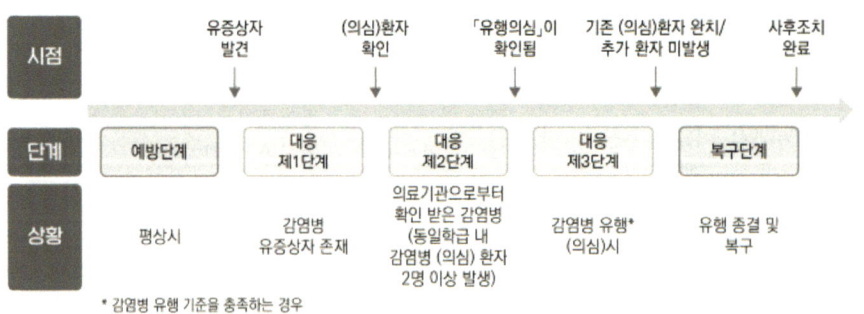

| 평상시 및 감염병 발생시 대응단계 |

	상황	시작시점	종료시점	후속조치
대응 제1단계	감염병 유증상자를 발견하여 의료기관 진료를 통해 감염병(의심)환자 발생여부를 확인하는 단계	유증상자 발견	의료기관 진료 결과 감염병(의심)환자 발생을 확인	대응 2단계로 진행
			감염병이 아닌 것으로 확인	예방단계
대응 제2단계	의료기관으로부터 확인받은 감염병(의심) 환자가 있어 감염병 환자의 추가 발생 및 유행의심 여부를 판단하는 단계	의료기관 진료결과 감염병(의심) 환자 발생 확인	추가(의심) 환자 발생 확인을 통해 유행의심 기준을 충족	대응 제3단계
			기존(의심)환자가 완치되고 추가(의심)환자가 미발생	예방단계
대응 제3단계	동일학급에서 감염병(의심)환자가 2명 이상 존재하는 것을 확인하여, 학생 감염병 관리 조직의 유행시 대응활동을 통해 유행 확산을 방지하는 단계	추가(의심)환자 발생 확인을 통해 유행의심 기준 충족	기존의 모든(의심)환자가 완치되고 추가(의심)환자가 미발생	복구단계
복구단계	기존(의심) 환자가 모두 완치되고 최대 잠복기까지 추가 (의심)환자 발생이 없어 사후조치를 완료하고 유행을 종료하는 단계 (방역당국에서 역학조사를 실시한 경우 방역당국의 판단에 따름	기존 (의심)환자가 모두 완치되고 최대 잠복기까지 추가 (의심)환자 발생 없음	사후 조치 완료	종료

기출의 재발견

❖

교육부의 「학생 감염병 예방·위기대응 매뉴얼 제3차 개정판(2023)」에 따를 때 감염병 유증상자를 발견하여 의료기관 진료를 통해 감염병(의심)환자 발생여부를 확인하는 단계는?

① 예방단계
② 대응 제1단계
③ 대응 제2단계
④ 대응 제3단계

정답 ②

(4) 등교중지

구분	내용
근거	① 학교보건법 제8조(등교중지), 학교보건법 시행령 제22조(등교등의 중지) ② 감염병의 예방 및 관리에 관한 법률 ③ 재난 및 안전관리 기본법
기본원칙	① 등교중지가 필요한 감염병으로 확진된 경우 격리기간 동안 등교중지 실시(이때 격리기간은 원칙적으로 의사의 소견을 따름) ② 등교중지가 필요한 감염병이 의심되는 경우 확진 여부를 확인할 때까지 등교중지 실시 ③ 진료결과 감염병이 아니었다 하더라도 결과 확인까지의 기간은 출석으로 인정 ④ 신종감염병 유행시 역학조사 결과 자가격리 통보를 받은 경우(증상과 무관) 등교중지 실시
예시	**학교 감염병 환자 신고** 「감염병의 예방 및 관리에 관한 법률」 제12조에 따라 학교에서 인지된 감염병(의심)발생 현황을 다음과 같이 알려드립니다. | 이름	학년	반	감염병명	발생인지일 | |---|---|---|---|---|
김초등2	2	3	홍역	2023.05.19.	

(5) 국가의 감염병 위기 상황시 대비 및 대응

📋 위기경보수준에 따른 학교의 대응

구분	위기 유형		주요 대응 활동
	해외 신종 감염병	국내 원인불명·재출현 감염병	
관심 (Blue)	해외에서의 신종감염병의 발생 및 유행	국내 원인불명·재출현 감염병의 발생	• 감염병 발생 동향 파악 • 환자 발생 감시체계 운영
주의 (Yellow)	해외 신종감염병의 국내 유입	국내 원인불명·재출현 감염병의 제한적 전파	• 환자 발생 감시체계 운영 • 환자 발생 지역의 전파 차단을 위한 예방활동
경계 (Orange)	국내 유입된 해외 신종감염병의 제한적 전파	국내 원인불명·재출현 감염병의 지역사회 전파	• 교육연속성계획(ECP) 수립 • 환자 발생 현황 파악 • 환자 발생 시 대응 • 위기소통채널 운영 • 각종 행사 연기 또는 취소 검토

심각 (Red)	국내 유입된 해외 신종감염병의 지역사회 전파 또는 전국적 확산	국내 원인불명·재출현 감염병의 전국적 확산	• 교육연속성계획(ECP) 내 '학교 비상대응체계 조직' 숙지 • 환자 발생 현황 파악 및 보고 • 환자 발생 시 대응 • 휴업 및 휴교 검토 • 위기소통채널 강화

(6) 전파 차단을 위한 별도조치

구분	내용
법적 근거	① 학교보건법 제14조 질병의 예방 ② 감염병 예방 및 관리에 관한 법률 제50조 그 밖의 감염병 예방 조치
원칙	① 휴업이나 휴교는 사회적 파급이 크며, 특히 학교 밖에서 학생들이 통제가 되지 않아 오히려 유행을 확산할 수 있으므로 원칙적으로 휴업이나 휴교를 권고하지 않음 ② 휴업실시의 일반적 기준(권고): • 전파차단을 위한 휴업이 가능하나 인플루엔자, 수두, 유행성이하선염, 수족구병, 유행성 각결막염 등의 학생 빈발 감염병에 대해서는 전파차단을 위한 휴업은 권장하지 않음 • 신종감염병과 같이 치명률이 높은 감염병으로 방역당국의 권고가 있는 경우 학교 내에 단 한명의 환자가 발생하여도 휴업을 실시

> **참고**
>
> **학교에서 자주 발생하는 감염병**
>
> 1. 인플루엔자
> 2. 수두
> 3. 유행성이하선염(볼거리)
> 4. 유행성 각·결막염
> 5. 수족구병

(2) 학생 감염질환 증상관리, 유증상 학생 조치

구분	내용
일반적인 감염질환 증상	① 특이적 증상 　㉠ 호흡기 증상: 눈, 코, 입 등에서 보일 수 있으며 눈물, 눈곱, 콧물, 코막힘, 재채기, 기침, 가래 등 　㉡ 소화기 증상: 구토, 설사 또는 복통 등 　㉢ 피부증상: 발진(다양한 형태) ② 비특이적 증상: 발열❶, 식욕부진, 복통, 설사, 어지럼증, 두통 등
증상에 대한 조치사항	① 보호자에게 알리고 추후 진료가 필요한 증상❷(학교생활이 어려운 급성 증상 또는 급성 감염성 질환이라고 판단될 경우) ② 격리 또는 귀가조치가 필요한 증상: 발열, 구토, 설사 ③ 증상 정도에 따라서 귀가 및 추후 진료가 필요한 증상: 기침, 발진 ④ 즉시 병원에 가야 하는 응급증상: 멈추지 않는 출혈, 중독, 경련, 호흡곤란, 두부손상, 무기력 및 운동능력 소실, 의식의 변화, 심한 손상 또는 화상, 출혈성 소변(대변) 및 탈진, 과도한 심계항진 또는 서맥
유증상 학생 조치 - 관리사항	① 귀가조치 　㉠ 보건교사는 귀가조치가 필요한 사항을 담임교사에게 통지하고 경과를 기록 　㉡ 담임교사는 보호자에게 연락을 취하고 학생의 상태와 귀가 이유에 대해 설명 　㉢ 귀가 전까지 해당 증상에 대해 관찰하고 일반적인 준수사항❸에 따라 감염병이 확산되지 않도록 유의 ② 재등교 　㉠ 증상이 호전되거나 각 질환에 대한 격리기간이 경과한 경우 재등교 　㉡ 재등교 시 의사의 소견서 또는 호전된 상태 등을 통해 완치 여부를 확인 　㉢ 법정 감염병 또는 그에 준하는 감염성 질환에 의한 결석은 출석으로 인정 ③ 학교 내 격리조치: 증상자 집단발생(유행)의 경우 학교에서는 교육과정을 고려하여 격리조치 시 학교장과 협의 후 결정

---

❶ 발열은 호흡기, 소화기, 피부 감염, 신경계, 심혈관계, 골격계 등의 모든 계통의 감염 및 비감염성 질환에서도 나타날 수 있어 관찰이 매우 중요함

❷ 식욕부진, 발열, 설사, 구토, 탈수, 변비, 감기증상, 이통, 발진 이루 등

❸ 학교에서의 감염전파 방지를 위한 일반적인 주의사항
1. 일반적인 적용 대상: 질환자 혈액, 체액, 분비물 등이 묻었을 경우, 질환자와 접촉 또는 혈액, 체액, 분비물, 배출물에 오염되었을 가능성이 있는 물건을 다루기 전후, 음식물 섭취 및 식사 전, 화장실 이용 후
2. 알코올 소독제 사용방법: 한 손의 손바닥에 제품의 일정량을 떨어뜨린 후 양쪽 손의 모든 표면에 제품이 발리도록 양손이 마를 때까지 함께 비비고 문지름
3. 올바른 손씻기 방법

2 학생 흡연·음주 등 약물 오·남용 예방관리(사업)

(1) 개요

구분	내용
배경	① 우리나라 고등학생의 경우 2018년 평생 흡연 경험률이 남학생 28.9%, 여학생은 10.8%에 이르는데, 흡연 시작 연령이 어릴수록 니코틴 의존도가 커져 금연이 어려워지므로 평생흡연자 및 중증 흡연자가 될 가능성이 높음 ② 흡연·음주 등 약물에 처음 노출되기 이전(초등학교 저학년) 시기부터 반복적인 예방교육을 실시하여 학생 흡연·음주율을 지속적으로 감소시켜 나가는 것이 중요함
법적 근거	① 세계보건기구 담배규제기본협약 ② 국민건강증진법 제8조(금연 및 절주운동 등), 제25조(기금의 사용 등) ③ 학교보건법 제9조(학생의 보건관리) ④ 청소년보호법 제5조(국가와 지방자치단체의 책무) ⑤ 아동복지법 제31조(아동의 안전에 대한 교육)

(2) 관리전략(사업의 체계)

구분	내용
현황의 파악	청소년건강행태조사 통계❶를 활용하여 파악
시·도 교육청의 흡연예방 홍보	① 관내 학교가 일시에 참여하는 홍보 및 캠페인을 기획하여 보도자료를 배포하고, 지역신문 기고 등을 통해 인지도를 높임 ② 세계 금연의 날(5.31) 기념 행사시 학교 전체가 참여하도록 독려하고, '담배연기 없는 날' 의미를 확산 ③ 흡연예방 및 금연 체험관 등을 설치하고 지역사회 내의 현장실습 교육장을 지정
학교에서의 체계적인 교육	① 학교장, 교감 및 교사 대상 교육: 관리자의 의지는 효과적인 사업 수행에 큰 영향을 미치므로 사업의 중요성을 인식하도록 적극적으로 설명하는 것이 필요하며, 시·도사업 담당자, 학교 사업 담당자들에 대한 교육을 필요로 함 ② 개인상담 및 보건교육: 개인을 변화시키는 지식, 태도, 행동에 초점을 맞추어 흡연 및 약물사용에 대한 문제에 대한 실제적인 정보를 제공하고 보건교육을 실시하는 것이 필요 ③ 또래집단 대상의 교육: 또래집단의 영향이 중요하기 때문에 긍정적·부정적 영향을 고려하여 집단교육을 수행하는 것이 필요

❶ 청소년건강행태조사 통계(주관: 교육부, 보건복지부, 질병관리청)는 우리나라 청소년의 건강행태 파악, 국가 간 비교 가능한 지표 산출을 목적으로 전국 중학교 1학년~고등학교 3학년까지를 대상으로 하며 흡연, 음주, 신체활동, 식생활, 비만, 체중조절, 정신건강 등 15개 영역에서 103개의 문항을 조사

> **참고**
>
> **시·도 교육청 사업계획의 예시**
>
> | 시·도 교육청 사업을 통하여 추구하는 목표를 구체적으로 제시 ||||||
> |---|---|---|---|---|---|
> | 시기 | 사업목표 | 전략·활동 | 성과지표 | | 측정방법 |
> | 상반기
(1~6월) | 학교장, 교감 및 교사 대상 교육 | 학교장, 교감, 교사 연수 각 1회씩 실시 | 2019년 3회 실시 | 3회 | 연수 시행 횟수 |
> | 하반기
(7~12월) | 청소년 흡연율 감소 | 지역 청소년 흡연율 감소 | 2019년 7.0% | 6.8%
(0.2% 감소) | 청소년 건강행태 조사 |
>
> - **목표**: 사업을 통해서 변화되는 것을 기술하되 구체적이고 측정 가능해야 함
> - **전략과 활동**: 목표를 달성하기 위해 사용될 자원 투입, 활동목록 등을 구체적으로 기술
> - **기준**: 목표 수준의 적절성을 판단할 수 있는 기준, 전년도 실적 등의 근거를 제시
> - **목표치**: 사업을 통해서 달성하고자 하는 구체적 수치
> - **측정방법**: 목표 달성도를 측정하는 방법을 구체적으로 제시(예 설문조사)

3 성 건강문제와 관리

구분	내용
개요	성 건강관리와 성폭력 관리의 측면에서 논의
성 건강 관리	① 사춘기 청소년의 성적 특징: 이성에 대한 지나친 관심, 성에 대한 미숙한 자기중심적 행동과 사고방식, 성욕구의 배출에 따른 고민 ② 성교육 내용: 상대방을 동등한 인격체로 존중하는 마음을 가짐, 자신의 주장을 분명히 함, 성적인 행동 시에는 단호하게 대처
성폭력 관리	① 성폭력의 피해 ② 아동 성폭력 대처방안 ③ 성폭력 예방

4 학교폭력

학교폭력의 문제는 피해학생들의 심리적·정서적인 피해를 고려해야 함

구분	내용
특징 및 경향	① 최근 청소년들은 신체적 폭력 및 성적 폭력에 심각하게 노출되어 있는 것으로 보고됨. 청소년들의 폭력행위로 음란행위, 낙서, 금품갈취, 기물 파괴, 구타, 집단 패싸움, 과시용 폭력 등이 난무함 ② 학교 안에는 더 이상 안전지대가 없으며, 가장 큰 문제는 가해자와 피해자가 같은 공간 안에서 생활하고 있다는 점임. 특히 피해자 스스로 자구책을 찾기가 어렵다는 점에 유의
해결방안	어떤 프레임에서 접근할 것인가의 문제임. 각론의 경향은 교사와 가정의 학부모가 학생들에게서 발견할 수 있는 피해 징후를 관찰하는 것으로 예방대책을 찾아야 함을 논의하고 있음. 하지만 공격성향을 가진 학생이라든가, 가정의 불안정성 및 학교, 지역사회에서 학교폭력에 대한 대처방식은 단지 폭력의 발생 후 사정하는 것이 아닌 예방적 차원에서 전략들이 논의되어야 함을 고려함
학교폭력에 대한 인식의 전환	학교폭력이 인간의 존엄성을 파괴하고 생명을 경시하는 문제라는 점을 사회 전반에서 인식하게 하는 것이 중요함. 학교폭력의 문제가 사회의 준법성 결여와 분명히 관계됨을 인지하는 것이 필요함

SECTION 09 학교환경관리

1 학교환경관리

구분	내용
개념	학교의 구성원인 학생과 교직원의 적정기능수준 향상을 위해 학교 내외의 위해요인을 통제하고 관리하는 것을 말한다.
법적 정의	① 환경보건법 제1조(목적)에서는 환경오염과 유해화학물질 등이 국민건강 및 생태계에 미치는 영향 및 피해를 조사·규명 및 감시하여 국민건강에 대한 위협을 예방하고, 이를 줄이기 위한 대책을 마련함으로써 국민건강과 생태계의 건전성을 보호·유지할 수 있도록 함을 목적으로 한다고 명시하고 있다. 물론, 인간 건강에 영향을 줄 수 있는 물리적 환경 외에도 사회적·심리적·문화적 환경의 관점에서 총체적으로 접근하는 것이 필요함 ② 교육환경 보호에 관한 법률에서 교육환경이란 학생의 보건·위생, 안전, 학습 등에 지장이 없도록 하기 위한 학교 및 학교 주변의 모든 요소로 정의

2 교내환경

구분	내용
유지·관리대상	학교보건법 제4조에서는 학교시설[교사대지(校舍垈地)·체육장, 교사·체육관·기숙사 및 급식시설, 교사대지 또는 체육장 안에 설치되는 강당 등]에서의 환기·채광·조명·온도·습도의 조절과 유해중금속 등 유해물질의 예방 및 관리, 상하수도·화장실의 설치 및 관리, 오염공기·석면·폐기물·소음·휘발성유기화합물·세균·먼지 등의 예방 및 처리 등 환경위생과 식기·식품·먹는 물의 관리 등 식품위생을 적절히 유지·관리하여야 한다고 규정함
점검 및 관리책임	이 법률은 학교의 장이 학교시설에서의 환경위생 및 식품위생을 적절히 유지·관리하기 위하여 교육부령으로 정하는 바에 따라 점검하고 관리할 것을 명시함

3 교외환경

구분	내용
관련 법률	교육환경 보호에 관한 법률 제8조(교육환경보호구역의 설정 등)에 근거하여 '교육환경보호구역'❶으로 명시됨
교육환경 보호구역 (절대보호구역, 상대보호구역)	교육감은 학교경계 또는 학교설립예정지 경계(이하 "학교경계 등"이라 한다)로부터 직선거리 200미터의 범위 안의 지역을 다음 각 호의 구분에 따라 교육환경보호구역으로 설정·고시하여야 한다. ① 절대보호구역: 학교출입문으로부터 직선거리로 50미터까지인 지역(학교설립예정지의 경우 학교경계로부터 직선거리 50미터까지인 지역) ② 상대보호구역: 학교경계 등으로부터 직선거리로 200미터까지인 지역 중 절대보호구역을 제외한 지역
교육환경 보호구역에서 금지행위와 시설 규정	학생의 보건·위생·안전·학습과 교육환경 보호를 위해 명시하고 있는데, 이는 학습 및 학교보건위생에 부정적인 영향, 즉 소음·진동을 발생시키는 시설, 대기오염물질을 배출하는 시설뿐 아니라 학생의 사회심리적·정신적 발달에 부정적 영향을 미칠 것으로 예상되는 시설도 포함함
교사(校舍)	건축 시 선정된 교지 중에서 높은 곳에 위치한 대지로, 햇빛이 운동장으로 드는 남향을 택하고 앞에 두도록 함. 거리가 떨어져서 운동장에서 소음이 들리지 않도록 해야 함
식수	① 학교에 급수시설-수질검사 결과 위생상 무해하다고 판명된 것이어야 함. 온수를 공급할 수 있는 시설을 갖추어야 함(고등학교 이하 각급 학교 설립·운영규정) ② 식수의 위생관리를 위해 상수도시설 확충, 수질검사 및 저수조청소를 강화해야 함. 동시에 학생 및 교직원에게 공급하는 식수는 먹는 물 관리법 제5조의 규정에 의한 수질기준에 적합한 물을 제공, 가급적 끓여서 제공❷

❶ 과거 학교보건법에서 환경정화구역으로 불리는 것임

❷ 학교보건법 시행규칙 제3조 제1항 참조

		③ 수질검사는 먹는 물 수질기준 및 검사에 관한 규칙 제4조 제2항의 규정에 준하여 실시, 전 항목 검사결과 기준치를 초과한 항목에 대해서는 재검사 결과 적합 판정된 경우라도 매분기 별도검사를 실시하도록 하며, 지역 상수도의 교내 인입이 불가능한 학교는 지하수 개발 시 지하 암반층까지 굴착토록 하여 가급적 안정된 식수를 학생들에게 공급함❶
교사 내의 환기		① 환기는 교실 내의 학생 수와 공기오염 물질의 양에 따라서 환기량과 환기횟수가 정해짐 ② 필요환기량 $$V = \frac{M100}{C_s - C_o}$$ [V: 필요환기량(m³/h), M: 오염물질의 발생량(m³/h), Cs: 기준농도(허용농도, %), Co: 외기 중 오염물질의 농도(%)] ③ 환기용 창 등을 수시로 개방하거나 기계환기 설비를 수시로 가동하여 1인당 환기량은 시간당 21.6m³ 이상이 되도록 규정함(학교보건법 시행규칙 [별표 2])
채광과 조명	채광 (자연 조명)	① 최대한의 자연광 효과를 위해서 일반적으로 창문의 면적이 환경위생학적으로 교실 전체 면적의 1/5 이상이 바람직 ② 창의 색깔은 무색투명하고 채광은 좌측 또는 좌후방이 이상적임 ③ 교실 조명은 300LUX 이상이어야 함. 만약 조명도가 50LUX 이하가 될 때는 반드시 인공조명이 필요함 ④ 최대조도와 최소조도의 비율이 10 : 1을 넘지 아니하도록 할 것. 눈부심이 발생하지 아니하도록 해야 함
	조도 (인공 조명)	① 교실의 조명도는 책상면을 기준으로 300LUX 이상 ② 교실이나 흑판의 최대조도와 최소조도의 비율이 3 : 1을 넘지 않도록 함 ③ 인공조명에 의한 눈부심이 발생되지 아니하도록 함 ④ 시야를 방해하는 광택이 흑판면과 책상면에 있으면 안 됨
소음		학교보건법 시행규칙 별표 참고
학교환경위생 정화구역		학교환경관리 교육환경보호구역의 설정 참고
안전관리		① 화재사고 예방 ② 추락사고 예방 ③ 교통사고 예방

❶ 먹는 물 수질기준 및 검사 등에 관한 규칙 제4조 참조

〈관련법규〉

먹는 물 관리법 제5조 【먹는물 등의 수질 관리】 ① 환경부장관은 먹는물, 샘물 및 염지하수의 수질 기준을 정하여 보급하는 등 먹는물, 샘물 및 염지하수의 수질 관리를 위하여 필요한 시책을 마련하여야 한다.
② 환경부장관 또는 특별시장·광역시장·특별자치시장·도지사·특별자치도지사(이하 "시·도지사"라 한다)는 먹는물, 샘물 및 염지하수의 수질검사를 실시하여야 한다.
③ 먹는물, 샘물 및 염지하수의 수질 기준 및 검사 횟수는 환경부령으로 정한다.
④ 특별시·광역시·특별자치시·도·특별자치도(이하 "시·도"라 한다)는 먹는물, 샘물 및 염지하수의 수질 개선을 위하여 필요하다고 인정하는 경우에는 조례로 제3항에 따른 수질 기준 및 검사 횟수를 강화하여 정할 수 있다.
⑤ 시·도지사는 제4항에 따라 수질 기준 및 검사 횟수가 설정·변경된 경우에는 지체 없이 환경부장관에게 보고하고, 환경부령으로 정하는 바에 따라 이해관계자가 알 수 있도록 필요한 조치를 하여야 한다.

먹는 물 수질기준 및 검사 등에 관한 규칙 제4조 【수질검사의 횟수】 ② 먹는물관리법 제8조에 따라 먹는물공동시설을 관리하는 시장·군수·구청장은 다음 각 호의 기준에 따라 수질검사를 실시하여야 한다.
(1) 별표 1의 전항목 검사: 매년 1회 이상
먹는물의 수질기준(제2조 관련)
1. 미생물에 관한 기준
   가. 일반세균은 1mL 중 100CFU(Colony Forming Unit)를 넘지 아니할 것. 다만, 샘물 및 염지하수의 경우에는 저온일반세균은 20CFU/mL, 중온일반세균은 5CFU/mL를 넘지 아니하여야 하며, 먹는샘물, 먹는염지하수 및 먹는해양심층수의 경우에는 병에 넣은 후 4℃를 유지한 상태에서 12시간 이내에 검사하여 저온일반세균은 100CFU/mL, 중온일반세균은 20CFU/mL를 넘지 아니할 것
   나. 총 대장균군은 100mL(샘물·먹는샘물, 염지하수·먹는염지하수 및 먹는해양심층수의 경우에는 250mL)에서 검출되지 아니할 것. 다만, 제4조 제1항 제1호 나목 및 다목에 따라 매월 또는 매 분기 실시하는 총 대장균군의 수질검사 시료(試料) 수가 20개 이상인 정수시설의 경우에는 검출된 시료 수가 5퍼센트를 초과하지 아니하여야 한다.
   다. 대장균·분원성 대장균군은 100mL에서 검출되지 아니할 것. 다만, 샘물·먹는샘물, 염지하수·먹는염지하수 및 먹는해양심층수의 경우에는 적용하지 아니한다.
   라. 분원성 연쇄상구균·녹농균·살모넬라 및 쉬겔라는 250mL에서 검출되지 아니할 것(샘물·먹는샘물, 염지하수·먹는염지하수 및 먹는해양심층수의 경우에만 적용한다)
   마. 아황산환원혐기성포자형성균은 50mL에서 검출되지 아니할 것(샘물·먹는샘물, 염지하수·먹는염지하수 및 먹는해양심층수의 경우에만 적용한다)
   바. 여시니아균은 2L에서 검출되지 아니할 것(먹는물공동시설의 물의 경우에만 적용한다)

2. 건강상 유해영향 무기물질에 관한 기준
   가. 납은 0.01mg/L를 넘지 아니할 것
   나. 불소는 1.5mg/L(샘물, 먹는샘물 및 염지하수·먹는염지하수의 경우에는 2.0mg/L)를 넘지 아니할 것
   다. 비소는 0.01mg/L(샘물·염지하수의 경우에는 0.05mg/L)를 넘지 아니할 것
   라. 셀레늄은 0.01mg/L(염지하수의 경우에는 0.05mg/L)를 넘지 아니할 것
   마. 수은은 0.001mg/L를 넘지 아니할 것
   바. 시안은 0.01mg/L를 넘지 아니할 것
   사. 크롬은 0.05mg/L를 넘지 아니할 것
   아. 암모니아성 질소는 0.5mg/L를 넘지 아니할 것
   자. 질산성 질소는 10mg/L를 넘지 아니할 것
   차. 카드뮴은 0.005mg/L를 넘지 아니할 것
   카. 붕소는 1.0mg/L를 넘지 아니할 것(염지하수의 경우에는 적용하지 아니한다)
   타. 브롬산염은 0.01mg/L를 넘지 아니할 것(수돗물, 먹는샘물, 염지하수·먹는염지하수, 먹는해양심층수 및 오존으로 살균·소독 또는 세척 등을 하여 음용수로 이용하는 지하수만 적용한다)
   파. 스트론튬은 4mg/L를 넘지 아니할 것(먹는염지하수 및 먹는해양심층수의 경우에만 적용한다)
   하. 우라늄은 30μg/L를 넘지 않을 것(샘물, 먹는샘물, 먹는염지하수 및 먹는물공동시설의 물의 경우에만 적용한다)
3. 건강상 유해영향 유기물질에 관한 기준
   가. 페놀은 0.005mg/L를 넘지 아니할 것
   나. 다이아지논은 0.02mg/L를 넘지 아니할 것
   다. 파라티온은 0.06mg/L를 넘지 아니할 것
   라. 페니트로티온은 0.04mg/L를 넘지 아니할 것
   마. 카바릴은 0.07mg/L를 넘지 아니할 것
   바. 1,1,1-트리클로로에탄은 0.1mg/L를 넘지 아니할 것
   사. 테트라클로로에틸렌은 0.01mg/L를 넘지 아니할 것
   아. 트리클로로에틸렌은 0.03mg/L를 넘지 아니할 것
   자. 디클로로메탄은 0.02mg/L를 넘지 아니할 것
   차. 벤젠은 0.01mg/L를 넘지 아니할 것
   카. 톨루엔은 0.7mg/L를 넘지 아니할 것
   타. 에틸벤젠은 0.3mg/L를 넘지 아니할 것
   파. 크실렌은 0.5mg/L를 넘지 아니할 것
   하. 1,1-디클로로에틸렌은 0.03mg/L를 넘지 아니할 것
   거. 사염화탄소는 0.002mg/L를 넘지 아니할 것
   너. 1,2-디브로모-3-클로로프로판은 0.003mg/L를 넘지 아니할 것
   더. 1,4-다이옥산은 0.05mg/L를 넘지 아니할 것
4. 소독제 및 소독부산물질에 관한 기준(샘물·먹는샘물·염지하수·먹는염지하수·먹는해양심층수 및 먹는물공동시설의 물의 경우에는 적용하지 아니한다)
   가. 잔류염소(유리잔류염소를 말한다)는 4.0mg/L를 넘지 아니할 것
   나. 총트리할로메탄은 0.1mg/L를 넘지 아니할 것
   다. 클로로포름은 0.08mg/L를 넘지 아니할 것

라. 브로모디클로로메탄은 0.03mg/L를 넘지 아니할 것
마. 디브로모클로로메탄은 0.1mg/L를 넘지 아니할 것
바. 클로랄하이드레이트는 0.03mg/L를 넘지 아니할 것
사. 디브로모아세토니트릴은 0.1mg/L를 넘지 아니할 것
아. 디클로로아세토니트릴은 0.09mg/L를 넘지 아니할 것
자. 트리클로로아세토니트릴은 0.004mg/L를 넘지 아니할 것
차. 할로아세틱에시드(디클로로아세틱에시드, 트리클로로아세틱에시드 및 디브로모아세틱에시드의 합으로 한다)는 0.1mg/L를 넘지 아니할 것
카. 포름알데히드는 0.5mg/L를 넘지 아니할 것

5. 심미적 영향물질에 관한 기준

가. 경도(硬度)는 1,000mg/L(수돗물의 경우 300mg/L, 먹는염지하수 및 먹는해양심층수의 경우 1,200mg/L)를 넘지 아니할 것. 다만, 샘물 및 염지하수의 경우에는 적용하지 아니한다.
나. 과망간산칼륨 소비량은 10mg/L를 넘지 아니할 것
다. 냄새와 맛은 소독으로 인한 냄새와 맛 이외의 냄새와 맛이 있어서는 아니될 것. 다만, 맛의 경우는 샘물, 염지하수, 먹는샘물 및 먹는물공동시설의 물에는 적용하지 아니한다.
라. 동은 1mg/L를 넘지 아니할 것
마. 색도는 5도를 넘지 아니할 것
바. 세제(음이온 계면활성제)는 0.5mg/L를 넘지 아니할 것. 다만, 샘물·먹는샘물, 염지하수·먹는염지하수 및 먹는해양심층수의 경우에는 검출되지 아니하여야 한다.
사. 수소이온 농도는 pH 5.8 이상 pH 8.5 이하이어야 할 것. 다만, 샘물, 먹는샘물 및 먹는물공동시설의 물의 경우에는 pH 4.5 이상 pH 9.5 이하이어야 한다.
아. 아연은 3mg/L를 넘지 아니할 것
자. 염소이온은 250mg/L를 넘지 아니할 것(염지하수의 경우에는 적용하지 아니한다)
차. 증발잔류물은 수돗물의 경우에는 500mg/L, 먹는염지하수 및 먹는해양심층수의 경우에는 미네랄 등 무해성분을 제외한 증발잔류물이 500mg/L를 넘지 아니할 것
카. 철은 0.3mg/L를 넘지 아니할 것. 다만, 샘물 및 염지하수의 경우에는 적용하지 아니한다.
타. 망간은 0.3mg/L(수돗물의 경우 0.05mg/L)를 넘지 아니할 것. 다만, 샘물 및 염지하수의 경우에는 적용하지 아니한다.
파. 탁도는 1NTU(Nephelometric Turbidity Unit)를 넘지 아니할 것. 다만, 지하수를 원수로 사용하는 마을상수도, 소규모급수시설 및 전용상수도를 제외한 수돗물의 경우에는 0.5NTU를 넘지 아니하여야 한다.
하. 황산이온은 200mg/L를 넘지 아니할 것. 다만, 샘물, 먹는샘물 및 먹는물공동시설의 물은 250mg/L를 넘지 아니하여야 하며, 염지하수의 경우에는 적용하지 아니한다.
거. 알루미늄은 0.2mg/L를 넘지 아니할 것

6. 방사능에 관한 기준(염지하수의 경우에만 적용한다)
   가. 세슘(Cs-137)은 4.0mBq/L를 넘지 아니할 것
   나. 스트론튬(Sr-90)은 3.0mBq/L를 넘지 아니할 것
   다. 삼중수소는 6.0Bq/L를 넘지 아니할 것
(2) 별표 1 중 일반세균, 총 대장균군, 대장균 또는 분원성 대장균군, 암모니아성 질소, 질산성 질소 및 과망간산칼륨 소비량에 관한 검사: 매 분기 1회 이상

교육환경 보호에 관한 법률 제9조 【교육환경보호구역에서의 금지행위 등】 누구든지 학생의 보건·위생, 안전, 학습과 교육환경 보호를 위하여 교육환경보호구역에서는 다음 각 호의 어느 하나에 해당하는 행위 및 시설을 하여서는 아니 된다. 다만, 상대보호구역에서는 제14호부터 제27호까지 및 제29호에 규정된 행위 및 시설 중 교육감이나 교육감이 위임한 자가 지역위원회의 심의를 거쳐 학습과 교육환경에 나쁜 영향을 주지 아니한다고 인정하는 행위 및 시설은 제외한다.

1. 대기환경보전법 제16조 제1항에 따른 배출허용기준을 초과하여 대기오염물질을 배출하는 시설
2. 물환경보전법 제32조 제1항에 따른 배출허용기준을 초과하여 수질오염물질을 배출하는 시설과 제48조에 따른 폐수종말처리시설
3. 가축분뇨의 관리 및 이용에 관한 법률 제11조에 따른 배출시설, 제12조에 따른 처리시설 및 제24조에 따른 공공처리시설
4. 하수도법 제2조 제11호에 따른 분뇨처리시설
5. 악취방지법 제7조에 따른 배출허용기준을 초과하여 악취를 배출하는 시설
6. 소음·진동관리법 제7조 및 제21조에 따른 배출허용기준을 초과하여 소음·진동을 배출하는 시설
7. 폐기물관리법 제2조 제8호에 따른 폐기물처리시설
8. 가축전염병 예방법 제11조 제1항·제20조 제1항에 따른 가축 사체, 제23조 제1항에 따른 오염물건 및 제33조 제1항에 따른 수입금지 물건의 소각·매몰지
9. 장사 등에 관한 법률 제2조 제8호에 따른 화장시설·제9호에 따른 봉안시설 및 제13호에 따른 자연장지(같은 법 제16조 제1항 제1호에 따른 개인·가족자연장지와 제2호에 따른 종중·문중자연장지는 제외한다)
10. 축산물 위생관리법 제21조 제1항 제1호에 따른 도축업 시설
11. 축산법 제34조 제1항에 따른 가축시장
12. 영화 및 비디오물의 진흥에 관한 법률 제2조 제11호의 제한상영관
13. 청소년 보호법 제2조 제5호 가목7)에 해당하는 업소와 같은 호 가목8), 가목9) 및 나목7)에 따라 여성가족부장관이 고시한 영업에 해당하는 업소
14. 고압가스 안전관리법 제2조에 따른 고압가스, 도시가스사업법 제2조 제1호에 따른 도시가스 또는 액화석유가스의 안전관리 및 사업법 제2조 제1호에 따른 액화석유가스의 제조, 충전 및 저장하는 시설(관계 법령에서 정한 허가 또는 신고 이하의 시설이라 하더라도 동일 건축물 내에 설치되는 각각의 시설용량의 총량이 허가 또는 신고 규모 이상이 되는 시설은 포함하되, 규모, 용도 및 학습과 학교보건위생에 대한 영향 등을 고려하여 대통령령으로 정하는 시설의 전부 또는 일부는 제외한다)
15. 폐기물관리법 제2조 제1호에 따른 폐기물을 수집·보관·처분하는 장소(규모, 용도, 기간 및 학습과 학교보건위생에 대한 영향 등을 고려하여 대통령령으로 정하는 장소는 제외한다)

16. 총포·도검·화약류 등의 안전관리에 관한 법률 제2조에 따른 총포 또는 화약류의 제조소 및 저장소
17. 감염병의 예방 및 관리에 관한 법률 제37조 제1항 제2호에 따른 격리소·요양소 또는 진료소
18. 담배사업법에 의한 지정소매인, 그 밖에 담배를 판매하는 자가 설치하는 담배자동판매기 (유아교육법 제2조 제2호에 따른 유치원 및 고등교육법 제2조 각 호에 따른 학교의 교육환경보호구역은 제외한다)
19. 게임산업진흥에 관한 법률 제2조 제6호, 제7호 또는 제8호에 따른 게임제공업, 인터넷컴퓨터게임시설제공업 및 복합유통게임제공업(유아교육법 제2조 제2호에 따른 유치원 및 고등교육법 제2조 각 호에 따른 학교의 교육환경보호구역은 제외한다)
20. 게임산업진흥에 관한 법률 제2조 제6호 다목에 따라 제공되는 게임물 시설(고등교육법 제2조 각 호에 따른 학교의 교육환경보호구역은 제외한다)
21. 체육시설의 설치·이용에 관한 법률 제3조에 따른 체육시설 중 무도학원 및 무도장(유아교육법 제2조 제2호에 따른 유치원, 초·중등교육법 제2조 제1호에 따른 초등학교, 같은 법 제60조의3에 따라 초등학교 과정만을 운영하는 대안학교 및 고등교육법 제2조 각 호에 따른 학교의 교육환경보호구역은 제외한다)
22. 한국마사회법 제4조에 따른 경마장 및 제6조 제2항에 따른 장외발매소, 경륜·경정법 제5조에 따른 경주장 및 제9조 제2항에 따른 장외매장
23. 사행행위 등 규제 및 처벌 특례법 제2조 제1항 제2호에 따른 사행행위영업
24. 음악산업진흥에 관한 법률 제2조 제13호에 따른 노래연습장업(유아교육법 제2조 제2호에 따른 유치원 및 고등교육법 제2조 각 호에 따른 학교의 교육환경보호구역은 제외한다)
25. 영화 및 비디오물의 진흥에 관한 법률 제2조 제16호 가목 및 라목에 해당하는 비디오물감상실업 및 복합영상물제공업의 시설(유아교육법 제2조 제2호에 따른 유치원 및 고등교육법 제2조 각 호에 따른 학교의 교육환경보호구역은 제외한다)
26. 식품위생법 제36조 제1항 제3호에 따른 식품접객업 중 단란주점영업 및 유흥주점영업
27. 공중위생관리법 제2조 제1항 제2호에 따른 숙박업 및 관광진흥법 제3조 제1항 제2호에 따른 관광숙박업(국제회의산업 육성에 관한 법률 제2조 제3호에 따른 국제회의시설에 부속된 숙박시설과 규모, 용도, 기간 및 학습과 학교보건위생에 대한 영향 등을 고려하여 대통령령으로 정하는 숙박업 또는 관광숙박업은 제외한다)
28. 삭제 〈2021.9.24.〉
29. 화학물질관리법 제39조에 따른 사고대비물질의 취급시설 중 대통령령으로 정하는 수량 이상으로 취급하는 시설

기출의 재발견

01
학교보건법령상 학교 환경위생 기준을 충족하지 못한 것은? [2017]

① 소음 : 40 dB(교사 내)
② 인공조명 : 150 lux(교실 책상면 기준)
③ 비교습도 : 50 %
④ 이산화탄소 : 550 ppm(교실)

|정답| ②

02
교육환경보호에 관한 법률 상 교육환경보호구역 설치 및 관리에 대한 설명으로 옳은 것은? [2016, 지방직]

① 학교의 장은 해당 학교의 절대보호구역과 상대보호구역을 설정한 후 해당 시-도의 교육감에게 알려야 한다.
② 초등학교와 중학교 간에 보호구역이 서로 중복될 경우에는 초등학교의 장이 중복된 보호구역을 관리한다.
③ 상대보호구역은 학교 출입문에서 직선거리로 200m까지인 지역 중 절대보호구역을 포함한 지역으로 한다.
④ 학교 간에 절대보호구역과 상대보호구역이 서로 중복될 경우에는 상대보호구역이 설정된 학교의 장이 이를 관리한다.

|정답| ②

03
「학교보건법」에 근거한 학교의 장의 업무로 가장 옳지 않은 것은? [2020]

① 학생 건강검사 결과 질병에 감염된 학생에 대하여 질병의 치료에 필요한 조치를 하여야 한다.
② 학생 정신건강 상태를 검사한 결과 필요하면 해당 학생에 대해 의료기관을 연계하여야 한다.
③ 안전사고를 예방하기 위하여 학생에 대한 안전교육 및 그 밖에 필요한 조치를 하여야 한다.
④ 학생이 새로 입학한 날로부터 180일 이내에 시장·군수 또는 구청장에게 예방접종증명서를 발급받아 예방접종을 모두 받았는지를 검사한 후 이를 교육정보시스템에 기록하여야 한다.

|정답| ④

04
학교보건법 시행령에서 명시한 보건교사의 직무를 〈보기〉에서 모두 고른 것은? [22, 서울시]

ㄱ. 각종 질병의 예방처치 및 보건지도
ㄴ. 건강진단결과 발견된 질병자의 요양지도 및 관리
ㄷ. 응급을 요하는 자에 대한 응급처치
ㄹ. 학생과 교직원의 건강진단과 건강평가

① ㄱ, ㄴ
② ㄷ, ㄹ
③ ㄱ, ㄴ, ㄷ
④ ㄱ, ㄴ, ㄷ, ㄹ

| 정답 | ③

05
학교보건관련 법령에 대한 다음 내용 중 옳지 않은 것은?

① 보건교사는 부상과 질병의 악화를 방지하기 위해 처치를 한다.
② 학교장은 교육환경보호구역을 설정, 고시하여야 한다.
③ 학교의 장은 감염병 환자에게 등교 중지를 명할 수 있다
④ 학교의 장은 학생과 교직원에 대하여 건강검사를 하여야 한다.

| 정답 | ②

마인드 맵

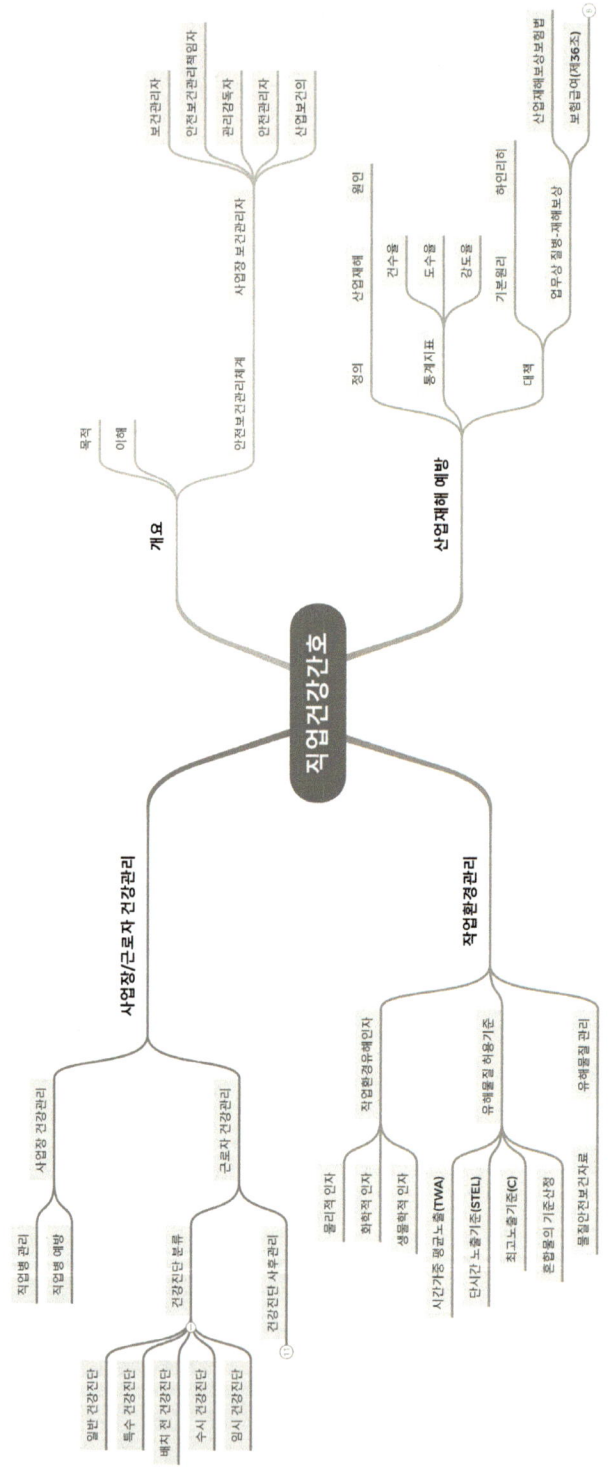

CHAPTER 09
직업건강간호

01 **직업건강간호의 이해**
02 **산업안전보건관리**
03 **산업재해의 예방**
04 **작업환경관리**
05 **사업장·근로자 건강관리**

PRETEST OX퀴즈

1. 산업재해란 산업장에서 발생하는 사고로 인한 것으로 인적 피해만을 의미한다. ○ ✗

2. 재해예방의 4원칙은 손실우연의 원칙, 원인연계의 원칙, 예방불가능의 원칙, 대책선정의 원칙을 말한다. ○ ✗

3. 산업장 유해인자 중에 장기간 노출되면 폐조직에 축적되고 효소단백질과 결합하여 생리기능장애를 일으키며, 대표적으로 비중격천공을 일으키는 금속은 수은이다. ○ ✗

4. 시간가중평균노출이란 1일 8시간, 주 52시간 반복하여 폭로되어도 거의 모든 작업자에게 건강장해가 없는 평균농도를 의미한다. ○ ✗

5. 근로자 건강진단에서 D1은 일반 질병의 소견을 보여 사후관리가 필요한 근로자로서 일반 질병 유소견자를 의미하는 진단결과이다. ○ ✗

해설

1. ✗ 산업재해란 인적, 물적 피해를 총칭한다.
2. ✗ 재해예방의 4원칙은 손실우연의 원칙, 원인연계의 원칙, 예방가능의 원칙, 대책선정의 원칙을 말한다.
3. ✗ 크롬에 대한 내용이다.
4. ✗ 시간가중평균노출은 1일 8시간, 주 40시간 노출되었을 경우에 건강장해가 없는 평균농도이다.
5. ✗ D1은 직업성 질병의 소견을 보여 사후관리가 필요한 근로자이다.

CHAPTER 09 직업건강간호

SECTION 01 직업건강간호의 이해

구분	내용
산업보건 목적	건강에 해가 되는 작업조건을 막고, 근로자들의 적정건강수준 향상을 도모하는 것. 즉, 근로자를 생리적으로나 심리적으로 최적의 작업환경에 배치하여 근무하도록 하는 것임. 직무와 근로자 서로 간의 적합성을 고려하는 것임
산업간호 정의	소속된 작업장에서 근로자 개인과 그 단체 모두가 건강을 유지하고 증진될 수 있도록 중재를 제공하는 것
산업간호 목적	근로자의 건강증진 또는 적정기능수준 향상을 통해 건강을 유지·증진시켜 생산성을 증대시킴으로써 근로자의 안녕상태를 최상의 상태로 향상시키고자 하는 것
산업간호과정❶	지역사회의 하위체계로서 산업장 또는 작업장을 이해할 때 지역사회간호과정을 준용하여 이해할 수 있음 예 학교간호과정, 가족간호과정

❶ 지역사회간호학에서 간호과정은 결국 지역사회를 어떻게 이해하는 데서 시작된다. 지역사회를 학교지역사회로 또는 산업장으로, 또 가족으로, 특정 집단으로 이해하는 경우 동일한 frame 하에서 논리적으로 설명하는 것이 가능하다.

SECTION 02 산업안전보건관리

(1) 안전보건관리체제

구분	내용
근거 규정	산업안전보건법 제2장 안전보건관리체제에서는 안전보건관리책임자, 관리감독자, 안전관리자, 보건관리자, 안전보건관리담당자, 산업보건의, 산업안전보건위원회 등을 규정
안전보건 관리규정의 작성	사업주는 사업장의 안전 및 보건을 유지하기 위하여 다음의 사항이 포함된 안전보건관리규정을 작성하여야 한다(산업안전보건법 제25조 제1항). ① 안전 및 보건에 관한 관리조직과 그 직무에 관한 사항 ② 안전보건교육에 관한 사항 ③ 작업장의 안전 및 보건 관리에 관한 사항 ④ 사고 조사 및 대책 수립에 관한 사항 ⑤ 그 밖에 안전 및 보건에 관한 사항

(2) 사업장 보건관리자의 유형
① 보건관리자

구분	내용
보건관리자의 업무 등 (산업안전보건법 시행령 제22조)	① 보건관리자의 업무는 다음 각 호와 같다. 1. 산업안전보건위원회 또는 노사협의체에서 심의·의결한 업무와 안전보건관리규정 및 취업규칙에서 정한 업무 2. 안전인증 대상기계 등과 자율안전 확인대상기계 등 중 보건과 관련된 보호구(保護具) 구입 시 적격품 선정에 관한 보좌 및 지도·조언 3. 법 제36조에 따른 위험성평가에 관한 보좌 및 지도·조언 4. 법 제110조에 따라 작성된 물질안전보건자료의 게시 또는 비치에 관한 보좌 및 지도·조언 5. 제31조 제1항에 따른 산업보건의의 직무(보건관리자가 별표 6 제2호에 해당하는 사람인 경우로 한정한다) 6. 해당 사업장 보건교육계획의 수립 및 보건교육 실시에 관한 보좌 및 지도·조언 7. 해당 사업장의 근로자를 보호하기 위한 다음 각 목의 조치에 해당하는 의료행위(보건관리자가 별표6 제2호 또는 제3호에 해당하는 경우로 한정한다) 　가. 자주 발생하는 가벼운 부상에 대한 치료 　나. 응급처치가 필요한 사람에 대한 처치 　다. 부상·질병의 악화를 방지하기 위한 처치 　라. 건강진단 결과 발견된 질병자의 요양 지도 및 관리 　마. 가목부터 라목까지의 의료행위에 따르는 의약품의 투여 8. 작업장 내에서 사용되는 전체 환기장치 및 국소 배기장치 등에 관한 설비의 점검과 작업방법의 공학적 개선에 관한 보좌 및 지도·조언 9. 사업장 순회점검, 지도 및 조치 건의 10. 산업재해 발생의 원인 조사·분석 및 재발 방지를 위한 기술적 보좌 및 지도·조언 11. 산업재해에 관한 통계의 유지·관리·분석을 위한 보좌 및 지도·조언 12. 법 또는 법에 따른 명령으로 정한 보건에 관한 사항의 이행에 관한 보좌 및 지도·조언 13. 업무 수행 내용의 기록·유지 14. 그 밖에 보건과 관련된 작업관리 및 작업환경관리에 관한 사항으로서 고용노동부장관이 정하는 사항 ② 보건관리자는 제1항 각 호에 따른 업무를 수행할 때에는 안전관리자와 협력해야 한다. ③ 사업주는 보건관리자가 제1항에 따른 업무를 원활하게 수행할 수 있도록 권한·시설·장비·예산, 그 밖의 업무 수행에 필요한 지원을 해야 한다.

기출의 재발견

✤
다음 중 산업안전보건법 시행령에 따를 때 간호사인 보건관리자의 업무에 해당하지 않는 것은?
① 근로시간의 단축 등 근로자의 건강보호 조치 건의 및 지도·조언
② 작업방법의 공학적 개선에 관한 보좌 및 지도·조언
③ 사업장 보건교육계획 수립 및 보건교육 실시에 관한 보좌 및 지도·조언
④ 사업장의 근로자를 보호하기 위하여 응급처치가 필요한 사람에 대한 처치

정답 ②

시행령 제31조 산업보건의의 직무
① 산업보건의의 직무 내용
  1. 법 제134조에 따른 건강진단 결과의 검토 및 그 결과에 따른 작업 배치, 작업 전환 또는 근로시간의 단축 등 근로자의 건강보호 조치
  2. 근로자의 건강장해의 원인 조사와 재발 방지를 위한 의학적 조치
  3. 그 밖에 근로자의 건강 유지 및 증진을 위하여 필요한 의학적 조치에 관하여 고용노동부장관이 정하는 사항

	④ 보건관리자의 배치 및 평가·지도에 관하여는 제18조 제2항 및 제3항을 준용한다. 이 경우 "안전관리자"는 "보건관리자"로, "안전관리"는 "보건관리"로 본다.

안전보건관리
책임자
(동법 제15조)
	① 사업주는 사업장을 실질적으로 총괄하여 관리하는 사람에게 해당 사업장의 다음 각 호의 업무를 총괄하여 관리하도록 하여야 한다.
	  1. 사업장의 산업재해 예방계획의 수립에 관한 사항
	  2. 제25조 및 제26조에 따른 안전보건관리규정의 작성 및 변경에 관한 사항
	  3. 제29조에 따른 안전보건교육에 관한 사항
	  4. 작업환경측정 등 작업환경의 점검 및 개선에 관한 사항
	  5. 제129조부터 제132조까지에 따른 근로자의 건강진단 등 건강관리에 관한 사항
	  6. 산업재해의 원인 조사 및 재발 방지대책 수립에 관한 사항
	  7. 산업재해에 관한 통계의 기록 및 유지에 관한 사항
	  8. 안전장치 및 보호구 구입 시 적격품 여부 확인에 관한 사항
	  9. 그 밖에 근로자의 유해·위험 방지조치에 관한 사항으로서 고용노동부령으로 정하는 사항
	② 제1항 각 호의 업무를 총괄하여 관리하는 사람(이하 "안전보건관리책임자"라 한다)은 제17조에 따른 안전관리자와 제18조에 따른 보건관리자를 지휘·감독한다.
	③ 안전보건관리책임자를 두어야 하는 사업의 종류와 사업장의 상시근로자 수, 그 밖에 필요한 사항은 대통령령으로 정한다.

관리감독자 (동법 제16조)	① 사업주는 사업장의 생산과 관련되는 업무와 그 소속 직원을 직접 지휘·감독하는 직위에 있는 사람(이하 "관리감독자"라 한다)에게 산업 안전 및 보건에 관한 업무로서 대통령령으로 정하는 업무를 수행하도록 하여야 한다. ② 관리감독자가 있는 경우에는 건설기술 진흥법 제64조 제1항 제2호에 따른 안전관리책임자 및 같은 항 제3호에 따른 안전관리담당자를 각각 둔 것으로 본다.
안전관리자 (동법 제17조)	① 사업주는 사업장에 제15조 제1항 각 호의 사항 중 안전에 관한 기술적인 사항에 관하여 사업주 또는 안전보건관리책임자를 보좌하고 관리감독자에게 지도·조언하는 업무를 수행하는 사람(이하 "안전관리자"라 한다)을 두어야 한다. ② 안전관리자를 두어야 하는 사업의 종류와 사업장의 상시근로자 수, 안전관리자의 수·자격·업무·권한·선임방법, 그 밖에 필요한 사항은 대통령령으로 정한다. ③ 대통령령으로 정하는 사업의 종류 및 사업장의 상시근로자 수에 해당하는 사업장의 사업주는 안전관리자에게 그 업무만을 전담하도록 하여야 한다.

	④ 고용노동부장관은 산업재해 예방을 위하여 필요한 경우로서 고용노동부령으로 정하는 사유에 해당하는 경우에는 사업주에게 안전관리자를 제2항에 따라 대통령령으로 정하는 수 이상으로 늘리거나 교체할 것을 명할 수 있다. ⑤ 대통령령으로 정하는 사업의 종류 및 사업장의 상시근로자 수에 해당하는 사업장의 사업주는 법 제21조에 따라 지정받은 안전관리 업무를 전문적으로 수행하는 기관(이하 "안전관리전문기관"이라 한다)에 안전관리자의 업무를 위탁할 수 있다.
산업보건의 (동법 제22조)	① 사업주는 근로자의 건강관리나 그 밖에 보건관리자의 업무를 지도하기 위하여 사업장에 산업보건의를 두어야 한다. 다만, 의료법 제2조에 따른 의사를 보건관리자로 둔 경우에는 그러하지 아니하다. ② 제1항에 따른 산업보건의(이하 "산업보건의"라 한다)를 두어야 하는 사업의 종류와 사업장의 상시근로자 수 및 산업보건의의 자격·직무·권한·선임방법, 그 밖에 필요한 사항은 대통령령으로 정한다. ③ 산업보건의의 직무내용은 다음 각 호와 같다(동법 시행령 제31조). 　㉠ 법 제134조에 따른 건강진단 결과의 검토 및 그 결과에 따른 작업 배치, 작업 전환 또는 근로시간의 단축 등 근로자의 건강보호 조치 　㉡ 근로자의 건강장해의 원인 조사와 재발 방지를 위한 의학적 조치 　㉢ 그 밖에 근로자의 건강 유지 및 증진을 위하여 필요한 의학적 조치에 관하여 고용노동부장관이 정하는 사항

SECTION 03 산업재해의 예방

(1) 개요

구분	내용
산업재해 정의	산업장에서 발생하는 사고로 인해 발생하는 인적·물적 피해를 총칭. 주로 당사자의 과로나 기기 상태의 열악 등 불완전한 작업환경으로 인해 발생
산업재해 원인	① 제1단계: 유전적 요소, 사회적 환경 　유전적 결함이 있거나 사회적 환경 요소가 개인의 성장과정에서 왜곡된 사회적 분위기 등이 결함의 원인 ② 제2단계: 인간의 결함 　인간의 후천적인 결함은 불안전한 행동을 유발시키고 기계적·물리적인 위험 존재의 원인이 되기도 함

③ 제3단계: 불안전한 행동, 불안전한 상태
권한 없는 조작, 불안전한 속도 조작, 안전장치 고장, 결함이 있는 장비, 물자, 공구, 차량 등의 운전, 불안전한 적재, 배치, 결합, 정리정돈을 하지 않음, 불안전한 자세와 장난 등이 있음
④ 제4단계: 사고
인적 손실을 주는 인적 사고, 물적 손실을 주는 물적 사고 등
⑤ 제5단계: 재해
사망, 골절, 건강의 장해 등에 의해 발생하는 재해

(2) 산업재해이론
① 하인리히 이론(Heinrich, 1959)

구분	내용
개요	불완전한 사회환경과 근로자의 개인적인 결함이 불완전한 행동, 즉 부주의로 이어지고, 부주의가 사고를 일으켜 재해를 발생시키는 것으로 이해
재해예방의 4원칙	산업재해방지론(Industrial Accident Prevention)에서 재해예방의 원칙 10가지를 제시함. 이를 4가지로 요약하여 '재해예방의 4원칙'으로 부름
	손실우연의 원칙	재해로 인한 손실은 사고 발생시 사고대상의 조건에 따라 달라지므로, 한 사고의 결과로서 생긴 손실은 우연적으로 결정
	원인연계의 원칙	재해 발생은 반드시 원인이 있다. 즉, 사고와 손실과의 관계는 우연적이지만 사고와 원인과의 관계는 필연적임
	예방가능의 원칙	재해는 원칙적으로 원인만 제거되면 예방이 가능
	대책선정의 원칙	재해예방대책은 기술적 대책, 교육적 대책, 규제적 대책으로 구분함
하인리히 법칙	하인리히는 산업재해에 의한 피해 정도를 분석하여 큰 재해와 작은 재해 그리고 사소한 재해의 발생비율을 발표. 이 비율이 1:29:300 이었고, 이를 '하인리히의 법칙'이라고 부르는데, 이 법칙에 따르면 산업재해는 어떤 우연한 사건에 의해 발생하는 것이 아니라 그러할 개연성이 있는 경미한 재해가 반복되는 과정에서 발생하는 것

② 도미노 이론

구분	내용
개요	불안정한 사회환경과 근로자의 개인적 결함이 불안정한 행동, 즉 부주의로 이어지고, 부주의가 사고를 일으켜 재해를 발생시킴. 하인리히는 제3요소인 불안전한 행동 및 불안전한 상태를 제거하면 재해를 예방할 수 있다고 함
모형	(인간의 유전적 내력, 사회환경 → 인간의 결함 → 불완전한 행동 → 사고 → 인적 상해, 물적 손실)

(3) 산업재해 통계지표 – 건수율, 도수율, 강도율, 평균손실일수, 재해율

구분	내용
건수율 (Incidence rate)	조사기간 중 산업체 종업원 1,000명당 재해 발생건수를 표시, 발생률 또는 천인율(총괄적 파악에 적합하나 작업시간에 대해 고려되지 못하는 한계점이 있음) $$건수율 = \frac{재해\ 건수}{상시\ 근로자\ 수} \times 1,000$$
도수율 (Frequency rate)	위험에 노출된 단위시간당 재해가 얼마나 발생하였는가를 보는 표준지표이며, 연작업 100만 시간당 재해 발생건수를 말함 $$도수율 = \frac{재해\ 건수}{연\ 근로시간\ 수} \times 1,000,000$$
강도율 (Severity rate)	연작업 1,000시간당 손실 작업 일수로서 재해에 의한 손상의 정도를 나타냄 $$강도율 = \frac{손실\ 작업\ 일수}{연\ 근로시간\ 수} \times 1,000$$ ⇨ 도수율은 분모의 밀도를 고려한 발생밀도인 데 반해, 강도율은 분모와 분자의 강도를 모두 고려한 발생밀도임
평균손실일수	$$평균손실일수 = \frac{손실\ 작업\ 일수}{재해\ 건수}$$

기출의 재발견

❖
산업재해 통계지표로 옳은 것은?
[21. 서울]

① 강도율 =(손실노동일수/연근로시간수) X 1,000
② 도수율 =(재해건수 / 상시 근로자수)X 1,000
③ 건수율 =(재해건수 / 연근로시간수) x 1,000,000
④ 평균작업손실일수 =작업손실일수 / 연근로시간수

정답 ①

구분	내용
재해율 (천인율)	근로시간이나 가동일수를 전혀 고려하지 않은 방법으로, 근로자 수 100(또는 1,000)명당 발생하는 재해자 수의 비율 $$재해율 = \frac{재해자\ 수}{상시\ 근로자\ 수} \times 100(1,000)$$

(4) 산업재해 대책

구분	내용
재해예방대책의 기본원리	하인리히의 재해예방대책 수립의 기본원리 5단계 방법 제1단계 관리조직 → 제2단계 사실의 발견 → 제3단계 분석 → 제4단계 개선방법의 선정 → 제5단계 개선방법의 적용
재해환자관리 및 직업복귀	재해환자의 현황 및 양상의 분석관리와 직업재활을 통한 직업복귀의 대책이 요구됨

(5) 업무상 질병과 재해보상

구분		내용
업무상 질병❶		업무상 질병의 범위는 업무상 부상으로 인한 질병, 물리적 요인으로 인한 질병, 화학적 요인으로 인한 질병, 생물학적 요인으로 인한 질병, 직업성 암, 무리한 힘을 가해야 하는 업무 등으로 인한 근골격계 질병, 업무상 과로 등으로 인한 뇌혈관 질병 또는 심장 질병, 업무와 관련하여 정신적 충격을 유발할 수 있는 사건으로 인한 외상후스트레스장애
산업재해 보상 - 보험급여의 종류 및 내용	요양 급여	근로자가 업무상의 사유에 의해 부상을 당하거나 질병에 걸린 경우에 당해 근로자에게 지급
	휴업 급여	업무상 사유로 부상을 당하거나 질병에 걸린 근로자에게 요양으로 인해 취업하지 못한 기간에 대해 지급하되, 1일에 대하여 평균 임금의 100분의 70에 해당하는 금액을 지급 다만, 취업하지 못한 기간이 3일 이내인 때에는 이를 지급하지 않음
	부분 휴업 급여	요양 또는 재요양을 받고 있는 근로자가 그 요양기간 중 일정기간 또는 단시간 취업을 하는 경우에는 그 취업한 날에 해당하는 그 근로자의 평균임금에서 그 취업한 날에 대한 임금을 뺀 금액의 100분의 80에 상당하는 금액을 지급할 수 있다.
	장해 급여	근로자가 업무상의 사유로 부상을 당하거나 질병에 걸려 치유 후 신체 등에 장해가 있는 경우에 해당 근로자에게 지급

❶
업무상 질병의 범위 및 요양의 범위(p.253)

간병 급여	요양급여를 받은 자가 치유 후 의학적으로 상시 또는 수시로 간병이 필요한 경우에 대통령령이 정하는 지급기준과 방법에 따라 간병을 받는 자에게 지급
유족 급여	업무상 사망에 대하여서는 유족급여로서 유족보상연금 또는 평균임금 1,300일분에 해당되는 유족보상일시금으로 하되, 유족보상일시금은 유족급여를 연금의 형태로 지급하는 것이 곤란한 경우로서 대통령령이 정하는 경우에 한하여 지급
상병 보상 연금	요양급여를 받는 근로자가 요양 개시 후 2년이 경과된 날 이후에 다음의 요건에 해당하는 상태가 계속되는 경우에는 휴업급여 대신 상병보상연금을 해당 근로자에게 지급 ① 해당 보상 또는 질병이 치유되지 아니한 상태에 있을 것 ② 그 부상 또는 질병에 의한 폐질의 정도가 대통령령이 정하는 폐질등급기준에 해당할 것 ③ 상병보상연금은 별도의 표에 의한 폐질 등급에 따라 지급할 것
장의비	업무상 사유에 의한 사망일 경우 지급하되 그 장제를 행한 사람에게 평균 임금 120일분의 장의비가 지급되며 대통령령이 정하는 바에 따라 고용노동부장관이 고시하는 최고 금액을 초과하거나 최저 금액에 미달하는 경우에는 그 최고 금액 또는 최저 금액을 각각 장의비로 함
직업 재활 급여	장해급여 또는 진폐보상연금을 받은 자나 장해급여를 받을 것이 명백한 자로서 대통령령으로 정하는 자(이하 "장해급여자"라 한다) 중 취업을 위하여 직업훈련이 필요한 자(이하 "훈련대상자"라 한다)에 대하여 실시하는 직업훈련에 드는 비용 및 직업훈련수당 또는 업무상의 재해가 발생할 당시의 사업에 복귀한 장해급여자에 대하여 사업주가 고용을 유지하거나 직장적응훈련 또는 재활운동을 실시하는 경우(직장적응훈련의 경우에는 직장 복귀 전에 실시한 경우도 포함한다)에 각각 지급하는 직장복귀지원금, 직장적응훈련비 및 재활운동비

> ✓참고
>
> 업무상 질병의 범위 및 요양의 범위
>
> **1. 업무상 질병의 범위**
>   가. 업무상 부상으로 인한 질병
>   나. 물리적 요인으로 인한 질병
>   1) 엑스선, 감마선, 자외선 및 적외선 등 유해방사선으로 인한 질병
>   2) 덥고 뜨거운 장소에서 하는 업무 또는 고열물체를 취급하는 업무로 인한 일사병, 열사병 및 화상 등의 질병
>   3) 춥고 차가운 장소에서 하는 업무 또는 저온물체를 취급하는 업무로 인한 동상 및 저체온증 등의 질병
>   4) 이상기압(異常氣壓) 하에서의 업무로 인한 감압병(잠수병) 등의 질병
>   5) 강렬한 소음으로 인한 귀의 질병
>   6) 착암기(鑿巖機) 등 진동이 발생하는 공구를 사용하는 업무로 인한 질병
>   7) 지하작업으로 인한 눈떨림증(안구진탕증)

다. 화학적 요인으로 인한 질병
  1) 분진이 발생하는 장소에서의 업무로 인한 진폐증 등의 질병
  2) 검댕·광물유·옻·타르·시멘트 등 자극성 성분, 알레르겐 성분 등으로 인한 연조직염, 그 밖의 피부질병
  3) 아연 등의 금속흄으로 인한 금속열(金屬熱)
  4) 산, 염기, 염소, 불소 및 페놀류 등 부식성 또는 자극성 물질에 노출되어 발생한 화상, 결막염 등의 질병
  5) 다음의 물질이나 그 화합물로 인한 중독 또는 질병
    가) 납
    나) 수은
    다) 망간
    라) 비소
    마) 인
    바) 카드뮴
    사) 시안화수소
  6) 다음의 물질로 인한 중독 또는 질병
    가) 크롬·니켈·알루미늄·코발트
    나) 유기주석
    다) 이산화질소·아황산가스
    라) 황화수소
    마) 이황화탄소
    바) 일산화탄소
    사) 벤젠 또는 벤젠의 동족체와 그 니트로 및 아미노 유도체
    아) 톨루엔, 크실렌 등 유기용제
    자) 사) 및 아) 외의 지방족 또는 방향족의 탄화수소화합물
    차) 2)부터 5)까지 및 6)가)부터 자)까지의 화학적 요인 외의 독성 물질, 극성 물질, 그 밖의 유해화학물질
라. 생물학적 요인으로 인한 질병
  1) 환자의 검진, 치료 및 간호 등 병원체에 감염될 우려가 있는 업무로 인한 감염성 질병
  2) 습한 곳에서의 업무로 인한 렙토스피라증
  3) 옥외작업으로 인한 쯔쯔가무시증, 신증후군(腎症候群) 출혈열
  4) 동물 또는 그 사체, 짐승의 털·가죽, 그 밖의 동물성 물체, 넝마 및 고물 등을 취급하는 업무로 인한 탄저, 단독(丹毒) 등의 질병
마. 직업성 암
  검댕, 콜타르, 콜타르피치, 정제되지 않은 광물유, 6가 크롬 또는 그 화합물, 염화비닐, 벤젠, 석면, B형 또는 C형 간염바이러스, 엑스선 또는 감마선 등의 전리방사선, 비소 또는 그 무기 화합물, 니켈 화합물, 카드뮴 또는 그 화합물, 베릴륨 또는 그 화합물, 목재 분진, 벤지딘, 베타나프틸아민, 결정형 유리규산, 포름알데히드, 1,3-부타디엔, 라돈-222 또는 그 붕괴물질, 산화에틸렌 및 스프레이 도장 업무 등 발암성 요인으로 인한 암

바. 무리한 힘을 가해야 하는 업무로 인한 내장탈장, 영상표시단말기(VDT) 취급 등 부적절한 자세를 유지하거나 반복 동작이 많은 업무 등 근골격계에 부담을 주는 업무로 인한 근골격계 질병
사. 업무상 과로 등으로 인한 뇌혈관 질병 또는 심장 질병
아. 업무와 관련하여 정신적 충격을 유발할 수 있는 사건으로 인한 외상후스트레스장애
자. 가목부터 아목까지에서 규정한 질병 외에 산업재해보상보험법 제8조에 따른 산업재해보상보험및예방심의위원회의 심의를 거쳐 고용노동부장관이 지정하는 질병
차. 그 밖에 가목부터 자목까지에서 규정한 질병 외에 업무로 인한 것이 명확한 질병

2. 요양의 범위
    가. 진찰
    나. 약제 또는 진료 재료의 지급
    다. 인공팔다리 또는 그 밖의 보조기의 지급
    라. 처치, 수술, 그 밖의 치료
    마. 입원
    바. 간병
    사. 이송

SECTION 04 작업환경관리

1 작업환경유해인자❶

작업환경의 유해인자는 물리적·화학적·생물학적 인자 및 인간공학적 인자, 심리사회적 인자 등으로 구분

(1) 물리적 인자

건강문제를 유발하는 물리적 요인에는 이상기온, 이상기압, 저산소, 진동, 소음, 초음파, 전리방사선, 비전리방사선 및 작업형태 등

구분	유해인자
이상기온	① 고온에 의한 건강장해 ② 저온에 의한 건강장해
이상기압	① 이상저기압 ② 이상고기압 ③ 감압병(잠함병)
소음	소음성난청을 유발할 수 있는 85데시벨(A) 이상의 시끄러운 소리
진동	착암기, 핸드 해머 등의 공구를 사용함으로써 발생되는 레이노 현상·말초순환장애 등의 국소 진동 및 차량 등을 이용함으로써 발생되는 관절통·디스크·소화장애 등의 전신 진동

❶ 자료원: 김춘미 외, 지역사회보건간호학, 재인용

	전리방사선	물질을 이온화시키는 성질
방사선	비전리방사선	흔히 유해광선으로 알려져 있으며, 그 에너지 범위는 자외선 영역을 포함하여 이보다 에너지가 낮은 전자파를 총칭 ① 자외선 ② 적외선 ③ 가시광선 ④ 레이저광선 ⑤ 마이크로파
		알파선, 베타선, 감마선, 엑스선, 중성자선 등의 전자선

(2) 화학적 인자

유기화합물 및 유기용제가 대표적

구분	유해인자		
유기화합물	벤젠, 톨루엔, 사염화탄소, 이황화탄소, 2-브로모프로판 등		
금속류	납, 수은, 크롬, 카드뮴, 베릴륨 등		
	구분	신체 작용기전	건강장해의 양상
	납	적혈구와 결합하고 칼슘 결합 후 뼈에 축적	피로, 권태감, 두통, 식욕부진, 빈혈, 근무력증, 경련발작, 고혈압, 신기능장애 등
	수은	신장 및 간, 뇌세포에 축적되며, 효소의 기능장애로 다양한 증상을 유발	구내염, 피부염, 식욕부진, 불면, 성격변화 및 정신질환, 진전, 신장염, 약시 등을 발생시킴
	크롬	폐조직에 축적, 효소 단백질과 결합하여 생리기능 장애	비중격 천공, 피부암, 폐암 유발
	카드뮴	신세뇨관의 기능저하	오심, 구토, 두통, 복통, 간 손상, 급성신부전 등이 초래될 수 있음. 단백뇨, 신결석과 골연화증
	베릴륨	육아종성 폐질환 발생시킬 수 있음	호흡곤란, 마른 기침 등의 호흡기 증상을 호소하여 체중 감소, 피로, 관절통과 같은 전신 증상도 빈번히 발생
산 및 알칼리류	인산, 질산, 초산, 황산 등		
가스상 물질	아황산가스, 일산화탄소, 황화수소 등		
분진	광물성 분진, 곡물분진, 면분진, 목분진, 용접흄, 유리섬유		

(3) 생물학적 인자

구분	내용
개요	근로기준법에 따른 생물학적 요인으로 인한 질병
주요 인자와 질병양상	① 환자의 검진, 치료 및 간호 등 병원체에 감염될 우려가 있는 업무로 인한 감염성 질병 ② 습한 곳에서의 업무로 인한 렙토스피라증 ③ 옥외작업으로 인한 쯔쯔가무시증, 신증후군출혈열 ④ 동물 또는 그 사체, 짐승의 털, 가죽, 그 밖의 동물성 물체, 넝마 및 고물 등을 취급하는 업무로 인한 탄저, 단독 등의 질병
혈액매개감염인자	AIDS, 간염, 매독
공기매개감염인자	결핵, 수두, 홍역
곤충·동물매개 감염인자	쯔쯔가무시증, 렙토스피라증, 신증후군출혈열, 탄저병, 브루셀라

2 유해인자별 증상 및 질병

원인			주요 증상 및 질병
물리적 인자	고온		열중증, 열사병, 순환기 장애
	저온		동상, 참호족, 레이노이드 현상
	고기압		감압병, 이압성 골괴사❶, 산소중독증
	저기압		저산소증, 폐부종, 감압병
	진동		레이노이드 현상, 관절염, 신경염
	소음		소음성 난청
	전리방사선		빈혈, 백혈병, 피부암, 골육종, 폐암, 불임
	자외선		각막염, 결막염, 백내장, 피부암
	적외선		백내장, 홍채염
	마이크로파		백내장, 생식기능 저하, 혈액소견 이상, 기억력 저하
	VDT 작업		안정피로, 경견완장애, 정신신경장애
화학적 인자	유기용제		신경장애, 호흡기장애, 간 및 신장장애, 조혈기능 장애, 피부 및 점막장애
	중금속	연(납)	빈혈, 소화기장애, 신경근육장애
		수은	구내염, 근육진전, 정신장애(3대 증상), 신장장애
		크롬	피부점막궤양, 비중격천공, 신장장애
		카드뮴	신장장애, 뼈의 장애, 폐기능, 빈혈
		망간	정신신경장애, 언어장애, 보행장애

❶ 지방 골수가 지나치게 오랫동안 압축된 산소에 노출되고, 불충분하며 너무 빠른 감압이 이루어질 때 일어나는 골괴사. 급격하게 팽창되어 나가는 질소 기포에 의해 골수의 지방조직이 손상을 받아, 액상 지방과 각종 응고 인자들을 분비하여 국소적 혹은 전신적인 혈관 내 응혈을 유발시키는 것

		베릴륨		기관지염, 모세기관지염, 폐부종 등 주로 호흡기
	유해가스	가스		질식, 시신경장애, 호흡기 장애, 심장장애
		분진	유기분진	면폐증
			무기분진	진폐증, 규폐증, 석면폐증
생물학적 인자	병원체 오염에 의한 감염병	A, B형간염 등 감염성 질환		
	동식물 취급	탄저병, 파상풍, 피부질환		
인체공학적 인자		척추만곡증, 디스크		
사회적 인자	근로조건	정신피로, 정서불안증		
	인간관계	심인성 질병, 불면증		

3 유해물질 허용기준

구분	내용
노출기준	근로자가 유해요인에 노출되었을 때 이 기준 이하에서는 거의 모든 근로자에게 건강상 나쁜 영향을 미치지 아니하는 기준을 말함
시간가중 평균노출 (TWA)	TLV-TWA: 1일 8시간, 주 40시간 반복하여 폭로되어도 거의 모든 작업자에서 건강장해가 없는 평균농도. $$TWA \text{ 환산값} = \frac{C_1 \cdot T_1 + C_2 \cdot T_2 + \cdots + C_n \cdot T_n}{8}$$ C: 유해요인의 측정치(단위: ppm 또는 mg/m^3) T: 유해요인의 발생시간(단위: 시간)
단시간 노출기준 (STEL)	TLV-STEL: 근로자가 1회 15분간 유해요인에 노출되는 경우를 기준으로, 이 기준 이하에서는 1회 노출간격이 1시간 이상인 경우 1일 작업시간 동안 4회 노출이 허용될 수 있는 기준
최고노출기준 (C)	근로자가 1일 작업시간 동안 잠시라도 이 농도 이상으로 노출되었을 때 건강장해를 초래하는 유해요인에 적용되는 기준으로, 순간적으로라도 절대로 이 농도를 초과해서는 안됨
혼합물의 기준산정	혼합물의 경우 노출기준 사용상 유의사항으로 다음과 같은 산식이 중요 $$\text{혼합물} = \frac{C_1}{T_1} + \frac{C_2}{T_2} + \cdots \frac{C_n}{T_n}$$ C: 화학물질 각각의 측정치 T: 화학물질 각각의 노출기준 * 2종 또는 그 이상의 유해요인이 혼재하는 경우 각 유해요인의 상승작용으로 유해성이 증가할 수 있으므로 2종 이상 또는 혼재하는 경우 위의 수치가 1을 초과하지 않도록 함

4 유해물질 관리

(1) 유해물질의 인체 침입경로

구분	내용
호흡기 유해물질의 침입	공기 중에 있는 유해물질이 유입되는 대부분의 방법이며, 호흡과정에 의해 폐포까지 도달한 유해물질은 폐포 안의 모세혈관으로부터 급격하게 흡수되어 전신에 분포
피부 유해물질의 침입	폐포의 표면적보다 좁으나 피부의 호흡작용과 함께 그 흡수가 진행됨
소화기 노출의 경우	실제 입으로 유입되는 경우는 거의 없으며, 담배나 음식물과 함께 손가락에 묻었던 유해물질이 입으로 들어가게 되는 경우가 대부분

(2) 물질안전 보건자료

구분	내용
정의 및 목적	화학물질을 제조·수입·취급하는 사업주가 해당 물질에 대한 유해성 평가결과를 근거로 작성한 자료
MSDS 적용 대상물질	화학물질이나 화학물질을 함유한 제제, 순수 화학물질, 단일 화학물질 (물리·화학적으로 별다른 영향을 미치지 않는 다른 물질의 혼합물), 혼합물, 유해 화학물질 + 유해 화학물질, 유해 화학물질 + 무해 화학물질 ① 물리적 위험물질 ② 건강 장해물질 ③ 환경 유해물질

5 작업환경관리의 기본원칙

구분	내용
대치 또는 공정의 변화	공정변경, 시설변경, 물질변경
격리	작업자와 유해인자 사이에 장애물을 놓아 해당 유해인자를 차단하는 것. 이 장애물은 물체, 거리, 시간 등을 모두 포함
환기	오염된 공기를 작업장으로부터 제거하고 신선한 공기를 치환하는 것
교육	근로자와 관리자 모두 작업환경관리의 필요성과 대처방법 등에 대해 지속적으로 교육 실시

SECTION 05 사업장·근로자 건강관리

(1) 사업장 건강관리

구분		내용
직업병 관리		직업병은 물리적·화학적·생물학적·기계적 환경의 불량한 조건이 원인이 되거나 부적절한 작업조건이 원인이 되기도 함
발생요인	직접 원인	대기조건의 변화, 진동현상, 방사선 등의 물리적 환경요인의 이상, 잠함병, 소음성 난청, 진동병, 산소결핍증, 광선에 의한 안장해 등 직업성 건강장해의 원인이 있음
	간접 원인	작업강도와 작업시간이 직업병 발생의 중요한 원인이 됨. 작업의 종류가 같더라도 작업방법에 따라서 그 직장에서 발생하는 질병의 종류와 빈도는 달라질 수 있음. 또한 작업장의 환경은 직업병의 발생과 증세의 악화를 조장하는 원인이 될 수도 있으며 연령이 낮은 경우 발병률이 높은 것으로 알려짐
예방의 원칙		① 유해요인을 적절하게 관리해야 함 ② 근로자들이 업무를 수행하는 데 불편함이나 스트레스가 없도록 새로운 유해요인이 발생되지 않아야 함 ③ 유해요인에 노출되고 있는 모든 근로자를 보호해야 함 ④ 작업장과 마찬가지로 주변의 지역사회에서의 위험요인도 제거해야 함

(2) 근로자 건강관리

① 근로자 건강진단

구분		내용
개요		근로자가 유해한 작업환경에 노출됨으로써 나타날 수 있는 건강문제 및 직업성 질환을 조기발견하고 현재의 건강상태를 체계적으로 파악하여 적절한 사후조치 ⇨ 근로자 건강보호 및 생산성 향상에 기여
건강 진단의 분류	일반 건강진단	⊙ 상시 근로자의 건강관리를 위하여 사업주가 주기적으로 실시하는 건강진단 ⓒ 사무직❶ 종사자는 2년에 1회 이상, 비사무직 근로자는 1년에 1회 이상 일반건강진단을 실시해야 함
	특수 건강진단	특수건강진단 대상 유해인자에 노출되는 업무에 종사하거나, 근로자 건강진단 실시 결과 직업병 유소견자로 판정받은 후 작업 전환을 하거나 작업장소를 변경하고, 직업병 유소견 판정의 원인이 된 유해인자에 대한 건강진단이 필요하다는 의사의 소견이 있는 근로자의 건강관리를 위해 사업주가 실시
	배치 전 건강진단	특수건강진단 대상업무에 종사할 근로자에 대하여 배치 예정업무에 대한 적합성 평가를 위하여 사업주가 실시하는 건강진단

❶ 공장 또는 공사현장과 동일한 구내에 있지 아니한 사무실에서 서무·인사·경리·판매·설계 등의 사무업무에 종사하는 근로자를 말하며, 판매업무 등에 직접 종사하는 근로자를 제외한다.

수시 건강진단		특수건강진단 대상업무로 인하여 해당 유해인자에 의한 직업성 천식, 직업성 피부염, 그 밖에 건강장해를 의심하게 하는 증상을 보이거나 의학적 소견이 있는 근로자에 대하여 사업주가 실시하는 건강진단
임시 건강진단		다음의 어느 하나에 해당하는 경우에 특수건강진단 대상 유해인자 또는 그 밖의 유해인자에 의한 중독 여부, 질병에 걸렸는지 여부 또는 질병의 발생 원인 등을 확인하기 위하여 법 제43조 제2항에 따른 지방고용노동관서의 장의 명령에 따라 사업주가 실시하는 건강진단 ㉠ 같은 부서에 근무하는 근로자 또는 같은 유해인자에 노출되는 근로자에게 유사한 질병의 자각·타각증상이 발생한 경우 ㉡ 직업병 유소견자가 발생하거나 여러 명이 발생할 우려가 있는 경우 ㉢ 그 밖에 지방고용노동관서의 장이 필요하다고 판단하는 경우

② 근로자 건강진단 사후관리

구분		내용
건강진단 결과 관리		건강관리 구분 판정
	건강관리 구분	건강관리 구분 내용
	A	건강관리 상 사후관리가 필요 없는 근로자
	C / C1	직업성 질병으로 진전될 우려가 있어 추적검사 등 관찰이 필요한 근로자(직업병 요관찰자)
	C2	일반질병으로 진전될 우려가 있어 추적관찰이 필요한 근로자(일반질병 요관찰자)
	Cn	질병으로 진전될 우려가 있어 야간작업 시 추적관찰이 필요한 근로자(질병 요관찰자)
	D / D1	직업성 질병의 소견을 보여 사후관리가 필요한 근로자(직업병 유소견자)
	D2	일반질병의 소견을 보여 사후관리가 필요한 근로자(일반질병 유소견자)
	Dn	질병의 소견을 보여 야간작업 시 사후관리가 필요한 근로자(질병 유소견자)
	R	1차 건강진단 결과 건강수준의 평가가 곤란하거나 질병이 의심되는 근로자

기출의 재발견

❖ 동일한 유해인자에 노출된 근로자들에게 유사한 질병의 증상이 발생하여 고용노동부장관의 명령으로 실시하는 건강진단은?

[22. 지방직]

① 임시건강진단
② 일반건강진단
③ 특수건강진단
④ 배치전건강진단

정답 ①

건강진단 결과에 따른 사후관리 조치	사후 관리 조치❶	㉠ 건강상담 및 건강증진 ㉡ 보호구 지급, 교체 및 착용지도 ㉢ 추적검사(검사항목 일부) ㉣ 주기단축(건강진단, 전체, 개인)
	업무 수행 적합 여부 판정	건강진단 결과 질병 유소견자(D)로 판정받은 근로자에 대하여 반드시 업무수행 적합 여부를 판정하여 관리하여야 함. 업무수행 적합 여부는 4단계로 평가 | 구분 | 업무수행 적합 여부 내용 | |---|---| | 가 | 건강관리상 현재의 조건하에서 작업이 가능한 경우 | | 나 | 일정한 조건(환경개선, 보호구 착용, 건강진단주기의 단축 등) 하에서 현재의 작업이 가능한 경우 | | 다 | 건강장해가 우려되어 한시적으로 현재의 작업을 할 수 없는 경우(건강상 또는 근로조건상의 문제가 해결된 후 작업복귀 가능) | | 라 | 건강장해의 악화 또는 영구적인 장해의 발생이 우려되어 현재의 작업을 해서는 안 되는 경우 |
	집단적 사후 관리 조치	㉠ 보건교육 ㉡ 주기 단축(동일 공정, 작업 전체) ㉢ 작업환경 측정 ㉣ 작업환경 ㉤ 기술

❶
사후관리조치 판정 10단계
- 0단계: 필요없음
- 1단계: 건강상담
- 2단계: 보호구 지급 및 착용지도
- 3단계: 추적검사
- 4단계: 근무 중 치료
- 5단계: 근로시간 단축
- 6단계: 작업 전환
- 7단계: 근로제한 및 금지
- 8단계: 산재요양신청서 직접 작성 등 당해 근로자에 대한 직업병 확진 의뢰 안내
- 9단계: 기타(교대근무 일정 조정, 야간작업 중 사이 잠 제공, 정밀업무적합성 평가 의뢰 등 구체적으로 내용 기술)

(3) 작업관련성 질환의 예방과 관리❷

구분	내용
근골격계 질환	① 근육, 건, 그리고 신경 등에 일어나는 통증을 동반한 질환들의 총칭. 수근관증후군, 건염, 흉곽출구증후군, 경추자세증후군 등 ② 작업활동이 반복적·지속적이거나 부자연스러운 작업자세에서 행해지는 경우 발생가능성 높음
VDT 증후군	정의: 컴퓨터, 계기판 등 각종 영상표시단말기를 취급하는 직업이나 활동으로 인해 어깨, 목, 허리 부위에서 발생되는 경견완증후군 및 기타 근골격계 증상, 눈의 피로, 피부증상, 정신신경계증상을 말함
	예방 관리	① 높낮이가 조절되는 의자 사용 ② 키보드나 마우스를 두는 곳 높낮이가 조절되도록 함(키보드를 치는 팔꿈치의 각도가 90도 이상 유지되도록) ③ 모니터 조절 ⇨ 시선이 모니터 상단, 수평 일치되도록 함. 화면과 눈의 거리 40cm 이상 유지 ④ 1회 연속 작업시간이 1시간 넘지 않도록 하고 시간당 10~15분 휴식 취해야 함 ⑤ 작업 전후, 작업 도중에 스트레칭 실시

❷
근골격계 질환 이외에도 작업관련성 뇌심혈관계 질환 및 직무스트레스가 중요하다. 직무스트레스는 업무상 요구사항이 근로자의 능력이나 자원, 바람(요구)과 일치하지 않을 때 생기는 유해한 신체적·정서적 반응으로 정의된다.

기출의 재발견

01
다음에 해당하는 근로자의 건강관리구분은? [2021]

직업성 질병으로 진전될 우려가 있어 추적검사 등 관찰이 필요한 근로자

① C_1
② C_2
③ D_1
④ D_2

| 정답 | ①

02
다음 글에서 설명하는 산업재해보상보험법 상 보험급여는? [2020]

업무상 사유로 부상을 당하거나 질병에 걸린 근로자에게 요양으로 취업하지 못한 기간에 대하여 지급하되, 1일당 지급액은 평균임금의 100분의 70에 상당하는 금액으로 한다. 다만, 취업하지 못한 기간이 3일 이내이면 지급하지 아니한다.

① 요양급여
② 장해급여
③ 간병급여
④ 휴업급여

| 정답 | ④

03
다음에 해당하는 근로자 건강진단은? [2021]

- 근로자는 법적 유해인자에 노출된 작업을 하고 있다.
- 근로자는 직업성 천식 증상을 호소하였다.
- 이에 사업주는 건강진단 실시를 계획하고 있다.

① 수시건강진단
② 일반건강진단
③ 임시건강진단
④ 배치전건강진단

| 정답 | ①

04
산재급여 중 폐질, 장애가 남고 장애 1~3급, 요양급여를 받는 근로자가 요양을 시작한지 2년이 지난 이후 휴업급여 대신 받는 것은? [2017]

① 요양급여
② 장해급여
③ 상병보상연금
④ 유족급여

| 정답 | ③

05
다음에 해당하는 작업환경관리 방법은? [23, 지방직]

"화재예방을 위해 가연성 물질의 저장을 플라스틱통에서 철제통으로 바꾸었다."

① 대치
② 격리
③ 환기
④ 교육

| 정답 | ①

마인드 맵

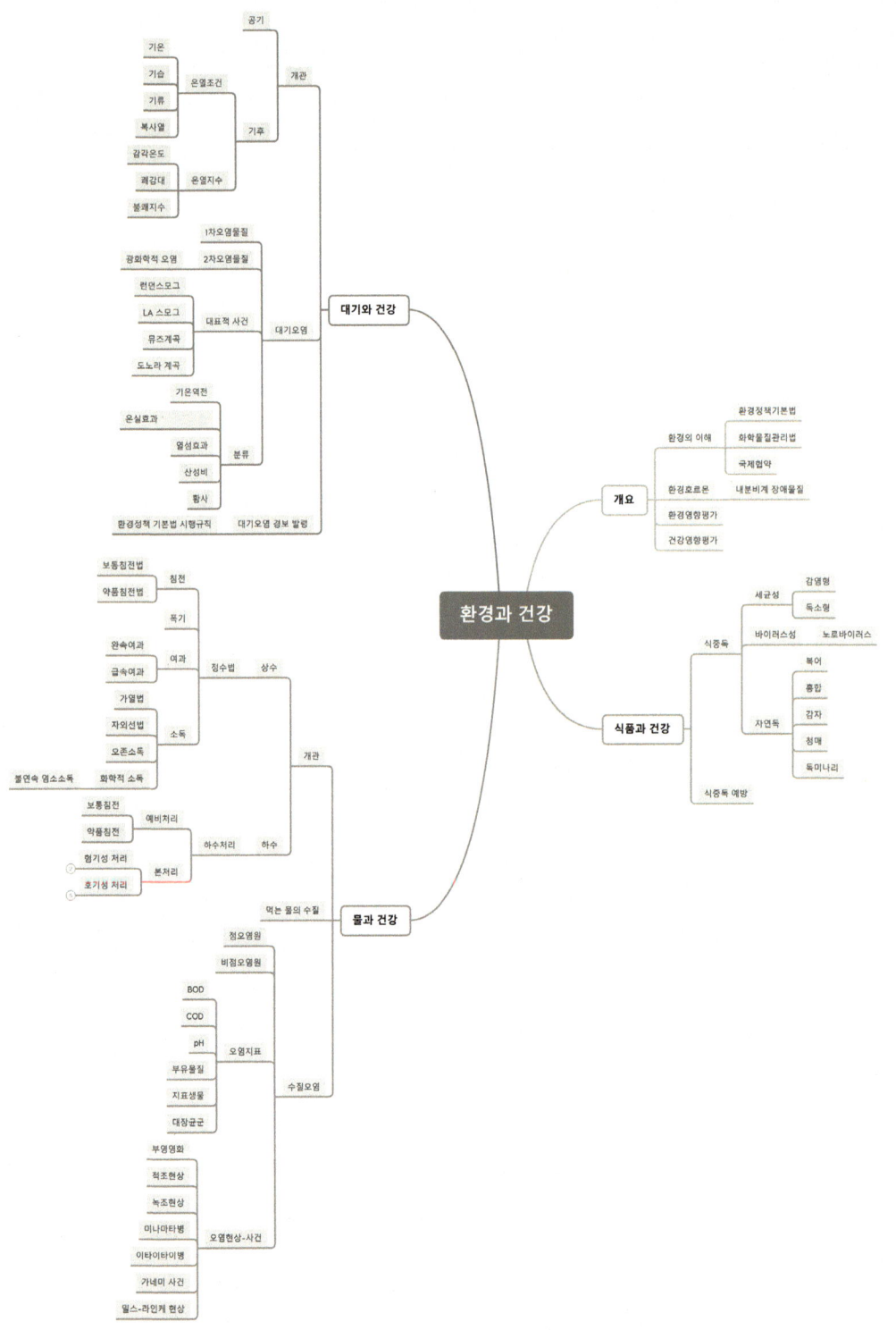

CHAPTER 10
환경과 건강

01 환경보건의 이해
02 환경요인과 건강

PRETEST OX퀴즈

1 런던스모그에서 기온역전의 유형은 침강성 역전이다. ○ ×

2 몬트리올 의정서에서는 염화불소, 할론 등 오존 파괴물질의 생산·소비 감축을 논의하였다. ○ ×

3 물 속에 녹아 있는 산소의 양을 BOD로 표시한다. ○ ×

4 살모넬라, 장염 비브리오 등은 독소형 식중독으로 분류된다. ○ ×

5 식중독의 예방요령에는 손씻기, 익혀먹기, 끓여먹기가 포함된다. ○ ×

6 HACCP를 실시하는 이유는 식품의 영양학적 향상을 제고하는 것이다. ○ ×

7 하수처리법 중 활성오니법은 호기성균에 의한 산화작용을 말한다. ○ ×

해설

1 × 침강성 역전은 LA스모그의 양상이며, 런던스모그는 복사성(또는 방사성) 역전의 형태이다.
2 ○
3 × DO, 즉 용존산소량이 이에 해당한다. BOD는 생화학적 산소요구량이다.
4 × 독소형이 아니라 감염병 식중독으로 분류된다.
5 ○ 식중독 예방의 3대 요령에 해당한다.
6 × 식품의 위해요소를 규명하고 안정성을 높이고자 하는 것이다.
7 ○ 하수처리의 2차 처리방법이다.

CHAPTER 10 환경과 건강

SECTION 01 환경보건의 이해

(1) 환경의 이해

구분	특징
개념	① 지역사회를 내부, 환경을 외부로 이해하는 체계이론적 이해 ② 환경이 오염된 것은 전체적 환경체계 안에서 각 구성인자가 동적으로 작용하여 발생한 것

환경오염의 이해	① 배출되는 오염물질이 수용될 수 있는 수준을 초과하여 나타날 때 부정적 효과가 나타나는 것이며, 각종 오염물질이 복합적으로 작용하면 상승작용에 의해 피해가 커짐
	② 환경오염에 대한 다차원적 이해가 필요함
	   ㉠ 환경정책기본법 제3조 제4호에서 환경오염을 사업활동 및 그 밖의 사람의 활동에 의하여 발생하는 대기오염, 수질오염, 토양오염, 해양오염, 방사능오염, 소음·진동, 악취, 일조 방해, 인공조명에 의한 빛공해 등으로서 사람의 건강이나 환경에 피해를 주는 상태로 정의하고 있음
	   ㉡ 화학물질관리법 제2조 제7호에 따른 유해화학물질 등의 환경 유해인자가 사람의 건강과 생태계에 미치는 영향을 조사·평가하고 이를 예방·관리하는 것으로 정의
	③ 지구 규모의 환경오염: 성층권의 오존층 파괴, 산성비, 기후변화 등

📋 환경보존을 위한 주요 국제협약

구분	연도	주요 내용
런던협약	1972년	방사선폐기물 등의 해양 투기로 인한 해양오염 방지
비엔나협정	1985년	오존층 보호
몬트리올의정서	1987년	염화불소, 할론, 메틸브로마이드 등 오존 파괴물질의 생산·소비 감축
바젤협약	1989년	유해폐기물의 국가 간 이동 통제
리우선언	1992년	기후변화방지협약, 생물다양성보호협약, 삼림협약
교토의정서	1997년	온실가스 감축 목표치 규정
파리협정	2015년	지구평균기온 상승폭을 산업화 이전 대비 2도 보다 훨씬 작게 제한하고 1.5도까지 제한하도록 노력하기로 함

기출의 재발견

❖
<보기>에서 설명하는 지구온난화 및 기후변화 대비 협약으로 가장 옳은 것은? [20. 서울시]

> "2015년 채택되었으며 지구 평균온도 상승폭을 산업화 이전 대비 2도 이상 상승하지 않도록 합의"

① 몬트리올 의정서
② 바젤협약
③ 파리협약
④ 비엔나협약

정답 ③

(2) 환경호르몬

구분	내용
내분비계 장애물질	수컷의 정자수를 감소시키거나 수컷의 암컷화, 다음 세대 성장억제 등 환경 중에 배출된 화학물질이 생물체 내에 유입되어 마치 호르몬처럼 작용하는 것 = 환경호르몬
내분비계 장애물질의 기전	호르몬의 체내 작용 위한 합성, 방출, 해당 장기의 세포로 수송, 수용체 결합, 신호전달, 유전적 발현 활성화 등의 과정 중 특정 단계를 방해 또는 교란함으로써 장애를 나타냄 예 합성에스트로겐 DES, PCB, 비스페놀 A 등이 대표적
내분비계 장애 유발물질의 생태계 및 인체에 대한 영향	호르몬 분비의 불균형, 생식기능 저하 및 생식기관 기형, 생장장애, 암 유발, 면역기능 저해

(3) 환경영향평가

해당 사업으로 인하여 환경에 미치는 해로운 영향을 미리 예측 및 분석하여 부정적인 환경영향을 줄이는 방안을 마련하는 계획과정의 일부

(4) 건강영향평가 제도

환경유해인자를 사전에 평가하여 환경문제와 국민건강에 미치는 영향을 사전예방적 차원에서 접근할 수 있게 함

SECTION 02 환경요인과 건강

1 대기와 건강

(1) 공기

(2) 기후(또는 기상요소)

기압, 기온, 습도, 풍향, 풍속, 구름의 양, 복사열, 강우량 등이 있으며, 유기적 관련성을 가지고 있음

구분	내용
온열조건	기상요소 중 인체의 체온조절작용과 관련된 요소. 온열상태 또는 온열조건을 구성함 ① 기온 ② 기습 ③ 기류 ④ 복사열

기출의 재발견

❖ 공기 중에 가장 많이 분포하고 있으며, 잠함병의 원인이 되는 기체는?
① 수소 ② 산소
③ 질소 ④ 이산화탄소

정답 ③

	구분	내용
온열지수	감각온도 (체감온도)	① 기온, 기습, 기류를 종합하여 인체에 주는 온감을 지수로 표시함 ② 포화습도(즉, 습도가 100%인 상태)나 정지공기 하에서 동일한 온도를 느끼게 하는 기온
	지적온도	체온을 조절하는데 있어 최적의 온도를 말하며, 주관적 지적온도, 생산적 지적온도, 생리적 지적온도 등이 있다.
	쾌감대	옷을 입은 상태에서 안정 시 가장 쾌적하게 느끼는 기후범위
	불쾌지수	습도와 온도의 영향으로 인체가 느끼는 불쾌감을 숫자로 표시함. ① ℉ 사용 경우 　불쾌지수(DI) = 0.4(건구온도 + 습구온도) + 15 ② ℃ 사용 경우 　불쾌지수(DI) = 0.72(건구온도 + 습구온도) + 40.6

기출의 재발견

기온, 기습, 기류의 3인자로 설명되며, 포화습도나 정지공기 하에서 동일한 온도를 느끼게 하는 기온에 해당하는 온열지수는?

① 쾌감대
② 불쾌지수
③ 감각온도
④ 지적온도

정답 ③

(3) 대기오염

자연대기의 성분은 산소 20%, 질소 80%이며 기타 미량의 성분으로 구성, 자연현상에 의해서 변화하는 것이 아닌 인위적인 원인에 의한 대기성분의 변화가 인간, 동식물 생존에 악영향을 미칠 때 이것을 대기오염이라고 함

구분		내용
대기오염 물질, 발생원		① 연료연소 ② 소각 매연 ③ 광화학적 스모그
광화학적 오염	오염의 단계	1단계	1차 오염물(질소산화물, 탄화수소, 휘발성 유기화합물)이 태양광선의 에너지에 의하여 오존을 형성하는 과정(광화학 반응)
		2단계	오전과 대기성분 간의 화학반응에 의한 유기연무질의 형성(smog 형성)
	오염물	1차 오염물	대기를 오염시키는 물질 중에서 직접 대기로 버려지는 것, 기온역전 등에 의해 아침-밤을 거치면서 농도가 증가하나 낮 동안에는 상승기류, 바람 등에 의해 확산되어 농도가 저하 ① 질소산화물: 자동차 배기가스, 호흡기 감염을 증가, 기도에 손상을 입혀 호흡기 증상을 유발, 폐기능 감소시킴 ② 아황산가스: 석탄과 석유의 연소과정, 황산 공장과 황산을 생산공정에 사용하는 공장, 상기도 자극증상이 대부분

❶ 군집독
실내에 다수인이 밀집해 있을 때 공기의 물리적·화학적 조건이 문제가 되어 쾌감, 두통, 권태, 현기증, 구토, 식욕 저하 등의 생리적 현상을 일으키는 것

③ 일산화탄소: 석탄, 디젤, 휘발유의 불완전연소, 전두부 긴박감, 두통, 피부혈관 확장, 권태, 현기, 시력저하, 구토, 시야협착, 호흡과 맥박 증가, 허탈 상태, 심하면 경련, 혼수, 사망
④ 이산화탄소: 동물의 대사, 연료연소에서 발생되는 것, 실내공기의 환기상태를 평가하는 지표로서 실내공기의 이산화탄소 농도를 이용 예 군집독❶
⑤ 오존: 자동차 배기가스가 광화학반응 시, 오존층을 비행하는 대형 여객기, 자동차 배기가스 광산화반응으로 생성되는 2차 오염물질, 코, 눈 자극, 호흡기 자극, 기침, 흉부압박, 호흡곤란, 천식 악화(천식 자체를 초래하지는 않음), 상기도 점막건조, 만성폭로시 두통, 피로, 쉰 목소리 상기도 건조

	2차 오염물	1차 오염물질이 합성·분해되어 형성되는 물질. 태양 에너지에 의해 발생하므로 낮 동안에 농도가 증가, 오존, 알데히드, PAN(peroxyacetyl nitrate) 등
대기오염의 대표적 사건	런던 스모그	주거용 난방연료, 기온역전 현상에 의해 호흡기 및 급성심부전 발생
	LA 스모그	자동차 배기가스에 의한 광화학 스모그
	뮤즈 계곡	공장 대기배출물, 기온역전 현상에 의한 호흡기 및 급성심부전 발생
	도노라 계곡	분지, 무풍, 기온역전, 연무, 공업지대

❷ 기온역전
1. 복사성 역전: 낮 동안 태양복사열이 큰 경우 지표의 온도가 높아졌다가 밤에는 복사열이 적어 지표의 온도가 낮아지면서 발생하는 현상. 지표 가까이에서 발생하기에 접지역전, 지표성 역전 또는 방사성 역전이라고 하며, 역전층은 주로 지표로부터 120~250m 정도의 낮은 상공에서 발생하고, 아침 햇빛이 비치면 쉽게 파괴되는 야행성이 특징
2. 침강성 역전: 맑은 날 고기압 중심부에서 공기가 침강하여 압축을 받아 따뜻한 공기층을 형성하는데, 보통 1,000m 내외의 고도에서 발생하여 역전층의 두께는 약 200~300m에 이름. 전선성 역전(한랭, 온난)과 LA의 대기오염이 침강성 역전이 주원인이었고 이는 태평양의 지속적인 고기압 지대의 영향을 받고 있기 때문임

🔲 **대기오염의 형태: 런던형(농무형), LA형(연무형)**

구분	런던스모그	LA스모그
발생 시 기온	0~5℃	24~32℃
발생 시 습도	85% 이상	70% 이하
발생 시간	아침 일찍	주간
계절	겨울(12~1월)	여름(8~9월)
풍속	무풍	3m/sec
기온역전 유형❷	복사성 역전(방사성)	침강성 역전(하강형)
주 오염 성분	아황산가스, 부유먼지	탄화수소, NOx, PAN, O_3
시야거리	100m 이하	1.6~0.8km 이하
건강피해	폐렴, 호흡기 자극 등, 만성기관지염	눈, 코, 기도의 점막 자극

지구환경에 미치는 영향

구분	특징
온실효과	전 대기권의 수증기와 온실가스에 의해 반응하는 일종의 절연효과. 태양에너지의 흡수와 지구의 방출에너지의 균형이 깨지고 지구의 평균 지상기온(15℃가 적당)이 상승하는 것임. 온실가스가 증가하면 대류권의 기온은 상승해서 기후가 온난하게 됨.
열섬효과	열섬이란 주변의 온도보다 높은 특별한 기온현상을 나타내는 지역을 말함. 특히 인구가 밀집되어 있고 건물이 들어선 도심지에서 지표를 덮고 있는 대기 성질과 상층의 오염층, 건물·도로 등에서의 복사열 등에 의해 영향을 받아 온도가 상승되는 것으로 나타남
산성비	pH 5.6 이하의 값을 갖는 빗물. 공장이나 자동차 배기가스에서 기인하는 황산화물과 질소산화물이 대기 중 산화되어 황산, 질산으로 변환, 비 또는 안개의 형태로 지상에 내림 ① 호수나 하천의 산성화로 수중식물에게 피해 ② 산림과 농작물의 피해 ③ 건물 등의 부식으로 인한 피해 ④ 호흡기계 질병 유발 등의 문제가 있음
황사	주로 봄철에 중국이나 몽골의 사막에 있는 모래와 먼지가 상승하여 편서풍을 타고 멀리 날아가 서서히 가라앉는 현상 ① 산업화로 인하여 배출된 대기오염물질을 포함하여 이동하기에 문제가 됨. 즉, 황, 그을음, 재, 일산화탄소, 기타 중금속과 발암물질을 포함한 독성 오염물질들은 종종 모래폭풍을 동반하며, 바이러스 세균, 곰팡이, 기생충, 항생물질, 석면, 제초제, 프탈레이트 등을 포함 ② 기관지염, 천식, 안질, 알레르기 등의 호흡기 질환 환자 증가 초래, 기존 질환 악화

(4) 대기오염경보 단계별 대기오염물질의 농도기준 – 대기환경보전법 시행규칙 별표7(제14조 관련)
① 대기오염경보 발령

구분	내용
법적 근거	특별시장·광역시장·도지사 또는 특별자치도지사(이하 "시·도지사"라 함)는 대기오염도가 대기환경기준(환경정책기본법 제12조)을 초과하여 주민의 건강·재산이나 동식물의 생육(生育)에 심각한 위해(危害)를 끼칠 우려가 있다고 인정되면 그 지역에 대기오염경보를 발령할 수 있음(대기환경보전법 제8조 제1항)
대상 오염물질	대기오염경보의 대상 오염물질은 환경기준(환경정책기본법 제12조)에 따라 환경기준이 설정된 오염물질 중 미세먼지(PM-10), 미세먼지(PM-2.5), 오존(O_3)을 오염물질로 함(대기환경보전법 제8조 제4항 및 동법 시행령 제2조 제2항)
대기오염 경보 단계	대기오염경보 단계는 대기오염경보 대상 오염물질의 농도에 따라 구분함

기출의 재발견

◆ 1952년 영국 런던에서 대기오염으로 대규모의 사상자를 발생시킨 주된 원인물질은? [20 서울시]
① SO_2 (아황산가스)
② CO_2 (이산화탄소)
③ O_3 (오존)
④ NO_2 (이산화질소)

정답 ①

◆ 대도시의 수직적으로 늘어선 대형건물 및 공장들이 불규칙한 지면을 형성하여 자연적인 공기의 흐름이나 바람을 지연시켜 발생하는 현상은?
① 기온역전
② 빌딩증후군
③ 열섬현상
④ 온실효과

정답 ③

대기오염 경보단계별 대기오염물질의 농도기준(제14조 관련)

대상물질	경보단계	발령기준	해제기준
미세먼지 (PM-10)	주의보	기상조건 등을 고려하여 해당 지역의 대기자동측정소 PM-10 시간당 평균농도가 150㎍/㎥ 이상 2시간 이상 지속인 때	주의보가 발령된 지역의 기상조건 등을 검토하여 대기자동측정소의 PM-10 시간당 평균농도가 100㎍/㎥ 미만인 때
미세먼지 (PM-10)	경보	기상조건 등을 고려하여 해당 지역의 대기자동측정소 PM-10 시간당 평균농도가 300㎍/㎥ 이상 2시간 이상 지속인 때	경보가 발령된 지역의 기상조건 등을 검토하여 대기자동측정소의 PM-10 시간당 평균농도가 150㎍/㎥ 미만인 때는 주의보로 전환
초미세먼지 (PM-2.5)	주의보	기상조건 등을 고려하여 해당 지역의 대기자동측정소 PM-2.5 시간당 평균농도가 75㎍/㎥ 이상 2시간 이상 지속인 때	주의보가 발령된 지역의 기상조건 등을 검토하여 대기자동측정소의 PM-2.5 시간당 평균농도가 35㎍/㎥ 미만인 때
초미세먼지 (PM-2.5)	경보	기상조건 등을 고려하여 해당 지역의 대기자동측정소 PM-2.5 시간당 평균농도가 150㎍/㎥ 이상 2시간 이상 지속인 때	경보가 발령된 지역의 기상조건 등을 검토하여 대기자동측정소의 PM-2.5 시간당 평균농도가 75㎍/㎥ 미만인 때는 주의보로 전환
오존	주의보	기상조건 등을 고려하여 해당 지역의 대기자동측정소 오존농도가 0.12ppm 이상인 때	주의보가 발령된 지역의 기상조건 등을 검토하여 대기자동측정소의 오존농도가 0.12ppm 미만인 때
오존	경보	기상조건 등을 고려하여 해당 지역의 대기자동측정소 오존농도가 0.3ppm 이상인 때	경보가 발령된 지역의 기상조건 등을 고려하여 대기자동측정소의 오존농도가 0.12ppm 이상 0.3ppm 미만인 때는 주의보로 전환
오존	중대경보	기상조건 등을 고려하여 해당 지역의 대기자동측정소 오존농도가 0.5ppm 이상인 때	중대경보가 발령된 지역의 기상조건 등을 고려하여 대기자동측정소의 오존농도가 0.3ppm 이상 0.5ppm 미만인 때는 경보로 전환

[비고]
1. 해당 지역의 대기자동측정소 PM-10 또는 PM-2.5의 권역별 평균농도가 경보단계별 발령기준을 초과하면 해당 경보를 발령할 수 있다.
2. 오존농도는 1시간당 평균농도를 기준으로 하며, 해당 지역의 대기자동측정소 오존농도가 1개소라도 경보단계별 발령기준을 초과하면 해당 경보를 발령할 수 있다.

② 대기오염경보에 따른 조치

구분	내용	
법적 근거	시·도지사는 대기오염경보가 발령된 지역의 대기오염을 긴급하게 줄일 필요가 있다고 인정하면 기간을 정하여 그 지역에서 자동차의 운행제한 또는 사업장의 조업단축 등을 명할 수 있음(대기환경보전법 제8조 제2항 및 동법 시행령 제2조 제4항)	
경보단계별 조치	발령단계	조치사항
	주의보	주민의 실외활동 및 자동차 운행의 자제 요청
	경보	주민의 실외활동 제한 요청, 자동차 사용의 제한 및 사업장의 연료사용량 감축권고 등
	중대경보	주민의 실외활동 금지 요청, 자동차의 통행금지 및 사업장의 조업시간 단축명령 등

(5) 환경정책 기본법 – 대기오염 측정항목

항목	기준	측정방법
아황산가스 (SO_2)	• 연간 평균치: 0.02ppm 이하 • 24시간 평균치: 0.05ppm 이하 • 1시간 평균치: 0.15ppm 이하	자외선 형광법 (Pulse U.V. Fluorescence Method)
일산화탄소 (CO)	• 8시간 평균치: 9ppm 이하 • 1시간 평균치: 25ppm 이하	비분산적외선 분석법 (Non-Dispersive Infrared Method)
이산화질소 (NO_2)	• 연간 평균치: 0.03ppm 이하 • 24시간 평균치: 0.06ppm 이하 • 1시간 평균치: 0.10ppm 이하	화학 발광법 (Chemiluminescence Method)
미세먼지 (PM-10)	• 연간 평균치: $50\mu g/m^3$ 이하 • 24시간 평균치: $100\mu g/m^3$ 이하	베타선 흡수법 (β-Ray Absorption Method)
미세먼지 (PM-2.5)	• 연간 평균치: $25\mu g/m^3$ 이하 • 24시간 평균치: $50\mu g/m^3$ 이하	중량농도법 또는 이에 준하는 자동측정법
오존 (O_3)	• 8시간 평균치: 0.06ppm 이하 • 1시간 평균치: 0.1ppm 이하	자외선 광도법 (U.V Photometric Method)
납 (Pb)	연간 평균치: $0.5\mu g/m^3$ 이하	원자흡광 광도법 (Atomic Absorption Spectrophotometry)
벤젠	연간 평균치: $5\mu g/m^3$ 이하	가스 크로마토그래피 (Gas Chromatography)

[비고]
1. 1시간 평균치는 999천분위수(千分位數)의 값이 그 기준을 초과해서는 안 되고, 8시간 및 24시간 평균치는 99백분위수의 값이 그 기준을 초과해서는 안 된다.
2. 미세먼지(PM-10)는 입자의 크기가 $10\mu m$ 이하인 먼지를 말한다.
3. 미세먼지(PM-2.5)는 입자의 크기가 $2.5\mu m$ 이하인 먼지를 말한다.

기출의 재발견

환경정책기본법 시행령 상 환경기준 중에서 대기환경의 기준지표 항목에 해당하는 것은? [23. 서울시]

① 아황산가스, 일산화탄소, 이산화질소, 벤젠, 납
② 이산화탄소, 이산화질소, 초미세먼지, 오존, 벤젠
③ 포름알데히드, 이산화탄소, 초미세먼지, 벤젠, 납
④ 아황산가스, 염화수소, 오존, 초미세먼지, 일산화탄소

정답 ①

주요 대기오염물질의 건강상 영향

구분	내용
아황산가스	기관지 자극증상, 폐기능의 감소, 심혈관질환의 악화
일산화탄소	두통, 구토, 현기증, 피로, 호흡곤란, 정신혼동, 혼수, 사망
이산화질소	호흡기감염 증가, 호흡기질환 악화, 폐기능의 감소
미세먼지	호흡기 및 심장질환 악화, 심혈관질환으로 인한 사망위험 증가
오존	안구 및 호흡기계 자극증상, 호흡기질환 악화, 천식증상 악화
납	신경행동학적 증상, 중추신경계 장애

2 물과 건강

(1) 상수

구분		내용	
수원		지표수와 지하수 또는 우수	
물의 자정작용		① 희석 ② 침전 ③ 일광 ④ 산화 ⑤ 생물의 작용	
정수법	침전	보통침전법	침전지에서 천천히 물을 흐르게 하거나 정지시켜 부유물을 침전시키는 방법. 탁도와 세균 등이 제거. 침전시간 12~14시간
		약품침전법	보통침전으로 잘 가라앉지 않는 작고 가벼운 물질은 황산알루미늄을 사용하여 응집시켜 가라앉힘. 침전시간 2~5시간
	폭기		산소를 공급하는 방법. 물 속에 공기를 불어 넣거나 공중에 물을 살포하여 물과 공기를 충분히 접촉하게 함
	여과	완속여과법	보통침전법으로 침전시킨 후 여과지로 보내는 방법
		급속여과법	약품을 사용하여 침전시킨 후 여과지로 보냄

구분	완속여과법	급속여과법
침전법	보통침전법	약품침전법
청소방법	사면대치	역류세척
여과속도	3m/일	120m/일
사용일수	20~60일	12시간~2일
탁도, 색도가 높을 때	불리	유리
이끼류가 발생하기 쉬운 장소	불리	유리

기출의 재발견

❖ 상수의 정수과정으로 가장 옳은 것은? [19. 서울시]
① 폭기-침전-여과-소독
② 여과-침사-소독-침전
③ 여과-침전-침사-소독
④ 침전-폭기-여과-소독

정답 ④

기출의 재발견

❖ 상수도의 정수과정 중 완속여과법과 급속여과법에 대한 설명으로 가장 옳은 것은? [22. 서울시]
① 완속여과법은 보통침전법 후 사용되는 방법이다.
② 급속여과법은 사면대치의 청소방법을 사용한다.
③ 완속여과법은 여과면적이 좁을 때 적당한 방법이다.
④ 급속여과법은 건설비는 많이 드나 경상비는 적게 든다.

정답 ①

수면이 동결하기 쉬운 장소	불리	유리
면적	넓은 면적	좁은 면적
비용	건설비 높고, 경상비 낮음	건설비 낮음, 경상비 높음
세균제거율	98~99%	95~98%

소독	가열법	자비소독(100℃의 끓는 물에서 15~20분간)이 가장 안전함. 75℃에서 15~30분간 끓이면 대부분 병원균은 사멸됨
	자외선법	파장의 범위(2,500~2,800Å)에서 살균력이 크나 물이 혼탁하거나 색이 있을 때 물의 표면만 소독되며 가격 또한 비싸서 비효율적임
	오존소독	염소소독보다 소독효과가 강함. 잔류성이 없고 가격이 비쌈. 단, 염소소독시 발생할 수 있는 트리할로메탄의 생성 염려가 없음
	화학적 소독법	① 염소소독법(대표적). 염소는 독성과 냄새의 단점이 있으나 값이 싸고 조작이 간편하고 소독력이 강함. ② 불연속 염소소독 ㉠ 물에 염소를 주입 시 주입량에 비례하여 잔류염소의 양도 증가함. ㉡ 그러나 암모니아와 같은 물질을 포함한 물의 경우 증가한 잔류염소가 어느 지점에서 감소하여 거의 0에 가깝게 하강했다가 다시 증가하기 시작함 = 불연속점. ㉢ 이 불연속점 이상에서 처리하면 경제적이고 소독효과가 크며, 물의 냄새와 맛도 제거할 수 있음

부활현상
염소, 표백분 등으로 소독할때 일단 사멸되었다고 본 세균이 시간이 경과함에 따라 재차 다시 증식하는 현상

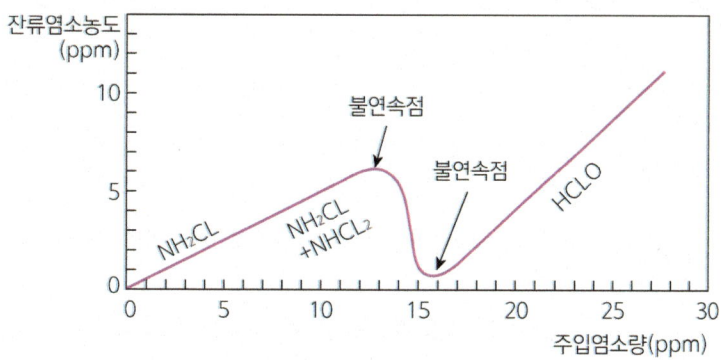

| 불연속 염소소독❶ |

기출의 재발견

❖
염소소독에 대한 설명으로 옳지 않은 것은?
① 염소소독은 경제적이고 잔류효과가 크다.
② 불연속점 이상으로 염소처리를 한다.
③ 부활현상이 발생하지 않는다.
④ 트리할로메탄이라는 발암물질을 생성한다.

정답 ③

❶
자료원: 물정보포털 http://www.water.or.kr/encyclop-edia

(2) 하수 – 하수처리 공정

구분		내용
예비처리	보통침전	하수를 정지시키거나 극히 완만하게 흘려보내 불순물을 침전·제거하는 방법으로, 속도 3m/sec에 2~4시간이면 침전됨
	약품침전	약품(황산알루미늄)을 사용하여 부유물의 80%를 4시간 정도로 제거하는 침전방법
본처리	혐기성 처리	① 부패조(septic tank): 하수 중의 가벼운 물질이 떠올라 공기를 차단하므로 부패조 내에 산소가 결핍되어 혐기성균에 의한 부패 ⇨ 가스발생으로 인한 악취, 오니(汚泥) ⇨ 액화 - 가스 발생 ② 임호프 탱크(Imhoff tank): 부패조의 단점을 보완, 침전실과 침사실을 분리, 상하 2개의 방으로 구분, 가스(냄새)가 역류되지 않도록 함
	호기성 처리	① 접촉여상 ② 살수여상 ③ 관개법 ④ 활성오니법 ⑤ 산화지법
	오니 처리	투기(육상, 해상), 소각, 모래바닥에서 건조, 소화조에서 혐기성 상태에서 부패 ⇨ 비료로 사용 또는 오니 종류별 분리 ⇨ 재사용

(3) 먹는 물의 수질

먹는물 수질기준 항목은 환경부(2016, 환경백서 참고) 기준 미생물, 건강상 유해영향 무기물질, 건강상 유해영향 유기물질, 소독제 및 소독부산물질, 심미적 영향물질로 구분됨

> 먹는물 수질기준 (먹는물 수질기준 및 검사 등에 관한 규칙 별표 1) 참고

구분	내용
대장균군	자체는 인체에 유해하지 않지만, 분변 오염의 가능성을 나타내는 지표로서 소화기계 병원균에 의한 오염 여부를 확인할 수 있음
일반세균	공기 또는 물 속에 성장하는 병원성 내지 비병원성균 등을 총괄적으로 포함
불소	건강상 유해영향 무기물질. 충치 예방에 유효하나 높은 농도는 비타민, 지방, 효소, 미네랄 대사에 방해작용을 함. 급성 중독시 신장염, 간장애, 심장장애, 만성독성으로 반상치를 유발할 수 있음
암모니아성 질소	분뇨 또는 하수 등의 질소화합물을 함유하는 오염물에 의하여 오염된 후 오랜 시간이 경과되지 않았음을 의미. 산화분해작용이 진행 중임을 시사함
질산성 질소	농도가 높은 경우 1세 미만의 유아에게 청색증을 일으킬 수 있음

총트리할로메탄	살균소독으로 사용되는 염소와 반응하여 생성되는 물질, 발암성을 가진 물질임
경도	칼슘, 마그네슘의 농도가 높으면 장기가 음용 시 요로결석을 유발할 수 있음
과망간산칼륨 소비량	소비량이 많다는 것은 하수, 분뇨, 공장폐수 등 유기물질이 다량 함유된 오수에 의해 오염되었거나 아황산염, 황화물, 아질산염 등의 무기물이 많다는 것 의미
냄새, 맛	먹는 물의 수질은 무미, 무취이며, 맛과 냄새가 있다면 이물질의 유입을 시사
색도	착색된 유기물과 철, 망간과 같은 금속의 존재에서 기인함
세제(음이온 계면활성제)	수중에서 해리하여 생기는데 표면장력을 저하시키는 물질로, 비누, 세제 등의 유입으로 증가함
수소이온농도	수소이온농도에 따라 산성, 알칼리성을 평가할 수 있음
염소이온, 유리잔류염소	많은 양의 검출은 인축의 배설물이나 가정하수 또는 공장폐수의 유입을 의미
철	불쾌한 맛을 유발하며 적색수가 됨
탁도	수도수에서의 높은 탁도는 처리 후의 오염, 부식 또는 공급과정의 문제를 나타내고 소독작용으로부터 박테리아의 성장, 미생물을 보호하는 역할을 하여 염소요구량을 높임

기출의 재발견

❖
'먹는물관리법'과 '먹는물 수질기준 및 검사 등에 관한 규칙'에 따른 수돗물의 수질 기준으로 가장 옳지 않은 것은? [19. 서울시]

① 납은 수돗물 1L당 0.01mg을 넘지 아니할 것
② 비소는 수돗물 1L당 0.01mg을 넘지 아니할 것
③ 수은은 수돗물 1L당 0.01mg을 넘지아니할 것
④ 암모니아성 질소는 수돗물 1L당 0.5mg을 넘지 아니할 것

정답 ③

(4) 수질오염

구분	내용
개념	인간생활 및 산업활동에 의해서 유발된 공장폐수와 생활폐수 등이 하천수 또는 지하수에 흘러 들어가서 물의 자정능력이 없어지는 것
오염 발생원	① 산소소모물질 ② 영양물질: 광합성 식물의 성장에 필요한 무기물질 ③ 합성 유기화학물질: 플라스틱, 섬유, 용제, 세제, 페인트, 살충제 등 ④ 무기화합물질과 광물질: 무기염류, 금속산, 금속 및 화합물 ⑤ 병원성 세균: 배설물에 의할 경우 대장균군, 공장폐수로 인한 오염물질과 오염원(장티푸스, 파라티푸스, 세균성 이질, 콜레라, 폴리오, 유행성 간염 등) ⇨ 수인성 질환은 오염수를 사용하는 지역에서 2~3일 내에 환자가 일시에 폭발적으로 증가하였다가 점차로 감소한다는 것임
발생원 분류	① 점오염원: 생활하수, 산업폐수 및 축산폐수 등 오염원이 쉽게 확인되고 자체 정화시설이나 적정한 관리를 유도함으로써 오염원의 통제가 용이한 오염원 ② 비점오염원: 오염원의 확인이 어렵고 규제관리가 용이하지 않은 오염원. 점오염원에 대한 상대적 개념

❶ 생물학적 산소요구량

생물학적 산소요구량이 높으면 유기물질이 다량 함유되어 세균이 이것을 분해·안정화하는 데 많은 양의 유리산소를 소모하였다는 것을 말함. 즉, 수질오염이 되었다고 평가된다. 수중에 부패성 유기물이 많이 포함되어 있다는 것을 의미하며, 상대적으로 수중의 용존산소는 낮아져서 혐기성 상태

❷ COD와 BOD의 비교

일반적으로 폐수의 COD값이 BOD값보다 높은데 이는 미생물에 의해서 분해되지 않는 유기물이 산화제에 의해서 산화되기 때문이며, 만약 미생물에 의해 완전 분해되고 산화제에 의해 완전 분해되면 COD와 BOD는 이론적으론 같게 된다. 따라서, COD값이 적을수록 오염물질이 적게 들어 있어 수질이 좋고, COD값이 클수록 오염물질이 많이 들어 있어 수질이 나쁨을 의미함

수질오염의 지표		① 사용이유: 하천 등 수질오염은 수질의 물리적·화학적·생물학적 작용으로 복합적인 발생요인이 있으므로 하나의 단일항목으로 표현하기 어려우며 물리적·화학적·생물학적인 요소들을 종합하여 판단함 ② 주로 사용되는 지표 ㉠ 생화학적 산소요구량(BOD)❶: 물 속의 유기물질을 미생물이 분해할 때 필요한 산소의 양을 나타낸 것 ㉡ 용존산소(DO): 물 속에 녹아 있는 산소의 양을 말함 ㉢ 화학적 산소요구량(COD)❷: 물 속에 포함되어 있는 유기물을 화학적 산화제에 의해 분리시킬 때 소비되는 산소요구량 ㉣ pH: 외부에서 산성 또는 알칼리 물질 유입 시 쉽게 변화하므로 오염 여부를 판단하는 지표가 됨 ㉤ 부유물질: 유기물과 무기물이 있고 2mm 이하의 입자상 고형물질 ㉥ 대장균군: 일반적으로 그 자체로 유해하지 않으나 대장균의 검출은 다른 미생물이나 분변의 오염을 추측할 수 있음. 즉 수인성 감염병 유발요인 지표임 ㉦ 지표생물: 생물지표(生物指標, bioindicator) 또는 지표종(指標種, indicator species)은 지역의 환경의 질적 상태를 밝히는 척도가 되는 종 또는 종의 군집
수질오염 현상과 사건	부영양화	가정의 생활하수나 가축의 배설물 등이 하천에 한꺼번에 많이 유입되어 물 속에 유기물과 무기물이 증식하게 되는 현상
	적조현상	질소나 인산을 많이 함유한 생활하수나 비료성분이 유입되면 쌍편모류가 다량으로 번식하여 바다나 호수가 붉게 변하는 현상
	녹조현상	영양염류의 과다로 호수에 녹조류가 다량으로 번식하여 물빛이 녹색으로 변하는 것
	미나마타병	메틸수은(사지마비, 청력장애, 시야협착, 언어장애 등)
	이타이이타이병	아연의 선광, 카드뮴(골연화증, 보행장애, 심한 요통 등)
	가네미 사건	PCB(poly chlorinated biphenyl, 식욕부진, 구토, 안질 등)

> **참고**
>
> **밀스 - 라인케(Mills - Reincke) 현상**
> 1. 강물을 여과급수하면 수인성 전염병 발생률이 현저하게 감소하는 현상
> 2. 1983년 9월 미국 메사추세스 주 로렌스시에서 수돗물을 여과하여 급수하였더니 그 결과로 장티푸스의 환자와 사망률이 감소하였고 일반 사망률도 현저하게 저하한 것을 밀스가 발견함
> 3. 1983년 5월 독일 함부르크시에서 엘베강의 물을 여과하여 공급하였을 때 같은 결과를 라인케가 발견함

3 식품과 건강 - 식중독

(1) 식중독

식중독의 특징은 단시간 이내에, 집단적으로 발생하며, 환자에 의한 2차 감염은 드물다는 점

구분		내용
세균성 식중독	감염형	식품에서 미리 증식한 균이 식품과 함께 섭취되어 소장에서 더욱 증식한 후, 중독증상을 일으키는 것. 대표적인 원인균은 살모넬라, 장염 비브리오, 캄필로박터, 장관병원성 대장균 등
	독소형	식품에 들어 있던 균이 증식하면서 독소를 생산하고 그 식품을 섭취함으로써 그 독소에 의한 중독증상을 일으킴. 대표적인 원인균 보툴리누스 중독, 황색포도상구균 식중독 등
바이러스성 식중독 - 노로 바이러스		① 급성 위장관염을 유발하는 원인 바이러스(신종병원체), 최근 식품매개 집단식중독의 가장 주요한 원인체로, 임상적 증상은 오심, 구토, 설사, 복통이 주로 나타남 ② 전파력이 매우 높아 학교, 양로원, 캠프, 요양원, 지역사회에서 발생하는 비세균성 위장염의 주요 원인체이며, 예방을 위해서는 개인위생, 음식물에 대한 관리가 중요하고, 손씻기, 과일·채소 철저히 씻어 먹고, 굴은 가능한 익혀 먹는 것이 권장됨
자연독에 의한 식중독		동·식물의 일부 기관 내에 인체에 유해한 독소물질을 함유한 식품을 오용함으로써 자연독에 의한 식중독 발생. 복어, 홍합, 굴, 모시조개, 감자싹, 청매중독 등
화학적 식중독		식품의 정상성분 이외에 각종 유독 화학물질이 고의, 우연이나 잘못에 의하여 들어가게 되면서 일어나는 식중독

자연독에 의한 식중독

병인	증상	감염경로
복어(tetrodotoxin)	구토, 설사, 지각이상, 언어장애, 시력장애, 호흡근마비, 의식불명	복어의 난소, 고환, 내장, 피부 섭취
홍합(mytilotoxin)	말초신경, 호흡중추 마비	
굴, 조개(venerupin)	권태, 오한, 구토, 두통, 뇌증상, 피하출혈	
버섯류(muscarine)	위장형 구토, 설사, 위장산통	독버섯의 사용
감자싹(solanine)	복통허탈, 현기증, 호흡중추 마비	
청매(amygdaline)	오심, 구토, 복통, 설사, 두통, 지각이상	
독초(식물성 알칼로이드)	침흘림, 신경형 동공산대, 호흡마비	쌀, 보리, 밀 등
맥각(ergotoxin)	임산부의 경우 조산, 유산, 위통, 구토, 경련	
독미나리(cicutoxin)	위통, 구토, 현기증, 경련	

기출의 재발견

세균성 식중독은 감염형과 독소형으로 분류된다. 감염형 식중독의 특징에 대한 설명으로 가장 옳은 것은? [22. 서울시]

① 잠복기가 비교적 길다
② 균이 사멸해도 발생할 수 있다.
③ 식품을 가열처리해도 예방효과가 낮다.
④ 세균이 증가할 때 발생하는 체외독소에 의해 발생한다.

정답 ①

기출의 재발견

여름휴가차 바닷가에 온 40대 여성이 오징어와 조개류 등을 생식하고 다음 날 복통, 설사와 미열을 호소하며 병원을 방문하여 진료를 받았다. 이 경우 의심되는 식중독의 특징은? [18. 지방직]

① 7-8월에 주로 발생하며, 원인균은 포도상구균이다.
② 화농성 질환을 가진 조리사의 식품 조리과정에서 발생한다.
③ 감염형 식중독으로 가열해서 먹을 경우 예방이 가능하다.
④ 독소형 식중독으로 신경마비성 증상이 나타나 치명률이 높다.

정답 ③

(2) 식중독 증상
    설사, 구토 및 복통은 식중독의 가장 흔한 증상(임상적으로 중요한 3가지 증상)

> **참고**
> 식중독 출현에 영향을 미치는 요인
> 1. 노인과 면역부전 환자의 증가와 식습관 변화
> 2. 산업과 기술의 발달
> 3. 해외여행과 국제무역의 증가
> 4. 미생물의 항생물질 저항성
> 5. 경제발전과 토지이용

(3) 식중독 예방법

구분	내용
식중독 예방	3대 요령(손씻기, 익혀먹기, 끓여먹기)
일반 위생관리	깨끗한 복장 유지, 깨끗한 물 사용, 조리실 내부 항상 청결히, 유통기간 확인, 재고정리 등

기출의 재발견

01
〈보기〉가 설명하는 실내오염 물질은? [2019]

〈보기〉
- 지각의 암석 중에 들어있는 우라늄이 방사성 붕괴 과정을 거친 후 생성되는 무색, 무취, 무미의 기체임
- 토양과 인접한 단독주택이나 바닥과 벽 등에 균열이 많은 오래된 건축물에 많이 존재함
- 전체 인체노출 경로 중 95%는 실내 공기를 호흡할 때 노출되는 것임
- 지속적으로 노출되면 폐암을 유발함

① 라돈   ② 오존
③ 폼알데하이드   ④ 트리클로로에틸렌

| 정답 | ①

02
다음 사례에서 가장 의심되는 식중독은? [22, 지방직]

- 지역사회주민들이 회식 24시간 후 복통, 오심, 구토와 설사 등의 증상이 집단으로 발생하였으나, 38도 이상의 고열과 연하곤란, 시력저하 등의 신경계 증상은 보이지 않았다.
- 역학조사 결과 음식물 중 어패류 등 수산물은 없었고, 회식을 준비했던 조리사의 손가락에 화농성 상처가 있는 것으로 확인되었다.

① 살모넬라 식중독   ② 보툴리누스 식중독
③ 장염 비브리오 식중독   ④ 황색 포도상구균 식중독

| 정답 | ④

03
다음의 세균성 식중독 중 감염형 식중독이 아닌 것은? [2015]

① 살모넬라 식중독   ② 황색포도상구균 식중독
③ 장염비브리오 식중독   ④ 병원성대장균 식중독

| 정답 | ②

04
자연독에 의한 식중독의 원인식품과 독소의 연결이 옳지 않은 것은? [22, 지방직/공중보건]

① 바지락-venerupin
② 감자-solanine
③ 홍합-tetrodotoxin
④ 버섯-muscarine

정답 ③

05
다음 중 새집증후군을 유발하는 주요 물질은 무엇인가?

① 이산화탄소
② 일산화질소
③ 라돈
④ 포름알데히드

정답 ④

마인드 맵

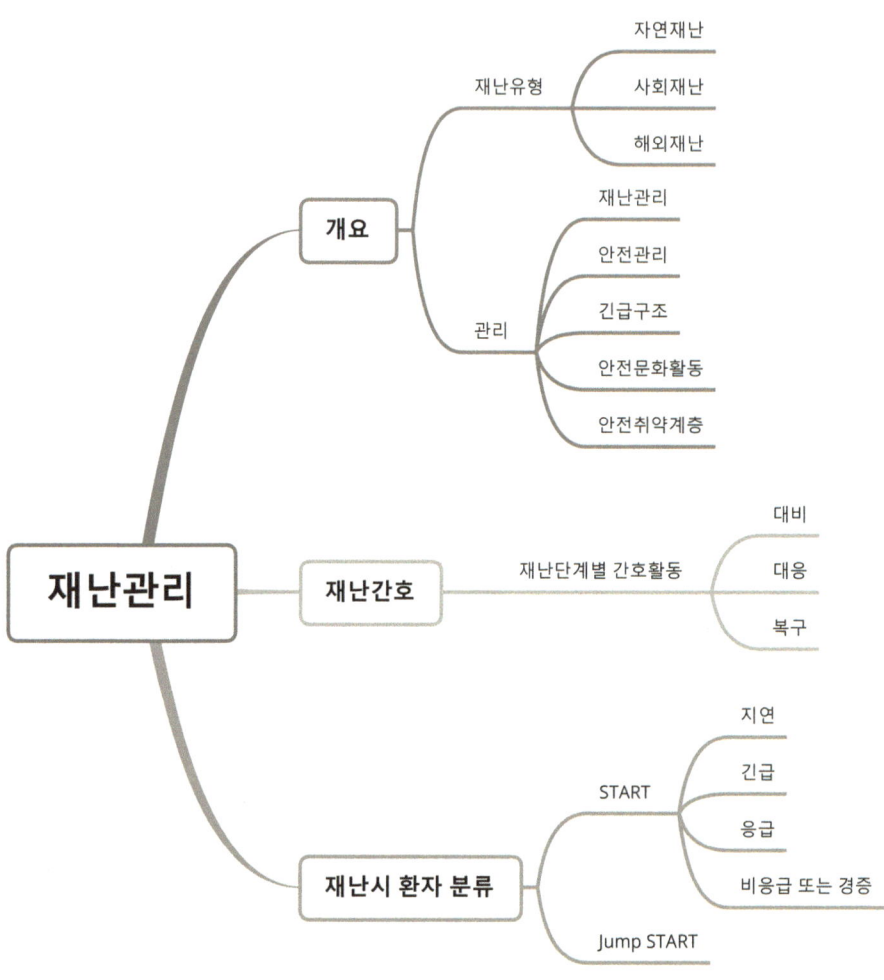

CHAPTER 11
재난관리

01 재난의 이해
02 재난간호

PRETEST OX퀴즈

1 재난은 국민의 생명, 신체, 재산과 국가에 피해를 주거나 줄 수 있는 것으로 정의된다. ○ ×

2 미세먼지 등으로 인한 피해의 경우 자연재난으로 분류된다. ○ ×

3 재난단계별 간호활동에서 재난 발생 후 인명구조, 재산과 환경보호 등은 복구에 해당한다. ○ ×

4 환자의 분류체계에서 손상의 심각성과 치료 가능한 수준 혹은 두 가지 모두를 고려할 때 생존가능성이 희박한 경우 비응급으로 분류한다. ○ ×

5 안전취약계층은 노인, 장애인만을 지칭한다. ○ ×

해설

1 ○ 재난 및 안전관리 기본법에 근거한 재난의 정의이다.
2 × 미세먼지 등으로 인한 피해는 사회재난으로 분류한다.
3 × 위의 문제는 대응에 해당하고, 복구는 재난 피해지역이 효과적으로 회복될 수 있도록 지원하기 위해 필요한 활동을 포함한다.
4 × 지연으로 분류한다. 비응급 또는 경증은 비교적 가벼운 손상을 입은 경우로 자가관리 가능 또는 보행 가능한 부상자라고도 한다.
5 × 안전취약계층에는 어린이, 저소득층 등 신체적·사회적·경제적 요인으로 인하여 재난에 취약한 사람도 포함된다.

CHAPTER 11 재난관리

SECTION 01 재난의 이해

구분		재난의 정의 및 유형(재난 및 안전관리 기본법 제3조)
재난		국민의 생명·신체·재산과 국가에 피해를 주거나 줄 수 있는 것
	자연재난	태풍, 홍수, 호우(豪雨), 강풍, 풍랑, 해일(海溢), 대설, 한파, 낙뢰, 가뭄, 폭염, 지진, 황사(黃砂), 조류(藻類) 대발생, 조수(潮水), 화산활동, 소행성·유성체 등 자연우주물체의 추락·충돌, 그 밖에 이에 준하는 자연현상으로 인하여 발생하는 재해
	사회재난	화재·붕괴·폭발·교통사고(항공사고 및 해상사고를 포함함)·화생방사고·환경오염사고 등으로 인하여 발생하는 대통령령으로 정하는 규모 이상의 피해와 국가핵심기반의 마비, 감염병의 예방 및 관리에 관한 법률에 따른 감염병 또는 가축전염병예방법에 따른 가축전염병의 확산, 미세먼지 저감 및 관리에 관한 특별법에 따른 미세먼지 등으로 인한 피해
해외재난		대한민국의 영역 밖에서 대한민국 국민의 생명·신체 및 재산에 피해를 주거나 줄 수 있는 재난으로서 정부차원에서 대처할 필요가 있는 재난
재난관리		재난의 예방·대비·대응 및 복구를 위하여 하는 모든 활동
안전관리		재난이나 그 밖의 각종 사고로부터 사람의 생명·신체 및 재산의 안전을 확보하기 위하여 하는 모든 활동
안전기준		각종 시설 및 물질 등의 제작, 유지관리 과정에서 안전을 확보할 수 있도록 적용하여야 할 기술적 기준을 체계화한 것을 말하며, 안전기준의 분야, 범위 등에 관하여는 대통령령으로 정함
긴급구조		재난이 발생할 우려가 현저하거나 재난이 발생하였을 때에 국민의 생명·신체 및 재산을 보호하기 위하여 긴급구조기관과 긴급구조지원기관이 하는 인명구조, 응급처치, 그 밖에 필요한 모든 긴급한 조치
안전문화활동		안전교육, 안전훈련, 홍보 등을 통하여 안전에 관한 가치와 인식을 높이고 안전을 생활화하도록 하는 등 재난이나 그 밖의 각종 사고로부터 안전한 사회를 만들어가기 위한 활동
안전취약계층		어린이, 노인, 장애인, 저소득층 등 신체적·사회적·경제적 요인으로 인하여 재난에 취약한 사람

[1] 김춘미 외, 지역사회보건간호학, 973.

SECTION 02 재난간호

(1) 재난단계별 간호활동[1]

구분		내용
개요		재난단계에 따른 지역사회간호과정은 결국 사정(진단) - 계획 - 수행 - 평가의 과정을 따름. 단, 재난 시 자원을 배분하는 데 필요한 공중보건 인프라에 초점을 둔 대비, 대응, 복구활동을 기준으로 진행
단계	대비	대비는 예방, 보호, 완화활동을 말하며, 재난예방만이 아니라 재난의 영향을 약화시켜서 손실을 줄이기 위한 기능을 포함하며 재난 발생 전에 위험을 제거하는 것을 말함
	대응	대응은 재난 발생 후 인명구조, 재산과 환경보호, 기본적인 인간의 욕구 충족에 필요한 활동을 포함함
	복구	재난피해지역이 효과적으로 회복할 수 있도록 지원하기 위해 필요한 활동을 포함

(2) 재난 시 환자의 중증도 분류

분류체계	내용
지연	손상의 심각성과 치료 가능한 수준 혹은 두 가지 모두를 고려할 때 생존가능성이 희박한 경우. 완화치료와 통증완화 제공
긴급	즉각적 치료중재와 이송이 필요한 경우. 생존을 위해 몇 수분 내의 치료 필요함. 기도유지, 호흡, 순환에 대한 처치 포함
응급	환자 이송 지연 가능, 심각하고 잠재적으로 생명을 위협하는 손상을 포함하나, 몇 시간 내에 심각하게 악화되지 않을 것으로 예상되는 경우 (초기 심폐소생술의 CAB)
비응급 또는 경증	비교적 가벼운 손상을 입은 경우. 상태가 며칠 동안 악화되지 않음. 자가관리 가능 또는 보행 가능한 부상자라고도 함

✓참고

JumpSTART
1. 소아의 생리적 측정치의 정상범위가 성인과 다르고, 초기 대응인력들의 소아외상 경험이 부족하므로 1995년 START의 소아버전으로 개발됨
2. START와 유사하지만 호흡이 없으나 말초맥박이 느껴지는 경우 소아의 경우 자발호흡을 유발하기 위해 5번의 인공호흡을 실시한다는 것이 다른 점
3. 소아의 정상 호흡수는 분당 15~45회를 기준으로 하며 지연, 긴급, 응급, 비응급 또는 경증으로 분류된다.

(3) Petak의 재난관리 과정

구분		내용
재난 전 단계	예방-완화	위험성 분석 및 위험지도를 작성한다 건축법 정비 및 제정, 재해보험, 안전관련법 제정, 조세를 유도한다.
	대비 또는 준비계획	재난대응 계획, 비상경보체계 구축, 통합대응체계 구축, 비상통신망 구축, 대응 자원 준비, 교육훈련 및 연습
재난발생후	대응	재난대응 적용, 재해진압, 구조구난, 응급의료체계 운영, 대책본부 가동, 환자 수용, 간호, 보호 및 후송
	복구	잔해물 제거, 전염 예방, 이재민 지원, 임시거주지 마련, 시설 복구 등

(4) 재난 발생 시 환자 분류를 위해 적용할 수 있는 중증도 분류 알고리즘

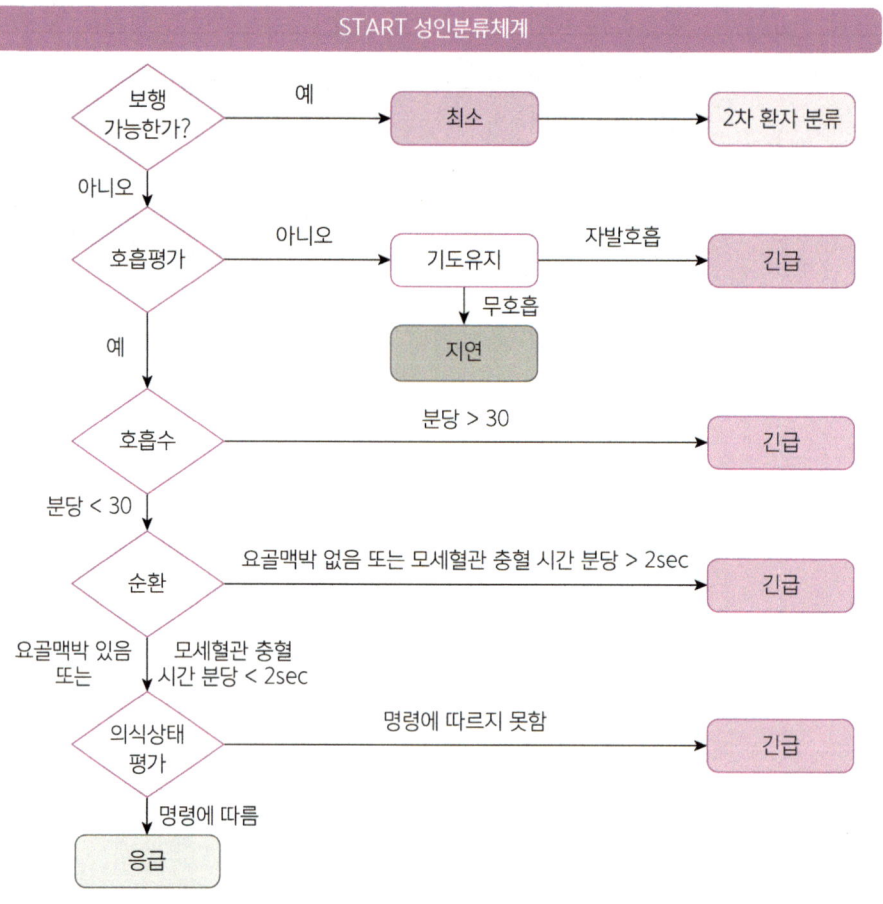

기출의 재발견

01
「재난 및 안전관리 기본법」에 따른 사회재난에 해당하지 않는 것은? [2019]

① 소행성 등 자연우주물체의 추락으로 인해 발생한 재해
② 「감염병의 예방 및 관리에 관한 법률」에 따른 감염병으로 인한 피해
③ 화재, 붕괴 등으로 인해 발생된 대통령령으로 정하는 규모 이상의 피해
④ 「가축전염병 예방법」에 따른 가축전염병의 확산으로 인한 피해

| 정답 | ①

02
Petak의 재난관리 과정 중 완화·예방단계에 해당하는 활동은? [2020]

① 생필품 공급
② 부상자의 중증도 분류
③ 위험지도 작성
④ 이재민의 거주지 지원

| 정답 | ③

03
국제간호협의회(International Council of Nurses: ICN)에서 제시한 간호사의 재난간호역량 중 〈보기〉에 있는 영역을 포함하는 것은? [2021]

〈보기〉
지역사회 관리, 개인과 가족 관리, 심리적 관리, 취약 인구집단 관리

① 예방 역량
② 대비 역량
③ 대응 역량
④ 복구/재활 역량

| 정답 | ③

04
재난 관련 위험을 예방하고 위험 및 관련 재해로 인한 악영향을 최소화하기 위한 재난 단계의 활동에 해당하는 것은?

[22, 서울시]

① 임시 대피소 마련
② 중증도 분류 진료소 설치
③ 심리적 지지 프로그램
④ 안전점검 및 안전교육

| 정답 | ④

05
재난관리를 위해 대피소 운영, 비상의료지원, 중증도 분류가 이루어지는 단계는?

[21, 지방직]

① 예방 단계
② 대비 단계
③ 대응 단계
④ 복구 단계

| 정답 | ③

마인드 맵

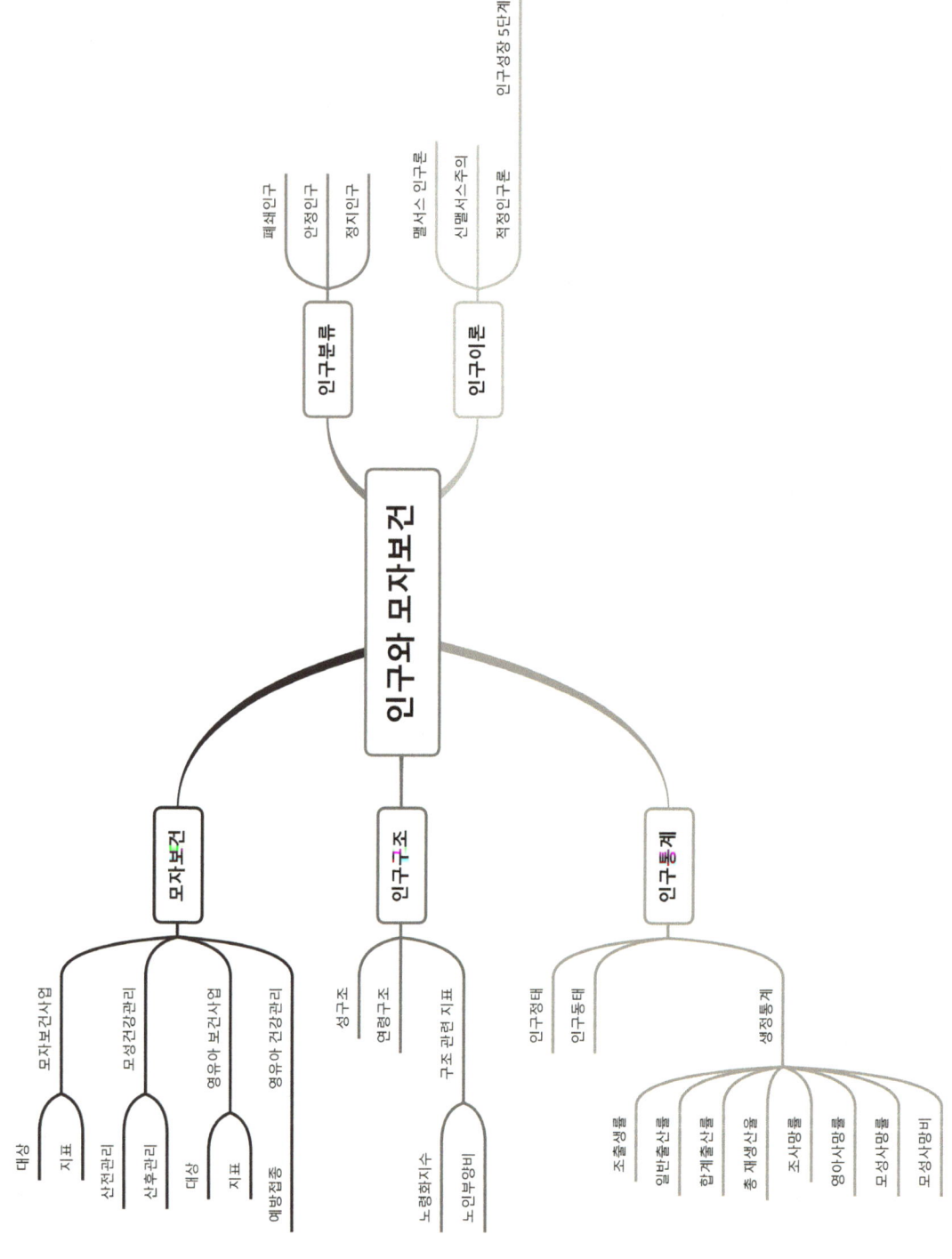

CHAPTER 12
인구와 모자보건

01 **인구보건의 개요**
02 **인구통계**
03 **인구구조 - 지표, 유형**
04 **모자보건의 개요**
05 **영유아관리**

PRETEST OX퀴즈

1. 모자보건사업이란 모성과 영유아에게 전문적인 보건의료서비스를 제공하는 것을 포함한다. ○ ×

2. 모성사망비의 분모는 가임기 여성수이다. ○ ×

3. 부양비는 생산인구와 비생산인구의 수를 활용하여 계산한다. ○ ×

4. 인구의 자연증가율은 사회적 증가율과 다르다. ○ ×

5. 소산소사형 인구는 항아리형으로 분류된다. ○ ×

6. 신맬서스주의에서 주장하는 인구규제방법은 피임이다. ○ ×

7. 선진국은 개발도상국에 비해 노인인구부양비가 높다. ○ ×

해설

1. ○ 모자보건법 제2조 제8항에 근거하고 있다.
2. × 모성사망비는 당해 연도의 출생아수를 분모로 한다.
3. ○ 부양비는 경제활동을 기준으로 생산인구(15~64세)와 비생산인구(1~14세의 유년인구와 65세 이상의 노년인구)로 나눌 수 있고, 이를 활용하여 계산한다.
4. ○ 인구의 자연증가율은 출생률에서 사망률을 빼서 계산하며, 인구의 성장률은 자연증가율에 사회적 증가율을 더하여 계산한다.
5. × 소산소사형은 종형이다. 항아리형은 출생률이 사망률보다 낮아 유년인구가 노년인구의 2배 이하인 인구이다.
6. ○ 산아제한 혹은 수태조절의 인구억제책을 주장하였다.
7. ○ 노인인구비율이 증가하여 노령화지수가 증가하고, 노인부양비가 높은 편이다.

CHAPTER 12 인구와 모자보건

SECTION 01 인구보건의 개요

(1) 인구

구분		내용
정의		일정 기간 내에, 일정한 지역에 거주 또는 생존하는 인간의 집단으로 정의
분류	폐쇄인구	인구의 유입과 유출이 없고, 증감이 출생과 사망에 의해서만 변동이 되는 인구
	안정인구	폐쇄인구의 특수한 경우로 연령별 사망률과 출생률이 일정한 경우
	정지인구	안정인구 중 출생률과 사망률이 같아 자연증가율이 0이 되는 인구. 규모가 일정하게 유지됨

(2) 인구이론

구분	내용		
맬서스 인구론	인구의 증가는 기하급수적으로, 식물은 산술급수적으로 증가함에 따라 식량부족, 기근, 질병과 전쟁이 발생할 것이므로 이에 대한 대책으로 인구억제가 필요하다는 것		
신맬서스주의	산아제한 혹은 수태조절의 인구억제책을 주장		
적정인구론	캐넌(E. Cannon)은 인구문제를 생활수준으로 보아야 한다고 주장. 즉 최대의 생산성을 유지, 최고생활 수준을 유지할 수 있는 인구를 적정인구로 제시함		
블래커 (C.P. Blacker)의 인구성장 5단계	구분	유형	특징
	제1단계 고위정지기	인구정지형	고출생률과 고사망률
	제2단계 초기확장기	인구증가형	고출생률과 저사망률
	제3단계 후기확장기	인구성장둔화형	저출생률과 저사망률
	제4단계 저위정지기	인구성장정지형	출생률과 사망률 최저
	제5단계 감퇴기	인구감소형	출생률이 사망률보다 낮음

> **기출의 재발견**
>
> ❖
> 블래커(C.P. Blacker)의 인구변화 5단계에서 인구성장 둔화형으로 산업의 발달과 핵가족화 경향이 있는 국가들의 인구형태는 몇 단계에 해당하는가?
> ① 1단계 ② 2단계
> ③ 3단계 ④ 4단계
>
> 정답 ③

SECTION 02 인구통계

(1) 인구통계 자료

구분	내용
인구통계	출생, 사망, 유입 및 유출의 요소로 작성됨
인구동태통계	일정 지역 내의 인구가 어느 일정한 기간 동안 출생, 사망, 전입 및 전출 등으로 변화하는 것에 대한 통계
인구정태통계	시간적 단면의 조사시점을 정하여 인구 특성을 파악하는 것
	인구정태 — 전수조사: 정기적으로 어떤 한 시점의 일정 지역 인구에 대한 정보를 수집하는 것으로, 보통 5년 또는 10년의 일정한 간격으로 실시함
	인구정태 — 표본조사: 특수한 목적을 위해 제한된 내용의 통계자료를 수집할 때 사용

(2) 생정통계

구분	공식
조출생률	$\dfrac{\text{같은 해의 총 출생아수}}{\text{특정 연도의 연앙인구}} \times 1,000$
일반출산율	$\dfrac{\text{같은 해의 총 출산아수}}{\text{특정 연도의 가임여성(15~44세, 혹은 15~49세)의 수}} \times 1,000$
연령별(특수)출생률	$\dfrac{\text{같은 해 그 연령군에서의 출생수}}{\text{특정 연도의 어떤 연령군의 가임여성 인구수}} \times 1,000$
합계출산율	$\dfrac{\sum \text{그 연령층 여성의 연간 출생수}}{\text{가임연령 중 5세 간격 한 연령층의 여성인구}} \times 5$
총 재생산율	$\text{합계출산율} \times \dfrac{\text{여아출생수}}{\text{총 출생수}}$
조사망률	인구 1,000명당 1년 동안 발생한 사망수
특성별 사망률	성, 연령, 직업 등 인구의 특성별로 구한 사망률

영아사망률❶	$\dfrac{\text{당해 연도 0세 사망아수}}{\text{당해 연도 연간 출생아수}} \times 1,000$	
모성사망률 (가임기 여성 10만명당)	$\dfrac{\text{모성사망자수(임신, 분만, 산욕합병증으로 사망한 부인수)}}{15\sim49\text{세 가임기 여성수}} \times 100,000$	
모성사망비 (출생아 10만명당)	모성사망 측정을 위해 개발된 지표 중 가장 많이 사용되는 지표로, 출생아 10만명당 모성사망의 수로 표시 $\text{모성사망비} = \dfrac{\text{모성사망자수}}{\text{출생아수}} \times 100,000$	
평균수명❷	출생 시 기대여명으로 현재의 건강과 사망수준을 종합적으로 나타내는 지표	
인구의 자연증가율	자연증가율 = 출생률 - 사망률	
인구성장률	인구성장률 = 자연증가율 + 사회적 증가율	

❶ 출생 후 1년 이내(365일 미만) 사망자수를 해당 연도의 출생아수로 나눈 수치를 1,000분비로 나타낸 것으로, 국제적으로 국민보건수준을 가늠하는 중요한 지표로 사용됨
- 생존기간별 구분: 신생아(0~27일), 신생아 후기(28~364일), 영아(0~364일)

❷ 세계보건기구는 국가간 건강수준을 비교할 수 있는 지표로 조사망률, 비례사망지수와 더불어 평균수명을 제시하고 있음

> 참고
>
> **기타 건강수준 평가지표**
>
> 1. **비례사망지수(Proportional Mortality Indicator, PMI)**
>   1년간 총사망자수 중에서 50세 이상의 사망자수의 구성비율을 백분율로 나타낸 것. 따라서 비례사망지수가 높을수록 건강수준이 높다고 평가할 수 있음
>
> $\text{비례사망지수} = \dfrac{\text{같은 해에 일어난 50세 이상의 사망자수}}{\text{1년 동안의 총사망자수}} \times 100$
>
> 2. $\alpha\text{-index} = \dfrac{\text{그 연도의 영아사망률}}{\text{어떤 연도의 신생아사망률}}$
>
>   알파인덱스가 1에 가까울수록(즉, 신생아사망이 영아사망의 대부분을 차지할수록) 건강수준은 높다고 할 수 있음
>
> 3. **순재생산율**
>   태어난 여자가 가임연령에 도달할 때까지 생존하는 동안 생산율을 반영. 순재생산율이 1이라면 인구의 증감은 없고, 1 이하면 인구감소, 1 이상이면 인구증가를 나타냄

SECTION 03 인구구조 - 지표, 유형

구분	내용
성 구조	남녀 인구의 균형상태를 나타내는 지수로 보통 여자 100명에 대한 남자의 수로 표시됨 ① 1차 성비: 태아의 성비 ② 2차 성비: 출생 시 성비 ③ 3차 성비: 현재 인구의 성비
연령구조	① 중위연령: 총인구를 연령순으로 나열할 때 정중앙에 있는 사람의 해당 연령 ② 부양비: 경제활동을 기준으로 생산인구(15~64세)와 비생산인구(0~14세의 유년인구와 65세 이상의 노년인구)로 나눌 수 있고, 이를 활용한 부양비가 있음 ③ 노령화지수: 노인인구의 증가에 따른 노령화의 정도를 나타냄
구조 관련 지표	① 노령화지수(Aging index): 유소년인구(14세 이하) 100명 중 고령인구(65세 이상)의 비 $$노령화지수 = \frac{고령인구(65세 \ 이상)}{유소년인구(0~14세)} \times 100$$ ② 노인부양비: 생산가능인구(15~64세) 100명에 대한 고령인구(65세 이상)의 비 $$노인부양비 = \frac{고령인구(65세 \ 이상)}{생산가능인구(15~64세)} \times 100$$
인구 피라미드 유형	피라미드형 : 출생률과 사망률이 다 높음. 다산다사형으로 유년인구가 노년인구의 2개 이상 종형 : 소산소사형. 유년인구가 노년인구의 2배와 같음 항아리형 : 출생률이 사망률보다 낮아 유년인구가 노년인구의 2배 이하 별형 : 생산연령인구가 많이 유입되는 도시지역에서 발생. 생산연령층이 전체 인구의 50% 이상 호로형 : 생산연령인구의 많은 유출이 특징. 생산연령층이 전체 인구의 50% 미만

SECTION 04 모자보건의 개요

(1) 모자보건사업의 이해

구분	내용
개념	모자보건법 제2조 제8항: "**모자보건사업**"이란 모성과 영유아에게 전문적인 보건의료서비스 및 그와 관련된 정보를 제공하고, 모성의 생식건강(生殖健康) 관리와 임신·출산·양육 지원을 통하여 이들이 신체적·정신적·사회적으로 건강을 유지하게 하는 사업
중요성	① 모자보건사업의 대상인구는 전체 인구의 60~70% ② 임산부와 영유아의 질병 이환 가능성이 높음. 건강상 취약계층이므로 포괄적인 모자보건사업을 잘 받아들일 수 있음 ③ 예방사업으로 얻는 효과가 큼 ④ 임신 중 질병은 유산, 사산, 기형아 등을 유발할 수 있음. 따라서 모성과 아동의 건강은 다음 세대의 인구 자질에 영향을 줌
대상과 지표	① 대상: 모성과 자녀를 대상으로 하는 사업 ② 모자보건사업의 주요 지표: 모성사망비, 모성사망률, 주산기 사망률, 연령별 출산율, 합계출산율 등 **모성사망비** $$\text{모성사망비} = \frac{\text{당해 연도의 모성사망자수 (임신, 분만, 산욕으로 인한 모성사망수)}}{\text{당해 연도의 출생아수}} \times 100,000$$ **모성사망률** $$\text{모성사망률} = \frac{\text{모성사망자수}}{\text{15~49세 가임기 여성수}} \times 100,000$$ **주산기사망률** $$\text{주산기사망률} = \frac{\text{후기사산수(임신 28주 이후)와 초생아사망수(출생 후 1주 이내)}}{\text{1년간의 출생자수}} \times 1,000$$

(2) 모성건강관리

구분	내용
개요	임신 전 관리에서 시작, 임산부의 산전, 분만, 산후관리, 고위험 임부관리 등을 철저히 함으로써 건강한 출산 및 임산부의 합병증을 예방, 모성의 생명과 건강을 보호하기 위함
임신 전 관리	가임기 여성의 건강수준을 향상시키는 것. 안전한 임신과 출산 도모, 임신 소모 등의 부작용을 최소화함
산전관리	모성 및 태아와 신생아의 건강과 복지를 보호하고 건강을 유지·증진하며 임산부에 대한 완전한 건강관리를 실시 ① 임신부 등록과 관리 ② 임신부의 정기 건강검진
산후관리	임신부와 영유아를 위한 교육프로그램. 분만 후 1주 안 전화 ⇨ 건강 이상 유무 확인, 분만 4주 이내 전화 또는 방문상담 실시
고령·고위험 임산부 관리	① 임신부 연령이 35세 이상으로 초산, 경산의 구별없이 사용 ② 고위험임신: 일반적으로 산모나 태아가 정상적인 경우보다 사망 또는 질병에 이환될 확률이 높은 경우, 분만 전후 합병증이 정상임신보다 더 많이 발생할 수 있는 경우

SECTION 05 영유아관리

(1) 영유아보건사업

구분		내용
정의		모자보건법 제2조 제8항: "모자보건사업"이란 모성과 영유아에게 전문적인 보건의료서비스 및 그와 관련된 정보를 제공하고, 모성의 생식건강(生殖健康) 관리와 임신·출산·양육 지원을 통하여 이들이 신체적·정신적·사회적으로 건강을 유지하게 하는 사업
	영유아	모자보건법 제2조: 출생 후 6세 미만인 사람
	신생아	신생아: 출생 후 28일 이내의 영유아
영유아의 특징		신체적·정서적으로 발달과 변화가 있음. 동시에 감염병과 사고 등에 노출될 가능성이 높아짐. 효율적인 관리가 필요한 시기

영유아 보건사업 지표	① 신생아사망률 $$신생아사망률 = \frac{같은 \ 해 \ 신생아 \ 사망자수}{특정 \ 연도의 \ 출생아수} \times 1,000$$ ② 영아사망률 $$영아사망률 = \frac{같은 \ 해 \ 영아사망자수}{특정 \ 연도의 \ 출생아수} \times 1,000$$ ③ 알파인덱스(α-index) $$알파인덱스 = \frac{특정 \ 연도의 \ 영아사망자수}{특정 \ 연도의 \ 신생아 \ 사망자수} \times 1,000$$ ④ 저체중아 출생률 $$저체중아 \ 출생률 = \frac{당해 \ 연도 \ 저체중아(출생체중 \ 2.5kg \ 미만) \ 수}{당해 \ 연도 \ 총출생아수} \times 1,000$$

(2) 영유아건강관리

구분	내용
영유아 건강관리	건강관리, 영유아예방접종, 영유아 성장발달 스크리닝 검사
건강관리	기본적인 건강진단, 치아관리, 시력관리, 장애예방 위한 선별검사
영유아 예방접종	국가 필수예방접종과 기타 예방접종으로 구분 ① 국가필수 예방접종: 국가가 권장하는 예방접종(감염병의 예방 및 관리에 관한 법률을 통해 예방접종 대상 감염병과 예방접종의 실시기준 및 방법을 정하고, 국민과 의료인들에게 이를 준수토록 함) ② 기타 예방접종: 국가필수 예방접종 이외 민간의료기관에서 접종 가능한 예방접종 ③ 기초접종: 최단 시간 내에 적절한 방어면역 획득을 위해 시행하는 예방접종 ④ 추가접종: 기초접종 후 얻어진 방어면역을 장기간 유지하기 위해 일정 기간 후 재차 시행하는 접종

〈표준 예방접종일정표(2024)〉

기출의 재발견

01
2016년도 신생아 및 영아 사망 수를 나타낸 표에서 알파인덱스(α-index)를 비교할 때, 건강수준이 가장 높은 경우는?
[2017]

사망 수(명) \ 구분	A	B	C	D
신생아 사망 수	5	5	10	10
영아 사망 수	10	6	15	11

① A
② B
③ C
④ D

|정답| ④

02
모자보건법 시행령 상 모자보건사업 및 가족계획사업에 관한 기본계획 수립시에 포함되어야 할 사항을 모두 고른 것은?
[2014]

ㄱ. 임산부·영유아 및 미숙아 등에 대한 보건관리와 보건지도
ㄴ. 인구조절에 관한 지원 및 규제
ㄷ. 모자보건 및 가족계획에 관한 교육·홍보 및 연구
ㄹ. 모자보건 및 가족계획에 관한 정보의 수집 및 관리

① ㄱ
② ㄱ, ㄴ
③ ㄴ, ㄷ
④ ㄱ, ㄴ, ㄷ, ㄹ

|정답| ④

03

아래의 인구통계 자료로 알 수 있는 지역 A의 특성은? [2016]

[지역 A의 인구통계 자료]
• α-index : 1.03 　　　　　　　• 유소년 부양비 : 18.9
• 노령화지수 : 376.1 　　　　　• 경제활동연령인구비율 : 52.7

① 노인 부양에 대한 사회적 대책과 전략이 요구된다.
② 지역사회의 영아사망 및 모성사망 감소에 대한 요구가 높다.
③ 고출생 저사망으로 인한 인구억제 및 가족계획 정책이 요구된다.
④ 근대화 과정의 초기로서 사망률 저하를 위한 환경개선사업이 요구된다.

| 정답 | ①

04

A 지역의 노년부양비(%)는? [21, 지방직]

연령(세)	A지역 주민 수(명)
0~14	100
15~64	320
65세 이상	80

① 16　　　　　　　　　　　　② 20
③ 25　　　　　　　　　　　　④ 30

| 정답 | ③

05

부양비에 대한 설명으로 옳은 것은? [20, 지방직]

① 유년부양비는 생산인구에 대한 0~14세 유년인구의 백분비이다.
② 노년부양비 15%는 전체 인구 100명당 15명의 노인을 부양하고 있음을 의미한다
③ 부양비는 경제활동인구에 대한 비경제활동인구의 백분비이다.
④ 비생산인구수가 동일할 때 생산인구수가 증가할수록 부양비가 증가한다.

| 정답 | ①

마인드 맵

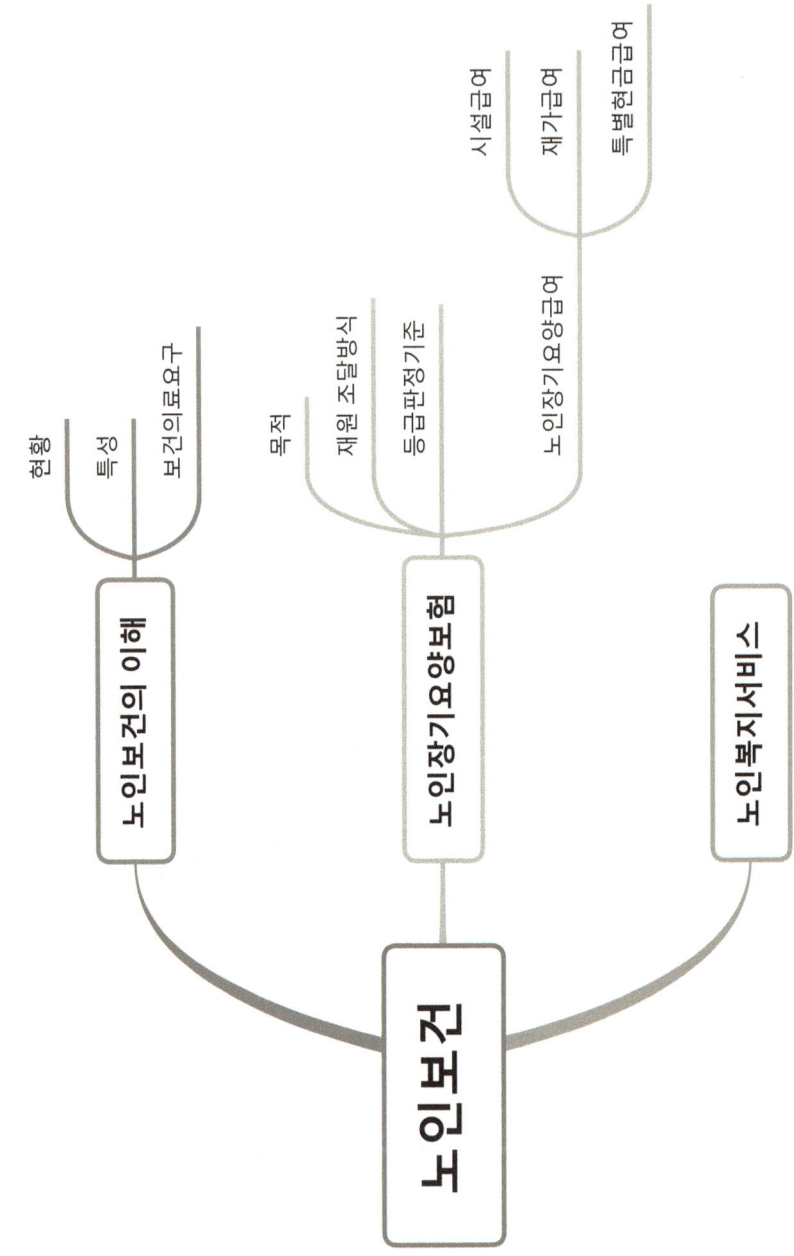

CHAPTER 13
노인보건

01 노인보건의 이해 - 노인인구의 현황과 특성
02 노인보건복지 정책 및 제도

PRETEST OX퀴즈

1 노인의 뇌혈관질환의 진료비는 지속적으로 상승하고 치매 및 파킨슨 질환의 진료비는 감소하고 있다. ○ ×

2 노인장기요양보험의 경우 전액을 국가에서 지원한다. ○ ×

3 치매환자로서 장기요양인정 점수가 45점 미만인 자는 5등급으로 분류된다. ○ ×

4 노인장기요양급여의 종류에는 시설급여, 재가급여, 특별현금급여가 있다. ○ ×

5 노인복지서비스에 노인일자리 지원기관은 해당하지 않는다. ○ ×

해설

1 × 노인의 진료비의 경우 치매 및 파킨슨 질환에서도 지속적으로 상승하고 있다.
2 × 전액을 국가가 부담하는 것이 아니며, 시설급여의 20%, 재가급여의 15%는 본인 일부부담금이 부과된다.
3 × 인지지원 등급으로 분류된다. 5등급은 45점 이상 51점 미만인 자이다.
4 ○ 한편, 특별현금급여에는 가족요양비, 특례요양비, 요양병원 간병비가 있다.
5 × 노인복지서비스 기관에는 주거형 복지시설, 재가노인복지시설, 노인보호전문기관, 노인일자리지원기관이 있다.

CHAPTER 13 노인보건

SECTION 01 노인보건의 이해 - 노인인구의 현황과 특성

구분			내용
현황			인구 고령화가 급속히 진행 중. 2022년 노인인구 17.5% 고령사회 진입, 2030년 24.3%, 2060년 40.1%로 지속 증가 예상 ⇨ 노인인구정책 요구됨
특성	신체적	심맥관계	심장의 크기 감소, 내부구조의 변화, 주요 관상동맥폐색, 좌심실의 수축이완능력 저하, 심실수축량 증가, 심실벽 비후
		근골격계	골실질과 골밀도 감소, 골절, 흉곽의 후굴이 쉽게 일어남
		호흡기계	폐포수 감소, 폐활량 감소, 폐렴, 폐결핵 및 COPD 등 질환 발생
		소화기계	치아상실, 소화기능 저하, 영양흡수능력 저하, 장기능약화, 변비
		피부계	지방조직의 감소와 탄력성 저하, 쉽게 감염됨
		면역체계	감염에 민감해짐, T세포 활동 저하 ⇨ 대상포진, 종양질환 발생 증가
	심리적		인지, 기억능력 등 저하, 우울감 증가, 정신혼란, 지남력 상실 등
	사회·경제적		배우자 부재 비율 증가, 독거노인 비율 증가, 퇴직으로 고정적 수입원 감소
보건의료 요구	사망원인		악성 신생물, 심장질환, 뇌혈관질환, 폐렴 등의 순
	기대수명❶		① 한국 인구의 기대수명은 1970년 62.3세에서 2020년 83.5세로 21년 늘어남 ② 기대수명은 여자가 남자보다 길고, 2020년 현재 여자의 기대수명은 86.5세로 남자의 80.5세에 비해 6년이 긴 것으로 나옴. 한국인의 기대수명은 2010년을 전후로 80세까지 높아지면서 선진국 수준에 도달함
	진료비		① 치매 및 파킨슨 질환, 뇌혈관질환의 진료비 지속적 상승 ② 향후 후기 노인의 환자 수 증가 및 베이비붐세대의 신규 노인인구 진입 ⇨ 진료비 증가요인

❶
1. 기대수명: 0세의 출생아가 앞으로 생존할 것으로 기대되는 평균생존연수(0세의 기대여명)
2. 기대여명: 특정 연령(×세)의 사람이 앞으로 살 것으로 기대되는 연수
3. 평균수명 = 기대수명 = 출생시 기대여명

SECTION 02 노인보건복지 정책 및 제도

(1) 노인장기요양보험

구분	내용
개요	① 고령사회로 인한 사회경제적 문제에 대한 사회적·국가적인 공동책임의 인식 ② 기존 노인복지법에 의한 서비스 대상자는 소득수준이 낮은 기초생활수급자나 차상위계층에 한정 ⇨ 노인장기요양 욕구를 충족시키기 위한 공적서비스 제공
목적	① 노인장기요양보험제도는 고령 및 노인성 질병 등을 원인으로 일상생활활동(ADL)을 혼자 수행하기 어려운 노인 등에게 제공하는 신체활동 또는 가사활동 지원 등의 장기요양급여에 관한 사항을 규정 ② 노후의 건강증진 및 생활안정을 도모하고 그 가족의 부담을 덜어줌으로써 국민의 삶의 질을 향상하도록 하는 것을 목적으로 함(노인장기요양보험법 제1조)
제도 운영	사회보험제도로 건강보험제도와 별개의 제도로 운영. 운영 효율을 위해 보험자관리 및 관리운영기관을 국민건강보험공단으로 일원화
재원 조달방식	① 장기요양보험료: 건강보험료액의 6.55% ② 국가지원: 장기요양보험료 예상수입액의 20% 부담 ③ 본인 일부부담: 시설급여 20%(비급여: 식재료비, 이미용료 등은 본인부담), 재가급여 15%
이용절차	장기요양 인정 이용절차 ① 장기요양 인정의 신청(노인장기요양보험법 제13조) 장기요양 인정신청서 작성 ⇨ 국민건강보험공단 각 지사별 장기요양센터에 신청서 제출 ⇨ 공단직원 방문조사 ⇨ 장기요양 인정 및 등급판정 ⇨ 장기요양인정서 및 표준장기요양이용계획서 통보 ⇨ 서비스 이용 ② 장기요양 신청의 조사(노인장기요양보험법 제14조) • 조사자: 공단 직원(소정의 교육을 이수한 간호사, 사회복지사 등) • 조사방법: 신청인 거주지 방문조사 • 조사내용: 기본적 일상생활활동(ADL), 수단적 일상생활활동(IADL), 인지기능, 행동변화, 간호처치, 재활영역 각 항목에 대한 신청인의 기능상태와 질병 및 증상, 환경상태, 서비스 욕구 등 12개 영역 90개 항목 종합조사 ⇨ 52개 항목으로 요양인정 점수를 산정

등급판정 기준	등급	심신의 기능상태
	1등급	심신의 기능상태 장애로 일상생활에서 전적으로 다른 사람의 도움이 필요한 자, 장기요양인정 점수가 95점 이상인 자
	2등급	심신의 기능상태 장애로 일상생활에서 상당 부분 다른 사람의 도움이 필요한 자, 장기요양인정 점수가 75점 이상 95점 미만인 자

	3등급	심신의 기능상태 장애로 일상생활에서 부분적으로 다른 사람의 도움이 필요한 자, 장기요양인정 점수가 60점 이상 75점 미만인 자
	4등급	심신의 기능상태 장애로 일상생활에서 일정 부분 다른 사람의 도움이 필요한 자, 장기요양인정 점수가 51점 이상 60점 미만인 자
	5등급	치매환자로서(노인장기요양보험법 시행령 제2조에 따른 노인성 질병으로 한정) 장기요양인정 점수 45점 이상 51점 미만인 자
	인지지원 등급	치매환자로서(노인장기요양보험법 시행령 제2조에 따른 노인성 질병으로 한정) 장기요양인정 점수가 45점 미만인 자

(2) 노인장기요양급여의 종류 및 내용

구분		내용
시설급여		요양시설에 장기간 입소한 경우 신체활동 지원 등을 제공함
재가급여		가정을 방문하여 신체활동 및 가사활동 등 지원, 목욕, 간호 등 제공, 주간보호센터 이용, 복지용구 구입 또는 대여할 수 있는 제도임
특별현금 급여	가족요양비	방문요양에 상당한 장기요양급여를 받은 대통령령으로 정하는 기준❶에 따라 당해 수급자에게 가족요양비를 지급할 수 있음
	특례요양비	수급자가 장기요양기관이 아닌 노인요양시설 등의 기관 또는 시설에서 재가급여 또는 시설급여에 상당한 장기요양급여를 받은 경우 대통령령으로 정하는 기준에 따라 당해 장기요양급여비용의 일부를 당해 수급자에게 특례요양비로 지급
	요양병원 간병비	요양병원에 입원한 때 대통령령으로 정하는 기준에 따라 장기요양에 사용되는 비용의 일부를 요양병원간병비로 지급
노인 장기요양 급여 기준 및 수가		① 장기요양등급과 장기요양급여 　㉠ 장기요양등급 1등급 또는 2등급: 재가급여 또는 시설급여 이용자격 　㉡ 장기요양등급 3등급~5등급: 재가급여만 가능 ② 장기요양급여의 월 한도액: 재가급여의 월 한도액은 장기요양위원회의 심의를 거쳐 등급별로 보건복지부장관이 고시하며, 시설급여의 월 한도액은 급여에 소요되는 장기요양기관의 각종 비용과 운영현황을 고려하여 등급별로 보건복지부장관이 정하여 고시한 1일당 급여 비용에 월간 일수를 곱하여 산정

❶ 도서·벽지 등 장기요양기관이 현저히 부족한 지역, 천재지변으로 장기요양급여 이용이 어려워진 경우, 신체·정신 또는 성격 등으로 가족 등으로부터 장기요양을 받아야 하는 자

(3) 노인복지서비스

구분	내용	
개요	노인의 질환을 사전예방 또는 조기발견하고 질환상태에 따른 적절한 치료·요양으로 심신의 건강을 유지하고, 노후의 생활안정을 위하여 필요한 조치를 함	
관련기관	주거형 복지시설, 여가형 복지시설, 재가노인복지시설, 노인보호전문기관, 노인일자리지원기관	
관련시설	노인주거복지시설	양로시설, 노인공동생활가정, 노인복지주택
	노인의료복지시설	노인요양시설, 노인요양공동생활가정, 노인전문병원
	노인여가복지시설	노인복지관, 경로당, 노인교실, 노인휴양소
	재가노인복지시설	가정봉사원 파견, 방문요양서비스, 주·야간보호서비스, 단기보호서비스, 방문목욕서비스

기출의 재발견

01
노인장기요양보험제도에 대한 설명으로 옳은 것은? [2014]

① 급여종류는 재가급여와 요양병원급여로 구분된다.
② 요양등급은 1 ~ 3등급으로 구분되며 판정은 요양보호사가 한다.
③ 가입자는 국민건강보험 가입자와 동일하다.
④ 1989년 전국민의료보험과 함께 시작되었다.

| 정답 | ③

02
노인인구에 대한 설명으로 옳지 않은 것은? [2015]

① 노년부양비는 15 ~ 64세의 인구에 대한 65세 이상 인구의 비를 의미한다.
② 우리나라의 노년부양비, 노령화지수는 계속 증가하고 있다.
③ 현재 우리나라는 노인인구의 지속적인 증가로 고령사회에 속한다.
④ 노령화지수는 0 ~ 14세 인구에 대한 65세 이상 인구의 비를 의미한다.

| 정답 | ③

03
다음 중 「노인복지법」에 규정된 노인의료 복지시설로만 묶인 것은? [2016]

① 노인공동생활가정, 단기요양시설
② 방문요양시설, 노인요양시설
③ 노인요양시설, 노인요양공동생활가정
④ 노인요양시설, 단기요양시설

| 정답 | ③

04
우리나라 장기요양보험제도에 대한 설명으로 가장 옳은 것은? [2021]

① 노인장기요양보험사업의 보험자는 보건복지부이다.
② 치매진단을 받은 45세 장기요양보험 가입자는 요양인정 신청을 할 수 없다
③ 장기요양급여는 시설급여와 현금급여를 우선적으로 제공하여야 한다.
④ 국민건강보험공단은 장기요양보험료와 건강보험료를 각각의 독립회계로 관리하여야 한다.

| 정답 | ④

05
노인장기요양보험법령상 다음 사례에 적용할 수 있는 설명으로 옳은 것은? [2019]

"파킨슨병을 진단받고 1년 이상 혼자서 일상생활을 수행할 수 없는 60세의 의료급여수급권자인 어머니를 가정에서 부양하는 가족이 있다"

① 어머니는 65세가 되지 않았기 때문에 노인장기요양 인정신청을 할 수 없다.
② 의사의 소견서가 있다면 등급판정 절차 없이도 장기요양서비스를 받을 수 있다.
③ 의료급여수급권자의 재가급여에 대한 본인부담금은 장기요양급여비용의 100분의 20이다.
④ 장기요양보험가입자의 자격관리와 노인성질환예방사업에 관한 업무는 국민건강보험공단에서 관장한다.

| 정답 | ④

memo

CHAPTER 14
부록 - 기출문제

01 **2023 지방직 기출문제**
02 **2024 지방직 기출문제**

01 2023년도 지방직 기출문제

01
다음에서 설명하는 보건교육 방법은?

> • 전체 학습자를 여러 개 소그룹으로 나누어 토론을 진행하고, 토론 후 전체 학습자가 다시 모여 토론한 결과를 요약정리하여 결론을 낸다.
> • 참석 인원이 많아도 전체 의견을 교환할 수 있고 학습자들에게 참여 기회가 주어진다.

① 배심토의 ② 심포지엄
③ 분단토의 ④ 브레인스토밍

해설

사안은 분단토의를 설명하고 있다. 보건교육의 방법론은 개인과 집단으로 구분되며 심포지엄, 배심토의 등은 청중을 두고 논의하는 방식으로 구분이 필요하다.

02
다음에 해당하는 작업환경 관리 방법은?

> 화재 예방을 위해 가연성 물질의 저장을 플라스틱통에서 철제통으로 바꾸었다.

① 대치 ② 격리
③ 환기 ④ 교육

해설

사안에서 가연성 물질의 저장 방식을 바꾸고 있는데 이것은 대치에 해당한다.

정답

01 ③ 02 ①

03

성인이 되어 결혼해 출가한 첫 자녀, 그리고 부모와 동거하며 취업 중인 막내가 있는 가족의 발달과업은?

① 직업의 안정화
② 부부관계의 재조정
③ 자녀의 사회화 교육
④ 친척에 대한 이해와 관계 수립

> **해설**
>
> 가장 큰 자녀의 출가 후 다른 자녀의 출가까지는 진수기로 분류된다.

04

다음 프로그램의 결과평가 지표에 해당하는 것은?

> A 지역의 보건소는 지역사회의 비만관리를 위해 성인을 대상으로 6개월간 걷기운동프로그램을 운영하였다.

① 걷기운동 참여자 수
② 프로그램 운영 간호사 수
③ 체중 감소자 수
④ 프로그램 운영횟수

> **해설**
>
> 결과평가는 목표 달성에 얼마나 도달했는가를 묻는 것이 된다. 1번 선지의 걷기운동 참여자수는 과정평가로, 프로그램 운영 간호사수는 구조평가, 운영횟수는 과정평가로 구분될 수 있다.

정답

03 ② 04 ③

05

「농어촌 등 보건의료를 위한 특별조치법 시행령」상 보건진료 전담공무원이 근무지역에서 할 수 있는 의료행위만을 모두 고르면?

> ㄱ. 만성병 환자의 요양지도 및 관리
> ㄴ. 질병·부상의 악화 방지를 위한 처치
> ㄷ. 질병·부상상태를 판별하기 위한 진찰·검사
> ㄹ. 환자의 이송

① ㄱ, ㄷ
② ㄴ, ㄹ
③ ㄱ, ㄴ, ㄷ
④ ㄱ, ㄴ, ㄷ, ㄹ

해설

주어진 사안의 내용은 모두 의료행위에 포함된다.

> **14조 【보건진료 전담공무원의 업무】** ① 법 제19조에 따른 보건진료 전담공무원의 의료행위의 범위는 다음 각 호와 같다. 〈개정 2019. 7. 2.〉
> 1. 질병·부상상태를 판별하기 위한 진찰·검사
> 2. 환자의 이송
> 3. 외상 등 흔히 볼 수 있는 환자의 치료 및 응급 조치가 필요한 환자에 대한 응급처치
> 4. 질병·부상의 악화 방지를 위한 처치
> 5. 만성병 환자의 요양지도 및 관리
> 6. 정상분만 시의 분만 도움
> 7. 예방접종
> 8. 제1호부터 제7호까지의 의료행위에 따르는 의약품의 투여
> ② 보건진료 전담공무원은 제1항 각 호의 의료행위 외에 다음 각 호의 업무를 수행한다.
> 1. 환경위생 및 영양개선에 관한 업무
> 2. 질병예방에 관한 업무
> 3. 모자보건에 관한 업무
> 4. 주민의 건강에 관한 업무를 담당하는 사람에 대한 교육 및 지도에 관한 업무
> 5. 그 밖에 주민의 건강증진에 관한 업무

정답
05 ④

06

(가), (나)에 해당하는 건강신념모형의 개념을 바르게 짝 지은 것은?

> (가) 흡연자는 비흡연자보다 폐암에 걸릴 가능성이 높다고 생각한다.
> (나) 폐암에 걸리면 다른 암보다 치료가 어렵고 사망확률이 높다고 생각한다.

	(가)	(나)
①	지각된 민감성	지각된 심각성
②	지각된 심각성	지각된 민감성
③	지각된 민감성	지각된 장애성
④	지각된 심각성	지각된 장애성

해설

지각된 민감성과 지각된 심각성에 대한 설명이다.

07

보건소에서 관리하는 신생아 대상 선천성대사이상검사 항목이 아닌 것은?

① 갑상선기능저하증 ② 브루셀라증
③ 호모시스틴뇨증   ④ 단풍당뇨증

해설

선천성 대사이상 검사에 해당되는 질병은 페닐케톤뇨증, 갑상선기능저하증, 갈락토스혈증, 단풍당뇨증, 호모시스틴뇨증, 선천성 부신과형성증이다.

정답

06 ① 07 ②

08

다음 지역사회간호 활동에서 적용한 간호이론은?

- 기본 구조와 에너지 자원의 상태를 사정한다.
- 실제적·잠재적 스트레스원과 반응을 사정한다.
- 저항선, 정상방어선, 유연방어선을 확인한다.
- 스트레스원과 방어선과의 상호작용을 중심으로 간호진단을 기술한다.
- 1차·2차·3차 예방활동을 초점으로 중재방법을 모색한다.

① 건강관리체계이론　　② 자가간호이론
③ 교환이론　　　　　　④ 적응이론

해설

뉴만의 건강관리 체계이론에 해당하는 내용이다.

09

다음은 지역사회간호사업 체계모형이다. (가) 에 해당하는 것은?

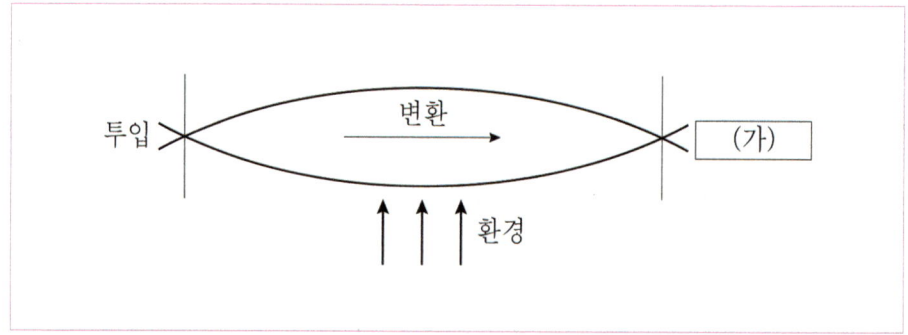

① 지역사회주민　　　　　② 지역사회간호과정
③ 지역사회 적정기능 수준 향상　　④ 지역사회 물적 자원

해설

문제의 가는 '산출'에 해당하는 것으로 지역사회 적정기능수준 향상이 이에 해당하는 것으로 본다.

정답
08 ①　09 ③

10
다음 지표 중 분모가 '당해연도 연간 출생아수'가 아닌 것은?

① 영아사망률
② 저체중아 출생률
③ 모성사망비
④ 모성사망률

해설

모성사망률에서는 분모가 가임연령 여성인구수가 된다.

11
우리나라의 방문간호에 대한 설명으로 옳은 것은?

① 의료기관 가정간호의 목표는 지역사회 인구집단의 건강행태 개선이다.
② 「의료법 시행규칙」상 가정간호를 실시하는 의료기관의 장은 가정전문간호사를 2명 이상 두어야 한다.
③ 「지역보건법 시행규칙」상 방문건강관리 전담공무원이 되고자 하는 간호사는 2년 이상의 간호업무경력이 있어야 한다.
④ 노인장기요양보험법령상 방문간호급여는 급여제공 행위별 진료수가를 기준으로 급여비용을 산정한다.

해설

1번 선지에서 의료기관 가정간호의 목표는 지역이 아니라 환자의 건강회복과 의료비 절감에 있다., 3번 선지의 경우 2년 이상의 간호업무경력이 있어야 하는 자격은 노인장기요양보험의 방문간호사이다. 4번의 노인장기요양보험의 방문간호는 방문당 수가, 일종의 포괄수가의 개념으로 급여비용이 산정된다.

정답

10 ④ 11 ②

12

BPRS(Basic Priority Rating System)를 적용했을 때 가장 먼저 해결해야 할 건강문제는?

	건강문제	문제의 크기	문제의 심각도	사업의 효과
①	높은 흡연율	8	6	4
②	높은 고위험 음주율	2	4	7
③	낮은 고혈압 인지율	4	8	5
④	낮은 신체활동 실천율	10	5	3

해설

BPRS= (A+2B)×C로 계산하며 사안에서 낮은 고혈압 인지율(100)이 가장 우선되는 문제로 판정된다.

13

다음 환자-대조군 연구 결과에 대한 교차비는?

(단위: 명)

오염원으로 의심되는 음식 섭취 여부	식중독 발생	
	예	아니오
예	240	360
아니오	40	460

① $\dfrac{360 \times 40}{240 \times 460}$ ② $\dfrac{240 \times 460}{360 \times 40}$

③ $\dfrac{240(40 + 460)}{40(240 + 360)}$ ④ $\dfrac{40(240 + 360)}{240(40 + 460)}$

해설

교차비를 계산하는 공식은 AD/BC이다

정답

12 ③ 13 ②

14

가족밀착도를 이용하여 파악할 수 있는 정보가 아닌 것은?

① 가족의 생활사건
② 가족 간의 관계
③ 가족의 정서적 지지
④ 가족의 전체적인 상호작용

> **해설**
>
> 가족밀착도는 가족들의 밀착관계와 상호관계를 알 수 있게 한다.

15

의료급여에 대한 설명으로 옳지 않은 것은?

① 1종 수급권자와 2종 수급권자의 본인부담금은 차등 적용된다.
② 「국민기초생활 보장법」상 수급자가 아니면 의료급여 수급자가 될 수 없다.
③ 의료급여는 사회보장체계 중 공공부조에 해당된다.
④ 의료급여 관리사는 의료기관에서 2년 이상 근무한 경력을 가진 의료인이어야 한다.

> **해설**
>
> 2번 선지에서 국민기초생활 보장법상의 수급자가 아니더라도 타법에 의해 이재민, 의상자 및 의사자의 유족, 국내 입양된 18세 미만의 아동, 국가 유공자 및 그 유가족, 무형문화재, 새터민과 그 가족, 5.18 민주화 운동 관련자 및 유가족, 노숙인, 행려환자 등이 의료급여 수급자가 될 수 있다.

16

취약가족의 분류 상 기능적으로 취약한 가족에 해당하는 것은?

① 학대 가족
② 한부모 가족
③ 미혼모 가족
④ 저소득 가족

> **해설**
>
> 저소득 가족은 기능적으로 취약한 가족이다. 학대가족은 상호작용이 취약한 가족이고, 한부모 가족은 구조적으로 취약한 가족, 미혼모 가족은 발달단계적으로 취약한 가족이라고 볼 수 있다.

정답

14 ① 15 ② 16 ④

17

Leavell과 Clark가 제시한 질병의 자연사 단계별 예방적 조치로 옳은 것은?

① 비병원성기 - 사례발견
② 불현성 감염기 - 집단검진
③ 발현성 감염기 - 환경위생
④ 회복기 - 개인위생

> **해설**
>
> 불현성 감염기에 집단검진이 적합한 예방적 조치가 된다.

18

보건의료체계 하부구조의 구성요소에서 보건의료자원 개발에 해당하는 것은?

① 외국 원조
② 공공재원
③ 국가보건당국
④ 보건의료지식

> **해설**
>
> 보건의료자원 개발에는 인력, 시설, 장비, 물자, 지식 등이 속한다.

19

「지역보건법 시행령」상 지방자치단체장이 매년 보건소를 통하여 지역 주민을 대상으로 실시한 지역사회 건강실태조사 결과를 통보해야 하는 대상은?

① 행정안전부장관
② 한국건강증진개발원장
③ 질병관리청장
④ 보건복지부장관

> **해설**
>
> **제2조 【지역사회 건강실태조사의 방법 및 내용】**
> ① 질병관리청장은 보건복지부장관과 협의하여 「지역보건법」(이하 "법"이라 한다) 제4조제1항에 따른 지역사회 건강실태조사(이하 "지역사회 건강실태조사"라 한다)를 매년 지방자치단체의 장에게 협조를 요청하여 실시한다. 〈개정 2020. 9. 11.〉
> ② 제1항에 따라 협조 요청을 받은 지방자치단체의 장은 매년 보건소(보건의료원을 포함한다. 이하 같다)를 통하여 지역 주민을 대상으로 지역사회 건강실태조사를 실시하여야 한다. 이 경우 지방자치단체의 장은 지역사회 건강실태조사의 결과를 질병관리청장에게 통보하여야 한다. 〈개정 2020. 9. 11.〉

정답

17 ② 18 ④ 19 ③

20
다음 상황에서 우선적으로 취해야 할 조치는?

> 뜨거운 여름날 아스팔트 위에서 작업 중이던 근로자가 쓰러졌다. 확인 결과, 의식이 없고 체온은 41 °C였으며 발한은 없다.

① 얼음물에 몸을 담근다.
② 1 ~ 2시간 정도 안정시킨다.
③ 가슴을 격렬하게 마찰해 준다.
④ 강심제를 투여한다.

해설

가장 먼저 열을 내려주는 중재가 중요하다.

정답

20 ①

02 2024년도 지방직 기출문제

01

SWOT 분석에서 다음 내용에 해당하는 것은?

〈보건소 간호사가 파악한 지역사회 현황〉
- 대기오염, 기후 변화에 따른 건강문제 발생 증가
- 신종 감염병 대유행에 따른 국내 불안감 증대

① 강점　　　　　　　② 약점
③ 기회　　　　　　　④ 위협

02

프라이(Fry)의 분류에 따른 자유방임형 보건의료체계의 일반적인 특징은?

① 국민의료비 절감에 효과적이다.
② 지역 간, 사회계층 간 보건의료 자원 배분의 형평성이 높다.
③ 국민이 의료기관과 의료인을 선택할 수 있는 재량권이 높다.
④ 예방과 치료를 포함하는 포괄적 보건의료서비스가 최대한 제공된다.

03

지역사회 간호사업 목표 기술 시 갖추어야 할 기준이 아닌 것은?

① 측정 가능성
② 추상성
③ 실현 가능성
④ 지역사회 문제와의 연관성

정답

01 ④　02 ③　03 ②

04
의료기관 가정간호에 대한 설명으로 옳지 않은 것은?

① 기본간호와 치료적 간호가 제공된다.
② 누구에게나 무료로 제공되는 서비스이다.
③ 가정간호를 실시하는 간호사는 가정전문간호사이어야 한다.
④ 대상자는 담당의사가 의뢰한 조기퇴원환자 등이다.

05
지역사회 간호사정 시 다음 설명에 해당하는 자료분석 단계는?

> A 지역 보건소 간호사는 수집한 정보를 서로 연관성 있는 항목끼리 묶어 범주화하였다.

① 분류단계 ② 요약단계
③ 확인·비교단계 ④ 결론단계

06
다음 그림에 해당하는 가족사정 도구는?

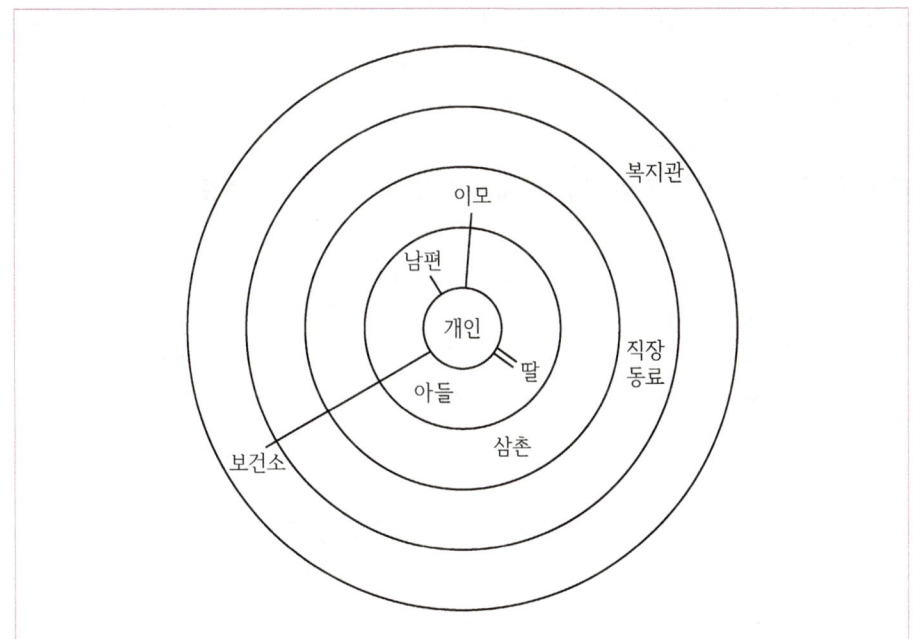

① 사회지지도 ② 외부체계도
③ 가족밀착도 ④ 가족구조도

정답
04 ② 05 ① 06 ①

07
다음 사례에 해당하는 범이론 모형의 변화단계는?

> A 씨는 20년간 하루 20개비 이상의 담배를 피웠다. 그는 숨이 가쁘고 가래가 많이 생겨서 보건소 금연클리닉에 방문했고, 이달 내로 담배를 끊겠다고 서약서를 작성했다.

① 계획이전단계 ② 준비단계
③ 행동단계 ④ 유지단계

08
오마하체계(Omaha System)를 구성하는 영역(domain)이 아닌 것은?

① 인지적 영역 ② 환경적 영역
③ 생리적 영역 ④ 사회심리적 영역

09
질병의 자연사에 따른 예방단계 중 이차예방 활동은?

① 지역주민 대상 개인위생 보건교육
② 성장기 학생을 위한 균형 잡힌 급식 제공
③ 선별검사를 통한 자궁경부암 조기 진단
④ 뇌졸중 회복기 환자에 대한 작업요법

10
다음 간 초음파 검사의 간암 진단에 대한 특이도[%]와 민감도[%]는?

(단위: 명)

간 초음파	간암	
	있다	없다
양성	40	10
음성	10	190

　특이도　민감도　　　　특이도　민감도
① 40　　95　　　　② 80　　95
③ 95　　40　　　　④ 95　　80

정답

07 ② 08 ① 09 ③ 10 ④

11
다음 사례에 해당하는 로이(Roy) 적응이론에 따른 적응 양상은?

> A 씨는 본인의 외모에 만족하고, 자신이 가치 있는 사람이라고 생각한다.

① 생리적 기능 양상　　② 자아개념 양상
③ 역할기능 양상　　　④ 상호의존 양상

12
인구구조 유형 중 항아리형에 대한 설명으로 옳은 것은?
① 생산연령층의 유출이 큰 농촌형 구조
② 생산연령층의 유입이 큰 도시형 구조
③ 출생률과 사망률이 모두 높은 다산다사형 구조
④ 출생률과 사망률이 모두 낮고, 출생률이 사망률보다 낮아 인구가 감소하는 구조

13
「제5차 국민건강증진종합계획(Health Plan 2030)」상 '비감염성 질환 예방관리' 분과의 중점과제에 해당하는 것은?
① 손상　　　　　　　② 신체활동
③ 지역사회 정신건강　④ 건강정보 이해력 제고

14
「학교보건법 시행령」상 보건교사의 직무에 해당하는 것은?
① 학교보건계획의 수립에 관한 자문
② 학생과 교직원의 건강상담
③ 학생과 교직원의 건강진단과 건강평가
④ 보건지도를 위한 학생가정 방문

정답
11 ② 12 ④ 13 ① 14 ④

15
다음 설명에 해당하는 가족 관련 이론은?

- 가족 내 구성원의 배열, 구성원 간의 관계, 전체와 구성원의 관계에 관심을 둠
- 가족 구성원 간 다양한 내적 관계뿐 아니라 가족과 더 큰 사회와의 관계를 강조함

① 위기이론 ② 가족발달이론
③ 교환이론 ④ 구조 - 기능이론

16
브라이언트(Bryant) 우선순위 결정방법에 대한 설명으로 옳은 것은?

① 캐나다 토론토 보건부가 개발하였다.
② 결정기준에 주민의 관심도가 포함된다.
③ 보건지표의 상대적 크기와 변화의 경향을 황금다이아몬드 상자에 표시한다.
④ 평가항목별로 0점 혹은 1점을 부여하며, 한 항목이라도 0점을 받으면 사업을 수행하지 못하게 된다.

17
세균성 식중독 중 독소형은?

① 살모넬라 식중독 ② 장염 비브리오 식중독
③ 황색포도상구균 식중독 ④ 캠필로박터 식중독

18
다음 설명에 해당하는 지역사회 간호수행 활동은?

- 지역사회사업 담당자의 기술 수준이나 능력에 맞게 일이 분배되었는지 대조한다.
- 담당자들 간에 업무가 중복되거나 누락되지 않도록 확인한다.

① 감독 ② 감시
③ 조정 ④ 직접간호

정답
15 ④ 16 ② 17 ③ 18 ③

19
「학교 감염병 예방·위기대응 매뉴얼」(제3차 개정판)상 다음 내용에 해당하는 학교 내 감염병 발생 시 대응단계는?

> 감염병 유증상자를 발견하여 의료기관 진료를 통해 감염병(의심)환자 발생 여부를 확인하는 단계

① 예방단계
② 대응 제1단계
③ 대응 제2단계
④ 대응 제3단계

20
다음에서 '나' 판정이 의미하는 것은?

> 근로자 건강진단 상 질병 유소견자가 업무수행 적합여부 평가 결과에서 '나' 판정을 받았다.

① 건강관리상 현재의 조건하에서 작업이 가능한 경우
② 건강장해가 우려되어 한시적으로 현재의 작업을 할 수 없는 경우
③ 일정한 조건(환경개선, 보호구착용, 건강진단주기의 단축 등)하에서 현재의 작업이 가능한 경우
④ 건강장해의 악화 또는 영구적인 장해의 발생이 우려되어 현재의 작업을 해서는 안 되는 경우

정답
19 ② 20 ③

참고문헌 BOOK

- 강영미 등 　　　　보건교육학 (수문사, 2015)
- 김동현 외 　　　　김동현전공보건의 맥 1권 (마체베트, 2024)
- 김춘미 외 　　　　지역사회보건간호학 (수문사, 2017)
- 김춘미 외 　　　　지역사회보건간호학 (수문사, 2019)
- 김춘미 외 　　　　지역사회보건간호학 제3판 (수문사, 2022)
- 김태윤 　　　　　공중보건의 단기맥북 (마체베트, 2024)
- 김태윤 　　　　　보건행정의 단기맥북 (마체베트, 2024)
- 김태윤 　　　　　지역사회간호의 맥북 (마체베트, 2023)
- 최은숙 외 　　　　최신 지역사회보건간호학 1, 2 (수문사, 2021)
- 대한예방의학회 　　예방의학과 공중보건학(제3판) (계축문화사, 2017)
- 대한예방의학회 　　예방의학과 공중보건학(제4판) (계축문화사, 2021)
- 배상수 　　　　　보건사업기획(제3판) (계축문화사, 2015)
- 배상수 　　　　　건강증진의 이론과 접근방법 (계축문화사, 2012)
- 법제처
- 교육부 학생건강정보센터
- 질병관리청

김태윤 교수 (지역사회간호 / 간호관리)

- 공단기 간호보건직 대표강사
- 서울대학교 간호대학 졸업
- 서울대학교 보건대학원 석사, 박사수료
- 이화여대, 한양대, 서울여대, 경희대 등 다수 대학강의
- 현 박문각임용 전공보건 대표강사
- 전 구평회고시학원
- 전 희소고시학원
- 전 아모르이그잼 / 해커스임용학원 전공보건 대표강사

김태윤 지역사회간호의 단기 맥Book

초판인쇄	2024년 11월 8일
초판발행	2024년 11월 13일
편 저 자	김태윤
발 행 처	도서출판 마체베트
주 소	경기 광주시 오포읍 창뜰아랫길 32-49
T E L	031-716-1207
F A X	0504-209-1207
I S B N	979-11-92448-50-3 (93510)

정가 33,000원

저자와의 협의 하에 인지는 생략합니다.
이 책의 무단전재 또는 복제행위는 저작권법 제136조에 의거
5년 이하의 징역 또는 5,000만원 이하의 벌금에 처하게 됩니다.